幼儿保育专业教育教学体系构建

熊　赟◎著

文化发展出版社
·北京·

图书在版编目（CIP）数据

幼儿保育专业教育教学体系构建 / 熊赟著. -- 北京：文化发展出版社，2024.3
ISBN 978-7-5142-4320-8

Ⅰ. ①幼… Ⅱ. ①熊… Ⅲ. ①幼儿教育－教育研究 Ⅳ. ①G61

中国国家版本馆CIP数据核字(2024)第059470号

幼儿保育专业教育教学体系构建

著　　者　熊赟

出 版 人：宋　娜
责任编辑：袁兆英
责任校对：岳智勇
责任印制：陈　雪
出版发行：文化发展出版社（北京市翠微路 2 号　邮编：100036）
发行电话：010-88275993　010-88275711
网　　址：www.wenhuafazhan.com
经　　销：全国新华书店
印　　刷：北京四海锦诚印刷技术有限公司

开　　本：787mm × 1092mm　1/16
印　　张：11
字　　数：210千字
版　　次：2024 年 3 月第 1 版
印　　次：2024 年 3 月第 1 次印刷

定　　价：68.00 元
I S B N：978-7-5142-4320-8

◆ 如有印装质量问题，请与我社印制部联系　电话：010-88275720

前　言

幼儿保育是一项关乎儿童成长和发展的重要工作，而培养优秀的幼儿保育专业人才是支撑这一工作的关键。

本书以幼儿保育专业教学为主题，共分为五章，涵盖了幼儿保育专业教学的发展前景、内容优化、管理机制完善、教育资源保障、学生学习积极性激发以及课程改革等方面。每一章都力求从理论与实践相结合的角度，为广大幼儿保育专业教育者和学生提供启示。

第一章介绍了幼儿保育专业教学相关的基本概念和幼儿保育专业教学体系构建的背景。

第二章从教学目标、教学内容与实施、教育管理、教育保障四个方面分析了幼儿保育专业的现状及其存在的问题。

第三章从目标、课程、教学内容三方面着手构建幼儿保育专业教学体系。

第四章从国内和国外两个角度讨论了幼儿保育专业教学发展可以借鉴的经验。

第五章从人才培养理念、教学内容、教学管理机制、加大教育资源保障力度、激发学生的学习积极性和主动性、项目化课程改革六个方面提出幼儿保育专业教学的发展建议。

本书的编写旨在为幼儿保育专业教学的实践者和学习者提供参考，同时，也希望这本书的出版能促进幼儿保育专业教学的发展，为培养更多优秀的幼儿保育专业人才做出贡献。

最后，衷心感谢所有为本书提供支持和帮助的人士和机构，希望本书能为推动幼儿保育事业的发展做出积极贡献。

目 录

第一章
幼儿保育专业教学导论

第一节　幼儿保育专业教学

一、幼儿保育专业

早在中国古时便有“保育”这一词汇的存在，例如，明·王锜《寓圃杂记》卷上：“母唐氏守节不嫁，艰难保育，底于成立。”《红楼梦》第五十三回：“两边有一副长联，写道：肝脑涂地，兆姓赖保育之恩；功名贯天，百代仰蒸尝之盛。”在中国古代，“保育”一词主要是指父母对子女的养育。在现代汉语词典中，“保育”一词指精心照管幼儿，使其好好成长。在西方国家，譬如加拿大，“幼儿保育”是指针对那些年龄介乎零至六岁的孩子们提供安全并且富有关爱的学习场所，保证他们的身体发育和社会化进程得以顺利推进的一种方式。譬如韩国，在其《婴幼儿保育法》中对保育的明确规定为：健康安全地保护和养育婴幼儿，提供适合婴幼儿身心特点的教育，支援家庭养育的社会福利性服务。“保育员”则是指在幼儿园、社会福利及其他保育机构中，看护儿童，照料儿童基本生活起居、日常饮食卫生，教授儿童基础性的知识技能的专业人员。

幼儿保育指向3—6岁幼儿，目的在于给予其保护与养育，促进其生理与心理良好发展，为习得良好的个性、社会性品质提供助力。故成人需为幼儿提供必需的生活条件，构建良好、健康的成长环境，注意给予幼儿精心的呵护与照顾。自2019年起，幼儿保育专业被教育部补充进《中等职业学校专业目录（2010）》，成为国控专业，专业代码是160200，与中职学前专业一同列为中职教育类专业。2021年3月，教育部取消了中职幼儿学前教育专业，调整幼儿保育专业为中职唯一的教育类专业，专业代码自此变更为770101，专业招收初中毕业（或同等学力）的学生，学习周期为3年，对应的职业岗位主要是“保育员”。

二、教育教学

教育（Education）通常被定义为专设的教学行为；然而，从广义来看，可以理解为一种影响个人成长的社会经验过程。所谓教育，应该是一种传递和推广社会的文化和科学的过程。这种社会文化可以分为三层：首先，是对高级文化的阐述，这是无法看到的，例如心理学和社会价值观等；其次，是在第一级的基础上发展出来的，虽然不可见，但是可以感知到其组织模式和运作方式的存在，如政治制度及相关的机构；最后，则是可见且可触摸到的表面的文化，也就是我们可以看到并感受到的具体事物，它们构成了我们的日常生活。简而言之，这就是精神文化、精神化的物质文化以及实体的物质文化。教育的目标在于通过教授人们各种有益的信息来培养他们的能力，使他们能够有效地运用这些信息去改善自己的生活，或是以此为基石创造新的事物，从而实现创新和突破。对于前者来说，接受的人就像是一个装载信息的容器，只是位置发生了转移，混合在一起而已，这也是我们经常提到的应用型人才，即技能或工艺方面的人才；而对于后者来说，他们在接受的过程中会产生全新的认知，并且很容易建立起独特的研究思路、观念和技巧。这便是创新型的精英人物。任何国家或民族，其在全球范围内的文化影响力主要是由首层级的文化和创新型的人才所塑造的。人类高度发达的大脑结构为教育的诞生与进步提供了一切必要条件和先决要素。这种大脑构造赋予了我们感知、回忆、联系、幻想及推断等多种思考能力，使得我们的思想可以互相交流并且得到传递。而“教学”这个词语则是在教育目标的指导之下，教师的教育行为和学生的学习过程共同构成的一种行动方式，它是学校实施全方位培养的基础手段，同时也是学校的核心工作内容。教学与教育：教学与教育是部分与整体的关系。教育包括教学，除了教学，学校还通过课外活动、生产劳动、社会实践等途径对学生进行教育。

三、中等职业学校

中等职业学校是指由相关行政部门合法授权成立的实施全日制中等学历教育的不同类别职业学校，具体涵盖公办和民办的普通中专、成人中专、职业高中、技工院校和高等院校附属的中专部、中等职业学校等。本书特指高等院校附属的中等职业学校，并简称为中职学校。这类学校的招生对象是初中毕业生或是具备与其同等学力的人员，通常的基本教学年限设定为三年，学生毕业后获得中等专科学历。中等职业学校的定位是在义务教育的基础上培养大量技能型人才与高素质劳动者。中等职业学校培养与中国特色主义现代化建设要求相适应，德、智、体、美全面发展，具有综合职业能力，在生产、服务一线工作的高素质劳动者和技能型人才。他们应当热爱社会主义祖国，能够将实现自身价值与服务祖国人民结合起来；具有基本的科学文化素养、继续学习的能力和创新精神；具有良好的职业道德，掌握必要的文化基础知识、专业知识和比较熟练的职业技能，具有较强的就业能力和一定的创业能力；具有健康的身体和心理；具有基本的欣赏美和创造美的能力。

第二节　幼儿保育专业教学体系架构需求

一、幼儿保育专业教学体系建构的背景

（一）国家和社会发展的需要

保育工作是幼儿保教工作中的一项基本且重要的工作。近日，有损幼儿健康成长的虐待事件频发，减缓了保教工作的科学化进程。党中央对此密切关注，陆续出台了卫生保健、保育师资标准等较多政策文件。2017 年，习近平总书记在中央经济工作会议上明确提出“着力解决好婴幼儿照护和儿童早期教育服务问题”。紧接着，2018 年颁布了有关幼儿保育质量的文件《中共中央、国务院关于学前教育深化改革规范发展的若干意见》，指出了幼儿保育的工作重心是全面系统地提高保教质量。为实现幼儿健康幸福成长的目标，要从以下三个方面着手：一是保育活动时刻遵照客观的身心发展规律；二是在保育理论与实践工作中，保育与教育同等重要，需紧密联结；三是家庭、专门的保育机构、社会，三者合力提供使幼儿健康愉悦的成长环境。2019 年，时任总理李克强在《政府工作报告》强调，要针对实施“全面二孩”政策后的新情况，加快发展多种形式的婴幼儿照护服务，支持社会力量兴办托育服务机构，加强儿童安全保障。2019 年 6 月 26 日教育部组织修订了《中等职业学校专业目录（2010）》，增补 46 个新专业，其中包括了幼儿保育专业，开启了幼儿保育员专业化培养的新纪元。党和国家政策的颁布为幼儿保育教育的发展指引了方向，突出了幼儿保育质量在幼儿保育教育发展中所占据的核心地位，表明国家对幼儿保育教育事业的重视程度显著提高。随着党和政府对幼儿保育工作的重视，深化对中职学校幼儿保育教育的研究，有助于我们充分认识幼儿保育教育的特点、教育方式与教育内容，为当前我国幼儿保育教育的提升提供借鉴。

（二）幼儿照护服务人才的需要

国家大力支持托育服务等机构的发展，通过加强托育服务人员的培养和培训来提升托育服务人员的服务质量。托育服务是社会发展的重要组成部分，是健全幼有所育相关政策体系的重要举措。当前，婴幼儿照服务急需人才，国务院办公厅对学校提出了明确目标：将婴幼儿照护人才作为紧缺人才进行培养，至 2025 年，婴幼儿照护人才的服务水平要有

比较显著的提升。有研究表明，从社会学的角度来看，婴幼儿照护服务水平的提升能在一定程度上改善低出生率，而婴幼儿照护人才队伍的培养由教育部负责。所以，从教育学的角度分析，婴幼儿照护人才队伍建设需要从相关专业中选拔适合的人才进行针对性的培养。

（三）保育员专业化培养的需要

到 2014 年为止，发达国家 3 岁以下儿童平均接受托管的比例是 33.77%，而我们国家不足 5%。行业标准和专业人才，是托育服务行业发展的关键。当前，我国正面临着专业教育人才严重短缺的问题，全行业内存在着数以百万计的专业人才短缺。但现有的保育员队伍绝大部分来源于社会，仅有小部分来自学校的幼儿保育教育专业。来自社会的保育员虽然拥有了保育员的专业资质，然而他们缺乏实际操作所需的专业技能与知识，这主要是由于他们在正式工作之前只接受过短暂且非系统性的训练，这种状况限制了现有保育员的职业发展。经过对福建福州各大幼儿园的管理者及家长们进行深入的访问和问卷调查后，我们得出结论：当前，福建的幼儿园普遍采用了“2+1”的工作方式，也就是每个教学单位都有一名主教老师和一名副教老师外加一位保育员。就人数而言，目前的保育员配置相对充裕，然而，如果要提高整体素质，那么现在的保育员队伍存在着严重的“老龄化”“体力不足”“教育水平偏低”的问题。根据福州某幼儿园的数据统计显示，该园保育员具有大专及以上学历的占比为 20%，具有中职或高中学历的占比达到了 44%，具有初中学历的比例大约有 36%。而在年龄分布方面，30 岁以下的保育员仅占 9.7%，30~40 岁的保育员约占 33.5%，超过四十周岁的保育员占 56.5%。由此可见，现有保育员队伍年龄大、学历低，整体保育水平偏弱。

（四）中职幼儿保育专业转型发展的需要

从 1963 年开始，中职学校一直参与我国幼儿教师的培养，已为社会输送了大量的幼儿教师，极大补充了本专科院校幼儿师资培养数量上的不足，在社会上具备了一定的认可度。但随着社会的发展，只具备中专学历的幼儿教师已不能满足社会发展需求，不久或将被淘汰。历经超过五十年的进步与演变后，我国的中等职业学校幼儿保育专业已经建立起了一套相对稳定的培训系统，拥有完备的教育工作者团队和先进的学习工具及资料储备。若仅仅因为追求更高的学位而完全抛弃中等职业技术学校幼儿保育专业显得过于草率且不明理智，唯一的解决方案是加速转变方向，积极推动中职幼儿保育专业。社会办学空白、良好的发展机遇，为该专业的持续发展提供了前提条件，同时也对培养高素质保育人才提出了更高的要求和挑战。这就需要我们必须重新设定人才培育目标，并改革教学结构以培养出能达到“高素质、善保育”标准的保育员。

二、幼儿保育专业教学体系建构的意义

中职学校幼儿保育专业教学对于保育专业人才的培养至关重要，不仅决定了他们是否能达到预期的培训效果，也关系到整个幼儿保育团队的专业素养是否合格。我们国家刚从政策层面上设置中职保育专业，该领域尚处于初级发展阶段。截至目前，国家层面上尚未正式颁布中职学校保育专业教学大纲的具体规定，各中职学校暂未建立起一套完整的、有效的教学系统，所以，深入探讨中职学校保育专业教育教学具有极大的意义，具体从理论和现实两个层面得到充分展现。

首先，从理论视角来看，利用“中职”“保育”“课程设置”等为关键词在中国知网上进行搜索，结果显示目前这方面仅有 10 篇，而其中的八篇文章是硕士学位论文，他们主要关注中职幼儿保育教育专业课程设计，没有涉及幼儿保育教学这个主题。同样地，当使用“中职学校”“保育”等为关键词在中国知网上进行检索，发现了三十篇相关的文章，包括七篇与幼儿保育教育专业关联的研究文献。这些数据表明，目前关注的焦点在如何提高中职学校保育专业的教育教学质量上，因此，本书的研究能够充实此领域的相关知识，并为未来的探索工作提供参考。

其次，从实际角度来看，本书所具有的重要价值主要体现在两个方面。一方面，因为目前我国尚未制定专门针对中职学校保育专业的课程教学标准，许多中职学校幼儿保育专业课程设置仍在采用旧式的学前教育专业课程教学标准，并未指出培养保育员的新方向。因此，本书可以给中职学校幼儿保育专业教育教学提供一定的借鉴经验。另一方面，现今大部分幼儿园都基本按照“两教一保”规定配置了一批专责保育员，然而大多数人只把自己视为保洁员，非真正的保育员，且均未曾接受过保育专业的学习，无论是知识素养还是能力素养都偏低。不难看出，为幼儿园输送专业型保育员是十分迫切的，中职学校在培养专业保育员上肩负着巨大的使命与责任。

本书旨在通过中职幼儿保育专业教育教学的现状展开调查，剖析幼儿保育专业教育教学的问题及成因，并评判幼儿保育专业教育教学是否有效，建构幼儿保育专业教育教学专门的教育课程体系，借鉴国内外幼儿保育专业教育教学发展经验，探索中职幼儿保育专业教育教学的发展策略，优化中等职业院校幼儿保育专业教学体系，为提升幼儿园内专职保育人员的素质水平助力。

第三节　幼儿保育专业教学的应然要求

教育的价值在于推动国家繁荣和社会发展，作为提升全民素养并实现人类全方位成长的关键路径，承载了数百万家庭的期望。只有通过加强教育才能建设强大的国家。近些年，我国幼儿教师教育培训进展迅速，一系列相关政策指导和保护措施相继出台，为提升现阶段中等职业学校幼儿保育教育提供了参考准则和政策支持。

2011 年 10 月，教育部出台《教师教育课程标准（试行）》，明确了教师教育课程设置具体要求，为中职学校教师教育课程设置和教学提供了规范和引导，为每一位幼儿园教师专业成长提供了课程保障。这是我国教育史上第一部关于教师教育课程的国家标准，意味着从师范教育转向教师教育改革将进一步深化，进入实质性的课程改革阶段。2012 年 2 月，教育部颁布《幼儿教师专业标准（试行）》，明确了一名合格教师的道德坐标、知识坐标和能力坐标，成为我国教师专业化进程的重要里程碑。幼儿教师专业素质应达到的基本要求自此开始有了国家层面上的规定，以及基本目标参数。2013 年 8 月，教育部颁布《中小学教师资格考试暂行办法》及《中小学教师资格定期注册暂行办法》，规定中小学教师资格每 5 年注册一次，以师德表现、年度考核和培训情况为注册条件的主要依据，教师资格证书不再终身有效。幼儿园教师职业开始更加严格的准入制度，从而保障幼儿园教师队伍质量。2014 年 8 月发布的《教育部关于实施卓越教师培养计划的意见》，提出以实施卓越教师培养计划为抓手，突出实践导向的教师教育课程内容改革，推动以师范生为中心的教学方法变革，开展规范化的教育，从而推动师范院校深化教师培养机制、课程、教学、师资、质量评价等方面的综合改革。2018 年教育部启动“卓越教师培养计划 2.0”。卓越幼儿园教师培养计划的推行，使我国幼儿教育事业发展质量从根源上得到提升，对幼儿园教师培养质量起到全面引领的作用，也为中职学校幼儿保育教育专业人才培养方案确立了指引方向。这些政策不仅为卓越幼儿教师培养课程设置提供了具体的引导和规范，同时也为中职学校幼儿保育专业教育提供了政策上的支持和规范。

一、幼儿保育专业教学的需求

（一）幼儿教育发展迅速，保育员需求量加大

根据西南大学教育学部的教育政策研究所发布的《“全面二孩”政策与幼儿保育教育资源配置——基于未来 20 年适龄人口的预测》的研究报告预测：二孩政策放开后，预计

至 2021 年幼儿园入托人数将会达到峰值，需要补充的教师总数将达 335.59 万名，具体包括需增补的保育人员和专门负责教学的人员，分别占到了 136.61 万和 198.97 万。按照 2013 年教育部颁发的《幼儿园教职工配备标准（暂行）》，幼儿园（全日制）保教人员与幼儿的最佳比例为 1∶7 至 1∶9。现有的师幼比与标准要求仍相差甚远。由此可见，保育员的缺口也很大。就幼儿园管理视角而言，每个班级都有专门负责照顾孩子的工作人员（即保育员）职位存在，这也就表明了在幼儿园中，以保育员为主的后勤队伍人数几乎占到总教职工人数的三分之一，也就是保育员队伍素质的高低直接决定了幼儿园整体教学水平，保育员的职业素质则对孩子们的发展有着举足轻重的影响。目前，各中职学校每年扩大幼儿保育教育专业招生数，却未见有保育员专业设置；中职幼儿保育教育专业又具备成熟的转型条件；社会性办学空白、良好的发展机遇，为该专业的持续发展提供了前提条件，同时也对培养高素质保育人才提出了更高的要求和挑战。

（二）保育员专业素质和教育程度需要提升

通过对幼儿园各个层次的人员进行访谈交流和问卷回收，深入了解用人单位对保育员知识结构、能力结构、职业素养等方面的意见和建议。2019 年笔者在所负责立项的省级重点课题调研中发放问卷共 1500 份，回收有效问卷共 1423 份，对福州市不同层次近 40 家幼儿园，150 位在岗保育员进行问卷调查和实地访谈，将所获得的保育员从业人员的基本情况进行整理、归纳并统计分析。具体见图 1–1 ~ 图 1–4。

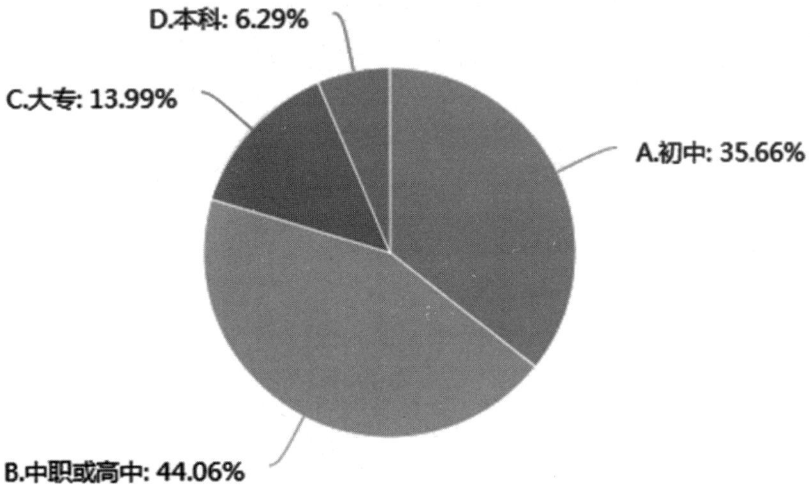

图 1–1　保育员学历情况

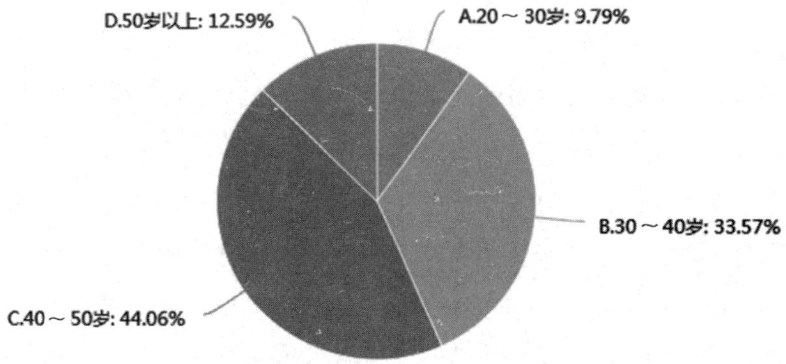

图 1-2　保育员年龄情况

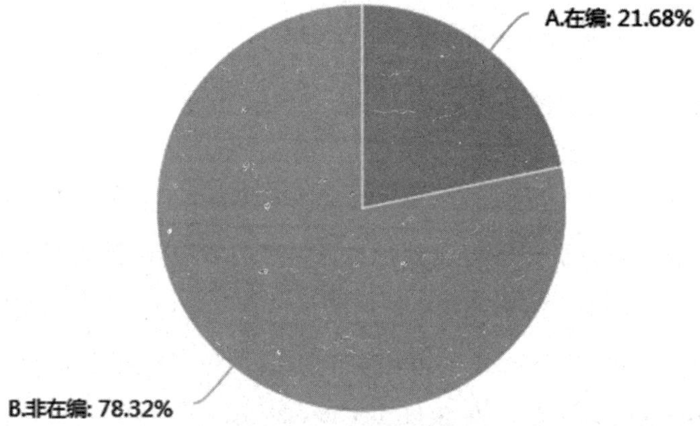

图 1-3　保育员编制情况

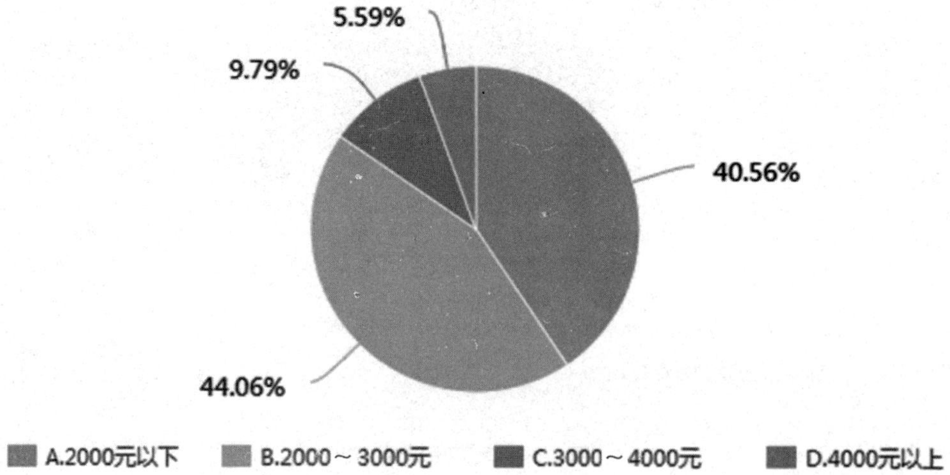

图 1-4　保育员工资情况

以福州市为例，从其教育背景分布来看，大专以上学历占比约为20%，中等职业学校或者高中学历占比约为44%，初中学历占比约为36%；从年龄结构来看，30岁以下的保育员占比约为9.8%，30~40岁的保育员占比约为33.6%，40岁以上保育员占比约为56.6%；从编制情况看，在编保育员占21.68%，非在编保育员占78.32%；从薪资情况看，84.6%的保育员薪酬在3000元以下。可以看出，本地区幼儿园保育员大多为非编人员，学历层次普遍较低，年龄层次偏大，且平均工资较低，给工作带来了极大的不稳定性，增加了员工流动性。作为省会城市，福州市的经济发展比较适中，具有一定的代表性。

社会对保育员需求量增加的同时，对保育员的素质要求也相应提高。幼儿园都渴求"有爱心、有良好的与家长沟通的交流能力和应变能力、有与时俱进的幼儿教育理念、有安全事故处理能力、具备一定艺术素养"的专业毕业生；家长也希望保育老师的整体素质能够提升。这就给职业院校的人才培养和学生的继续教育提出了新的发展需要，就要求我们调整人才培养方案，提高对学生专业能力的培养，塑造有发展可能的保育员专业人才。

（三）保育员资格证书仍然是学生求职和单位用人的硬件标准

在调研过程中，公立和私立幼儿园在用人机制上均要求保育员拥有三级以上资格证或具备育婴师证，而未获取资格证的员工需通过社会培训机构进行继续教育并参加统一考试。这对学校专业人才的输出是一个严重的阻碍，大大降低了学生们对自己所学专业的认同感及他们学习的积极性，进而给幼儿保育专业教育教学带来了巨大压力。做好与保育员资格证内容相匹配的课程设置，提升学生的资格考试通过率，确保他们的职业前景稳定，最终也会助益于学校该专业的长远发展。

二、幼儿保育专业教学的应然要求

（一）培养幼儿保育专业人才课程目标要求

依据《教师教育课程标准（试行）》《幼儿园教师专业标准（试行）》及幼儿园教师资格证"国考"变化等政策对幼儿园教师培养提出的要求，幼儿保育专业人才教育教学应该涵盖的内容如下。

1. 师德为先：职业准则和规范

对于幼儿保育专业人才而言，其职业伦理不仅体现在他们必须遵循的行为准则上，还体现在高标准的个人品行上。幼儿保育专业人才肩负着培育下一代新人这一重要的历史使命，通过运用自身的智慧、感情、价值观及精神来影响孩子们的成长。这不仅是一项教授知识技巧的工作，也是一个用心灵塑造心灵的过程，这种工作的独特属性使得幼儿教育工作者需要具备更高标准的职业操守。正如夸美纽斯所说：“老师应成为有卓越品质的人物。”建立专业观念并提升师德被视为幼儿教育者的核心任务，具备专业性和师德是从事幼教工作的基础条件和最低限度。

教育的初始形式便是道德活动，自古便强调老师的品行和价值观的重要性，并将其视为教育的核心理念之一，反映出我们对优良传统的尊重与继承。这种理念同样也适用于幼教工作者。幼教工作者需要以“师德优先”的原则来指导自己的行动，始终关注孩子们的需求和社会发展方向。孩子们有着强烈的学习模仿能力，老师的行为和语言表达都可能成为他们的榜样，从而影响到他们的成长过程。因此，师德对于幼教工作而言至关重要，它代表着教师的核心价值，决定了一个人是否有资格担任这个职位，也就是所谓的“入门准则”。

2. 幼儿为本：职业理念和知识、能力

幼儿保育教师的核心职责在于为年龄范围从三岁至六岁的儿童提供教学服务，他们的职业进步主要表现在其专业的信仰、知识体系和技能上的增长，并最终落实于提高受教育者的整体素质。所以，幼儿保育教师需要确立以孩子为中心的教育观念，重视孩子的权利，把他们视为学习的主导者。幼儿园的教学活动设计应该积极激发和利用孩子们自我参与和学习的动力，实施适合他们生理心理特征的教学方法来推动他们快乐全面健康地成长。在幼儿保育教师培训的目标设定中，中职学校教师教育有责任引领新任教师深入理解“以孩子为中心”的重要性，以此作为启动个人专业发展的起点，并将保护孩子的健康成长视作实现个人事业理想的最重要任务。

综合教育技能和素质构成了幼儿保育教师必备的专业素养，是他们执行教学任务的关键因素和核心保障。中职学校幼儿保育教育专业设立教育课程，有助于提高预备幼儿教师全方位教育能力和技巧。教师培训计划应该推动幼儿保育教育专业学生形成理解幼儿的知识与能力，理解幼儿为本的基本理念；通过中职学校课堂对幼儿发展理论、幼儿心理学、婴儿看护和小学过渡期等相关内容的学习，以及幼儿园实地考察和实习等方式，提升幼儿保育专业学生的教育教学能力，使其能胜任幼儿园的工作职责；通过教师培训课程，幼儿保育专业的学生逐步明确自己的职业方向，持续加强自身的专业知识和技能，最终成长为一名专门从事幼儿教育的专家级教师。

3. 终身学习：职业可持续发展

根据联合国教科文组织《学会生存》报告的观点，未来的文盲不再是不识字的人，而

是没有学会怎样学习的人。作为一名负责培育终身学习理念的幼儿老师，我们必须先具有终身学习的思维方式与技术技能，身为幼儿老师要积极响应社会经济及教育的变化需求，不断更新我们的认知架构与素养水平，成为一位始终保持求知欲的榜样人物。教学内容强调了“终身学习”的原则，旨在协助老师们建立起专业的成长过程是一项需要长时间投入的工作观念，因此，中职学校幼儿园教师教育应当致力于让幼儿保育教师认识专业发展是一个持续终身的过程，树立终身学习、终身发展的观念，再者，中职学校幼儿园教师要挑选出一些可以影响他们职业生涯长远利益的信息来充实他们的理论体系。然而相比于这些信息，更重要的是如何去思考问题的方式，也就是一种质疑反省的态度。这是一种科学研究的精神，所以我们在设计这个学科的教学计划的时候应该特别注重引导学员们形成这样的态度：鼓励他们在团队协作的环境下探索自己的兴趣点，并在其中找到适合自己个性化发展的走向成功之路。

4. 重视实践：实践能力和实践智慧

对于中职学校教师教育来说，“实操导向”的观念是至关重要的，与此同时，丰富且多样的实际操作经验对幼儿园教师的专业成长至关重要。目前，教师资格考试的主要焦点在于评估教师的实践能力。因此，中职学校幼儿保育教育专业应当紧密关注三个主要方面，即“关心孩子”、“重视教学管理”和“注重自我修养”。幼儿保育教育专业学生可以通过各种形式的学习去认识他们所接触的孩子们的需求，掌握他们的身体发展特征及其敏感时期，明白如何组织有效的课外辅导工作以满足孩子的需要，感受到作为一名优秀的早期基础阶段小学教师的责任感，并对这一职业产生深厚的感情。有助于培养幼儿形成正确的人生观、价值观，建立起科学合理的师生关系模式，实现幼儿保育教育培育目标。

（二）培养幼儿保育专业人才课程结构要求

1. 优化教师教育课程结构

长久以来，因为对教师、教师教育、教师教育课程的理解存在误区，使得这些课程常被视为“食之无味弃之可惜”的存在，并将其归于“公共课程”，忽略教师教育的专业素养方面的作用，甚至削减了它们的授课时间和学分比例。因此，现今幼儿保育教育计划已明文规定：“要建立模块化的教师教育课程体系，构建公共基础课程、学科专业课程、教师教育课程比重适当、结构合理、理论与实践深度融合的课程体系。”而在 2017 年教育部发布的《普通高等学校师范类专业认证实施办法通知（暂行）》中，针对幼儿保育教育的专门课程设置提出了新的规范，该《通知》把中等职业学校的幼儿保育教育划分为三个部分：一是专属教师教育课程；二是涵盖人文学术和社会科学基础知识；三是支持儿童早期教育所需领域的各类相关课程。这三种类型的课程在学分的分配上有各自不同的权重要求。

2. 强化教育实践环节

《教师教育课程标准》对“教育实践课程”特别重视，并明确强调：教育实习见习应持续 18 周，即为一学期的时长。同样，对于幼儿保育教师的教育培训方案也有着类似的规定，要求实施标准化教育，使之融入全部的培育过程中，设置不同的阶段目标，以保证实际效果。高效的教学实践能力被视为所有教育工作中的核心部分，因此，加强教育实践环节能更好地让幼儿保育教育专业的学生在前置教育期间观察幼儿园实践教育的实际情况，进一步增强自身的理论知识与实操能力，加速他们的职业化进程。此外，也能加深他们对实践重要性的认识，关注幼儿教育领域的真实挑战，以此来优化他们在教学环境下的专业素养，提升自己的专业观念和专业认可度。

3. 丰富教育课程的选择性

《教师教育课程标准》设计原则灵活且有选择性，这表现在它并未明确指定哪门课或者哪个部分为选修科目或选修模块，也没有设定任何科目的学分数量、总学分上限、每个领域的最低学分要求，未对必须学习的学分与可供选择的学习项目做出硬性规定，更没有给出具体的模块学分及上课时间安排，等等。因此，针对中等职业学校幼儿保育教育专业的课程设计，应该遵从《教师教育课程标准》的规定，尽量给这个专业的学生更多的课程选项，让他们可以在遵守国家要求的教师培训课程和学分体系的前提下，拥有更多样化的课程选择权，以满足他们对不同类型课程的需求。

（三）培养幼儿保育专业人才课程内容要求

1. 扎实专业知识

教师的教育理念及思维方式对其教育的每个环节产生重要影响，例如他们如何解读课程，怎样看待教材的作用，如何塑造孩子们的形象，还有他们与孩子们之间的互动等。幼儿教师所需的专业素养构成了他们在幼儿园中实施教育工作的核心要素，同时也为他们的专业进步提供了支持。据此，稳固地建立起幼儿保育专业的基本理论知识是增强幼儿保育专业综合素质的基础要求。针对幼儿园的实际需求，优秀的幼儿保育专业教师首先必须了解引导儿童健康的知识，熟悉儿童身体发育的过程、特性及其个体差异，并能提供应对儿童发展过程中常见问题和特定难题的方法策略，以确保儿童的健康成长。此外，幼儿保育专业教师还需深入学习幼儿保育的基本原理。由于幼儿保育专业教师的工作职责包括照顾和教育，其主要任务就是保护和培养儿童，使之达到全面的发展。因此，对于这些基础知识的理解深度和应用技巧，常常会影响未来在幼儿园里实施教育工作的价值观和基本决策，从而决定了幼儿园教育工作的进展和效果。与此同时，牢固掌握基础的幼儿保育教育原则也成为幼儿教师增长护理能力和教育水平的重要前提，只有通过不断的学习才能逐步提升自身的护理和教育技能。幼儿保育专业教师应具备广泛的通用知识，通用知识是滋养幼儿教师文化和教育文化的“沃土”，同样也是幼儿保育专业教师高效执行教学计划的核心“教学内容”。

2. 重视师德养成教育

师德是指老师的职业伦理，是老师在学校或课堂上需要遵守的全部规则和价值观集合体，亦是幼儿保育教师的基本且关键的工作原则和服务标准。作为一名专业的幼儿保育教师，其工作不仅要符合社会的期望，而且还要满足他在特定行业中的所有相关的规章制度规定。对幼儿保育教师而言，他们的责任感是非常重要的，这种义务感和自律精神可以提高个人的素质，增强工作能力。此外，中等职业技术学校的幼儿保育专业非常注重学生的品质塑造过程，以培育出拥有坚定信仰目标、高尚人文情怀、深厚专业基础和人性关怀等特质的教师为己任，鼓励幼儿保育专业学生在指导他人成长的过程中不断完善自我，成为激发学生求知欲望的榜样，成为推动学生创造力发展的榜样，成为学生为国家做出贡献的榜样，成为始终坚持教学和育人相结合、坚持言传和身教相结合、坚持潜心问道和关注社会相结合的幼儿保育教师。

3. 丰富课程教学内容，突出实践导向

在中国大多数中等职业技术学校内，教师教育课程一直被视为通识学科，其核心是基于“教育学”“心理学”“教学法”这三个原有教育课程，没有充分考虑幼儿保育专业的实际操作需求及探索性问题，也无法体现目前相关于教育理念 、心智成长规律等方面的最前沿的发展趋势，还面临着一些中职学校教师教育同基础教育改革之间的断层现象。此外，学生们通常觉得这些科目的学习仅仅是为了应对校内的考核或获取学位分数而设立的行为方式，这种行为对于他们日常工作的实用价值低。面对现有教师教育课程设计方案与实践中存在的缺陷，即过于老旧且偏离基础知识和社会进步方向等，应该根据教育部颁布的相关规定来调整我们的授课计划，将关于幼儿教育的前沿知识、幼儿保育教育改革和幼儿保育教育研究最新成果充实到教学内容中，以便更好地满足幼儿保育老师岗位所需的专业技能训练的需求，具体包括以下几个方面：儿童发展与学习；幼儿教育基础；幼儿活动

与指导；幼儿园与家庭、社会；职业道德与专业发展，教育实践要求组织各种形式的活动去引导孩子们参与，还要强调的是要注重实务性的原则，提高学生的动手动脑能力、实践能力，鼓励在工作中积极运用现代科技手段，并对自己所做出的决策进行及时有效的反馈。

第二章 幼儿保育专业教学的现状

第一节 幼儿保育专业教学的现状

一、幼儿保育专业的教学目标

教学要能够满足个体职业发展的需要。当前幼儿保育专业的培养方案提出的人才培养目标是：适应新时代幼儿保育教育高质量发展的人才需求，培养德、智、体、美全面发展，热爱儿童和幼儿保育事业，具有扎实的幼儿保育科学理论素养和保教实践技能，能在教育行政部门、幼儿保育教育机构、企事业单位从事教学、科研、管理、开发设计等工作的高素质应用型人才。其教育目标是：培养学生能够利用相关教育理论分析、解决教育问题的能力。此外，使学生掌握文献检索、资料收集与整理的基本方法，具有一定的科学研究和实际工作能力。教师们认为，从人才培养目标来看，当前学校以培养适应新时代发展的高素质应用型人才为目标，进一步指出了幼儿保育专业教育的重要性。但是，教育目标设定过于笼统，未能体现幼儿保育教育专业教育的特点，也未完全根据各教育环节的内容有针对性地分化、细化教育目标，可操作性不强。

2019 年针对学生的教育较为重视哪些目标的调查结果如图 2-1 所示，其中，占比最高的是提高保教能力，其次是加深对理论知识的理解，再次是树立职业理想。占比最少的是发展科研能力和培养创造性思维。由此可见，职业院校主要强调了学生保教能力的提高、对理论知识的掌握理解和职业理想的树立，表现出来的是对理论教学的重视，但同时也忽略了一些重要方面，譬如能力的发展、创造性思维的培养，而这正是幼儿保育专业化发展所不可或缺的重要因素。

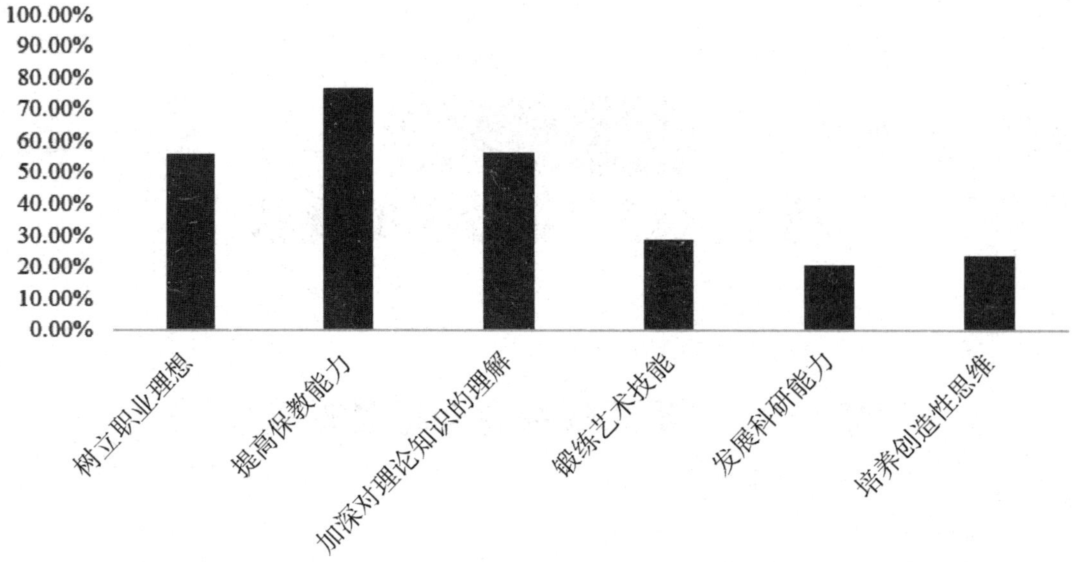

图 2-1　幼儿保育专业教育目标侧重情况

表 2-1　学生个人素养情况

缺乏的素养	百分比
专业态度	2.6%
专业知识	7.7%
专业技能	28.2%
教育实践经验	61.5%

通过对学生的调查可以发现，学生明确地知道自己通过实习要达到的目标。对于自己最缺乏的素养，如表 2-1 所示，有超过一半的学生表示是教育实践经验，这说明学生已意识到实践教育的重要性。

表 2-2　教学对即将上岗的幼儿保育专业学生的作用情况

教育的作用	百分比
非常有帮助	40.9%
比较有帮助	38.2%
一般	18.8%
比较无帮助	1.0%
非常无帮助	1.1%

关于教育是否对即将上岗的幼儿教师专业实践能力的提高有所助益这个问题，根据表 2-2 可知，绝大多数的学生认为非常有帮助或比较有帮助。学生们表达了他们的观点：

参与实际操作能为个人职业发展带来极大益处。这些实践活动能够让学生快速掌握技巧，更好地理解如何与儿童交流，其应用价值更高，这对只懂理论但缺乏实战经验的学生而言，有助于积累工作经验，尽早融入职场生活。此外，学生们必须利用实践来验证并强化所学的理论知识，同时在过程中不断反省自身的问题。

总体来看，在教育目标上，在实际教学过程中学生们主要体验到了提升保育能力、深化理论学习深度及确立职业梦想等方面，而对于培育全面能力的科学研究、进步能力和创新思考等领域的培训则被忽略。学生明确地意识到自己在哪些方面需要更多的修养，强调了学校教育在塑造幼儿教师专业实践能力上的重要作用。

二、幼儿保育专业的教学内容与实施

（一）教学内容

根据学校的幼儿保育专业人才培养计划，实践性环节主要涵盖了军训、教育观摩、教育见习、毕业实习、毕业论文以及社会实践、学科竞赛和项目训练等。总体而言，构建了一个相对完备的教育内容结构。

表 2-3　幼儿保育专业教学内容的情况

学校安排的实践活动	百分比	学生希望进一步加强的教学内容	百分比
专业技能训练	56.0%	专业技能训练	62.4%
教学观摩	52.6%	教学观摩	57.5%
实习见习	72.4%	实习见习	76.3%
专业竞赛	45.8%	专业竞赛	24.2%
项目实践	16.4%	项目实践	21.8%
顶岗实习	26.7%	顶岗实习	24.3%

根据表 2-3 的数据分析显示，就学生的视角而言，学校的教学内容是以实习见习、专业技能训练和教学观摩为主导，科学研究实践的比例相对较低，这与教师访谈结果一致。由此可见，中等职业院校在培育学生科技能力和创新创业方面缺乏足够的重视。此外，实习经历的内容多为幼儿园教育教学实践，缺乏其他的实践操作练习。这种现状与当今倡导的实习与理论结合的幼儿护理教育专业的实践培养观念有偏差，并且不符合国家倡导的扩大教育实践途径的要求。针对期望增加教学活动哪一方面的比重这一问题，前三名依次为实习见习、专业技能训练和教学观摩。这表明现行制度下，中等职业技术学校在实施教育任务时仍存缺陷，其提供的教育项目并没有满足学生预期。通过向学生了解情况得知，他们首次被分配到幼儿园参与实习的主要时期通常位于学年末尾，这与现在主张的把教育实

习融入整个专业学习的各个阶段并逐步提高的要求相悖。至于学校规定的教育活动时长，详见表 2-4，大部分学生表示不满，觉得太短或者不够长。

表 2-4　学校安排的教育活动时间情况

教育活动时间	百分比
非常充足	7.4%
比较充足	41.4%
一般	24.5%
比较不充足	23.2%
非常不充足	3.5%

表 2-5　学生在幼儿园获得组织活动与开展活动的机会情况

学生获得组织与实施活动的机会	百分比
非常多	7.0%
比较多	37.2%
一般	38.9%
比较少	15.3%
非常少	1.6%

对于实习中在幼儿园获得的组织与开展活动的机会，根据表 2-5 可知，超过半数的学生认为一般或相对较少，也就是说，即学生认为在实习中他们所获得的组织、开展活动的机会尚未完全达到他们的预期。

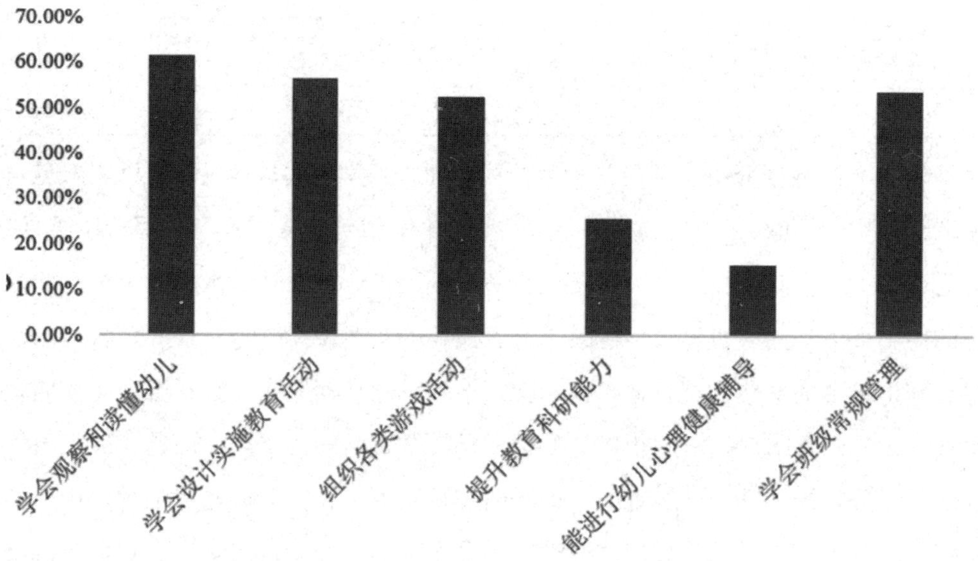

图 2-2　学生教育实习结束后的收获情况

对于教育实习结束后的收获情况，依据图 2-2 结果，学生们认为更多的是学会观察和读懂幼儿、组织各类游戏活动、学会设计实施教育活动和学会班级常规管理，排在后两位的是提升教育科研能力和能进行幼儿心理健康辅导。这说明学生在实习期间学习更多的是常规的幼儿园一日教育类活动，在培养综合能力方面有所不足。学生也谈道："在幼儿园的主要工作就是协助老师日常的教学工作。"总的来看，中职学校幼儿保育教育专业虽然设置了较为完整的教育内容，但实际运行中见习的机会不多，较少安排教育研习，且教育实习多集中进行，以保教实习为主；教育活动的时间安排不足，学生得到组织、开展活动的机会不多，更多的是辅助幼儿园教师开展工作。学生整体满意度不高。

（二）教学实施

1. 教学手段单一

表 2-6　教师教学手段情况

问题	答案	百分比
课堂中主要使用的视角方法	教师讲授	61.7%
	师生互动	10.6%
	多媒体使用	23.6%
	教学活动	4.1%
是否根据学生的基础进行教学	经常	39.5%
	偶尔	47.6%
	不感兴趣	12.9%
对幼儿保育专业学习感兴趣吗	感兴趣	30.8%
	一般	26.7%
	不感兴趣	29.4%
	非常不感兴趣	13.1%

通过上表可以看出，教师讲课以讲授居多，占到一半以上的频率，教学方法较为单一和传统，比如师生互动、教学活动等能调动学生积极性的教学手段较少使用，在上面调查结果中了解到大部分教师没有根据不同学生的基础进行分类教学，并且学生的学习兴趣不高，接近一半的学生认为对音乐课堂不感兴趣的原因在于课堂较为枯燥并且在学习中没有成就感，知识与技能的教学是为了提升学生的基础能力，为以后进入幼儿教育基地打下基础，但是有很多学生对于知识与技能的掌握很浅显，例如对于幼儿保育的音乐、美术等知识点模糊，学生学习注意力不集中、上课不积极，对知识不够理解，觉得枯燥。教师的教学方法主要

以讲授法为主,课堂教学中凸显只有教师“教”的过程,学生“学”的过程微乎其微。在学生中职一年级时,教师没有根据学生的学习基础、学习兴趣进行多样的教学,提高学生注意力,导致学生在中职二年级、三年级处在浑水摸鱼状态,分析原因为教师在教学手段上有一定的欠缺,知识的理解与技能的训练需要教师巧妙的教学手段,所以教师应该经常学习接授新的教学方法,通过吸引学生注意力的教学方式对知识进行教学,学生在轻松愉悦的学习环境下潜移默化地学习知识与技能,从而迁移使用到未来的幼儿教学当中。

2.教学成果评价机制不健全

教学评价能够对教师的教学成果,学生的学习认知结果起到反馈、诊断的作用。从教师访谈中我们了解到幼儿保育专业的教学评价以期中期末考核为主,考评次数一学期只有两次,学生的学习情况不能在课堂、音乐实践中得到及时反馈,不能够及时对学生的学习以及教师的教学起到调整与督促作用,导致学生的学习效果提升缓慢。

三、幼儿保育专业的教育管理

中职学校幼儿保育专业教育采用校院两级组织管理,军训、创新创业活动由学校部门统一组织安排,其他教育任务由学校教务处统一管理,各相关学院负责具体组织落实。具体工作主要由学院负责教学工作的副院长领导,教务科等组织实施,学生工作办公室和专业教师、辅导员协助完成,但是在具体运行过程中,各自的作用并没有完全发挥出来。在中职学校幼儿保育教育专业教育的制度管理上,学校层面主要起宏观把控的作用,出台的制度主要有中职学校校外实践教育基地建设方案、生涯规划、创新创业及就业指导等。学院层面的管理制度更多的是培养计划、实习鉴定表、实习基地协议等,对于教育实习工作的管理、职业能力训练要求等方面没有明文规定,没有系统性地形成涵盖教育工作各个环节的管理制度,这不利于整体落实、保证教育成效,难以达到国家对幼儿保育教育专业师范生实践能力的要求。如中职学校在第七学期的毕业实习环节,在实习结束后,对学生的评价也只是简单地局限在一张实习鉴定表上,很难保证学生实践能力的提高。

关于希望在教育基地实习多长时间这个问题,如表 2-7 所示,有超过四分之三的学生认为 16 周或以上的实习时间是比较合适的,这跟当前中职学校实际安排的实习时间是有出入的,如中职学校安排的实习时间一般在 9 周左右。这说明学生普遍认为目前的实习时间是不充足的,希望延长在基地实习的时间。

表 2-7　学生希望在教育基地实习时间情况

实习时间	百分比
6 周	2.6%
8 周	5.1%
10 周	15.4%
16 周	12.8%
18 周	30.2%
一学期以上	33.9%

学生和教师谈道：

目前中职学校课程设置的情况是教学实践过少，理论较多，给学生实践的机会较少，等真正到了工作岗位，需要较长时间适应。关于进入幼儿园或者幼教机构实习，学校更多的还是安排在集中实习期间，因为课程很多，排得也比较慢，所以进入幼儿园或其他幼教机构见习实习的机会不多。如果个人去找的话，一个是学校的课程安排比较紧，另一个就是幼儿园能不能接受的问题。希望多增加一些一对一的指导，多到幼儿园跟小孩子加强互动，多观摩教育活动，提高实习见习的频率，增加实习见习的时间，多进行专业技能的训练。

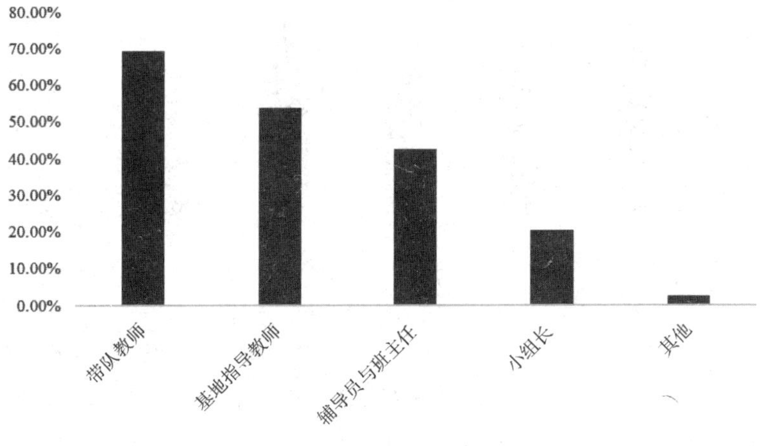

图 2-3　学生教育管理情况

如图 2-3 所示，学生开展实践教育的管理者主要是带队教师和基地指导教师。关于学校安排教育实习的组织形式，中职学校是集中安排在几个幼儿园实习，拉萨师范高等专科学校一般是回生源地实习。对教育管理的满意程度，如表 2-8 所示，有超过一半的学生表示一般或不满意。这说明，中职学校幼儿保育教育专业教育的管理并不完善。

表 2-8　学生对教育管理的满意程度

对教育管理的满意程度	百分比
非常满意	11%
比较满意	29.8%
一般	53.9%
比较不满意	4.7%
非常不满意	0.6%

也有学生谈道：

教学管理不够完善，管理水平有待进一步提高。本专业的教学管理比较松散。在专业学习上，理想的状态应该是理论和实践能够更好地结合，但实际情况却是理论课程设置得过多。比如要进行环创，不能仅仅只是去参观一下，更多的是需要亲自进入实践场景，然后在真实环境中去感受、去思考幼儿从这些环创中能够得到什么，这样才是真正将理论和实践更好地融合。

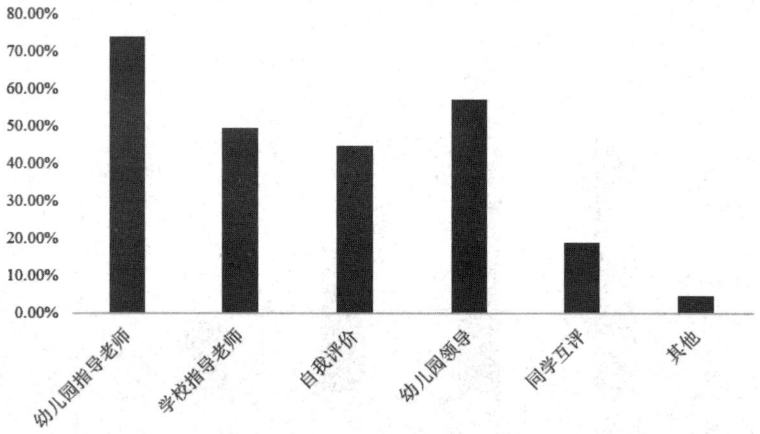

图 2-4　学生实习成效考评情况

评价是对教学活动的过程和效果进行价值判断的过程。通过测量和非测量的方法对相关数据进行系统的收集和整理，为被评价对象的自我完善和相关决策提供依据。如图 2-4 所示，中职学校幼儿保育教育专业教育评价主体以幼儿园指导老师、幼儿园领导和中职学校指导教师为主，较为忽视其他评价主体。教师们认为目前的考核方式和评价标准，更多的还是沿用以前一份表和一段评语的模式，在创新性上有不足。

对于教育实习结束后是否能胜任幼儿教育工作，超过一半的学生认为能胜任一些或完全能胜任，由此可以看出实践教育对学生专业能力的锻炼成效显著。对于个人在幼儿园的总体表现，如表 2-9 所示，绝大部分学生认为自我表现一般、记不清楚或表现非常不好，即学生对自己的总体表现并不满意。

表 2-9 学生在幼儿园的总体表现情况

在幼儿园的总体表现	百分比
表现非常好	16.3%%
较好	23.1%
一般	50.1%
不好	3.7%
非常不好	6.8%

表 2-10 教育实习过程中研究反思对学生专业成长的作用

研究反思对学生专业成长的作用	百分比
帮助非常大	47.6%
有帮助	36.7%
不清楚	11.5%
帮助不大	4.2%
完全没有帮助	0.0%

对于研究反思对学生专业成长的作用，如表 2-10 所示，绝大多数的学生认为帮助非常大或有帮助。这说明加强自我评价，加强研究反思，是非常有利于学生的专业成长的。

学生也谈道：

专业教育的成绩一般是从幼儿园老师、班主任、带队老师这三个方面综合进行评价，主要是根据平时的表现和公开课。在一定程度上可以反映出来学生的真实情况并促进其能力的提高，但是可能里面也包含有一定的人情成分，希望可以加入一些标准化的条目，评价能够更客观一点。在某些方面中职学校老师讲得和一线真正发生的是完全不一样的，只有真正亲身走进幼儿园，接近孩子们，才能更好地了解所学专业。同时，也有很多东西需要通过反思才能更好地运用到学习和工作中。

总的看来，中职学校幼儿保育教育专业教育的管理，基本形成了校院两级管理组织；在运行管理上，各部门统筹协调作用发挥不完全；还未建立完善的教育制度管理体系。实习的组织方式主要是集中安排和分散实习两种，多数学生在进入实习场景前并没有接受详细的指导。中职学校幼儿保育教育专业教育的评价主体，以幼儿园指导教师和中职学校指导教师为主，较为忽视其他主体的评价反馈，且考核方式及评价标准创新性不足；学生对自己在幼儿园实习的总体表现不太满意；考核评价存在主观性，评价方式和内容可以进一步标准化、丰富化。学生对教育管理的整体满意度不高。

四、幼儿保育专业的教育保障

（一）教育基地

1. 校外教育基地

目前，中职学校虽然建立了以省（区）级、市级示范幼儿园为主，包含公立幼儿园和私立幼儿园的多个幼儿保育教育专业校外教育基地，但学生去的机会却不多，学生并没有在教育一线得到充分的锻炼，可见中职学校幼儿保育教育专业校外教育基地的使用效率不高，难以满足学生多周期、多层次的实践需求。针对校外教育基地效果的评价，只有12.8%的学生认为达到了效果，这说明校外教育基地的作用并没有完全发挥到位。

2. 校内教育基地

校内教育基地对学生实践能力的培养，特别是对学生专业技能的培养起着非常重要的作用。中职学校基本上都配备有保育实训室、手工教室、电钢琴室、舞蹈练功房等。相对来说，目前保育技能实训室的建设情况更为薄弱一些，中职学校校内教育基地建设仍旧偏向于培养学生的艺术技能，对以关注儿童身心发展特点和规律为重点的实验实训室等设施的建设则有所不足，这会影响学生的教学观摩、技能训练和展示。中职学校保育：学校的教育基地质量一般，设施设备不足，不太能满足学生专业能力提升的需求，专业技能训练相关方面的设备不达标，希望增加舞蹈房、琴房、画室和持续更新教具教学设备，并提高这些设施设备的利用率。总的来看，中职学校幼儿保育教育专业校外教育基地以幼儿园为主，合作的深度和广度不够；校内教育基地的建设以发展学生艺术技能为主，忽视了对学生专业教学技能的培养，设施设备难以满足学生需求。且都存在使用率不高的现象。

3. 教育经费条件

中职学校幼儿保育教育专业教育经费主要以政府投入为主，在经费投入总量上难以满足不断发展的幼儿保育教育专业教育体系的建设需要，缺少其他渠道的经费来源。

4. 教育师资保障

师资队伍是保障教育质量的关键。中职学校幼儿保育教育专业教育的指导教师主要以幼儿园教师和中职学校教师为主，这也和国家要求的“师范生教育实践由举办教师教育的院校教师和幼教机构教师共同指导”相符。

表 2-11 学生在进入幼儿园之前接受相关教育指导的情况

是否接受教育指导	百分比
有详细的指导	2.6%
有一些指导	48.7%
不清楚	23.1%
几乎没有	20.5%
完全没有指导	5.1%

如表 2-11 所示,在学生进入幼儿园之前是否接受过相关的教育指导这个问题上,只有极少数的学生认为在进入幼儿园之前有接受详细的指导,这说明大多数学生在进入实习场地之前并没有得到很好的指导,对于实习的目标、内容、要求不够明确。学生在没有中职学校专业教师把关的情况下就进入实践场景,势必会出现准备不充分、反思不到位的情况。此外,教师数量不足,教师较少参加教育方面的学习与培训,造成了师资缺乏的现状,这也成为制约中职学校幼儿保育教育专业教育质量的关键因素。总的来说,中职学校幼儿保育教育专业存在教师数量不足的问题,需要加强专业教师师资队伍的建设。

第二节 幼儿保育专业教学存在的问题

一、教育目标比较笼统

教育目标即让学生经过教育活动,能在特定领域的专业知识、信仰及技能等层面取得预期的成就或者达标的标准。中职学校教育培养培育的目标设定对于课程的设计和执行、评估成效以及监管流程都起着关键性的指导作用,这对学生的未来专业成长和社会融入产生深远的影响。中职学校幼儿保育教育专业教育目标是“训练学生运用相关的教育原理来解析并解决问题,学会如何搜集和处理信息,具备一定程度的研究能力和实务操作技巧。”然而,这种描述方式无法立即明确地揭示职业院校希望实现的教育实践目标,其内涵模糊不清,未能充分反映出幼儿保育教育特有的培养特性。同时,缺乏详细具体地针对各教学阶段的具体目标,导致了课程设计的无针对性、无深度和无完整性。在观念层面上,主要表现为对上级要求的被动接受,而非主动全面考虑实际情况,合理地制定计划。

二、教育内容落实不到位

（一）教育内容缺少针对性

由于缺乏清晰的教育目的，导致了中等职业技术学校的教育内容无法充分适应学生个性和社会发展的需要。现有的教育系统并未针对特定的专业领域或工作职位来设计，而是出现了重复和独立的情况。这让学生感到困惑并降低了他们的学习效果。然而，教育的本质不仅仅是理论的学习和扩展，它还包括通过实际操作过程中的问题解决和理解来激发创造力。所以，我们应该调整我们的课程设置和理念，转向更注重“反思型实践者”的培育方式。但是现在，中等职业技术学校的幼儿保育教育并没有做到这一点，他们主要关注的是理论知识而非实践技巧的培训，而且过于强调艺术类的课程，忽视了教育能力的提升。这种状况使他们在提高学生的实践能力和评估方面遇到了困难。

当前的中职学校培育出的幼儿保育教育专业人员，主要还是处于“技艺精湛”的状态，这种状态更多地体现在其专业的技巧层面，然而他们并未充分注重那些要求更高级别的全面能力和品质发展所需的能力培训。例如他们在设定教育的目的时提到要让学员具备一定程度的研究科技并处理现实问题的才能；但从实践来看，中职学校更加侧重的依然是对孩子们的照顾方式方法、基本概念理解还有就业愿景等方面内容的学习，这显示出他们过分看重大纲课程的重要性，忽略了科技创新力的开发及其创意思考模式训练的可能性。而且这些高层次的技术水平和人文修养恰好也是推动专业技术进步和社会经济发展的关键因素之一。另一方面，由于缺乏必要的教研活动，学生们无法借助这个平台来实现自我学习，以达到幼儿保育学生授课能力和教学能力的提升。用人单位方对此也有类似看法，可以看出中职学校的幼儿保育教育相关学科设置存在着不够精准的问题，并且未能提供足够有针对性的基础岗位职责的相关指导。

（二）教育时间不足

实践活动的连续和扩展，可以保证学生与儿童护理中心维持紧密的关系。然而，当前中等职业学校中的幼儿保育教育的教学时长尚未完全实现，许多预设的教育活动未能得到有效实施。例如，计划让学生每隔一段时间就前往幼儿保育机构观察并学习，但可能因为时间规划不当或者过于追求进度，导致前几学期的学生几乎没有机会实地考察，有的仅去了两三次。即便进入了幼儿保育机构，大部分情况也是一种简单的参观，仅仅花费数个小时就算完事。尽管形式上满足了课程的要求，但忽略了学生的需要，也没有确认他们是否有真正的收获。比如，某些学校的规定中有“第 7 个学期要进行教育实践训练，持续 20 周”的内容，但是在实际情况中，这个培训的时间往往不足 20 周，多数的学生都认为现在的实习期太短。

在教学过程中，学生的自主学习至关重要，必须积极参与并强化实际操作经验，以此为基础，逐步提高自身的全面素质与实战智谋。然而，当前的中职学校仍过多地依赖于教师主导的教育模式。在学校实训场所，如幼儿园，规定了明确的时间表供学生参考，只允许在此期间授课。当我们采访这些学生的时候，发现有些学生到幼儿园实习实际上是在做些琐碎的事情，充当无偿劳工，很少有真正的课堂体验，更别提能自由发挥的空间了。大部分的学生只是在协助照料孩子、安排娱乐活动、制定及执行教育计划以及日常管理的各个方面担任次要角色，一旦实习期满，他们的技能还停留在初学阶段，这对培养其实战智能和增强职业发展的潜力非常不利。

三、教育管理制度不完善

在组织管理和运行管理方面，中职学校幼儿保育教育通常采取的模式是校园双层的管理结构，而军事训练及创新创业项目则是由学校的主要负责人来主导，其余如实践实习等的教育任务则是通过教务部门一并处理，并且具体的执行过程交给了各系或部门去完成。然而，就各个部门而言，他们并未充分参与到整体规划与协同推动的工作当中，也没有充分发挥出他们的作用。再者，现阶段中职学校负责学生教育管理的人员多由教师兼任，人力短缺导致中职教师教育管理负荷过重，教育管理效果无法得到保障。

在制度管理上和具体运行中中职学校缺少一套针对幼儿保育教育专业教育行之有效的管理制度和考核评价机制，教育实施的实效性不强。主要采取的是分段式实习方式，大多数学生会返回出生地去实习，有些地区网络条件不太好，因此学生们很少跟中职学校保持密切沟通，学校无法及时了解并监控学生的实践学习情况，而教师也不能即时提供教学指导。有时，一些学生可能会利用这种实习模式来做别的事，对于这些学生没有严格的管理措施，从实习的结果看，他们的工作表现并不是很理想。经过调研发现，许多人的态度是敷衍应对，内容的质量较低。还有一部分学生在其他教育阶段也有类似的行为，未能积极参与到教学活动中并对自己的行为进行深入思考。同时，在学校方面也没有制定出完整的老师管理规定，使得某些老师可能只是为了完成检查工作而不太愿意为学生提供指导。

此外，教育评价机制的不完善，限制了幼儿保育教育领域的发展。从评价主体来看，中职学校幼儿保育教育专业教育更偏向依赖中等职业技术学校及其基地来实施管理控制，而忽略或未充分考虑国家的规定——即需要综合运用自我鉴定方式（self-evaluation）、孩子们的判断方法和孩子之间的比较分析法作为衡量标准的方式；对学生的评价仍以一张表和一段评语为主，难以测试学生的实践性能力，忽视了对学生职业信念、职业态度和职业道德等方面的评价。此外，评价主要侧重于总结性评价，忽视了形成性评价、诊断性评价，不能恰当地对学生的学习行为、学习态度、学习能力和创新精神作出评价。在评价对象上，主要针对的是学生，对实践课程设置的合理性、指导教师的业务水平等方面很少进行评价，等等，从而影响到中职学校幼儿保育教育专业教育质量的提高。

四、教育条件保障不充分

（一）师资力量短缺

专业教师数量不足。当前，中职学校的幼儿保育教育领域的师资力量无法完全匹配其日益增长的需求。相较于学生人数的上升，中职学校幼儿保育教育专任教师的人数并没有达到预期的水平，呈现出供需失衡的状态。同时，有些授课老师的专业素养并不高。因为缺少专门的教育工作者，那些对学前儿童的生活不太熟悉的人员被迫接手了幼儿保育教育相关的教学职责。他们可能没有足够的专业知识和经验来完成这些任务。尽管有一些中职学校的教师具备深厚的幼儿保育教育理论基础、独特的学科特点及优势，但是由于他们在幼教第一线的工作经历不足，当面临需要较高专业性的幼儿园技能技巧、游戏活动策划执行等方面的问题时，他们的实际操作能力的发挥和教育引导效果可能会受到影响。

（二）教育经费投入不足

尽管随着幼教领域的扩展与学生的增多，国家及地区的财政支持也相应地增加了，然而这种增速却无法满足该领域的快速进步。因此，现有的资金分配并不能完全满足日益扩大的幼儿保育教育专业系统构建要求。这主要体现在两个方面：首先，教学基础设施上的问题，学校的实验室训练场地存在设施落后、设备陈旧的问题；其次，在提升教育教学软实力方面的投资不够充足，例如对于教师的教育辅导费用补贴以及为鼓励学生参与实践活动而设立的相关奖励机制尚未形成完善的财务保障机制。这些问题的出现都限制了中等职业院校幼儿保育教育专业教育水平的提升。

（三）教育基地建设力度不强

（1）校内教育基地设施设备不足

作为培养中职学校幼儿保育教育专业的关键步骤之一，校内实验实训对于增强教育的品质至关重要；这不仅能使学生锻炼他们的专业技术能力，提升学生对课程理解的能力，同时也是他们在掌握专门技术及发展专长方面的基础支持手段。然而，当前的中职学校内部学习场所主要集中于各类美术技艺类的硬件资源，这些配备难以满足学生的练习要求。再者，针对幼儿保育教育专业的相关教室如托儿所的发展相对滞后，使得我们很难有效指导同学们把课堂上学到的概念运用到现实场景里去，也让他们不能够深入了解幼儿保育教育专业的环境及其老师的工作状态，从而导致缺乏充足的机会来全面开展有关的专业素质强化工作。

（2）中职学校与校外教育基地的合作流于形式

为了让幼儿保育教育专业学生能够融合理论与实际操作，必须通过亲身体验和经历来达到这一目的。这意味着他们应尽量多地参观并深入了解各类幼儿园环境，以增加他们的实践技能。然而，当前的中职院校及实训基地之间的资源使用效率并不高，主要体现在接纳实习生的过程中。两者的合作关系往往仅限于此，且他们在沟通和交流方面的意识较差，使得两者间的教学互动相对松散，无法达成一致的教育人才培育模式。一方面，中职学校的教育教学设计并未充分考虑到外部的教育基地如幼儿园的需求，例如其发展理念、研究进步等问题；同时，对于幼儿保育专业课程改良等工作，也没有提供积极的服务态度。另一方面，幼儿园通常会受到地方教育局的管理和监管，所以在教师培训、科研项目申请与执行、园内课程资源建设等方面并没有主动寻求与中职学校的合作。

五、教育课程矛盾突出

（一）公共课程与专业课程布局矛盾突出

教育部文件规定要开足开齐公共基础课，并对学时比例进行了量化要求。《关于制定中等职业学校教学计划的原则意见》规定公共基础课课时不能超过总课时的三分之一，专业课课时应达到三分之二。文件中的规定动作，各院校均能规范地体现在人才培养方案中，但对规定动作以外的课程设置具有一定随意性和盲目性，开设情况不容乐观。由于对公共基础课和专业课的设置缺少系统性思考和顶层设计，在学制一定的前提下，公共基础课和专业课在课程体系中的布局矛盾成为中职学校必须面对的问题，特别是在“学业水平测试”背景下，这一问题将更加突出。如以福建 S 校学前教育专业为例，公共基础课程就占了总课时的 37.2%，顶岗实习和认知学习占总课时的 19.2%，专业课程也仅占了总课时的 43.6%。

（二）专业理论课中保教理论课程短板突出

专业理论课是以专业理论知识为主，为专业技能学习打基础的理论性课程，是中等职业学校专业人才培养方案的重要课程之一。现下，中职幼儿保育专业理论课主要有“学前教育学”“学前心理学”“学前卫生学”“幼儿文学”“幼儿园游戏设计与指导”“幼儿园游戏”“幼儿园活动设计与实践”“学前教育政策与法规”等。虽有开设与“保育”相关的理论课程，如《学前卫生学》或《幼儿卫生保健》，但也是为培养“准幼儿教师”而设置的，并非专门用于培养保育员。

（三）专业技能课程以艺术技能课程为主，保教技能基本为零

中职幼儿保育专业的专业技能课程主要有钢琴、舞蹈、声乐、手工、简笔画等。与“保育”相关的技能课程，如婴幼儿生活管理、卫生管理、健康管理、配合教育与家长工作四个方面的技能实训，主要是通过“幼儿园见（实）习”开展，在专业课程设置中未体现，课堂教学中也是“零涉及”。学生毕业后通过考试可获得保育员职业资格证书，但他们几乎处于“低理论水平”和“零技能基础”的状态，入职后容易出现实际操作能力较差，岗位适应期较长等问题。

第三节　幼儿保育专业教学中存在的问题

一、教育培养理念不明晰

观念引导着行为，正确的教育理念是保证教育效果的前提。应该怎样理解培育能胜任教学、研究或管理的优秀幼儿保育人才呢？这直接影响到课程内容的设定及执行方式。对于幼儿保育领域的发展来说，需要的不是只懂得继承传统文化的人才，而是那些有自我反省能力和多元技能的专业人才，他们应具备强大的实际操作能力，可以独自完成教学任务，并在不断的实际行动和思考过程中取得职业进步。然而，中等职业技术学校的幼儿保育专业的教育培训目标在具体的实现过程中的实用性并不强。这个问题的根源在于思想认识不足，定位模糊不清。一方面受到传统的考试评分制度和授课模式的影响，尽管中等职业技术学校依据国家政策和幼儿保育教育行业的发展方向，设定了提升高级技术人才质量的目标，并设立了一些相关课程，但这些方案主要受到了外部环境的驱动和模仿，缺乏自

主创新精神，没有形成一套完整的适合自己发展的教育目标体系。另一方面，忽略了对市场需求的研究分析，调查深度不足，内容重复度较高，更加强调理论知识的教育，削弱了实践经验的重要地位。

二、教育管理机制不健全

由于存在传统的教导观念落后和对市场需求反应迟钝的问题，当前的幼儿保育专业教育管理机制尚未完全建立，并且在监管教育教学流程及成效方面仍有缺陷。目前中等职业学校的学生实习主要是两个方向：一是聚集于几家学校；二是回到他们的家乡自主寻找实习单位。现有的师范学院各个学科的老师带领的方式，以单个“集中的实习模式”为主，按照专业把学生大致分组并安排至数所中小学去完成实习工作的做法，已不再适应当今社会的就业形势和社会行业的用人需求，这类传统教育模式可能会导致师范类大学生在某种程度上有知识理论与实际操作脱节的现象，缺乏主动性和创造力。而返回他们家乡自己找寻实习幼儿园的方法，则不利于中等职业学校教师充分发挥其指导的作用，也不利于该校对学生实习进程及其成果的管理。从教师的角度来看，中等职业学校和实习基地并没有构建出完整的奖励体系，更多的是将实践指导视为教学附加的工作内容。尽管中等职业学校和实习基地会将教师的教育指导工作纳入总体教学计划内，但是计算比例过低，使得教师付出与所得不成正比。此外，教育补贴较低，且在职称评定过程中没有太多优势，这也降低了教师参与教育指导的积极性。

在学习观察、实际操作与技术练习等方面，因缺乏全面的管理规定，导致某些课程的实践阶段无法有系统的教导框架和规划方案去整合理论课，进而使得一部分实践活动未能得到充分开展。针对那些并未详细阐明具体的实践任务及预期成果的理论课程，也没有提供相应的教育指南手册。这些问题都源于管理的不足，影响了各个实践活动的开展，促使教育的效率受到限制。

此外，受到过分强调理论与忽略实际的教育理念所困，中等职业技术学校幼儿保育专业的教育评估系统并没有形成完整且符合教育特性的一套标准。首先，评估内容的缺陷，即评估指标的不完备及过度单一。另外，对于创新性的评定也显得不够灵活，因为它被限制在了传统的评估框架里，无法迅速地或积极地更新并扩展评估的内容，这导致了对学生的实践教育评估太过简略，甚至只关注到了基础知识和基础技巧的使用情况，却没有充分考虑到这些会影响到他们未来的工作能力的情绪、态度等方面的基础素养。其次，在评估方式上，缺少公正性和全面性。现在很多教育阶段的效果评估主要依赖于最终结果的评估，这种形式是一种事后评估，通常是在课程结束之后才开始，它的目的是用来理解教学活动的效果，但难以涵盖学生在整个学习过程中所有的表现，因此也不利于他们的自我反省和改善自身的实践经历。再次，监督管理的缺失，目前的评估方法仍然具有一定的主观性、偏颇性和非标准化性。最后，关于扩大评估主体和评估目标的问题，也没有按照规定来操作。受到传统教育模式的影响，学生们很少有机会去掌控评估的过程。除此之外，更应该注重外部社会的整体评估，而不是仅仅局限在学校内部的环境下，然而当前雇主和社会参与评估中等职业技术学校儿童护理教育专业水平的机制并不是很完善。对于评估目标来说，中等职业院校并未制定出实际有效的规则来全方位地评定实验课的安排与教师实施教学的情况，因此他们不能确定目前实验课的设计是否合适，也不能确认教师的教育引导是否有用，从而导致了某些实验课设计得不完善，有些教师的教导效果不够明显，并且缺乏新颖的教育成果检验方法。

三、教育资源不充裕

（一）缺少专业教师

专业教师应是“具有基本的教育素质和职业工作能力，精通特定的专业技术原理，具有教育指导能力，能够承担教育、培训职业教育学习者任务的职业教育机构的教育者”。专业教师不仅要熟练掌握专业理论知识，还要善于教授实际操作技巧。尽管近些年中职院校一直在努力提升专职教师团队的实力，但是仍然无法完全满足市场需求。首先，政府部门作为法规制定的主要参与方，并未给予足够的支持来改善中职学校的政策环境和法律环境，包括人才招聘、财政投入、学科构建以及专业设置等方面的不足，这导致了中职幼儿园幼儿保育专业教育系统深度变革和个性化的进展受到阻碍。其次，缺乏完善的管理机制和激励措施，同时处理多个事务会消耗大量的精力，因此，幼教机构的老师和第一线的员工与中职学院之间的协作效率并不高，兼职机会也不多。再次，中职学校的教师也很少去一线上幼儿园护理教育机构接受训练或实习。造成这种现象的原因：一方面，管理人员对此问题关注不够，未能全面考虑教师总体教育指导能力的提升，实施力度不够，影响成效；另一方面，是因为对指导老师的身份和角色的定义还不够清晰，一些教师认为教育只是专业学习的一部分，忽略了它的重要性，所以不太愿意主动前往幼教机构以求自我提升。

（二）缺乏建设经费支持

中职学校幼儿保育专业教育体系的构建和运行离不开资金的支持，经费的不足会制约幼儿保育人才的培养质量。目前，中职学校幼儿保育专业教育所需经费投入明显不足。从中职学校幼儿保育专业教育建设现状来看，教育经费的紧张与扩招现实的矛盾以及专业学科的快速发展使中职学校幼儿保育专业教育的硬件建设被忽视，教学设施设备不足，教育手段单一，导致教育效果差，难以满足教育活动的正常开展。一方面，这主要是因为财力薄弱，资金安排有限，财政投入偏低，同时也在于地方教育行政部门对幼儿保育教育实践工作重视度不够，在组织领导和统筹协调方面未能与中职学校和幼教机构建立联合机制，经费投入力度不足。另一方面，中职学校幼儿保育专业教育经费保障机制不健全，造成有些必要的教育环节被取消，实践时间减少，内容简化，难以有效保障幼儿保育专业教育的整体效果。

（三）教育基地建设科学性不足

教育的实施需要依托于特定的教育基地。教育基地对于提升学生的实际操作能力及促进职业学校的教育变革与发展至关重要。然而，因为理解上的偏差或是对学习场地的科学化、系统化的构建计划和管理的缺失，导致了中职学校教育基地存在一些问题，譬如某些美术技巧练习室的使用效果欠佳，而教学技术实验设备则相对匮乏等，这些都阻碍了学生的专业技能的提升以及他们整体实践水平的上升。

此外，对外部的教育机构缺少科学化构建。尽管中职学校和多个幼儿园达成了协作协定，但这并不能算作深度的合作。他们的合作项目主要集中于教导层面，而科研层面的则相对较少。中职学校只看重幼儿园为他们提供服务，并没有从中获得职业高中的教育资源，所谓的教育基地只是简单地被视为实践场所，教育资源分享模式尚未确立。大部分中职学校都是基于学校的教育方针、教学规划来思考，关于幼儿园基地自身的成长发展，比如课程框架的设计、教育方式的改革等方面未能在支持、协助、引导的角度做出贡献。幼儿园基地作为一个被动者，很难激起它作为建设主力的热情，参与度不高，导致基地无法充分发挥它的教师训练、教师自我学习提升服务的职能。

四、学生对教育的重视程度不够

因缺乏学校的指导与监管，学生的实际操作培训并未被严格执行，因此其实践学习的价值未获得充分认可。受制于长久以来过分强调理论知识、忽略实践经验的传统考试制度影响，许多学生更倾向于以理论为导向的学习方式，可能会有意或无意地忽略那些无法给出确切问题及固定解答的训练内容，从而使得他们的技能难以适应未来的需求。此外，学生对待实践学习的态度也可能受到来自校方教员和其他同龄人的影响，因为学校本身并未能设定清晰的教育目标，中职学校教师对此也不够关注，实践过程往往得不到有效执行，这就大大妨碍了学生理解实践学习的意义，使他们在学习时无法准确掌握正确的路径和要求，进而忽视实践学习的重要性。这种现象进一步加剧了学校和教师所面临的问题。

此外，由于理论知识和教导内容的不一致，也会导致学生的积极参与度不够高。例如，大多数的学生只是死记硬背各种教育家们的教育理念，而并未真正地将这些理念应用于幼儿教育活动中，从而使得他们无法深刻且全面地理解幼儿保育教育工作，也难以为自己建立起专业的信仰，进而影响到专业技能提升。同时，一些学生未能塑造出自己的职业心态。尽管中等职业技术学校的老师已经在课程里教授过关于职业目标的内容，但是大部分都是以理论的形式呈现，学生们不能够在真实的场景下体验并感受作为一名幼儿教师的职责，很难产生职业愿景。有些学生对于实践教学的认识过于狭隘，并不视其为一种同等重要的学习方式，反而觉得在学校里的实习是一种无偿的服务行为。因此，一部分学生对待学校分配的教育任务持敷衍的态度，甚至是故意回避，缺少对幼儿教师这个职位所需要具备的职业精神的认知和认可。

五、幼儿保育专业教学定位不明

（一）定位不明确，人才培养目标模糊

人才培养目标解决培养什么人的问题。中职幼儿保育专业虽已意识到跟不上社会发展需求，要加快转型，但由于之前一直定位于“幼儿教师”的培养，课程非常庞杂，仍缺乏系统的梳理和整合。虽已对现有的课程体系进行调整，但也只是浅尝辄止，只在原有的课程体系稍微进行调整，向“保育”倾斜，课程内涵挖掘不足，最终培养出来的也只是具有“保教结合”意识的“初级保育知识和保育技能”的幼儿教师。

（二）理解不深，产教融合形式大于内容

产教融合简单地说就是校企结合。在产教融合具体的实施过程中，中职幼儿保育专业和相关学前教育机构还仅限于较浅层的合作，比如认知实习、顶岗实习等，在合作中还存在着一定的问题。比如顶岗实习中，和相关学前教育机构缺少充分的沟通，不能将企业单位的要求及时地反馈到教学中去，学生的水平得不到很好的提升。校企合作常常处于“感情联络”或短期实习的粗浅层次，重数量轻质量，不少合作流于形式。实际教学中又往往重理论轻实践、重校内轻校外，教学内容往往脱离幼儿园一线工作，教学标准脱离职业标准。

第三章
幼儿保育专业教学体系的构建

第一节　幼儿保育专业的教育目标体系

一、教育目标确立的依据

“凡事预则立，不预则废。”我们在开始任何任务前都需要提前计划并设定目标，以确保工作能按预期的方式有效推进。目标是我们教学活动的基础和终点，它引导我们的教学流程自始至终。有了清晰的目标作为导向，学生除了学习专业知识和技能外，还能塑造出一些潜在的职业观念、职业心态及行为模式等。如何根据标准去培育幼儿保育教育专业的学生以满足“职业人士”的内在要求呢？可以从学生职业发展的需要及社会对人才素质的需求着手。

（一）学生职业发展的需要

教学过程是教师指导与学生的学习行为构成的双向互动，学生作为实际操作的主导者，也是受教育的目标群体。教育的终极目的是让学生掌握工作技能，因此学校应该听取他们的意见，了解他们渴望的发展方向。伴随着职业教育的高涨趋势，许多中等职业学校正在推进课程及教学模式的变革。但是，这样的改革是否取得了显著的效果呢？如果教学改良仅仅基于教师的一面之词，忽略学生的真实需要，那么学生可能产生厌学情绪或缺乏学习的主动性。教学成果是否能实现主要依赖于接受教育个体的参与程度，并且这种参与度的提升会直接影响教学效果。有一位德国的教育专家曾经说过：“教室里流汗的人不是老师而是学生”，这意味着只有当学生亲自投入各种教学活动中时，才能与老师的教相呼应，并逐渐构建出属于自己的知识结构和经验系统。

对于职业教育来说，其核心在于培养学生的职业生涯规划，以全面涵盖与职业相关联的所有职位职责为基础开展深度学习。然而，许多传统的职业技术学校过于重视技术培训，这已经偏离了他们原本该遵循的教育原则。如今的职场环境更看重那些能够熟练处理工作事务并具备创新能力的员工。所以，教师应当根据工作的流程及职业成长的需求去挑选知识点，安排实际操作练习，让学生体验完整的职业历程，从而实现学习者到职业人的身份转换。

（二）社会对人才素质的需求

为了满足就业导向型职业教育的职责，必须密切追踪并及时适应社会经济发展与行业变化的影响，灵活地调整我们的教学策略及人才培育的目标和标准，使其能够作为反映社会经济状况的风向标。对于人才素质的要求来说，职业教育的核心价值观不仅应体现于学生的适应当代社会的能力，还需强调他们肩负的社会进步的责任。伴随着当代社会阶层的分化和职业领域的变动，劳动者对高质量的人才需求日益增长。故此，我们在设定教育目标的过程中，应该基于社会和市场的实际需求，重视工作实操能力的教育，也要关心学生知识、技术和综合素养的均衡提升。

二、构建一体两翼式教育目标体系

从“职业人”的角度来看，职业技术学院的教育目的应与其培养出的“职业人”所具备的能力构造保持匹配，即他们需要的是全方位的发展和具有强大复合型能力的个体——这些人才不仅拥有深厚的专业理论基础及精湛的工作技巧，还需有崇高的社会责任感和道德品质。基于此背景，2011 年 10 月教育部颁布《教师教育课程标准（试行）》，该标准明确提出了“幼儿园职前教师教育课程目标”，并提出“实践导向”的价值理念；2012 年 2 月出台的《幼儿园教师专业标准（试行）》中则进一步凸显出未来优秀幼儿保育教师必须掌握扎实且有效的实操技术。据此，即将成为幼儿保育教师的学生在进入这个行业之前就应当重点提升自身应对工作的实践素质。

教育的目标体系标志着学生在实际操作过程中需要达成的等级或者准则，这是构成整体的教育框架的关键因素之一。依据“职业人”的专业能力和幼儿保育专业及教育教学领域的“二元指标”（即上述两种评价的标准），可以将其划分为三部分，从而确立“一体两翼”式的教育目标，“一体”强调对基本技能的培训，比如照顾孩子日常生活起居的管理方式，设计课程计划实施家庭联系的环境建设。这符合了幼儿生活老师职位所需的基本技能的要求，并且被视为该岗位的主要职责。“两翼”则是关于如何塑造积极向上的职场心态、良好的工作习惯等深层素质问题。其中关于教职员工的态度则更注重于他们的价值观，比如优秀的老师应该具备什么样的品质，他们怎样才能实现自己的职业理想等问题。

而在工作中的一些小细节，例如老师的言行举止也是非常重要，因为它们直接影响到孩子的成长，所以我们也把这个纳入考虑范围。总而言之，在制定学习任务时会考虑多个方面的需求，让学生们不仅能胜任基层工作岗位，还能不断提高自身的全面竞争力，以便他们在未来的生活中有更好的表现与发展。

第二节　幼儿保育专业的课程体系

一、幼儿保育专业课程设置思路

（一）以人才培养目标为基础

培育目标主要是为了满足特定行业职位所具备的能力和所需的知识，以此作为培训的基础，以便毕业生能够符合社会的就业趋势和需要。这种方法可以保证教育的有效性和科学性，被视为课程设计的关键指导原则和核心元素。鉴于当前中等职业技术学校幼儿保育专业的培养标准并不明确，需要全面认清幼儿保育专业的基本目标，即旨在培养拥有优秀人文素质和职业道德修养的学生，这要求其具备坚实的幼儿健康保护和教育基础知识，且熟悉幼儿成长发育的特点及其照顾的要求，精通各种幼儿看护技巧，可以在幼儿园、早期教育中心、社会福利和其他相关的机构里担任儿童日常生活的照顾、健康管理、自我管理能力的训练和协助教育的工作者。为了达到此目的，我们必须重新审视目前的课程系统，把这个目标当作新的课程系统的起点，同时也通过这个目标来评估其适用性，落实我们的培养目标。

（二）产教深度融合、校企深度合作是职业教育发展的方向

实际上，某院校是否能实现深入的产教融合，直接影响到学校存续与进步。实现产教融合，重点在于校企合作。我们把推进产教融合视为中等职业技术学校幼儿保育专业教育的核心变革及发展策略，旨在推动产业教学一体化和院校企业的互通合作，使企业的需求渗透到学生的培训过程中。而幼儿园、托儿所、早期教育机构等都是儿童护理专业人员的主要工作场所。因此，需要深入理解这些用人单位对这个领域的学生的技能和能力的期望，并将它们当作制定相关课程标准的关键参考点，确保毕业生能够满足幼儿保育专业所需的专业能力和职场职责的要求。

（三）以相关专业法规标准为依据

1.《幼儿园工作规程（修订）》的规定

《幼儿园工作规程（修订）》（以下简称《规程》）第四十二条规定“幼儿园保育员应当具备高中毕业以上学历，受过幼儿保育职业培养。

幼儿园保育员的主要职责

1. 负责本班房舍、设备、环境的清洁卫生和消毒工作；
2. 在教师指导下，科学照料和管理幼儿生活，并配合本班教师 组织教育活动；
3. 在卫生保健人员和本班教师 指导下，严格执行幼儿园安全、卫生保健制度；
4. 妥善保管幼儿衣物和本班的设备、用具。

《规程》对于保育员岗位的工作职责有明确的界定。基于《规程》对保育员的岗位工作职责要求，我们在进行专门化专业课程设计时，应全面涵盖卫生管理、生活管理和配合教育三个部分。

2.《保育员国家职业技能标准（修订）》的规定

《保育员国家职业技能标准（修订）》（以下简称《标准》）于 2009 年修订。修订后的《标准》将保育员这一职业定义为：在托幼机构、社会福利及其他保教机构中，辅助教师负责婴幼儿养育、保健，并协助教师对婴幼儿进行教育的人员。并将这一职业分为初级、中级和高级三个等级，规定了不同等级的申报条件。根据《标准》，中职幼儿保育教育专业（保育方向）的学生可考取中级保育员资格证书。

《标准》中明确提出保育员必须具备以下十个方面的基础知识：第一，保育员的职业道德与职业守则；第二，婴幼儿生理学知识；第三，婴幼儿卫生保健知识；第四，婴幼儿心理学知识；第五，婴幼儿教育学知识；第六，婴幼儿常见病及常见传染病基础知识；第七，婴幼儿安全知识；第八，婴幼儿营养常识；第九，相关环境知识；第十，相关法律、法规知识。

二、幼儿保育专业课程体系的构建

在对国家、社会及行业对婴幼儿保育人才的培养需求进行充分调研后，立足产教融合背景下，通过研究中职生在行业对应实际工作岗位上的真实工作任务和工作过程，分析整理得出典型工作任务，归纳出中职生在行业对应工作岗位的行动领域，结合教学组织管理，形成学习领域，由此构建幼儿保育教育专业“4+1”课程体系，培养“高素质，善保育”的初级应用型幼儿保育教育机构保育员和家庭育婴员。

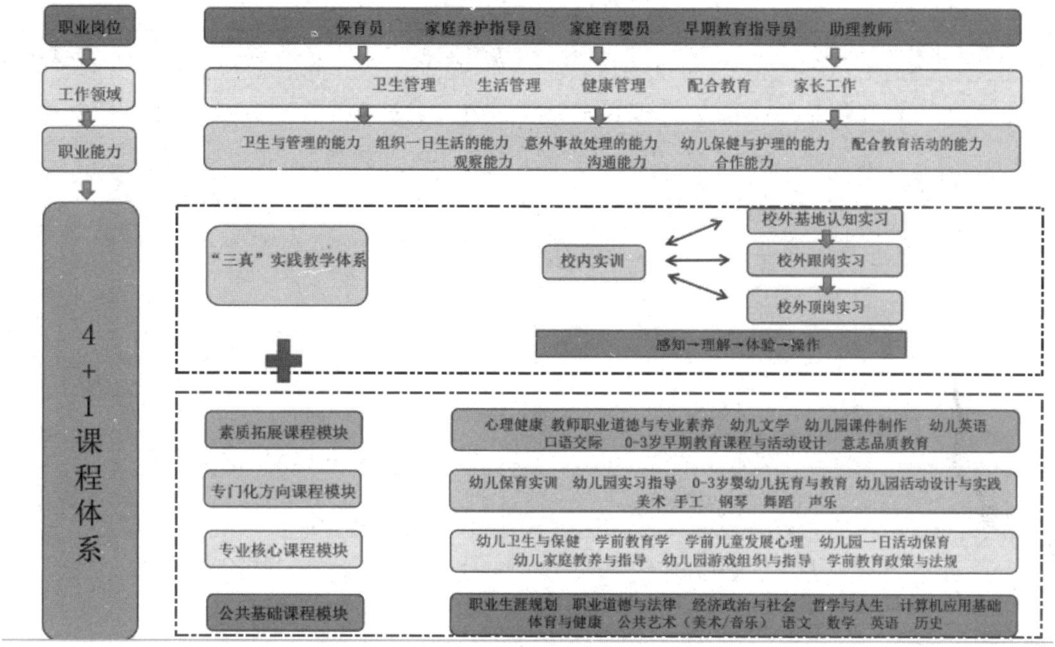

图 3-1 “4+1”课程体系

所谓“4”指整个课程结构分成四个模块，包含公共基础课程、专业核心课程、专门方向课程和素质拓展课程。“1”是指一个教育体系。

（一）完善公共基础课程，突出“三性”

首先，强调实用性，即公共基础课程的内容，意味着应从公共基础知识课程的角度出发，关注其实际运用所带来的价值，突出教育，训练学生的实际能力。如《职业生涯规划》《心理健康教育》等课程，不但要让学生获得相关概念和原理，更要让学生获得规划自己幼教生涯的能力、在保育工作中进行自我心理调节的能力。

其次，重视职业性，即确保我们的公共基础知识课程能满足幼儿保育专业的需求，并且围绕着职业领域的问题展开授课，譬如“计算机应用基础”增加幼儿园教育课件的制作，“英语”课中可渗透有关幼儿英语的内容，使学生辅助教学成为可能。

再次，突出生活性，即公共基础课的内容要与学生生活密切相关，要将与当前婴幼儿保育工作人员工作、生活息息相关的内容纳入课程中，如哲学与人生、学前机构安全法规、安全教育等（见表 3-1）。

表 3-1　公共基础课程

序号	课程名称	教学内容和要求	参考学时
1	职业生涯规划	本课程以习近平新时代中国特色社会主义思想为指导，贯彻落实科学发展观，对学生进行职业生涯教育和职业理 想教育。其任务是引导学生树立正确的职业观念和职业理想，学会根据社会需要和自身特点进行职业生涯规划，并以此规范和调整自己的行为，为顺利就业、创业创造条件	40
2	职业道德与法律	本课程以习近平新时代中国特色社会主义思想重要思想为指导，深入贯彻落实科学发展观，对学生进行道德教育和法治教育。其任务是提高学生的职业道德素质和法律素质，引导学生树立社会主义荣辱观，增强社会主义法治意识	40
3	政治经济与社会	本课程以习近平新时代中国特色社会主义思想为指导，深入贯彻落实科学发展观，对学生进行马克思主义相关基本观点教育和我国社会主义经济、政治、文化与社会建设常识教育。其任务是使学生认同我国的经济、政治制度，了解所处的文化和社会环境，树立中国特色社会主义共同理想，积极投身于我国经济、政治、文化、社会建设中	40
4	哲学与人生	本课程以习近平新时代中国特色社会主义思想为指导，深入贯彻落实科学发展观，对学生进行马克思主义哲学基本观点和方法及如何做人的教育。其任务引导学生进行正确的价值判断和行为选择，形成积极向上的人生态度，为人生的健康发展奠定思想基础	40
5	语文	本课程要全面贯彻落实党的教育方针，落实立德树人的根本任务。掌握必需的语文基础知识，掌握日常生活和职业岗位需要的现代文阅读能力、写作能力、口语交际能力；具有初步的文学作品欣赏能力和浅易文言文阅读能力；掌握基本的语文学习方法，养成自学和运用语文的良好习惯；能够重视语言的积累和感悟，接受优秀文化的熏陶，提高思想品德修养和审美情趣，形成良好的个性、健全的人格，在语言理解与运用、思维发展与提升、审美发现与鉴赏、文化传承与创新等语文核心素养方面获得持续发展	180

续表

序号	课程名称	教学内容和要求	参考学时
6	数学	本课程学习职业发展所必需的数学知识、数学技能、数学思想和数学方法。必修内容为基础模块，内容包括：集合、不等式、函数、三角函数、指数函数与对数函数、简单几何体、概率与统计初步。限定性选修内容为拓展模块，内容包括：充要条件、三角计算、数列、平面向量、圆锥曲线、立体几何、复数、排列组合、随机变量及其分布、统计。在数学知识学习和数学能力培养的过程中，使学生逐步提高数学运算、直观想象、数据分析、逻辑推理、数学抽象、数学建模等数学学科核心素养，初步学会用数学眼光观察世界、用数学思维分析世界、用数学语言表达世界	180
7	英语	本课程由基础模块、职业模块和拓展模块构成。课程内容涉及基础词汇和基础语法；简单对话和短文；围绕日常话题的读、写基本技能和进行交际的能力。通过语言知识学习与语言交际活动开展，使学生具有在日常生活与职业情境中运用英语的语言能力、思维能力、学习能力和跨文化交流能力	180
8	计算机应用基础	计算机应用基础是中等职业教育的一门重要基础课程，是各专业教学的必修公共课程，是学生基本计算机操作技能的基础课程。本课程涉及计算机的基础知识、操作系统的基本使用、文字处理、电子表格、演示文稿软件和计算机网络基础的视频教学	120
9	体育与健康	本课程紧紧围绕着中等职业教育的培养目标，遵循职业教育教学规律，从满足经济社会发展对高素质的中等职业技能型人才的需要出发，进一步加强新的健康观念和终身体育意识，学习运动技能，理解运动规律，制定锻炼计划，参加体育娱乐提供有效的帮助和方向，提高新时期中等职业学校学生的体育文化技能素养	180
10	公共艺术（书法）	本课程性质属于艺术门类的知识课，同时，又有工具课的特点。能使学生了解书法艺术的性质、特点；了解书法历史概况；了解主要书体的艺术特点和书写技法；掌握书法美学的基础理论，鉴赏书法作品的一般原则和方法，培养感受书法美的敏感，提高书法审美水平	40
11	历史	本课程以习近平新时代中国特色社会主义思想为指导，深入贯彻落实科学发展观，对学生进行历史教育。其任务是在九年义务教育的基础上，促进中等职业学校学生进一步了解人类社会发展的基本脉络和优秀文化传统；从历史的角度了解和思考人与人、人与社会、人与自然的关系，增强历史使命感和社会责任感；培育社会主义核心价值观，进一步弘扬以爱国主义为核心的民族精神和改革创新为核心的时代精神；培养健全的人格，树立正确的历史观、人生观和价值观，为中等职业学校学生未来的学习、工作和生活打下基础	40

（二）整合专业核心课程，强化职业核心能力

婴幼儿保育和教育向来是相互渗透的，保中有教，教中有保。因此参照《幼儿园教师专业标准》《保育员（国家职业技能鉴定标准）》中对于幼儿教师的培养要求，结合婴幼儿保育实际工作岗位任务与职业能力，分析本专业学习领域具体内容，进而设计整合专业核心课程内容，确立“知识技能并重，提升职业能力”的核心课程体系。将“幼儿保育教育学”“学前儿童发展心理”“幼儿卫生与保健”“幼儿园一日活动保育”“幼儿家庭教养与指导”“幼儿园游戏组织与指导”“幼儿保育教育政策与法规”等纳入核心课程（见表3-2），注重各门学科之间相互联系、相互配合，注重学科的逻辑性，由浅入深合理安排，培养学生职业核心能力。

表3-2 专业核心课

序号	课程名称	教学内容和要求	参考学时
1	学前儿童卫生与保健	掌握学前儿童解剖生理特点、生长发育规律及健康评价；掌握学前儿童所需营养的相关知识，并了解托幼机构的膳食管理；熟悉学前儿童常见疾病及心理卫生问题的基础知识，掌握基本急救措施及教育对策；了解教育环境创设及教育过程中的卫生要求熟悉幼儿园的卫生保健制度；提高幼儿卫生保健实操能力	80
2	学前儿童发展心理	掌握学前儿童认知、情绪和情感、社会化、个性和心理健康等方面发展规律和各年龄阶段发展的特征；了解儿童发展差异形成的原因，初步掌握了解幼儿心理的主要方法：知道幼儿学习的主要方式和特点，学会观察与解释幼儿的行为，能够正确判断、解释和说明有关心理现象和问题，解决一般的幼儿心理问题	80
3	学前教育学	掌握幼儿教育基础知识和幼儿教育的一般原理，了解幼儿体育、智育、德育、美育的内容，幼儿园教学、游戏、日常生活、幼小衔接等知识。能根据幼儿保育教育发展对幼儿园教师的实际需要，学会从事幼教工作所需的教育教学技能，会正确运用幼儿园教育的基本方法与技能解释、解决常见幼儿教育问题	80
4	幼儿园一日活动保育	掌握幼儿园保育工作流程、内容及规范要求，能完成一日活动中的保育工作，在理解保教结合原则的基础上，配合教育活动开展健康指导，为幼儿健康成长服务	40

续表

序号	课程名称	教学内容和要求	参考学时
5	0–3 岁婴幼儿抚育与教育	了解 0–3 岁婴幼儿生理与心理发展特征。初步掌握 0~3 岁婴幼儿抚育和教育的有关知识与基本方法。掌握婴幼儿教养活动的方法与技能，能针对婴幼儿进行科学、合理的养育	40
6	幼儿园游戏设计与指导	了解幼儿游戏的基本理论；能够创设幼儿游戏环境、组织游戏，进行观察与评价，能对多种幼儿游戏进行分类指导；能根据幼儿的需求，及时投放玩具和活动材料	80
7	学前儿童家庭教育	掌握 0–6 岁婴幼儿家庭教育的方法，主要包括与家长的沟通交流、家庭保育、教育策略、良好亲子关系建立等内容，具备入指导、社区宣传等能力	40
8	学前教育政策与法规	能够比较系统地掌握学前教育政策、法规的基础知识，熟悉我国现行的学前教育政策法规的主要内容，树立依法治教的意识，培养分析、解决学前教育活动中出现的法律问题的能力，提高依法治教的水平和能力	40

（三）重构专门化方向课程，满足行业岗位需求

鉴于当前中职幼儿保育教育专业的学生对不同行业的职位需求增加且多样化的现状，需要重新构建特定的课程方向。通过调整现行各科目的教学方式，将相关联的课程主题整合到一起，打破各个领域的边界，从而实现课程的全面覆盖，并创建“专业技术+特定领域”的统一课程框架（见表 3–3）。如此，既可以提升学生们在幼儿保育工作中的职业技能，同时也能满足他们自我挑选职业所需的专业素质与技能训练的需求，进一步提高他们的职场竞争优势。

表 3–3　专业（技能）方向课

序号	课程名称	教学内容和要求	参考学时
1	乐理与视唱	掌握正确的音准、节奏和基本的情感表达能力；能识谱演唱一般的歌曲，能听辨和分析一般音乐作品的调式、调性、节拍、节奏、音程等要素。发展音乐听觉和记忆；积累音乐语言	80
2	钢琴基础	掌握键盘乐器演奏的基础知识和基本技能，能正确演奏不同内容、风格的键盘乐器简单作品，能完成幼儿歌曲简易伴奏的编配	80

续表

序号	课程名称	教学内容和要求	参考学时
3	舞蹈	掌握我国几种主要民族舞蹈的基本步伐和动作组合、儿童舞的基本舞步和动作组合、幼儿模仿动作、幼儿表演舞蹈音乐游戏：了解幼儿舞蹈的特点，能够初步编排与指导幼儿舞蹈	80
4	绘画	掌握图案、色彩、平面设计知识；能用基本绘画技能及简笔画法临摹、创作幼儿园活动需要的美术作品和教学简笔画；能够初步指导幼儿绘画的创作	80
5	手工	学会折纸、剪纸、泥工等各类手工技法，能根据幼儿园环境创设、教学活动的要求，开展各类手工制作及简单玩教具的制作，能教会幼儿掌握一些基本的手工技能	80

（四）增加素质拓展课程，提升职业素养

中职幼儿保育专业必须拥有完整的素质课程体系，全方位提高学生的综合素质，以保持学生的可持续发展，防止社会上出现的各类虐童事件再次发生。建立起一套完善的教育理论框架来强调对个人价值观和人文伦理方面的重视，即把重点放在“毅力性格塑造与人际关系处理”上，构建基础科目设置系统，其中包含新生入校前的培训活动、毕业生离别时的告别仪式还有军事训练等，同时还应加入关于幼儿保育人员的工作职责和个人行为准则的学习内容，作为一门专门针对此项工作的特殊技能学习科目也应该被列入这个系统的范围之中去。这一目的是要让每个接受过教育的学子，均具备一定的行业目标追求意识，也让他们更加懂得如何关爱他人尤其是那些弱势群体。

（五）构建以项目引领的“三真”教育体系

依托于校园内的实际训练场地和外部的实践基地来搭建特色的教育系统，具有真实的环境设计、现实中的工作任务以及有效教学评估特点。该系统包括从初级认识实习，跟随式实习到高级别的独立实习等不同层次的阶梯化培训方式。与此同时，积极利用学校企业之间的合作关系，形成了这样的循环：先在校内学习→外部基地实习→校内继续学习→外部进行跟随式实习→返回校内进行独立实习。这种“三三轮调”的学习方法使得每个学期都能够灵活地安排各个实践环节，并且每一个实践过程都会由老师和行业的专家一起设定具体的目标并拟定执行计划，确保目标明确且可行。这样就构成了一个逐步深入、涵盖理论知识和实践经验、从简至繁的教育框架，使学生们在学校获得实践的机会，并在企业的实际工作中完成他们的挑战任务，从而实现了产业教育的结合，提升学生的职业技能。专

业实训课程安排（见表 3-4）。

表 3-4　专业实训课

序号	课程名称	教学内容和要求	参考学时
1	综合实训	综合实训是本专业必修的专业训练，包括职业见习、保育实习、教育见实习。主要任务是通过了解幼儿园保育员及幼儿园教师工作，增强学生的专业认同感和职业意识；学习并运用幼儿卫生与健康知识，实际体验幼儿园保育工作岗位任务，熟悉保育工作流程及规范；学习、观摩幼儿园教育活动，进一步了解学习领域目标、内容及要求，提高学生的职业素养与综合能力。	60
2	顶岗实习	顶岗实习是本专业最后的实践性教学环节。通过顶岗实习，使学生更好地将理论与实践相结合，全面巩固、锻炼实践操作技能，为就业打下坚实基础。顶岗实习的主要任务是让学生进一步掌握保教工作的基本内容和特点。通过实习幼儿园保育员的全部工作，能完成一日活动中的保育工作，掌握幼儿园保育工作流程、内容及规范要求；在理解保教结合原则的基础上，结合教育活动开展健康指导，为幼儿健康成长服务；学习幼儿园保育员的优秀品质和敬业精神，增强适应岗位的能力。	600

三、幼儿保育专业基本教学条件

（一）教学团队

为了保证教学内容的实施，幼儿保育专业要重视专业师资队伍的建设，可通过建立学科带头人制度、实施教师导师制、鼓励教师跨学科学习、建立团队合作平台、实施教师企业实践制度等方式优化团队结构，提升团队教学水平和专业素养，同时注重专业教师结构的合理性、科学性，建设具有丰富的专业背景和教学经验、职业素养和道德品质，具备有效教学能力和方法及丰富实践经验和技能，具备团队合作和沟通能力，具备持续学习和自我发展意识的结构合理的优质核心课程。

（二）教学实施

1. 校内实训基地

校内实训基地主要承担基于工作过程的专业课程及校内实训的教学场地，实训设备和实训场地应满足实训教学基本要求（见表 3-5）。

表 3-5 幼儿保育专业综合实训中心基本实训条件

序号	实训室名称	实训功能	使用课程	主要设备
1	保育实训室	借助实训室进行婴幼儿保育技能的技能训练	0~3 岁婴幼儿的保育与教育、幼儿园游戏与指导等	婴儿护理设备、幼儿生活模拟区设备、集体教学区设备、体检设备、常用医疗器械、科普教具、环境创设教具
2	舞蹈实训室	借助实训室进行民族舞、儿童舞等方面的业务训练	舞蹈	把杆、训练镜、舞蹈垫、钢琴、多媒体音响设备、服装和道具
2	（电）钢琴实训室	借助电钢琴及多媒体设备进行儿童歌曲的演奏	钢琴	电钢琴或钢琴、琴凳、耳机、多媒体设备
3	声乐实训室	借助钢琴及多媒体设备进行儿童歌曲的演唱	声乐、乐理视唱	钢琴、音响设备、训练话筒、训练耳机、训练椅、多媒体设备

2. 校外实训基地

校外实训基地主要负责学生认知实习、保育实习、教育见习与顶岗实习。作为一个专注于教导并让学生参与到真实的工作场景中的培训中心，创造出一种模拟的环境来让学生获得真正的职业技能提升的机会，并且根据学校和企业联合制定的课程安排表中所规定的步骤、要求去执行他们的职责。

3. 教学资源

积极研发校本教材、教学讲义、指导书籍、辅助教科书、教学课件等教育资源，建立教育资源库，构建信息化的教学平台，为任务引领式学习和项目学习提供必要的学习资料。

4. 教学方法

幼儿保育专业实施教学做一体化的教学模式也需要相应的教学方法改革，专业采用的教学方法突出行动导向教学法其中案例教学法、情景模拟教学法、项目教学法为主。

案例研究法是培育实际操作技能的人才的重要方法，其目标在于激发学习者的求知欲望，并提升学生解决问题的技巧。案例研究法强调以学员为中心，老师担任指导角色，通过选择合适的案例来开展教学活动，鼓励学生深入理解、发表意见并展开探讨。在此过程中，师生之间的交流能有效地提高学生学习的热情和自主性，从而实现从被动接受到主动探索的心态转换。

情景模拟教学法亦被称为角色扮演法，是一种基于教育主题的需求而创建特定场景和主题的方法，使得学生可以适应环境中的各种角色。这种方法鼓励学生通过行动模仿或者替换来深度理解角色的情绪波动及行为习惯，并利用自己学习的知识去执行预设的活动，以此实现教育的目的。在这个过程当中，学生们可以通过观察、亲身经历的方式对学习内容加深理解，同时也能提升他们在解决问题时的能力。

项目式学习方法是指让学生独自承担并执行某个特定项目的全部流程，包括信息搜集、计划设计及实际操作等环节，直至最终结果评估。在此期间，老师仅提供建议、引导和答疑解惑。其目标在于通过这种方式使理论知识与实践活动有效地融合在一起，并在实际行动中提升学生的实践技巧和问题解决技能。

信息网络教学。利用现代信息技术服务于幼儿保育专业教学，提高教学效率和教学质量。以计算机多媒体和网络通信为基础的现代化信息技术在教学中的应用是现代教育技术的重要特征，在教学过程中，根据教学目标和教学对象的特点，通过教学设计，合理选择和运用现代教学媒体，并与传统的教学手段有机结合，共同参与教学全过程。首先利用多媒体技术辅助教学、采用多媒体技术与仿真技术的结合，能够形成图、文、声、像并茂的教学系统，为学生创造学习情境，激发学生学习兴趣，凸显学生发展的自主性，从而形成“以学生为中心”的现代化课堂教学模式。利用计算机网络技术平台辅助教学。充分利用互联网技术和网络资源服务于电子商务教学，实现传统课堂教学的“封闭性”转向“开放性”；利用网络技术搭建平台，实现师生课后交流。

5. 学习评价

对于中等职业技术学校的学业评估体系来说，它涉及多个利益相关者如学校、学员、教师、家庭及社区等多方面的互动与变化。想要从根本上改革过去仅依赖于学校单方面对学生进行考核打分的传统方式，必须创建一种包括所有这些利益相关者的学能评估体制，以便能够全方位地衡量学生的学能表现。这种多元的评估策略有助于推动学生的多样化能力和个性的成长。基于此，在校企深入协作的基础上建立了“三阶段三课堂”的幼儿保育专业的学生学能评估的新框架，即把学生的学能评估划分为“课程内的学习”“课程外的实践”“顶岗实习”这三个阶段以及“课内学习”“课外实践”“顶岗实习”三种类型的教学场所去执行。能够取代过去的仅仅依靠教师主导的单一评估标准，并真正转变为涵盖教师评审、自我评估、同学间相互评估、父母评估和社会评估等多种形式的多元评估方案。通过新的评估体系，可以更广范地考查学生的学能状况，采用更为灵活的评估手段。与此同时，也更有利于确保学生学能评估的多元性、有效性、科学性和实用件，进而培养学生的专业素养、解决问题的能力和社交能力等各种复合型的职业能力，最后助力中职学生全面发展，为国家培育更多的优秀高技能人才。

6. 质量管理

教学管理要更新观念，改变传统的教学管理方式。教学管理要有一定的规范性和灵活性，可实行工学交替等弹性学制。要合理调配专业教师、专业实训室和实训场地等教学资源，为课程的实施创造条件；要加强对教学过程的质量监控，改革教学评价的标准和方法，促进教师教学能力的提升，保证教学质量。

学生毕业需要同时具备以下条件：

（1）学生通过规定年限的学习，课程全部考试合格，修满本专业人才培养方案规定的学时学分（毕业最低学分为170），达到本专业素养、知识和能力等方面要求；

（2）通过学业水平测试合格性测试；

（3）实习成绩合格（含60分）以上；

（4）获得相应资格证书（见表3-6）。

表3-6 资格证书

序号	对应职业（岗位）	职业资格证书
1	幼儿园保育员	保育员（中级）
2	育婴师	育婴师（中级）

第三节 幼儿保育专业（核心课程）教学内容体系

一、学前儿童卫生保健

（一）课程的性质和目标

学前儿童卫生保健是一门研究如何保护、增进幼儿健康的学科。它的任务是阐明幼儿解剖生理特点，幼儿生长发育规律，幼儿心理卫生及其与教育、生活环境之间的相互关系，提出增进幼儿健康、促进幼儿正常生长发育的卫生要求和保健措施，为幼儿进一步发展打下良好的基础。要求学生掌握该课程的理论、知识和技能操作，为今后从事幼儿园卫生保健及教学工作奠定基础。

本课程的教学目标是：通过教学，使学生全面系统地掌握幼儿卫生保健工作的基本理论和基本技能，以幼儿的解剖生理特点、生长发育规律和心理年龄特征为依据，科学地制定和执行幼儿的生活制度的卫生原则，合理调配和组织幼儿的膳食；组织幼儿开展适宜的身体锻炼；严格遵守各项活动的卫生要求，培养幼儿良好的卫生习惯；预防身心疾病；加强幼儿的安全教育，应急处理各种意外事故；严格遵守幼儿园的各项卫生保健制度；积极创设符合卫生要求的环境条件（包括选择园址、安排房舍、配置设备、加强安全措施等）。

（二）课程的基本要求

本门课程不仅具有很强的知识性，同时具有很强的实践性，因此要求学生在本课程的学习过程中不仅要掌握相关儿童保健知识，还要实际运用，能够在保教工作中维护和促进儿童的健康。具体要求如下：

（1）按照科学、简明、实用的要求，讲授学前儿童卫生和保健基础知识，使学生熟悉和了解有关知识概念，明确事实，获得开展学前儿童保健和教育工作的必要储备。

（2）加强实践教学环节管控，通过深入幼儿教育的真实情境或角色扮演、情景模拟等形式，培养学生卫生保健工作的实践能力。

（3）结合幼儿园的现实，增加案例教学比重，让学生了解幼儿园卫生保健工作的基本问题和注意事项。

（三）课程的学时分配

表 3-7 《学前儿童卫生保健》学时分配表

章节	教学内容	总学时
	绪论	2
第一章	幼儿生理特点及卫生保健	14
第二章	幼儿的生长发育及健康评价	6
第三章	幼儿的营养与膳食卫生	10
第四章	幼儿常见疾病的防护	12
第五章	幼儿意外事故的防护和急救	12
第六章	幼儿的心理健康	10
第七章	幼儿园的卫生保健制度	6
第八章	幼儿园的生活环境卫生	4
活动课	足弓发育的检查、形成指标的测定、体温的测量、视力检查	4
合计		80

（四）课程的教学内容

绪论

教学目标

1. 了解学前儿童卫生保健的概念、任务和方法。

2. 了解学前儿童卫生保健的回顾与展望。

教学重难点

学前儿童卫生保健的概念、任务和方法。

教学内容

第一章　学前儿童生理特点及卫生保健

教学目标

1. 熟悉人体的基本形态，了解人体的基本结构和人体的基本生理特征、生理功能调节。

2. 理解和熟悉幼儿各系统的特点，掌握幼儿各系统的卫生保健要求。

教学重难点

理解和熟悉幼儿各系统的特点，掌握幼儿各系统的卫生保健要求。

教学内容

第一节　奇妙的人体

1. 人体的基本形态

2. 人体的基本结构

3. 人体的基本生理特征和生理功能调节

第二节　幼儿各大系统特点及卫生保健

1. 运动系统

2. 呼吸系统

3. 循环系统

4. 消化系统

5. 排泄系统

6. 内分泌系统

7. 神经系统

8. 生殖系统

9. 感觉器官

第二章　学前儿童的生长发育及健康评价

教学目标

1. 掌握幼儿生长发育的规律和影响因素。

2. 了解幼儿健康检查的内容、方法及幼儿的健康评价。

教学重难点

幼儿生长发育的规律和影响因素。

教学内容

第一节　幼儿的生长发育

1. 学前儿童生长发育的一般状况

2. 影响学前儿童生长发育的因素

第二节　学前儿童的健康检查及生长发育评价

1. 健康检查的时间及内容

2. 生长发育的评价指标

3. 生长发育的评价标准及评价方法

第三章　学前儿童的营养与膳食卫生

教学目标

1. 掌握幼儿生长发育需要的营养素及其作用。

2. 掌握幼儿合理营养的内容，幼儿膳食配制的原则。

教学重难点

掌握幼儿合理营养的内容，幼儿膳食配制的原则。

教学内容

第一节　学前儿童的营养卫生

1. 营养

2. 营养与学前儿童的生长发育

3. 学前儿童需要的营养素

第二节　学前儿童膳食的配制及饮食卫生

1. 学前儿童合理营养和平衡膳食

2. 学前儿童膳食特点及进餐环境

3. 学前儿童膳食配制及食谱质量检测

4. 注意饮食卫生，预防食物中毒

5. 培养良好的饮食习惯

第四章　学前儿童常见疾病及预防

教学目标

1. 掌握传染病的概念、基本特征及其流行的三个环节。

2. 掌握传染病的预防措施。

3. 了解学前儿童几种常见传染病（流行性感冒、水痘、流行性腮腺炎、手足口病和急性出血性结膜炎）的病因和主要症状，掌握其护理方法和预防措施。

4. 学前儿童常见非传染性疾病。

（1）了解弱视、斜视、维生素 D 缺乏性佝偻病、缺铁性贫血、中耳炎的病因、主要症状、护理方法和预防措施。

（2）了解小儿肺炎、腹泻、龋齿、肥胖、痱子的病因和主要症状，掌握其护理方法和预防措施。

教学重难点

了解学前儿童几种常见传染病和非传染病的病因和主要症状，掌握其护理方法和预防措施。

教学内容

第一节　学前儿童常见传染病及预防

1. 有关传染病的基本知识

2. 学前儿童常见传染病

第二节　学前儿童常见非传染病、寄生虫及预防

1. 非传染性疾病

2. 寄生虫病

第五章　幼儿意外事故的防护和急救

教学目标

1. 掌握学前儿童常见意外事故发生的原因。

2. 理解学前儿童安全教育的内容。

3. 掌握幼儿园常规的安全措施。

4. 常用的急救技术

（1）了解判断伤情轻重的依据及急救的原则；

（2）了解小外伤、动物咬伤、异物入体、急性中毒的种类和症状，掌握其处理方法和预防措施；

（3）了解烫伤、扭伤、脱臼、中暑、骨折、触电、溺水、晕厥的症状，掌握其处理方法和预防措施。

5. 常用的护理技术

（1）掌握测体温、冷敷、热敷、止鼻血的方法；

（2）掌握喂药、滴眼药、滴鼻药、滴耳药的方法。

教学重难点

理解并掌握学前儿童常见意外事故发生的原因及安全教育的内容；掌握常用的急救技术及护理技术。

教学内容

第一节 意外事故预防和安全教育

1. 学前儿童常见意外事故发生的原因

2. 托幼园所常规的安全措施

3. 学前儿童安全教育的内容

第二节 常用的急救技术

1. 判断伤情的轻重

2. 急救的原则

3. 学前儿童常见意外事故的简单处理及预防

第三节 常用的护理技术

1. 测体温

2. 冷敷法

3. 热敷法

4. 喂药

5. 滴眼药

6. 滴鼻药

7. 滴耳药

8. 简易通便法

第六章 学前儿童的心理健康

教学目标

1. 了解健康的概念和心理健康的标志。

2. 了解幼儿期恐惧、遗尿症、攻击性行为、说谎、口吃、习惯性阴部摩擦、多动症的表现，掌握其发生的原因和矫正方法。

3. 了解影响学前儿童心理健康的因素。

4. 掌握维护和促进学前儿童心理健康的措施。

教学重难点

了解并掌握常见幼儿心理异常问题的原因及矫正方法；掌握维护和促进学前儿童心理健康的措施。

教学内容

第一节 学前儿童心理健康的标志

第二节 学前儿童常见的心理卫生问题

1. 学前儿童常见心理卫生问题的鉴别

2. 学前儿童常见的心理卫生问题

3. 学前儿童的心理疾患

第三节 学前儿童心理健康教育

1. 影响学前儿童心理健康的因素

2. 维护和促进学前儿童心理健康的措施

第七章 托幼园所的卫生保健制度

教学目标

1. 了解幼儿园生活制度的概念和制定生活制度的意义。

2. 掌握制定学前儿童生活制度的原则。

3. 掌握学前儿童一日活动的内容和各环节的卫生要求。

4. 理解幼儿健康检查制度、体格锻炼制度、卫生与消毒制度、信息收集制度的内容。

教学重难点

掌握学前儿童一日活动的内容和各环节的卫生要求。

教学内容

第一节 托幼园所的生活制度

1. 制定生活制度的意义

2. 制定生活制度的原则

3. 学前儿童生活制度的内容及要求

第二节　托幼园所常见的卫生保健制度

1. 健康检查制度

2. 膳食管理制度

3. 体格锻炼制度

4. 传染病预防及控制制度

5. 常见病预防及管理制度

6. 卫生与消毒制度

7. 伤害预防制度

8. 健康教育制度

9. 信息收集制度

第八章　托幼园所的环境卫生

教学目标

1. 理解幼儿园环境的概念。

2. 了解幼儿园户外环境、房舍的卫生要求。

3. 掌握幼儿园玩具、书籍、文具的卫生要求。

4. 掌握托幼园所精神环境的创设要求。

教学重难点

掌握幼儿园玩具、书籍、文具的卫生要求；掌握托幼园所精神环境的创设要求。

教学内容

第一节　托幼园所园址的选择

1. 居民区适中的地方

2. 无污染，无噪声

3. 阳光充足，排水良好

4. 用地面积符合规范

第二节　托幼园所物质环境的创设

1. 物质环境的基本要素

2. 户外环境的卫生要求

3. 户内环境的卫生要求

第三节　托幼园所精神环境的创设

1. 树立现代儿童观和教育观，建立良好的教师与幼儿交往关系

2. 培养学前儿童群体，建立良好的学前儿童之间交往关系

3. 以身示范，建立良好的教师之间交往关系

4. 沟通交流，建立良好的教师与家长交往关系

二、学前教育学

（一）课程的性质和目标

《学前教育学》在教育学、心理学、卫生学等学科知识的基础上，以学生在生活、教育见习中所获得的感性经验为背景，向学生系统介绍幼儿园教育的基础理论和实践原则、方法，旨在培养学生的专业认同感，帮助学生树立科学的儿童观，对学前儿童的教育问题形成科学的认识和态度，掌握从事学前教育工作的基本知识与技能，具备初步的专业能力。

通过本课程的学习，要达到三个基本目的：

1. 使学生比较全面、简要地了解学前教育学的产生与发展，掌握学前教育学的研究对象和任务，为从事幼儿保教工作打下理论基础；

2. 从学前教育的社会功能与效益、学前教育在儿童发展中的作用出发，使学生从宏观和微观角度分别掌握学前教育的有关理论和原则，并能用它指导幼儿园的实际工作；

3. 通过对学前教育有关理论和实践的了解，明确不同年龄的学前儿童要采取不同的教育方法，使学生树立起正确的学前教育观，提高学前教育实践的能力；

4. 通过相关案例的学习与分析，掌握幼儿园工作的基本内容与操作技能。

（二）课程的基本要求

要求学生领会和掌握从事学前教育工作必需的基本知识、基本理论和基本方法；在对基本概念认识的基础上，学会正确地联系运用，提高学习和研究学前教育科学理论及从事学前教育管理的能力，为今后对学前儿童实行科学的养育与教育打下良好的基础。

具体要求如下。

1. 加强对基本概念的理解。基本概念的理解不但有助于学生通读教材，而且有助于为重点、难点问题的解决打下基础。所以，学生必须重视对基本概念的理解，本书中的核心概念主要包括幼儿体育、幼儿智育、幼儿美育、幼儿德育，各种教育、教学的原则和方

法，和家园联系的各种方式、方法，以及幼儿园与小学的衔接等组成部分。

2. 在理解概念的基础上，学生还应正确练习运用。如判断题“两三个月的婴儿能听音乐声和说话声，对有节奏的声音表现愉快情绪是婴儿美感的初步表现”的判断是错误的，该婴儿所表现出的愉快情绪只是婴儿的一种无意识反应，而不是真正的美感。如果学生仅凭对美感这个概念的简单记忆，而不能理解运用，就无法作出正确的选择。

3. 加强对幼儿园教育活动以及教师专业发展的了解，掌握基本的活动设计方法和教育教学方法，提高从事学前教育管理的能力。

4. 加强与教育教学实际的联系，通过案例分析达到原理的理解。

（三）课程的学时分配

表 3-8　《学前教育学》学时分配表

章 次	教 学 内 容	学时
第一章	学前教育学概述	8
第二章	学前教育的功能与效益	6
第三章	学前教育与儿童发展	8
第四章	学前儿童的全面发展教育	14
第五章	幼儿园的教育活动	14
第六章	幼儿园的环境设计	10
第七章	幼儿园教师	8
第八章	幼儿园的家庭、社区工作	6
第九章	幼儿园与小学的衔接	6
合计		80

（四）课程的教学内容

第一章　学前教育学概述

教学目标

1. 了解学前教育学的产生和发展的阶段。

2. 记住各阶段的代表人物、代表作与基本思想。

3. 识记学前教育、学前教育学等相关概念。

4. 理解学前教育学的研究对象、任务、特点等。

5. 明确学习学前教育学的意义与方法。

教学重难点

学前教育学的研究对象、任务、特点.

教学内容

第一节　学前教育学的产生与发展

1. 孕育阶段

2. 萌芽阶段

3. 初创阶段

4. 发展阶段

第二节　学前教育学的研究对象与内容

1. 学前教育学的研究对象

2. 学前教育学的内容与任务

3. 学习学前教育学的意义与方法

第二章　学前教育的功能与效益

教学目标

1. 识记学前教育功能与学前教育效益的概念。

2. 了解学前教育功能与学前教育效益的基本类型。

3. 分析学前教育的具体功能与效益。

4. 思考如何在现实的教育教学实践中提高学前教育的功能与效益。

教学重难点

学前教育功能与效益的概念及类型。

教学内容

第一节　学前教育的功能

1. 学前教育功能的内涵

2. 学前教育功能的类型

3. 学前教育的具体功能

4. 发挥学前教育功能的策略

第二节　学前教育的效益

1. 学前教育效益的内涵

2. 学前教育效益的类型

3. 学前教育的社会效益

4. 提高学前教育效益的途径

第三章　学前教育与儿童发展

教学目标

1. 了解学前教育在人一生中的地位与作用。
2. 理解儿童的成长是多因素影响的结果，明确各因素在儿童成长中的作用。
3. 运用相关原理将协调各种影响因素使其效果达到最优化。

教学重难点

理解儿童的成长是多因素影响的结果，明确各因素在儿童成长中的作用。

教学内容

第一节　学前教育在人生中的地位与作用

1. 学前教育与人的内在发展
2. 学前教育与人的外在发展

第二节　影响儿童身心发展的因素分析

1. 遗传在学前儿童发展中的作用
2. 环境在学前儿童发展中的作用
3. 学前教育在学前儿童发展中的作用

第四章　学前儿童的全面发展教育

教学目标

1. 理解学前儿童体育、智育、德育和美育的概念及意义。
2. 了解学前儿童体育、智育、德育和美育的任务和内容。
3. 明确并运用学前儿童体育、智育、德育和美育的实施途径与方法。
4. 运用德育原则和方法，解决学前儿童出现的行为问题等。

教学重难点

了解学前儿童体育、智育、德育和美育的任务和内容；明确并运用学前儿童体育、智育、德育和美育的实施途径与方法。

教学内容

第一节　学前儿童教育总目标

1. 幼儿园的任务
2. 幼儿园教育的主要目标

3. 幼儿园工作的原则

第二节 学前儿童体育

1. 学前儿童体育的概念与意义
2. 学前儿童体育的内容与任务
3. 学前儿童体育的途径与方法

第三节 学前儿童智育

1. 学前儿童智育的概念与意义
2. 学前儿童智育的内容与任务
3. 学前儿童智育的方法与手段、

第四节 学前儿童德育

1. 学前儿童道德品质的形成与发展
2. 学前儿童德育的意义与原则
3. 学前儿童德育的内容与任务
4. 学前儿童德育的途径与方法

第五节 学前儿童美育

1. 学前儿童美感发展的特点
2. 学前儿童美育的意义与任务
3. 学前儿童美育的实施途径

第五章 幼儿园的教育活动

教学目标

1. 了解幼儿园教育活动的基本内容。
2. 领会幼儿园各种活动的组织要领。
3. 能够组织各种幼儿园的教育活动。
4. 明确幼儿园的游戏活动种类及其在学前儿童发展中的作用。

教学重难点

了解幼儿园教育活动的基本内容；能够组织各种幼儿园的教育活动。

教学内容

第一节 幼儿园的生活活动

1. 幼儿园生活活动概述

2. 幼儿园生活活动的组织原则

3. 幼儿园生活活动的组织策略

第二节　幼儿园的教学活动

1. 幼儿园教学活动的类型

2. 幼儿园教学活动的原则

3. 幼儿园教学活动的组织

4. 幼儿园教学活动的实例

第三节　幼儿园的游戏活动

1. 游戏与儿童发展

2. 幼儿园游戏活动的概述

3. 幼儿园游戏的组织与指导

第六章　幼儿园的环境设计

教学目标

1. 了解幼儿园环境设计的重要性。

2. 识记幼儿园环境、幼儿园心理环境、幼儿园物理环境等概念。

3. 熟悉幼儿园环境设计的基本知识。

4. 运用相关理论根据幼儿园实际创设一个适合儿童的环境。

教学重难点

熟悉幼儿园环境设计的基本知识；运用相关理论根据幼儿园实际创设一个适合儿童的环境。

教学内容

第一节　幼儿园环境设计概述

1. 幼儿园环境设计的意义

2. 幼儿园环境的概念与类型

3. 幼儿园良好环境的标准

第二节　幼儿园心理环境的设计

1. 幼儿园心理环境的内涵与特点

2. 幼儿园心理环境的设计原则

3. 幼儿园心理环境的设计方法

第三节　幼儿园物理环境的设计

1. 幼儿园户内环境设计
2. 幼儿园户外环境设计

第七章　幼儿园教师的职业技能

教学目标

1. 了解幼儿园教师在儿童发展中的地位与作用。
2. 明确幼儿园教师必须具备的职业技能和专业能力。
3. 根据相关策略选择适合自己的发展路径，并在实践中加以运用。

教学重难点

明确幼儿园教师必须具备的职业技能和专业能力。

教学内容

第一节　幼儿园教师在儿童发展中的作用

1. 教师在儿童发展中的角色
2. 教师对儿童发展的影响

第二节　幼儿园教师的职业技能

1. 观察能力
2. 沟通能力
3. 组织教育活动的能力

第三节　幼儿园教师成长的操作路径

1. 基于“教历”的教师成长
2. 基于“合作”的教师成长
3. 基于“研究”的教师成长

第八章　幼儿园的家庭、社区工作

教学目标

1. 了解家庭教育在学前儿童教育中的地位和作用。
2. 熟悉学前儿童家庭教育的内容和方法。
3. 了解幼儿园与家庭、社区合作的意义。
4. 运用幼儿园和家庭、社区合作的方法。

教学重难点

学前儿童家庭教育的内容和方法。

教学内容

第一节　幼儿园的家庭工作

1. 家庭教育的地位和作用
2. 家庭教育的内容和方法
3. 幼儿园与家庭的衔接

第二节　幼儿园的社区合作

1. 幼儿园与社区合作的概述
2. 幼儿园与社区合作的意义
3. 幼儿园与社区合作的方式

第九章　幼儿园与小学的衔接

1. 理解幼儿园与小学衔接的重要性。
2. 明确幼儿园与小学衔接的具体工作。
3. 运用幼儿园与小学衔接的基本方法与途径。

教学重难点

幼儿园与小学衔接的基本方法与途径。

教学内容

第一节　幼儿园与小学衔接的意义

第二节　幼儿园与小学衔接的原则

第三节　幼儿园与小学衔接的途径

三、学前儿童发展心理学

（一）课程的性质和目标

《学前儿童发展心理学》属于幼儿保育专业基础课，它在基础学科和应用学科之间起着一种中介作用，具有很强的实用价值。为幼儿保教工作者提供学前儿童心理发展的基本规律、一般特点和各个年龄阶段儿童心理发展特点等基础知识，为教育工作提供理论基础。为帮助学生理解课程内容和了解儿童发展心理学的研究方法，培养科学研究的意识。本课程要求学生能够系统掌握“学前儿童发展心理学”的基础知识，能理解“学前儿童发展心理学”的基本概念、基本原理，熟悉学前期各个年龄段儿童的心理特点，能运用“学前儿童发展心理学”的基本知识观察、分析学前儿童行为，为设计和开展学前儿童保教活动提供理论依据，为解决教学中的实际问题提供理论指导。

（二）课程的基本要求

本课程全面地反映了学前儿童心理的年龄特征和儿童心理发展的趋势，同时与儿童心理发展的基本理论和学前教育的实践密切结合。教学中应全面具体向学生介绍学前儿童心理的特征，尤其是认知、情感、社会化和性格的年龄特征，引导学生结合学前儿童的生活、运动、游戏、学习的现状，思考和分析问题。培养学生独立思考、分析问题和解决问题的能力。

（三）课程的学时分配

表 3-9　《学前儿童发展心理学》学时分配表

章 次	教 学 内 容	学时
第一章	学前儿童及其心理研究	8
第二章	影响学前儿童心理发展的因素和人文生态环境	6
第三章	婴儿的生理发展	10
第四章	婴儿的认知发展	12
第五章	婴儿的社会性心理发展	10
第六章	幼儿的生理发展	10
第七章	幼儿的认知发展	12
第八章	幼儿的社会性心理发展	12
合计		80

（四）课程的教学内容

第一章　学前儿童及其心理研究

教学目标

1. 理解并掌握学前儿童概念及学前儿童观。
2. 了解学前心理学的理论体系和主要任务。
3. 了解学前心理学的主要研究方法。

教学重难点

1. 学前儿童概念。
2. 学前心理学的主要研究方法。

教学内容

第一节　学前儿童概念与学前儿童观

1. 学前儿童及相关概念

2. 学前儿童发展观的变迁

第二节　学前儿童心理研究的理论体系

1. 三个基本关系的问题

2. 主要学派的理论观点

第三节　学前儿童发展心理学的研究方法

1. 宽泛的研究方法

2. 具体的研究方法

第二章　影响学前儿童心理发展的因素和人文生态环境

教学目标

1. 掌握影响学前儿童心理发展的因素。

2. 了解影响学前儿童心理发展的人文生态环境。

教学重难点

1. 影响学前儿童心理发展的因素。

2. 影响学前儿童心理发展的因素；学前儿童心理发展的人文生态环境。

教学内容

第一节　影响学前儿童心理发展的因素

1. 生物性因素

2. 社会性因素

第二节　影响学前儿童心理发展的人文生态环境

1. 人文生态环境的结构

2. 人文生态环境的特点

第三章　婴儿的生理发展

教学目标

1. 了解婴儿的身体生长发育。

2. 了解脑与脑功能的发展。

3. 掌握感知觉的发展；掌握运动机能的发展。

教学重难点

1. 婴儿感知觉的发展、运动机能的发展。

2. 脑与脑功能的发展、感知觉的发展。

教学内容

第一节　身体的生长发育

1. 胎儿期和新生儿期的身体生长发育

2. 乳儿和学步儿的身体生长发育

第二节　脑与脑功能的发展

1. 胎儿和新生儿的脑发育

2. 乳儿和学步儿的脑发育

第三节　感知觉的发展

1. 胎儿期和新生儿期的感觉发展

2 乳儿和学步儿的知觉发展

第四节　运动机能的发展

1. 胎儿期和新生儿期的反射运动

2. 乳儿和学步儿的运动机能

第四章　婴儿的认知发展

教学目标

1. 了解皮亚杰感觉运动发展理论。

2. 掌握胎儿和婴儿的思维和记忆，了解婴儿的认知社会化发展。

3. 握婴儿的言语发展。

教学重难点

1. 婴儿的认知社会化发展和言语发展。

2. 皮亚杰感觉运动发展理论。

教学内容

第一节　皮亚杰的认知发展理论

1. 感觉运动阶段和前运算阶段

2. 对皮亚杰感觉运动发展理论的挑战

第二节　婴儿的思维和记忆发展

1. 胎儿的思维和记忆

2. 婴儿的思维和记忆

第三节　婴儿的认知社会化发展

1. 对他人容貌的感知

2. 对母亲的感知

3 对人的行为动作的感知

第四节　婴儿的言语发展

1. 言语发展的三个理论

2. 婴儿前言语的发展

3. 婴儿言语的形成

第五章　婴儿的社会性心理发展

教学目标

1. 掌握依恋的概念，掌握婴儿期的亲子关系、同伴关系。

2. 理解社会性发展的相关理论。

3. 了解社会性心理发展的基础。

教学重难点

1. 婴儿期的亲子关系和同伴关系。

2. 社会性发展的相关理论及社会性心理发展的基础。

教学内容

第一节　社会性发展的相关理论

1. 精神分析学派

2. 行为主义学派

3. 社会认知学派

4. 生态学理论

第二节　社会性心理发展的基础

1. 婴儿的气质

2. 婴儿的情绪

3. 婴儿的自我意识

第三节　婴儿期的亲子关系

1. 依恋的产生和发展

2. 对依恋的研究

3. 形成安全依恋的条件

4. 依恋对婴儿发展的影响

第四节　婴儿期的同伴关系

1. 群体社会化理论

2. 同伴交往的作用

3. 同伴关系的发生和发展

4. 依恋对婴儿发展的影响

第六章　幼儿的生理发展

教学目标

1. 掌握粗大动作技能的发展和精细动作的发展。

2. 了解身体和大脑的发展。

教学重难点

1. 幼儿的运动能力的发展，粗大动作和精细动作的发展。

2. 大脑的发展。

教学内容

第一节　身体和大脑的发展

1. 身体的生长发育

2. 大脑的发展

第二节　幼儿的运动能力发展

1. 粗大动作技能的发展

2. 精细动作的发展

第七章　幼儿的认知发展

教学目标

1. 掌握幼儿的思维和记忆发展；掌握幼儿的智力和创造力发展。

2. 掌握幼儿的言语发展。

教学重难点

1. 幼儿记忆发展、幼儿言语发展。

2. 幼儿的思维发展、幼儿的创造力发展。

教学内容

第一节　幼儿的思维发展

1. 象征机能的形成
2. 知识的建构
3. 思维特征的形成

第二节　幼儿的记忆发展

1. 幼儿的自传体记忆
2. 幼儿的目击证词

第三节　幼儿的智力发展

1. 智力观和智力理论
2. 现行的智力测验
3. IQ 的计算与分布
4. 影响幼儿智商分数的因素

第四节　幼儿的创造力发展

1. 创造力的定义与特征
2. 智力与创造力的关系
3. 学前儿童的创造力发展

第五节　幼儿的言语发展

1. 言语基本能力的获得
2. 前阅读能力的发展
3. 幼儿第二语言的学习

第八章　幼儿的社会性心理发展

教学目标

1. 了解幼儿的社会性心理发展的基础。
2. 掌握幼儿的亲子关系和同伴关系。

教学重难点

1. 幼儿期的亲子关系和同伴关系。
2. 幼儿的社会性心理发展的基础。

教学内容

第一节　幼儿的社会性心理发展的基础

1. 情绪发展

2. 自我的发展

3. 性别角色的发展

第二节　社会交往能力与社会行为

1. 社会认知和交往能力的发展

2. 社会行为

第三节　幼儿期的亲子关系

1. 父母教养方式

2. 父母意识

3. 亲子关系对儿童社会化的影响

第四节　幼儿期的同伴关系

1. 幼儿期的同伴交往与游戏

2. 同伴交往的类型

3. 同伴关系的影响因素

四、幼儿园一日活动保育

（一）课程的性质和目标

本课程是中等职业学校保育专业的一门核心课程，是一门实用性较强的课程，是为保育专业进行专业特色培养和职业技能训练而设置的重要课程，是从事幼儿园岗位工作的必修课程。本课程主要目标是使学生能够熟练运用相关理论及知识，掌握幼儿园一日活动保育工作的技巧和要求，并为学习后续课程做好准备，力求做到教学内容与岗位需求有效衔接。主要教学内容以幼儿园一日生活常规为轴线，涉及幼儿的生活管理，行为习惯养成，卫生保健与保护，配合教育教学活动等方面。

（二）课程的基本要求

本课程的目的主要是培养专业的幼儿园保育员、育婴师等综合保教人才。依据上述课程目标定位，本课程从多方面对课程内容进行规划与设计，以使课程内容更加规范系统。在设计理念方面，以幼儿园一日活动的典型工作需求为导向，以幼儿园保育工作技巧和行为要求的运用为目标，以真实幼儿园生活活动情境为载体。在设计思路方面，遵循“导—引—学— 践—悟—固—拓”的模式。在实施路径上，以学生主动探索为主，以幼儿园一日活动过程为基础，实现“教、学、做”一体化，贯彻做中学理念，综合培养职业能力。

（三）课程的学时分配

表 3-10　《幼儿园一日活动保育》学时分配表

章　节	教 学 内 容	学时
模块一	保育概述	2
模块二	基础保育工作	4
模块三	生活活动保育	24
模块四	教育教学活动保育	4
模块五	游戏活动保育	6
合计		40

模块一　保育概述

教学目标

正确理解保育工作的基本内涵、重要性、行为要求以及影响因素；掌握保育工作的实施原则和方法。

教学重难点

1. 理解保育工作的基本内涵及内容要求。
2. 掌握保育工作的实施原则和方法。

教学内容

1. 保育的概念
2. 保育工作的内容
3. 保育工作的实施原则
4. 保育工作的方法
5. 保育工作的意义

模块二　基础保育工作

教学目标

1. 正确理解幼儿园环境卫生的内涵、重要性、行为要求以及影响因素；掌握幼儿园环境卫生的实施原则和方法。

2. 正确理解幼儿园消毒工作的内涵及意义；掌握常用的消毒方法及适用范围；能进行规范的消毒清洁；能进行消毒记录的填写。

3. 掌握幼儿园班级物品涵盖的内容；知道物品管理的基本要求和方法；能对各类物

品进行规范管理；了解幼儿园内的设施设备管理制度；能对设备进行常规维修与管护；能建好物品管理与设备维修档案。

4. 理解建立一日生活常规的意义；掌握幼儿园一日常规具体要求；培养幼儿一日常规应遵循的原则。

教学重难点

理解并掌握幼儿园环境卫生、消毒、物品管理及常规建立的主要内容及具体要求。

教学内容

1. 环境卫生

2. 消毒工作

3. 物品与设备管理

4. 幼儿生活常规管理

模块三　生活活动保育

教学目标

1. 能描述幼儿来园，离园保育的任务及职责；列举幼儿来园、离园环节的常规要求；能小组合作 模拟进行来园前准备及离园保育的规范操作，总结操作小窍门；能敏锐发现幼儿来园、离园的安全隐患，并能说出应采取的预防措施；能与幼儿家长进行有效沟通。

2. 能说明幼儿进餐保育的任务、职责及其对幼儿健康成长的价值；能列举独立进餐能力和良好进餐习惯的内涵及其相应的培养方法；能进行餐前准备、餐后整理的规范操作；能针对挑食儿、体弱儿、肥胖儿等特殊儿，进行进餐保育工作；能敏锐发现幼儿不良的进餐姿势和进餐时的安全隐患，及时纠正并采取措施。

3. 能说明幼儿饮水保育的任务、职责及其对幼儿健康成长的价值；记住不同年龄段幼儿的每日标准饮水量，并能说出不同运动量、天气、饮食情况下的幼儿饮水量的变化，以及充足的饮水对于幼儿健康的重要意义；列举幼儿独立饮水能力和良好饮水习惯的内涵及其一般培养方法；能模拟进行饮水前准备工作的规范操作；能敏锐发现幼儿饮水过程中的安全隐患，并说出应采取的预防措施。

4. 能说明幼儿睡眠保育的任务、职责及其对幼儿健康成长的重要价值；记住不同年龄幼儿每日标准的睡眠时间，说出充足的睡眠对幼儿生长发育的重要意义；列举幼儿独立睡眠能力和良好睡眠习惯的内涵及其一般培养方法；能进行睡眠前准备和睡眠后整理的规范操作，总结操作小窍门；能敏锐发现幼儿睡眠时的安全隐患，说出应采取的预防措施；能模拟进行与睡眠特殊儿家长的沟通交流。

5. 知道幼儿盥洗保育的任务和职责；列举幼儿独立盥洗能力和良好盥洗习惯的内涵

及其一般培养方法；能进行盥洗前准备和盥洗后清洁消毒的规范操作，总结操作小窍门；能敏锐发现幼儿盥洗时的安全隐患，并能说出应采取的预防措施。安全隐患，并能说出应采取的预防措施。

6. 能说明幼儿如厕保育的任务、职责及其对幼儿健康成长的价值；说出幼儿异常（排便）的特征及处理方法；列举幼儿独立如厕能力和良好如厕后清洁消毒的规范操作，总结操作小窍门；能模拟对小班幼儿进行轻松排便教育；能敏锐发现幼儿如厕时的安全隐患，说出应采取的预防措施。

教学重难点

能理解并掌握幼儿园生活活动（来园、离园、进餐、饮水、盥洗、如厕、睡眠）的主要内容及要求。

教学内容

1. 来（离）园保育
2. 进餐保育
3. 饮水保育
4. 睡眠保育
5. 盥洗保育
6. 如厕保育

模块四 教育教学活动保育

教学目标

1. 了解室内活动的计划、内容、要求，掌握保育员在活动中的指导要点；能够根据目标要求，做好前期准备工作；掌握主动配合教育活动的内容与方法；了解室内场地、材料收拾整理工作的意义、程序和方法；明确活动后整理工作应注意的问题。

2. 能了解活动目标及教育意图，做好材料的准备工作；掌握对特殊幼儿的护理方法；能够领会教师教育意图，掌握协助教师组织户外活动的基本方法、技巧和工作程序；掌握活动结束后幼儿情绪、增减衣物的技巧和方法；掌握活动场地整理的程序和方法。

教学重难点

了解室内外活动的计划、内容、要求，掌握保育员在活动中的指导要点。

教学内容

1. 配合室内教学活动
2. 配合户外教学活动

模块五 游戏活动保育

教学目标

1. 理解并掌握幼儿园角色游戏的计划、内容及要求，掌握角色游戏的保育要点。

2. 理解并掌握幼儿园表演游戏的计划、内容及要求，掌握表演游戏的保育要点。

3. 理解并掌握幼儿园建构游戏的计划、内容及要求，掌握建构游戏的保育要点。

4. 理解并掌握幼儿园规则游戏的计划、内容及要求，掌握规则游戏的保育要点。

教学重难点

1. 幼儿园角色、表演、建构游戏的内容及要求。

2. 幼儿园规则游戏的保育。

教学内容

1. 角色游戏保育

2. 表演游戏保育

3. 建构游戏保育

4. 规则游戏保育

（一）课程的性质和目标

“学前儿童家庭教育”是幼儿保育专业的一门职业延展课程（技能拓展以适应岗位需求），它主要是研究0~6、7岁儿童的家庭教育活动，揭示学前儿童家庭教育的规律，是提高学前儿童家庭教育质量的一门学科。

通过本课程的学习，要达到以下三个目的：

1. 通过本课程的学习，使幼儿保育专业学生能深刻理解学前儿童家庭教育的特征及重要意义；

2. 掌握学前教育机构开展家长工作的基本知识和技能，充分发挥家庭教育的作用，构建家庭、学前教育机构和社会三位一体的教育网络，共同促进学前儿童的健康成长；

3. 了解学前儿童家庭教育的前沿发展动态和学科成就，形成现代学前儿童家庭教育观念，提高科研意识及能力。

（二）课程的基本要求

1. 介绍学前儿童家庭教育的基本概念、基本知识和基本理论，注重理论与实践相结合，便于实际操作，解决实际问题。

2. 从学生已有的知识、经验出发，深入浅出，通俗易懂，突出重点，以有利于学生掌握基本理论知识。

3. 在初步学习、调查的基础上，使学生掌握当前学前儿童家庭教育的特点及基本规律。

4. 注重与先行课程学前儿童发展心理学及后续课程学前教育学等课程的相互衔接。

（三）课程的学时分配

表 3-11　《学前儿童家庭教育》学时分配表

章 节	教 学 内 容	学时
第一章	家庭与家庭教育	2
第二章	家庭教育的学科发展	2
第三章	学前儿童家庭教育概述	2
第四章	制约学前任意家庭教育的内外部因素	4
第五章	学前儿童家庭教育的目的、任务与内容	2
第六章	学前儿童家庭教育的原则和方法	4
第七章	不同年龄阶段学前儿童的家庭教育	8
第八章	独生子女的学前期家庭教育	2
第九章	特殊家庭类型的学前儿童家庭教育	4
第十章	超常与智能不足儿童的早期家庭教育	4
第十一章	我国学前儿童家庭教育指导	3
第十二章	学前儿童家庭教育的科学研究	3
合计		40

（四）课程的教学内容

第一章　家庭与家庭教育

教学目标

1. 掌握家庭、家庭教育的概念及其发展。
2. 理解家庭教育的性质、地位和作用，在此基础上形成科学的家庭教育理念。

教学重难点

1. 家庭的概念及特征。
2. 家庭教育的概念、性质、地位和作用。
3. 家庭的演化史及其主要功能。
4. 家庭教育的产生及其发展。

教学内容

第一节　家庭概述

1. 家庭的概念及特征

2. 家庭的演化

3. 家庭的功能

第二节　家庭教育概述

1. 家庭教育的概念

2. 家庭教育的性质

3. 家庭教育的地位和作用

4. 家庭教育的产生和发展

第二章　家庭教育的学科发展

教学目标

1. 掌握家庭教育学的研究对象、学科特点及任务。

2. 了解家庭教育学的历史发展及我国家庭教育学学科发展的困境，树立互动的家庭教育观。

教学重难点

1. 掌握家庭教育学的研究对象、学科特点及任务；

2. 了解家庭教育学的历史发展及我国家庭教育学学科发展的困境及其展望。

教学内容

第一节　家庭教育学的历史发展

1. 古代——家庭教育实践与经验总结

2. 近代——家庭教育科学萌芽

3. 当代——家庭教育学学科体系初

第二节　家庭教育学的研究对象、学科特点及任务

1. 家庭教育学的研究对象

2. 家庭教育学的学科特点

3. 家庭教育学的任务

第三节　我国家庭教育学学科发展的困境及展望

1. 我国家庭教育学学科发展遇到的困境

2. 我国家庭教育学学科发展展望

第三章　学前儿童家庭教育概述

教学目标

1. 掌握学前儿童家庭教育的概念。

2. 了解学前儿童家庭教育的优势及局限性。

3. 认识到学前儿童家庭教育的重要意义。

教学重难点

1. 学前儿童家庭的概念。

2. 学前儿童家庭教育的优势及局限性。

3. 学前儿童家庭教育的重要意义。

教学内容

第一节　学前儿童家庭教育的概念及特点

1. 学前儿童家庭教育的概念

2. 学前儿童家庭教育的特点

第二节　学前儿童家庭教育的作用

1. 学前儿童家庭教育在社会发展、民族兴盛、国家强大中的作用

2. 学前儿童家庭教育在家庭和个体身心发展中的作用

第四章　制约学前儿童家庭教育的内外部因素

教学目标

1. 掌握制约学前儿童家庭教育的内外部因素。

2. 通过学习，在提高学前儿童家庭教育质量问题上树立全面观。

教学重难点

1. 掌握制约学前儿童家庭教育的内外部因素；

2. 掌握家长自身素质、教养态度与方式、家庭生活环境和生活方式及其对学前儿童家庭教育的影响和作用；

3. 掌握社会政治、经济、文化传统和时代特征对学前儿童家庭教育的影响。

教学内容

第一节　家长自身素质

1. 家长的教育素质

2. 家长的文化素质

3. 家长的道德素质

4. 家长的心理素质

第二节　家长的教养态度与方式

1. 家长的教养态度

2. 家长的教养方式

第三节　家庭生活环境和生活方式

1. 家庭结构

2. 家庭经济生活状况

3. 家庭成员之间的关系

4. 家庭生活方式

第四节　家庭教育的社会历史背景

1. 社会政治经济背景

2. 文化传统

3. 时代特征

第五章　学前儿童家庭教育的目的、任务与内容

教学目标

1. 了解家庭教育的目的及确立依据，掌握学前儿童家庭教育的目的及内涵。

2. 熟悉学前儿童家庭教育的主要任务和内容，熟练掌握完成任务的基本要求与技能。

教学重难点

1. 家庭教育目的及学前儿童家庭教育目的的概念。

2. 学前儿童家庭教育的主要任务和内容。

3. 完成家庭教育任务的基本要求与技能。

教学内容

第一节　学前儿童家庭教育的目的

1. 家庭教育的目的

2. 学前儿童家庭教育的目的

第二节　学前儿童家庭教育的任务与内容

1. 学前儿童家庭健康教育的任务与内容

2. 学前儿童家庭认知教育的任务与内容

3. 学前儿童家庭社会教育的任务与内容

4. 学前儿童家庭艺术教育的任务与内容

第六章　学前儿童家庭教育的原则和方法

教学目标

1. 理解和掌握理智性原则、主体性原则、一致性原则、从实际出发原则、正面教育原则、言传身教原则的含义及基本要求。

2. 理解和掌握环境熏陶法、实践锻炼法、说理教育法、榜样示范法、兴趣诱导法、暗示提醒法、活动探索法、奖惩激励法的含义及基本要求。

3. 通过学习家庭教育的原则和方法，具备分析和解决实际问题的能力。

教学重难点

1. 学前儿童家庭教育各原则的内涵及基本要求。

2. 学前儿童家庭教育方法的内涵及基本要求。

教学内容

第一节　学前儿童家庭教育的原则

1. 理智性原则
2. 主体性原则
3. 一致性原则
4. 从实际出发原则
5. 正面教育原则
6. 言传身教原则

第二节　学前儿童家庭教育的方法

1. 环境熏陶法
2. 实践锻炼法
3. 说理教育法
4. 榜样示范法
5. 兴趣诱导法
6. 暗示提醒法
7. 活动探索法
8. 奖惩激励法

第七章　不同年龄阶段学前儿童的家庭教育

教学目标

1. 掌握不同年龄阶段学前儿童教育的内容与方法。

2. 树立幼小衔接工作应贯穿整个幼儿园阶段的理念，提升对不同年龄阶段儿童的教育技能。

教学重难点

1. 优生与胎教。

2. 新生儿、学步儿及入学前儿童家庭教育的内容与方法。

3. 幼小衔接工作的内容与方法。

教学内容

第一节　胎教与优生

1. 胎教的含义

2. 科学的胎教方法

第二节　新生儿期的家庭教育

1. 新生儿教育的意义

2. 新生儿教育的方法

第三节　学步儿期的家庭教育

1. 学步儿的特点

2. 学步儿的教育

第四节　入园期的家庭教育

1. 入园前的家庭教育

2. 入园后的家庭教育

第五节　入学期的家庭教育

1. 入学期教育的意义

2. 学前阶段和小学阶段的区别

3. 做好入学的准备工作

第八章　独生子女的学前期家庭教育

教学目标

1. 了解国内外对独生子女问题的研究概况。

2. 懂得如何为独生子女健康成长创设良好的家庭环境。

教学重难点

1. 国内外对独生子女问题的研究概况。
2. 我国独生子女生活环境的特殊性及形成原因。
3. 如何为独生子女健康成长创设良好的家庭环境。

教学内容

第一节　我国独生子女群体产生的社会背景

1. 独生子女现象概述；
2. 我国独生子女群体产生的社会背景简介

第二节　独生子女问题研究的进展

1. 国外关于独生子女的问题研究
2. 独生子女学前期家庭教育中存在的问题

第三节　独生子女学前期家庭教育的策略及措施

1. 社会应为在职妇女提供照顾孩子的政策支持
2. 从出生就要弱化独生子女的唯一性
3. 独生子女学前期家庭教育可采取的必要措施
4. 家长要关心独生子女在学前阶段的全面成长

第九章　特殊家庭类型的学前儿童家庭教育

教学目标

1. 熟悉和了解单亲家庭对儿童身心发展的影响及教育对策。
2. 熟悉和了解留守儿童的生存现状，掌握留守儿童家庭教育存在的问题及教育对策。
3. 了解灾害后儿童的心理及家庭教育对策。
4. 通过学习提升学生对单亲、留守、受灾害家庭的教育意识和能力。

教学重难点

1. 单亲家庭对儿童身心发展的影响及教育对策。
2. 留守儿童的生存现状，掌握留守儿童家庭教育存在的问题及教育对策。
3. 灾害后儿童的心理及家庭教育对策。

教学内容

第一节　单亲家庭儿童的家庭教育

1. 单亲家庭及其对儿童成长的影响
2. 单亲家庭儿童的家庭教育对策

第二节　留守儿童的家庭教育

1. 留守儿童产生的背景和现状

2. 留守家庭对学前儿童的影响

3. 留守儿童的教育对策

第三节　灾害后儿童的家庭教育

1. 灾害后儿童的心理

2. 灾害后儿童的家庭教育

第十章　超常与智能不足儿童的早期家庭教育

教学目标

1. 掌握超常儿童、智能不足儿童的概念。

2. 认识到早期家庭教育和干预对超常儿童、智能不足儿童的重要性。

3. 熟悉和掌握超常儿童及智能不足儿童早期家庭教育应注意的问题，掌握教育和干预的基本方法。

教学重难点

1. 超常儿童、智能不足儿童的概念。

2. 超常儿童、智能不足儿童早期家庭教育与干预。

教学内容

第一节　超常儿童及其早期家庭教育

1. 对超常儿童的理解

2. 对超常儿童的鉴别和相关研究

3. 超常儿童的一般表现类型

4. 超常儿童的心理特点

5. 家庭如何在早期发现超常儿童

6. 超常儿童早期家庭教育应注意的问题

第二节　智能不足儿童及其早期家庭教育

1. 什么是智能不足儿童

2. 智能不足儿童的外部表现

3. 智能不足儿童的心理特点

4. 家庭如何在早期发现智能不足儿童

5. 家庭如何正确对待智能不足儿童

6. 家庭对智能不足儿童的早期干预

第十一章 我国学前儿童家庭教育指导

教学目标

1. 了解社会支持系统的概念与构成及构建学前儿童家庭教育社会支持系统的目的和意义。

2. 理解学前教育机构对家庭教育进行指导的重要作用。

3. 理解和掌握学前儿童家庭教育指导的概念、任务和内容、原则和方式。

教学重难点

1. 学前儿童家庭教育指导、社会支持系统的概念与构成及构建学前儿童家庭教育社会支持系统的目的和意义。

2. 学前教育机构对家庭教育进行指导的重要作用。

3. 学前儿童家庭教育指导的概念、任务和内容、原则和方式。

教学内容

第一节 我国学前儿童家庭教育社会支持系统的构建

1. 学前儿童家庭教育社会支持系统的界定

2. 学前儿童家庭教育社会支持系统的发展脉络

3. 构建学前儿童家庭教育社会支持系统的目的和意义

第二节 学前教育机构家庭教育指导的作用、任务与内容

1. 学前教育机构对家庭教育进行指导的重要作用

2. 学前教育机构家庭教育指导的任务

3. 学前教育机构家庭教育指导内容

第三节 学前教育机构家庭教育指导的原则和方式

1. 指导原则

2. 指导形式

第十二章 学前儿童家庭教育的科学研究

教学目标

1. 掌握学前儿童家庭教育科学研究的目的、基本步骤、方法及研究报告的基本格式。

2. 掌握学前儿童家庭教育课题研究的内容、主要特点及基本框架。

3. 提升学前儿童家庭教育科学研究的水平。

教学重难点

1. 学前儿童家庭教育科学研究的目的、基本步骤、方法及研究报告的基本格式。

2. 学前儿童家庭教育课题研究的内容、主要特点及基本框架。

3. 学前儿童家庭教育课题研究的基本结构。

教学内容

第一节　学前儿童家庭教育科学研究的基本步骤

1. 选定题目

2. 查阅文献

3. 提出假设

4. 制定计划

5. 收集资料

6. 分析结果

7. 撰写研究报告

第二节　学前儿童家庭教育科学研究的主要方法

1. 调查法

2. 观察法

3. 实验法

4. 个案法

5. 历史法

6. 比较法

第三节　学前儿童家庭教育科学研究的重要课题

1. 学前儿童家庭教育课题研究的地位与内容

2. 学前儿童家庭教育课题研究的主要特点

3. 学前儿童家庭教育课题研究的基本结构

六、幼儿游戏与指导（理论）

（一）课程的性质和目标

《幼儿游戏与指导》是一门兼具理论性和实践性的课程，是幼儿保育专业一门必要的专业必修课。

本课程要求学生通过研读分析幼儿游戏的基本理论，在理解和掌握游戏的本质特征的基础上，深刻认识幼儿游戏的教育价值，理解游戏与幼儿园课程的关系，树立“以游戏为基本活动”的幼儿教育理念；通过参与游戏、体验游戏材料、创设游戏环境等实践训练，在掌握一定的基本游戏技能的基础上，理解掌握幼儿游戏环境规划的原则方法，理解和掌握各类游戏（角色游戏、建构游戏、表演游戏、规则游戏）环境创设的要点及材料的投放和使用；通过理论讲解、参与游戏、观摩案例、模拟情景指导游戏等实践性活动，理解和掌握各类游戏（角色游戏、建构游戏、表演游戏、规则游戏）的特点，学会根据幼儿发展的实际水平选择和指导幼儿游戏，掌握游戏观察的方法和技能。

（二）课程的基本要求

以《幼儿园教师专业标准（试行）》《幼儿园教育指导纲要（试行）》和《3~6岁儿童学习与发展指南》精神为指导，依照职业教育兼重理论知识与职业应用的理念，通过幼儿园常见游戏类型的理论基础和实践技巧的学习，希望学生能珍视游戏和生活的独特价值，从而进行更加具有针对性的游戏设计，注意变一元为多元，变静态为动态，变预设为生成的设计原则，添加卡通拼图、手工作业、故事演绎等丰富多彩的游戏化课程形式，在具体实施的过程中注意科学投放材料，从内容的设计、材料的选择、方法的运用等方面都注重多元化，尊重个性，强化家园联动，从教学目标与核心素养对接、重构教学内容、优化教学实施过程这三个方面着手实现有效的跨学科整合，这样才能更好地促使学生理论结合实际。

（三）课程的学时分配

表3-12　《幼儿游戏与指导（理论）》学时分配表

章　节	教 学 内 容	学时
第一章	幼儿游戏概述	4
第二章	游戏与幼儿园课程	4
第三章	角色游戏	5
第四章	建构游戏	5
第五章	规则游戏	4
第六章	幼儿园游戏环境总体规划	6
第七章	我国传统游戏的开发与利用	4
第八章	我国传统游戏的开发与利用	4
第九章	亲子游戏与亲子教育	4
合计		40

（四）课程的教学内容

第一章　幼儿游戏概述

教学目标

理解和掌握游戏的特征、影响幼儿游戏的因素和幼儿游戏的价值；能够区别幼儿游戏和非游戏行为；能够对实践中幼儿游戏状况进行价值分析；掌握和理解以认知发展为依据的游戏分类、以社会性发展为依据的游戏分类、创造性游戏和有规则游戏，能够对实践中的幼儿游戏进行分类。

教学重难点

1. 理解和掌握不同理论学派对游戏的划分，能够对幼儿游戏进行分类。

2. 理解和掌握游戏的特征、影响幼儿游戏的因素和幼儿游戏的价值。

教学内容

第一节　幼儿游戏的特征和影响因素

1. 什么是游戏

2. 幼儿游戏的特征

3. 影响幼儿游戏的因素

第二节　幼儿游戏的价值

1. 游戏与幼儿身体发展

2. 游戏与幼儿认知发展

3. 游戏与幼儿语言发展

4. 游戏与幼儿情绪情感发展

5. 游戏与幼儿社会性发展

第三节　幼儿游戏分类和发展

1. 以认知发展为依据的游戏分类

2. 以社会性发展为依据的分类

3. 创造性游戏和有规则游戏

4. 主动性游戏和被动性游戏

第二章　游戏与幼儿园课程

教学目标

理解游戏在幼儿园中的地位，掌握游戏与幼儿园课程的关系；理解幼儿园游戏和教学活动的关系；掌握伯根的游戏/学习框架，能够对实践中的幼儿园游戏进行分析，理解单一领域教学活动、单元和主题教学活动、方案教学活动等不同结构化程度的教育活动中的游戏的地位；掌握教学游戏的设计原则与方法，能够设计教学游戏。

教学重难点

1. 理解游戏在幼儿园中的地位以及游戏与幼儿园课程的关系。
2. 掌握教学游戏的设计原则与方法，能够设计教学游戏。

教学内容

第一节　游戏与幼儿园课程

1. 幼儿园课程
2. 游戏在幼儿园课程中的地位

第二节　幼儿园游戏与教学活动

1. 幼儿园游戏
2. 伯根的游戏/学习框架
3. 幼儿园游戏与教学活动的关系

第三节　不同结构化程度的教育活动中的游戏

1. 单一领域教学活动中的游戏
2. 主题教学活动中的游戏
3. 方案教学中的游戏

第三章　角色游戏

教学目标

了解角色游戏的含义、特点和教育价值；理解和掌握幼儿角色游戏能力的发展；能够根据角色游戏环境创设要点进行常用角色游戏主题环境创设与材料投放；学会角色游戏的观察与分析方法，并使用角色游戏观察评价表；掌握角色游戏过程中的指导要点，能够对各年龄段幼儿角色游戏进行初步指导。

教学重难点

1. 能够根据角色游戏环境创设要点进行常用角色游戏主题环境创设与材料投放。
2. 掌握角色游戏过程中的指导要点，能够对各年龄段幼儿角色游戏进行初步指导。

教学内容

第一节　角色游戏概述

1. 角色游戏的概念

2. 角色游戏的特点

3. 角色游戏的教育价值

第二节　角色游戏环境创设

1. 角色游戏场地设置

2. 角色游戏材料的投放

第三节　角色游戏中教师的作用

1. 幼儿角色游戏能力的发展

2. 角色游戏的观察与分析

3. 角色游戏的指导

第四章　表演游戏

教学目标

了解表演游戏的特点、分类和教育价值，能够区别表演游戏和角色游戏、表演游戏和戏剧表演；理解和掌握表演游戏环境创设要点，能够布置表演游戏区；理解和掌握表演游戏的观察与评价方法；能够使用表演游戏观察分析表对幼儿进行观察、记录、分析；理解和掌握表演游戏过程中教师的指导要点；能够选择适合表演游戏的文艺作品；能够将叙述性语言、心理描写转变为人物语言。

教学重难点

1. 理解和掌握表演游戏环境创设要点，能够布置表演游戏区。

2. 理解和掌握表演游戏过程中教师的指导要点，能够选择适合表演游戏的文艺作品。

教学内容

第一节　表演游戏概述

1. 表演游戏的特点

2. 表演游戏的分类

3. 表演游戏的教育价值

第二节　表演游戏环境创设

1. 布置表演游戏场地和基本设施

2. 选择、制作、投放表演游戏材料

3. 创设互动墙饰

第三节　表演游戏中教师的作用

1. 表演游戏的观察和评价

2. 表演游戏过程中的指导要点

第五章　建构游戏

教学目标

了解建构游戏的含义、特点、分类和教育价值；理解和掌握建构游戏环境创设要点；熟悉常用建构游戏材料及建构技能，能够布置建构游戏区；理解和掌握建构游戏的观察与评价要点；熟悉幼儿建构能力的发展；能够对幼儿建构游戏进行观察、记录、分析，掌握正确评价幼儿的建构作品的方法；理解和掌握建构游戏过程中教师的指导要点，能够对不同建构水平的幼儿进行有效的指导。

教学重难点

1. 熟悉常用建构游戏材料及建构技能，能够布置建构游戏区。

2. 理解和掌握建构游戏过程中教师的指导要点，能够对不同建构水平的幼儿进行有效的指导。

教学内容

第一节　建构游戏概述

1. 建构游戏的含义和特点

2. 建构游戏的分类

3. 建构游戏的价值

第二节　建构游戏环境创设

1. 建构游戏材料的种类和特点

2. 建构游戏环境的创设

第三节　建构游戏中教师的作用

1. 幼儿建构游戏能力的发展

2. 建构游戏的观察与分析

3. 建构游戏的指导

第六章　规则游戏

教学目标

了解规则游戏的含义、特点及教育价值，明确幼儿规则游戏的基本结构及分类；理解幼儿规则游戏环境创设的基本要求熟悉各类规则游戏材料及玩法；能根据幼儿年龄特点合理地投放材料；掌握教师在规则游戏中观察与指导的要点；能够组织幼儿规则游戏并在游戏中观察、分析幼儿的游戏行为。

教学重难点

1. 理解幼儿规则游戏环境创设的基本要求熟悉各类规则游戏材料及玩法，能根据幼儿年龄特点合理地投放材料。

2. 掌握教师在规则游戏中观察与指导的要点，能够组织幼儿规则游戏并在游戏中观察、分析幼儿的游戏行为。

教学内容

第一节　规则游戏概述

1. 规则游戏的含义及特点

2. 规则游戏的基本结构

3. 规则游戏的价值

第二节　规则游戏的分类及环境创设

1. 规则游戏的分类

2. 规则游戏的环境创设

第三节　规则游戏中教师的作用

1. 规则游戏开始的指导

2. 规则游戏中的引导

3. 幼儿自由游戏时的观察与分析

第七章　幼儿园游戏环境总体规划

教学目标

了解幼儿园游戏环境整体规划的意义和要求；理解和掌握幼儿园户外、室内游戏环境的整体构成、特点、规划要点及注意问题和相应玩具材料的分类与投放；能够根据户外环境规划的要求科学设计幼儿园户外游戏场地规划图；能够根据活动室布置要点合理规划、布置幼儿园室内活动区域，并进行相应玩具材料投放。

教学重难点

能够根据活动室布置要点合理规划、布置幼儿园室内活动区域，并进行相应玩具材料投放。

教学内容

第一节　幼儿园户外游戏空间的规划

1. 幼儿园游戏环境

2. 户外游戏环境

3. 户外游戏环境的构成、特点

4. 户外游戏的设计及器械材料投放

第二节　幼儿园室内游戏空间的规划

1. 活动室的空间结构

2. 活动室的主要区域构成

3. 活动室区域规划注意的问题

4. 区域玩具材料投放

第八章　我国传统游戏的开发与利用

教学目标

了解我国传统游戏的产生与发展、种类；理解开展儿童传统游戏的现实意义；掌握传统游戏在幼儿园开发和利用的策略；能够收集、改编和应用儿童传统游戏。

教学重难点

通过收集、改编和应用儿童传统游戏，掌握传统游戏在幼儿园开发和利用的策略。

教学内容

第一节　我国传统游戏发展

1. 我国传统游戏的产生与发展

2. 近现代传统游戏的发展趋势

3. 儿童传统游戏的分类与案例

第二节　儿童传统游戏的开发和利用

1. 儿童传统游戏的价值

2. 儿童传统游戏的传承和发展

3. 对儿童传统游戏的改编

第九章　亲子游戏与亲子教育

教学目标

了解亲子游戏的发生、发展；理解和掌握亲子游戏的特点、影响因素；熟悉家庭亲子游戏的内容；理解并掌握家庭亲子教育的指导要点；明确幼儿园亲子游戏的内容、形式及幼儿园组织亲子活动的流程；能够组织开展幼儿园亲子活动。

教学重难点

理解并掌握家庭亲子教育的指导要点，能够组织开展幼儿园亲子活动。

教学内容

第一节　亲子游戏的特点及影响因素

1. 亲子游戏的发生发展

2. 亲子游戏的特点

3. 亲子游戏的影响因素

第二节　家庭亲子教育与亲子游戏的指导

1. 家庭亲子游戏的内容列举

2. 家庭亲子游戏指导

第三节　幼儿园亲子游戏的开展

1. 幼儿、家长、教师在幼儿园亲子游戏中的角色定位

2. 幼儿园亲子游戏的内容与形式

3. 幼儿园亲子游戏的开展

七、幼儿游戏与指导（实践）

（一）课程的性质和目标

“幼儿游戏与指导实践”是“幼儿游戏与指导”课程的实践教学课程，是“幼儿游戏与指导”的拓展延伸课程。本门课程从幼儿园的教学需要出发，以实训课程形式，通过体验游戏材料、创设游戏环境、模拟情景指导游戏等实践教学训练，使学生在掌握一定的基本游戏技能的基础上，理解和掌握各类游戏（角色游戏、建构游戏、表演游戏、规则游戏）环境创设的要点及材料的投放和使用，学会规划创设幼儿游戏环境，掌握游戏观察的方法和技能，学会根据幼儿发展的实际水平支持和指导幼儿游戏，帮助学生树立正确的教育观、儿童观、游戏观。培养学生掌握幼儿保教工作人员必备的专业能力。

（二）课程的基本要求

以《幼儿园教师专业标准（试行）》《幼儿园教育指导纲要（试行）》和《3~6 岁儿童学习与发展指南》精神为指导，依照职业教育兼重理论知识与职业应用的理念，通过幼儿园常见游戏类型的理论基础和实践技巧的学习，希望学生能珍视游戏和生活的独特价值，从而进行更加具有针对性的游戏设计，注意变一元为多元，变静态为动态，变预设为

生成的设计原则，添加卡通拼图、手工作业、故事演绎等丰富多彩的游戏化课程形式，在具体实施的过程中注意科学投放材料，从内容的设计、材料的选择、方法的运用等方面都注重多元化，尊重个性，强化家园联动，从教学目标与核心素养对接、重构教学内容、优化教学实施过程这三个方面着手实现有效的跨学科整合，这样才能更好地促使学生理论结合实际。

表 3-13　《幼儿游戏与指导（实践）》学时分配表

项 目	实践教学内容	学时分配
1	幼儿园游戏现场教学	4
2	教学游戏设计实训	2
3	角色游戏环境创设实训	2
4	角色游戏指导实训	2
5	表演游戏环境创设实训	2
6	表演游戏体验	2
7	建构游戏环境材料体验	2
8	建构游戏观察记录	2
9	幼儿建构游戏作品评价	2
10	益智游戏环境创设及材料体验	2
11	规则游戏的组织指导	4
12	幼儿园户外游戏环境规划实训	4
13	幼儿园室内游戏环境规划与材料投放实训	4
14	传统游戏改编实训	2
15	亲子游戏指导实训	4
合计		40

（三）课程的教学内容

项目一　幼儿园游戏现场观摩

实训任务：

1. 观摩幼儿园游戏化教育活动一节，进行观察记录并分析游戏因素。
2. 进班观摩幼儿园区域游戏活动一次，进行观察记录。
3. 理解游戏在幼儿园课程中的地位。

实训准备：联系幼儿园准备游戏化教学活动，将学生分成若干小组，并发放幼儿园游戏观察记录表。

实训内容：

1. 学生集体观摩游戏化教学活动一节，做好记录；

2. 学生分组进入幼儿班级观察幼儿区域游戏活动，填写幼儿园游戏观察记录表。重点观察主要游戏区域的设置与材料投放；教师在幼儿游戏时的主要工作；幼儿游戏时的表现。

3. 学生根据幼儿园游戏观察记录表总结游戏与幼儿园课程的关系。

4. 教师进行点评指导。

项目二　教学游戏设计

实训任务：分小组根据教师给出的游戏目标设计一个教学游戏。

实训准备：教学游戏设计任务单。

实训内容：

1. 每个小组选择一个教师给出的目标，进行教学游戏设计，要求添加游戏因素符合幼儿年龄特点，能够有效的实现教学目标。

2. 小组代表汇报，说明游戏玩法和添加的游戏因素。

3. 教师进行点评指导。

游戏目标示例：（1）练习 10 以内的按数取物（中班）；（2）练习立定跳远（中班）（3）练习双脚向前跳（小班）（4）培养幼儿仔细倾听能力（中班）（5）练习用语言描述物体（大班）

项目三　角色游戏环境创设

实训任务：

1. 学习根据幼儿的年龄特点选择角色游戏环境创设的主题。

2. 学习投放角色游戏区域的材料。

实训准备：各类角色游戏主题材料；彩纸、彩笔、剪刀、胶棒等美工材料，纸箱等废旧材料。

实训内容：

1. 每小组根据教师的指定为小（中、大）班选择一个角色游戏区域的主题。要求符合幼儿的年龄特点，因地制宜。

2. 列出此主题角色游戏的投放材料清单。

3. 设计此主题区域的墙面布置图。

4. 小组布置该角色游戏区域。要求选择有代表性的材料，按照幼儿年龄特点留有幼儿制作空间，材料摆放有序，有标示。

5. 小组展示环境布置，讲解设置意图。

4. 教师进行点评指导。

项目四　角色游戏指导实训

实训任务：针对教师提供的幼儿角色游戏情景案例，设计对幼儿进行指导的方式和语言，并进行角色扮演。

实训准备：幼儿游戏情景案例若干，角色游戏环境和玩具材料等。

实训内容：

1. 每小组选择一个教师提供的幼儿游戏情景案例，分析游戏指导的目的，设计指导方式和语言。要求仔细研读案例，准确判断幼儿情况；选用恰当的指导方式。

2. 每小组选择材料，模拟进行游戏指导。要求“教师”态度亲切自然，指导语清晰，指导有效。

3. 进行小组互评和教师点评。

项目五　表演游戏环境创设

实训任务：

1. 了解场地的组成要素和材料的种类、用途，投放制作表演游戏材料。

2. 了解互动墙饰的内容、作用，创设表演游戏互动墙饰。

实训准备：木偶、手偶、幕布、纸张、胶带、手电筒、长筒袜、布、玩具等。

实训内容：

1. 学生分组，按照教师指定内容创设表演游戏环境。

2. 分组填写任务单，讨论表演游戏环境创设要点。

3. 学生学习并领会表演游戏环境创设的要点。

4. 教师进行点评指导。

教师指定内容示例：

1. 桌面表演游戏——好饿的小蛇，要求熟悉内容、准备墙饰材料、制作道具。

2. 哑剧模仿游戏——做蛋糕忘记放葡萄干，要求熟悉内容、准备服饰和道具。

3. 杖头木偶表演游戏——三打白骨精，要求根据照片中的道具编写剧本、分配角色、布置舞台（幕布、背景）。

4. 提线木偶表演游戏——白雪公主，要求根据照片中的道具编写剧本、分配角色、布置舞台（幕布、背景）。

5. 自制手偶表演游戏——拔萝卜，要求熟悉内容、准备材料（无纺布袋、袜子、手套、搓澡巾）、制作道具。

6. 手影表演游戏——内容自编，要求布置舞台、准备服饰。

7. 自身表演游戏——大提琴表演，要求布置舞台（幕布、背景）、准备头饰和道具、分配角色、设计制作宣传海报。

项目六　表演游戏体验

实训任务：

1. 通过体验表演游戏了解不同种类表演游戏的内容特点、表演过程、表演技能。
2. 了解并领会表演游戏过程中教师的指导要点。

实训准备：木偶、手偶、幕布、纸张、胶带、手电筒、长筒袜、布、玩具等等

实训内容：

1. 学生分组，在本组创设的表演游戏环境中进行表演体验。
2. 分组填写表演游戏体验任务单。
3. 完成自评、互评，听取教师总结评价。

项目七　建构游戏环境材料体验

实训任务：

1. 熟悉建构游戏材料的性质及建构技能。
2. 学习建构游戏区域材料投放的方法。

实训准备：建构游戏任务单、实训室的建构区、建构材料。

实训内容：

1. 学生认识建构区域材料及标识。
2. 学生分组轮流操作建构材料，讨论分析建构材料的特点及建构方法。
3. 尝试按照教师指定的主题进行建构，体会使用的建构方法和技巧。
4. 学生汇报小组操作讨论结果。
5. 教师进行点评指导。

项目八　建构游戏观察记录实训

实训任务：学习对幼儿建构游戏进行观察记录及分析。

实训准备：幼儿建构游戏视频（3—5 分钟）、建构游戏观察记录表。

实训内容：

1. 学习建构游戏观察记录的方法及观察重点。
2. 观看视频 1 分钟，进行观察记录。
3. 请部分学生汇报自己的观察记录，教师进行点评，提醒观察记录的注意事项。
4. 继续观看视频，进行观察记录。
5. 学习记录分析的方法和重点内容。
6. 学生对记录进行分析，并进行汇报。
7. 学生对观察记录分析过程进行回顾，总结应注意的问题。
8. 教师进行点评指导。

项目九　幼儿建构游戏作品评价

实训任务：学习对幼儿建构游戏作品进行描述性评价。

实训准备：幼儿建构游戏作品若干。

实训内容：

1. 学习描述性评价的方法。
2. 学生就幼儿建构游戏作品进行描述性评价练习，教师点评。
3. 学生分小组练习对幼儿建构游戏作品进行描述性评价。
4. 小组代表汇报，教师点评，师生总结应注意的问题。

项目十　益智游戏环境创设及材料体验

实训任务：

1. 了解益智游戏区环境创设的要求及益智玩具的分类；
2. 熟悉各类益智玩具的玩法。

实训准备：布置游戏室中益智区，各类益智玩具，益智区环境设置及材料体验任务单。

实训内容：

1. 小组轮流观察益智游戏区，根据任务单中的内容填写。
2. 学生自选益智游戏材料进行体验。

3. 收整玩具材料，完成任务单中内容的填写。

4. 分析益智区环境创设时区域划分、材料摆放、标识制作及互动墙面几方面的要求。

5. 分享自己体验的益智玩具的玩法。

6. 小组讨论益智类游戏对幼儿发展的价值，并由小组发言人代表各小组发言。

7. 教师进行点评指导。

项目十一　规则游戏的组织指导

实训任务：学习规则游戏的组织指导。

实训准备：

分组学习一种体育游戏或制作一个益智玩具，并完成《规则游戏组织与指导任务单》中内容。

实训内容：

1. 每小组展示一个体育游戏或自制的益智玩具，并说明游戏的名称、适龄班级、玩法及规则。

2. 小组发言人简述该游戏中幼儿所需要的经验和技能的支持，并分析该游戏组织与指导的关键点。

3. 学生讨论并形成结论。

4. 教师进行总结与评价。

项目十二　幼儿园户外游戏环境规划

实训任务：学习对幼儿园户外游戏环境进行规划创设。

实训准备：幼儿园户外环境图片、户外环境布置材料、幼儿园场地平面图、白报纸、水彩笔、户外游戏设施图片等。

实训内容：

1. 每小组根据教师提供的幼儿园场地平面图，运用材料，设计绘制游戏环境规划图，图中要包含户外游戏环境的必要区域；标出器械材料的名称和位置；设计绿化区域。

2. 学生汇报小组成果，教师根据学生练习情况点评讲解。

3. 学生继续完善作业。

项目十三　幼儿园室内游戏环境规划与材料投放

实训任务：学习活动室游戏环境创设和材料投放。

实训准备：幼儿园室内环境的图片、区域环境布置材料。

实训内容：

1. 每小组根据教师制定的年龄班设计室内区域环境平面图，要求设置的区域适合幼儿的年龄特点，划分和布置符合区域布置原则。

2. 学生汇报小组成果，教师点评。

3. 学生继续完善作品。

项目十四　传统游戏改编

实训任务：改编传统游戏。

实训准备：每个小组学会一个传统游戏。

实训内容：

1. 每小组将所学会的传统游戏改编为适合幼儿园开展的游戏，游戏要符合幼儿的年龄特点，保留传统游戏的主要内容，书写符合格式。

2. 小组代表讲解游戏的改编方法和意图。

3. 小组将新编游戏演示汇报给其他同学。

4. 教师进行总结评价。

项目十五　亲子游戏活动方案设计

实训任务：设计一个完整的幼儿园亲子游戏活动方案。

实训准备：学生收集亲子游戏、教师提供“幼儿园亲子活动方案”案例若干。

实训内容：

1. 小组讨论并商定幼儿园亲子游戏主题。

2. 小组讨论活动方案内容、活动设计的流程并设计亲子游戏，完成幼儿园亲子游戏活动方案的书写。

3. 小组代表汇报，解说本组所设计的亲子游戏方案。

4. 教师点评，并提出幼儿园亲子游戏的指导要点。

八、0~3 岁婴幼儿的保育与教育

（一）课程的性质和目标

《0~3 岁婴幼儿的保育与教育》是幼儿保育专业方向的专业课。本课程是研究 0~3 岁婴幼儿的日常生活及其发展状况，揭示0~3岁婴幼儿的生理、心理发展规律，探讨0~3岁婴幼儿的早期教养及与3~6岁幼儿教育的衔接的一门课程。本课程以学前教育学、学前儿童发展心理学的理论为基础，研究婴幼儿生理、心理发展现象、规律与指导等问题，旨在促进婴幼儿早期教育的发展，从而促进幼儿的全面发展。本课程涉及的知识领域较广，融合了人类学、哲学、文化学、心理学、教育学等多学科的重要内容。课程强调理论与实际相结合，注重培养学生运用科学理论分析和解决儿童早期教育问题的能力。

本课程内容主要分为早教基本理论与早教实践两大方面，基本理论部分婴幼儿卫生保健、婴幼儿营养、婴幼儿心理发展的特点，实践部分包括社区早期教育基地的开办与管理、0~3岁儿童早期教养环境、集体教养机构中早教活动的组织与指导、面向家长的早期教育指导、特殊儿童的早期发现、筛查和干预等。

通过学习，使学生能够全面系统地掌握幼儿早教的基本理论和技能，增进对0~3岁婴幼儿生理、心理的深入认识，提高理论分析能力，并且能够提高早教指导能力、理论联系实际分析问题和问题解决的能力。

（二）课程的基本要求

本门课程不仅具有很强的知识性，同时具有很强的实践性，因此要求学生在本课程的学习过程中不仅要掌握0~3岁婴幼儿的相关知识，还要能实际运用，能够在教育实践工作中适宜地指导对婴幼儿的早期教育，促进幼儿的发展。具体要求如下。

1. 按照科学、简明、实用的要求，讲授0~3岁婴幼儿的理论知识，使学生了解和掌握有关基础理论，获得开展婴幼儿早教工作的必要理论知识，提高学生的理论分析能力。

2. 加强实践环节和实训，通过深入婴幼儿早期教育的真实情境，亲身观察和指导婴幼儿教育活动，在实践教学中丰富学员的早教经验，提高学生指导早教的实践能力。

3. 结合当地早教的现实，充分运用婴幼儿早教案例进行教学，让学生了解婴幼儿早教的现状与问题，并尝试解决早教指导的实际问题，提高学生理论联系实际能力和问题解决能力。

（三）课程的学时分配

表3-14 《0-3岁婴幼儿的保育与教育》学时分配表

章节	教学内容	学时
第一章	婴幼儿卫生保健	4
第二章	婴幼儿营养	6

续表

章节	教学内容	学时
第三章	婴幼儿心理发展特点	10
第四章	社区早期教育基地的开办与管理	4
第五章	0~3岁儿童早期教养环境	6
第六章	早教活动的组织与指导	6
第七章	面向家长的早期教育指导	2
第八章	特殊儿童的早期发现、筛查和干预	2
合计		40

本课程2学分，共40学时，于第一学期开设。

（四）课程的教学内容

第一章　婴幼儿卫生保健

教学目标

1. 了解婴幼儿分期与保健要点。
2. 掌握经婴幼儿各系统的解剖生理特点。
3. 了解婴幼儿体格生长。

教学重难点

掌握婴幼儿各系统的解剖生理特点。

教学内容

第一节　婴幼儿分期与保健要点

1. 新生儿期
2. 婴儿期
3. 幼儿期

第二节　婴幼儿体格生长

1. 体格生长的基本规律
2. 体格生长的常用指标
3. 影响体格生长的因素

第三节　婴幼儿各系统的解剖生理特点

1. 消化系统
2. 呼吸系统

3. 循环系统

4. 泌尿系统

5. 皮肤

6. 运动系统

7. 神经系统

第二章　婴幼儿营养

教学目标

1. 掌握0~6月龄婴儿、6~12月龄婴儿及1~3岁幼儿喂养指导

2. 解常见的营养性疾病

教学重难点

1~3岁幼儿喂养指导

教学内容

第一节　0~6月龄婴儿喂养

1. 纯母乳喂养

2. 部分母乳喂养（或混合喂养）

3. 人工喂养

4. 营养状况评价

第二节　6~12月龄婴儿喂养

1. 奶类应是6~12月龄婴儿营养的主要来源

2. 及时、合理添加辅食

3. 逐渐让婴儿自己进食、培养良好的进食行为

4. 婴儿辅食应单独制作，注意饮食卫生

5. 营养状况评价

第三节　1~3岁幼儿喂养指导

1. 每天保证乳类食物量，逐步过渡到食物多样

2. 选择营养丰富、易消化的食物

3. 采用适宜的烹调方式

4. 重视良好饮食习惯的培养

5. 合理安排零食

6. 每天足量饮水

7. 确保饮食卫生，严格消毒餐具

8. 营养状况评价

第四节　常见的营养性疾病

1. 营养性缺铁性贫血

2. 维生素 D 缺乏性佝偻病

3. 营养不良

4. 锌缺乏症营养不良

第三章　婴幼儿的心理发展特点

教学目标

1. 了解大脑与神经系统发展。

2. 掌握婴幼儿运动能力、感知觉、注意、记忆、想象、认知能力与思维、语言、情绪情感的发展。

教学重难点

掌握婴幼儿运动能力、感知觉、注意、记忆、想象、认知能力与思维、语言、情绪情感的发展。

教学内容

第一节　大脑与神经系统发展

1. 脑发育的可塑性

2. 脑发育的代偿性

3. 脑发育与心理行为的关系

第二节　幼儿运动能力的发展

1. 运动发展的规律

2. 大运动发展程序

3. 精细动作发展程序

第三节　婴幼儿感知觉的发展

1. 视知觉的发生发展

2. 听知觉的发生发展

3. 皮肤感觉的发生发展

4. 嗅觉和味觉的发生发展

第四节　婴幼儿注意、记忆、想象的发展

1. 注意的发生发展与培养

2. 记忆的发生发展与培养

3. 想象的发生发展与培养

第五节　婴幼儿认知能力与思维的发展

1. 认知的发生发展

2. 认知、思维与智力

3. 婴幼儿认知发展的阶段与内容

4. 思维类型的特点

5. 教育关注

第六节　婴幼儿语言的发展

1. 语言发展的生理基础

2. 语言发展的程序

3. 婴儿的“前言语行为”

4. 言语的基本特征

5. 教育关注

第七节　婴幼儿情绪情感的发展

1. 情绪情感对婴幼儿发展的意义

2. 婴幼儿情绪情感的发生与分化

3. 婴幼儿基本情绪的发展

4. 婴幼儿情绪的社会化

5. 社会关注

第四章　社区早期教育基地的开办与管理

教学目标

1. 解社区早期教育基地的筹备、开办、组织与管理。

2. 掌握幼儿园开办早教基地的意义。

教学重难点

社区早期教育基地的组织与管理；掌握幼儿园开办早教基地的意义。

教学内容

第一节　社区早期教育基地的开办

1. 基本定位与任务
2. 工作要求与特点

第二节　幼儿园开办早教基地的意义

1. 增强教育机构的社会服务功能，促进幼儿园与社区关系的融合
2. 实现教育资源的整合与共享
3. 面向社会广泛进行科学早期教育宣传，推动学习化社区建设

第三节　社区早期教育基地的筹备

1. 开办前提
2. 物质准备
3. 宣传与招生

第四节　社区早期教育基地的组织与管理

1. 教育活动的组织和其他多种形式活动的开展
2. 健全必要的制度规范
3. 师资配备和培训
4. 跨部门管理机制：相关力量的整合与社会外部支持系统的建立

第五章　幼儿游戏的分类指导

教学目标

1. 掌握早期教养机构中精神环境的创设。
2. 掌握早期教养机构中物质环境的创设。
3. 解早教基地的玩具、材料配备及环境评估。

教学重难点

掌握早期教养机构中精神环境和物质环境的创设。

教学内容

第一节　早期教养机构中精神环境的创设

1. 为婴幼儿创设的精神环境
2. 为教养人创设精神环境

第二节　早期教养机构中物质环境的创设

1. 为婴幼儿创设的物质环境
2. 为教养人创设的物质环境

第三节　早教基地的玩具、材料配备

1. 幼儿玩具、材料的配备
2. 早教基地玩具配备清单

第四节　早期教养机构环境的评估

1. 外部环境
2. 内部环境

第六章　集体教养机构中早教活动的组织与指导

教学目标

1. 了解集体教养机构开展早教活动的定位和原则。
2. 了解集体教养机构开展早教活动的组织与指导。

教学重难点

集体教养机构开展早教活动的组织与指导

教学内容

第一节　集体教养机构开展早教活动的定位和原则

1. 集体教养机构开展婴幼儿早教活动的定位
2. 早教活动设计的原则

第二节　集体教养机构开展早教活动的组织与指导

1. 组织早教活动的基本策略
2. 早教活动过程的组织与指导
3. 早教活动中的教师指导
4. 组织早教活动应该注意的几个问题

第七章　面向家长的早期教育指导

教学目标

1. 了解如何与家长建立良好的教育合作关系、了解家长对早期教育的需求。
2. 掌握指导家长对婴幼儿实施家庭教育的方式。

教学重难点

指导家长对婴幼儿实施家庭教育的方式。

教学内容

第一节　社区早期教育基地的开办

1. 明确家庭教育对婴幼儿成长的特殊意义

2. 集体教养机构面向社区提供早期教育指导和养育服务的意义

第二节　通过多种途径了解家长对早期教育的需求

1. 社区调研

2. 家庭调查（入户调查）

3. 其他途径

第三节　科学指导家长对婴幼儿实施家庭教育

1. 指导的内容

2. 婴幼儿家庭教育中常见的内容

3. 指导的策略

4. 指导的多种模式

第八章　特殊儿童的早期发现、筛查和干预

教学目标

1. 了解特殊儿童的概念和分类。

2. 掌握特殊儿童早期干预的方法。

3. 掌握常见特殊儿童的早期发现、筛查和干预。

教学重难点

特殊儿童的早期干预。

教学内容

第一节　特殊儿童的概念和分类

1. 特殊儿童的概念

2. 特殊儿童的类别

第二节　特殊儿童的早期干预

1. 早期干预的概念

2. 早期干预的原则和方法

第三节　见特殊儿童的早期发现、筛查和干预

1. 注意缺陷伴多动

2. 婴儿孤独症（自闭症）

3. 发展迟缓（智力低下）

4. 语言发育迟缓

5. 进食、睡眠、大小便以及性行为方面的问题

九、学前教育政策与法规

（一）课程的性质和目标

学生通过本课程的学习，能够比较系统地掌握学前教育政策、法规的基础知识，熟悉我国现行的学前教育政策法规的主要内容，树立依法治教的意识，培养分析、解决学前教育活动中出现的法律问题的能力，提高依法治教的水平和能力。

通过本课程的学习，要达到三个基本目的：

1. 初步掌握学前教育政策、法规的基础知识，增强法制观念，树立和提高严格执法、依法办园的意识。

2. 比较系统地了解、掌握党和国家制定的学前教育政策法规的主要内容，能够比较准确地分析和理解我国现行的学前教育政策、法规，培养和增强执行政策、法规的能力。

3. 学会理论联系实际，用理论分析学前教育中遇到的有关问题，能够运用法律手段指导和管理学前教育机构的实际工作，维护学前教育机构和师生的合法权益，保障学前教育改革的深入进行，提高学前教育的保教质量。

（二）课程的基本要求

本课程要求特别注意理论联系实际的原则，需要尽可能地联系我国现行教育政策与法规，联系身边的教育政策与法律现象，达到学以致用的目的。要求不仅要对我国基本教育方针、教育政策和教育法规有正确的认识，端正学习态度，还需在熟练掌握学前教育和保育的基本规律的基础上，掌握学习学前教育政策与法规的正确方法。

（三）课程的学时分配

表 3-15 《学前教育政策与法规》学时分配表

章节	教学内容	学时
第一章	学前教育政策与法规概述	2
第二章	《幼儿园工作规程》	4
第三章	《幼儿园管理条例》	4
第四章	《国家中长期教育改革和发展规划纲要（2010-2020 年）解读》	4
第五章	《国务院关于当前发展学前教育的若干意见》	4
第六章	《儿童权利公约》	2

续表

章节	教学内容	学时
第七章	《幼儿园教师专业标准（试行）》	4
第八章	《幼儿园教育指导纲要（试行）》	6
第九章	《3~6 岁儿童学习与发展指南》	6
第十章	《托儿所幼儿园卫生保健工作规范》	2
第十一章	《中小学幼儿园安全管理办法》及常见安全事故的法律责任	2
合计		40

（四）课程的教学内容

第一章　学前教育政策与法规概述

教学目标

1. 掌握教育政策、教育法律的概念及其体系。
2. 了解我国学前教育政策法规的建立与形成历程。
3. 理解我国学前教育政策法规的作用。

教学重难点

1. 掌握教育政策、教育法律的概念及其体系。
2. 理解我国学前教育政策法规的作用。

教学内容

第一节　教育政策和教育法律、法规

1. 教育政策和教育法律的概念
2. 教育政策体系和教育法律、法规的体系

第二节　学前教育政策与法规

1. 我国学前教育政策、法规的建立与形成
2. 我国学前教育政策法规的作用

第二章《幼儿园工作规程》

教学目标

1. 了解《幼儿园工作规程》产生的背景、意义及总体结构。
2. 结合学前教育实际情况，理解《幼儿园工作规程》的主要内容。

教学重难点

结合学前教育实际情况，理解《幼儿园工作规程》的主要内容。

教学内容

第一节 《幼儿园工作规程》概述

1.《幼儿园工作规程》产生的背景

2.《幼儿园工作规程》的结构和意义

第二节 《幼儿园工作规程》的主要内容

1. 关于幼儿园保育和教育的目标

2. 关于创设与教育相适应的良好环境

3. 关于幼儿园的教育

4. 关于幼儿园各类工作人员的资格

5. 关于幼儿游戏

6. 关于幼儿园管理

7. 关于幼儿园、家庭和社区教育

8. 附则

第三章 《幼儿园管理条例》

教学目标

1. 了解《幼儿园管理条例》产生的背景、意义及结构。

2. 理解《幼儿园管理条例》对幼儿园办园的基本条件、审批程序、保教工作、园务管理和奖惩制度等方面的规定并能结合实际运用。

教学重难点

理解《幼儿园管理条例》对幼儿园办园的基本条件、审批程序、保教工作、园务管理和奖惩制度等方面的规定并能结合实际运用。

教学内容

第一节 《幼儿园管理条例》概述

1.《幼儿园管理条例》颁发的背景和意义

2.《幼儿园管理条例》的结构

第二节 《幼儿园管理条例》的主要内容

1. 总则

2. 举办幼儿园的基本条件与审批程序

3. 幼儿园的保育教育工作

4. 幼儿园的园务管理

5. 幼儿园的奖惩制度

第四章　《国家中长期教育改革和发展规划纲要（2010—2020年）》解读

教学目标

1. 了解《国家中长期教育改革和发展规划纲要（2010—2020年）》发布的背景及主要内容。

2. 理解《国家中长期教育改革和发展规划纲要（2010—2020年）》对学前教育的指导作用，并学会运用《国家中长期教育改革和发展规划纲要（2010—2020年）》来分析我国学前教育的发展趋势。

教学重难点

理解《国家中长期教育改革和发展规划纲要（2010—2020年）》对学前教育的指导作用，并学会运用《国家中长期教育改革和发展规划纲要（2010—2020年）》来分析我国学前教育的发展趋势。

教学内容

第一节　《国家中长期教育改革和发展规划纲要（2010—2020年）》概述

1.《国家中长期教育改革和发展规划纲要（2010—2020年）》发布的背景

2.《国家中长期教育改革和发展规划纲要（2010—2020年）》的总体战略

第二节　《国家中长期教育改革和发展规划纲要（2010—2020年）》学前教育部分

1. 基本普及学前教育

2. 明确政府职责

3. 重点发展农村学前教育

第五章　《国务院关于当前发展学前教育的若干意见》

教学目标

1. 了解《国务院关于当前发展学前教育的若干意见》产生的背景、意义及其结构。

2. 掌握《国务院关于当前发展学前教育的若干意见》（简称“国十条”）的主要内容。

3. 结合国家颁布的其他学前教育政策法规和文件，整体把握我国学前教育的政策法规体系。

4. 联系实际，了解幼儿教师、幼儿园、相关部门等各个主体在“国十条”大环境下的任务。

教学重难点

1. 掌握《国务院关于当前发展学前教育的若干意见》（简称“国十条”）的主要内容。

2. 结合国家颁布的其他学前教育政策法规和文件，整体把握我国学前教育的政策法规体系。

教学内容

第一节　《国务院关于当前发展学前教育的若干意见》概述

1.《国务院关于当前发展学前教育的若干意见》产生的背景

2.《国务院关于当前发展学前教育的若干意见》的结构和意义

第二节　《国务院关于当前发展学前教育的若干意见》的主要内容

1. 把发展学前教育摆在更加重要的位置

2. 多种形式扩大学前教育资源

3. 多种途径加强幼儿教师队伍建设

4. 多种渠道加大学前教育投入

5. 加强幼儿园准入管理

6. 强化幼儿园安全监管

7. 规范幼儿园收费管理

8. 坚持科学保教，促进幼儿身心健康发展

9. 完善工作机制，加强组织领导

10. 统筹规划，实施学前教育三年行动计划

第六章　《儿童权利公约》

教学目标

1. 了解《儿童权利公约》诞生的过程和意义。

2. 掌握《儿童权利公约》中“儿童的概念与儿童权利。

3. 理解《儿童权利公约》中的基本原则和精神内涵及其对学前教育的影响。

教学重难点

理解《儿童权利公约》中的基本原则和精神内涵及其对学前教育的影响。

教学内容

第一节　《儿童权利公约》的诞生与意义

1.《儿童权利公约》的诞生

2. 中国履行《儿童权利公约》的情况

3.《儿童权利公约》的意义

第二节　《儿童权利公约》的主要内容

1.《儿童权利公约》中的儿童与儿童权利

2.《儿童权利公约》的基本原则

3.《儿童权利公约》与学前教育

第七章　《幼儿园教师专业标准（试行）》

教学目标

1. 了解《幼儿园教师专业标准（试行）》的研制背景、指导思想和意义。

2. 理解《幼儿园教师专业标准（试行）》的基本内容，明确做一名新时期幼儿教师应该具备的素质。

教学重难点

理解《幼儿园教师专业标准（试行）》的基本内容，明确做一名新时期幼儿教师应该具备的素质。

教学内容

第一节　《幼儿园教师专业标准（试行）》概述

1.《幼儿园教师专业标准（试行）》研制的背景

2.《幼儿园教师专业标准（试行）》指导思想和意义

第二节　《幼儿园教师专业标准（试行）》的主要内容

1. 对幼儿园教师的定位

2.《幼儿园教师专业标准（试行）》的基本理念

3.《幼儿园教师专业标准（试行）》的基本内容

4.《幼儿园教师专业标准（试行）》的特点

第八章　《幼儿园教育指导纲要（试行）》

教学目标

1. 了解《幼儿园教育指导纲要（试行）》颁布的背景、意义及其结构和内涵。

2. 运用《幼儿园教育指导纲要（试行）》解决幼儿园中的实际问题。

教学重难点

运用《幼儿园教育指导纲要（试行）》解决幼儿园中的实际问题。

教学内容

第一节　《幼儿园教育指导纲要（试行）》概述

1.《幼儿园教育指导纲要（试行）》产生的背景及意义

2.《幼儿园教育指导纲要（试行）》的基本指导思想

第二节　《幼儿园教育指导纲要（试行）》的主要内容

1. 总则

2. 内容与要求

3. 组织与实施

4. 教育评价

第九章　《3一6岁儿童学习与发展指南》

教学目标

1. 了解《3-6岁儿童学习与发展指南》研制的背景及意义。

2. 理解并掌握《3一6岁儿童学习与发展指南》的内容和基本要求。

3. 能够运用《3一6岁儿童学习与发展指南》解决家庭教育和幼儿园教育中常见的问题。

教学重难点

1. 理解并掌握《3一6岁儿童学习与发展指南》的内容和基本要求。

2. 能够运用《3一6岁儿童学习与发展指南》解决家庭教育和幼儿园教育中常见的问题。

教学内容

第一节　《3-6岁儿童学习与发展指南》概述

1.《3-6岁儿童学习与发展指南》研制的背景

2.《3-6岁儿童学习与发展指南》的意义

3.《3-6岁儿童学习与发展指南》的结构和内容

4.《3-6岁儿童学习与发展指南》实施原则

第二节　《3-6岁儿童学习与发展指南》五大领域要点解析

1.《3-6岁儿童学习与发展指南》健康领域

2.《3-6 岁儿童学习与发展指南》语言领域

3.《3-6 岁儿童学习与发展指南》社会领域

4.《3-6 岁儿童学习与发展指南》科学领域

5.《3-6 岁儿童学习与发展指南》艺术领域

第十章 《托儿所幼儿园卫生保健工作规范》

教学目标

1. 了解《托儿所幼儿园卫生保健工作规范》研制的背景及意义。
2. 理解《儿所幼儿园卫生保健工作规范》的内容和基本要求。
3. 能运用《托儿所幼儿园卫生保健作规范》指导托幼机构的卫生保健工作。

教学重难点

1. 理解《儿所幼儿园卫生保健工作规范》的内容和基本要求。
2. 能运用《托儿所幼儿园卫生保健作规范》指导托幼机构的卫生保健工作。

教学内容

第一节 《托儿所幼儿园卫生保健工作规范》概述

1.《托儿所幼儿园卫生保健工作规范》颁发的背景

2.《托儿所幼儿园卫生保健工作规范》颁发的意义

第二节 《托儿所幼儿园卫生保健工作规范》的主要内容

1. 托幼机构卫生保健工作职责
2. 托幼机构卫生保健工作内容与要求
3. 新设立托幼机构招生前卫生评价

第十一章 《中小学幼儿园安全管理办法》及常见安全事故的法律责任

教学目标

1. 了解幼儿园、幼儿、幼儿教师的合法权益和相关法律责任。
2. 能运用相关法律知识并结合实际案例来分析幼儿园常见的安全事故的法律责任。

教学重难点

能运用相关法律知识并结合实际案例来分析幼儿园常见的安全事故的法律责任。

教学内容

第一节 《中小学幼儿园安全管理办法》

1.《中小学幼儿园安全管理办法》出台的背景

2.《中小学幼儿园安全管理办法》与《学生伤害事故处理办法》的关系

3.《中小学幼儿园安全管理办法》的主要内容

4.《中小学幼儿园安全管理办法》的基本特点

第二节　幼儿园常见安全事故类型及案例分析

1. 幼儿同伴嬉闹致伤的处理及案例分析

2. 教学游戏设施致伤的处理及案例分析

3. 幼儿被砸伤的处理及案例分析

4. 幼儿走失的处理及案例分析

5. 烫伤的处理及案例分析

6. 物品戳伤的处理及案例分析

第四节　构建“双线并行，分层递进”的教学实施体系

实现预期目标的关键工具就是教育教学实施体系，构建一个完整的体系框架，从理想状态转变为现实状况。在此提到的“双线并行”是指教育的核心是以课程学习和学生管理作为两个独立且重要的部分同时推进，旨在培育学生的实践技能。此外，“分层递进”意味着每项实践活动都是基于知识和品质内部逻辑的发展序列以及职位任务复杂度。第一个以课程教学为中心的实践架构，即将传统学科课程拆分为一系列实践主题或者任务，这些任务依据职责难度设定不同级别的实践内容。这个过程是从简单至复杂，从单个的工作任务向全面性的工作任务过渡，引导学生逐渐成为专业的从业者。此主线的目的是借助与真实工作相关的任务，训练出学生的基础教育教学能力，从被动地学习转变成主动地教授他人，以此达到“一体两翼”的目标结构中的主体目标。第二个以学生管理为主题的实践架构，重点关注的是如何将学生的良好行为和生活方式融入日常生活中，特别是在学生管理方面提供了丰富的实践机会，使得他们能够从理论走向实际行动，逐步建立起基础的职业观念和职业习惯。这是对“一体两翼”目标中的“两翼”的支持。

一、基于岗位技能的课程教学体系设计

在教育实施中的问题突出表现在教学内容、途径和方法的选择上。第一，教育课程内容比较单薄且未能凸显出梯度设计，多是琴法、舞蹈、绘画等艺术技能范畴内的笼统训

练。第二，实践途径单一。教育还仅仅停留在教育见习、实习层面，而且时间上也主要集中在学业生涯的后期，导致理论教学和教育“两张皮”现象尤为严重。第三，教育的方法选择上未能充分体现出职业教育的特色。在此基础上，从课程教学出发，笔者设计出以下四个层次的教育方案，每一层次主要从其含义、内容、实施路径与方法三方面来阐述。

在教育实施过程中所遇到的问题主要体现在对教学内容的挑选、学习方式及技巧抉择等方面。第一点，教材的内容过于简略并且没有明确的设计方向，大多是关于音乐、舞蹈、画艺等方面的一般化培训。第二点，实践的方式只有一种。目前的教育仅局限于参观学校或企业实习阶段，而这个过程通常发生在学生的学习生涯后半段，这使得理论知识和实际操作之间产生了严重的脱节。第三点，在选择教育策略时并没有完全展示出中等职业技术学校的特点。基于此，我们提出以课程为中心设计的四级教育计划，每个级别都将在其含义、内容、实现路径和方法三个层面进行详细说明。

（一）单项性实践

第一，“单项性实践”的含义及其具体内容。这是一种专门针对某个特定职位的具体职责展开的实践计划，通常是最基本的工作任务，是一个新手转变成为熟手的必经步骤。要实现这项实践，学生必须掌握一些关于幼儿保育教师工作的基础理论知识，例如幼儿保育的教育原则、幼儿教师的责任、幼儿园教学内容的构成、幼儿园管理的准则等等。对于新学者来说，只有通过对这类基础知识的学习，才能够全面地认知自己未来的职业生涯，从而建立起职业自信心。因此，这种由“知道”至“实行”的过程，是在已有的专业知识基础上，根据该领域的代表性任务来制定的一系列单项性实践方案。譬如，在幼儿日常生活的指导方面，单项性的实践范畴包括了迎接孩子进入学校、早晨的健康检查、引导孩子们洗漱吃饭、午休等各个具体的操作过程；而在幼儿园活动的策划及实施过程中，涉及了钢琴表演、歌曲演唱、舞蹈创作、体育锻炼、玩具制作、讲述故事、语言表达能力、书法技巧等多种技能。

第二，单向性实践的实施路径与方法

单向性实践指向的工作职责是单一性的执行方式，可以通过多种渠道，如课程内的实际应用、学校内部的专业训练场所访问或幼儿园实地考察等方式来达成。上述提及的三种实施策略中，对第一项“课内实践”的解读方式有所不同。在本书中，“课内实践”主要为了辅助学生学习学科概念，并将其付诸行动，从而培养他们的教育教学能力，它包含了各种由教师引导的学生亲自参与的小型互动环节，比如实验室试验、公开演示或者虚拟的教育尝试等等。如，学前卫生学、学前儿童发展心理学中的某些常见主题可以让同学们动手去体验一下，这样有助于他们更深入地了解这些内容。

实训通常被称为职业技能的实际操作练习，它是由教育机构引导并遵循人才发展的原则和目标，以提升学生运用技术的技巧。实习的核心在于让学生在一个仿真的职场环境里，根据真实的业务需求和步骤，把实现项目的各种技能作为主要的学习和培训对象。这种方式鼓励了理论知识结合实际情况，并且采用单一性的实践模式，也就是通过拆解的项目任务来逐步实施实习，可以有效地增强学生的实战经历、工作能力和策略。

在具体的课程教学实施过程，需要依据其特质来挑选适当的授课策略。比如，对于音乐、体育、舞蹈和美术等艺术类别的实际操作，可以采用结合课堂展示与课后技巧训练的方式进行任务式教育；而对儿童日常生活的组织环节，则可以通过观察并解析幼儿园真实的生活场景视频资料，再配合课后的入园实习体验等方式。

【任务教学法实施方案举例】

项目名称：《小蝌蚪找妈妈》绘本制作

所属课程：幼儿美术

教学目标：

1. 了解幼儿绘本的构成及制作过程。

2. 掌握小蝌蚪和青蛙两个主要形象的不同画法。

3. 通过合理的想象，丰富画面内容，增强画面的连贯性和情节性。

教学过程：

1. 教师提出工作任务。在一次教育活动中老师准备给小朋友们讲小蝌蚪找妈妈的故事，无奈手头没有直观教具可以帮助小朋友理解故事内容，请你为她设计并制作一册绘本，以辅助老师完成故事的讲解。

2. 学生尝试完成任务。由于学生是第一次做这样的任务，在执行过程中必然会遇到问题，目的就在于引发学生主动思考，产生认知上的冲突和问题解决的欲望。此时教师可进行适当的指导，为学生指明完成任务的正确步骤。

3. 提出问题。经过前一轮的巡回指导，教师要依据学生完成任务的状况总结出其中存在的共性问题，教师集中解答。如要想完成此任务需要哪些前期准备工作，了解哪些知识等。对于共性问题可为学生提供细节展示。

4. 学生查阅绘本制作的有关知识和技巧，理解并识记。在问题的激发下，鼓励学生自主查阅，获得学习的内部动机，深化实践经验。

5. 重新回归工作任务。最后要把所收获的知识与所做的任务结合起来，重新完善之前未完成的任务。

（二）综合性实践

第一，综合性实践的含义与内容涉及关联性知识，这要求学生必须整合多门学科或者不同领域的知识，并且具备各种技能才能胜任实践操作。比如设计和组织的领域活动，制定和执行的游戏计划，幼儿园的管理和环境建设，处理好家长关系，筹备儿童运动会或是举办文化演出等等这类典型的日常工作任务都属于综合性实践。这些实践锻炼对学生的提升至关重要，他们能够从中逐渐发展成为具有实际能力的个体。

第二，综合性实践的实施路径与方法。主要途径包括课堂综合训练与幼儿园实地实习。通过整合独立的单一训练项目，可以使学生的职业技能得到全面提升。例如，在《学前儿童游戏指导》这门课的综合训练环节，老师会在讲授完相关的理论知识点之后，带领学生到学校内的综合训练场所，运用模拟实战的方式让学生学习如何设计并执行各类幼儿游戏活动，同时设定相应的游戏规则。然而，要掌握这一实际操作技巧，学生需要了解各年龄阶段幼儿的行为模式和运动发育特征，并且能够灵活地应用幼儿护理教育学、心理学以及游戏理论等多学科的相关知识。因为校园里的实训环境是模拟的工作场景，所以学生所获取的综合能力经验可能不够深入，为了弥补这一点，应该鼓励他们去幼儿园亲身经历真实的幼儿园游戏实践过程。

模拟教学法是综合性实践活动中常用的一种特定教育策略，它旨在优化教学工具及环境的目标驱动行为指导方式。这种技术可以有效地运用于家庭教育的范畴，有助于提升幼儿老师的人际互动能力。比如，可以通过举办模拟来园/离园对话、家访、模拟父母会议、模拟亲子活动，以及家长参观日的活动来实施该种方法。让学生身临其境地体验到现实中的操作流程，从而增强他们的学习效果。

对于幼儿保育教育教学来说，模拟教学法可以被普遍运用到课程规划和辅导的项目上，特别是对幼师而言，他们的关键职责是能有效地教授孩子如何上课。为了达到此目标，除了要具备各领域的专门科学知识外，还要懂得活动的策划技巧及各种表演才能如歌唱或舞蹈等，此外还有沟通能力和管理控制的能力等等多种多样的实操技术必须熟练掌握。并非所有人都能自然成为优秀的导师，唯有通过持续的有目的性地培训，各个方面才会得到提升。二年级同学们的调查显示，大部分人觉得他们在活动中设计的执行能力不足以满足需求，并且没有办法真正利用课堂上学到的概念来开展自我组织的任务。这个问题的原因在于：首先，老师们过分强调了课本上的知识点传输，导致孩子们缺乏亲自参与的活动机会；其次，有些老师的确认识到了动手操作的重要意义因此会在下课时安排一些额外的家庭作业，例如让同学们独立制定某个主题的教育计划并在结束时提供详细的学习资料供检查使用。然而这样的方式往往容易使部分学员投机取巧，由于中职学生年纪较轻自律程度相对较低，所以在非正式的时间段内自主按时交出高质量的家庭工作几乎不可能实现，更多的情况是在最后期限临近前匆忙抄袭网络资源或者借鉴他人的方案草率应对，这样做的结果并未充分提高孩子的授课水平和个人创新思维的发展潜力。

因此，需要提前在课堂里对课程内容做实际演练，而不是将其放在课后作为一种形式化的任务。每一堂课都应当包含所需讲解的理论知识点，并预留一些空闲的时间供学生们自行策划实践活动。他们可以在团队内讨论、发表意见，充分发挥他们的想法，可能在这个过程中会激发出新的思考方式。只有当他们在认知上有矛盾时才会意识到问题的存在，然后在协作的过程中寻找解决方案，最终每个组都能获得一个较为完整的计划成果。这样既能提升学生们的沟通及表达技巧，也能培养他们正确选择观点的能力，成为一种有效的自我学习模式。一旦有初步的规划后，就要求各个小组向大家展示他们的作品，从其中挑选一名成员充当幼儿园老师，其余的学生则扮演孩子角色，一起参与这个活动，以此训练他们的课堂管理和应对突发事件的能力。经过反复的模拟教学演示，确信学生能在不断地学习错误中学会如何提升自身的教育综合素质。

【模拟教学法实施方案举例】

项目名称：学前儿童讲述活动

所属课程：学前儿童语言教育

课时数：4

教学过程：

第一阶段：首先教师让学生先观看一段视频，内容是一个 5 岁小朋友绘声绘色地讲述故事《机智的小花猫》，通过观看视频，引入新课讲述活动。然后教师借机追问讲述活动具有什么特征、有哪些类型以及如何来设计并实施讲述活动这三个问题，接下来学生带着疑问自主学习，找几个学生代表发表自己的观点，教师根据回答情况再做补充，最终确定大家都能认可的问题答案，这里既有陈述性知识也有程序性知识，为后续工作做好理论储备。此时，可以播放一段幼儿园公开课视频“大班看图讲述活动——《神奇的洞》”，进而让学生获得讲述活动的直观经验，并且能够从中归纳出每个环节是如何设计的，有何优缺点；

第二阶段：小组讨论，每个小组自己确定一个讲述主题和类型，选定年龄班，确定活动目标，然后按照第一阶段确定的四个步骤来进行具体的活动设计，小组分工合作，集思广益，独立做出一个相对较完整的设计方案，教师巡回指导，然后小组派代表走上讲台向全班同学讲出本组的设计方案，其他小组同学向主讲组发问，主讲组一一答疑，对于重点存在的问题，需要师生共同讨论完成，经过这样一轮的答疑解惑环节，学生先是在认识上形成了一定的冲突，激发了他们独立思考的能力，然后通过吸收新的经验从而完善自己的方案；

第三阶段：学生分小组展示活动设计，前一阶段只是说课，把设计意图和步骤说清楚即可，而此时则需要学生模拟一个完整的幼儿园教学活动来进行，小组内推选出一个代表模拟幼儿教师，其他同学模拟幼儿，比如互动、表演的环节都应呈现出来，完整地展示出整个流程。此阶段需要注意的是在实施过程中，学生一定要转变自己的身份和角色，时刻按照幼儿教师的标准指导自己的言行，尽可能地全心全意投入到其中。

第四阶段：待每个小组展示结束，教师可以先让同学自由评论每组的表现情况，然后教师告知学生科学合理的评价方法和标准，再次进行评价，了解活动目标的达成情况，进而起到反馈、诊断、增效的作用。

（三）功能性实践

1. 功能性实践的含义与内容

在本项研究里我们对“功能性实践”进行界定，它代表的是一种具体的和具有实用性的知识，主要指的是幼儿老师工作过程中的一些模糊且烦琐的问题，这些问题并不能简单地通过阅读书籍来解决，而是需要依靠长时间的工作经历去累积的经验型知识。这种类型的知识对于学生来说是从具备能力到熟练掌握的过程中的关键步骤。“功能性实践”涵盖了诸如如何应对孩子们的多种常见的困扰行为（例如入学时的紧张情绪、固执的行为、撒谎的情况、暴力倾向）以及识别及防止婴儿期的流行疾病等问题。

2. 功能性实践的实施方法

对于此类项目的高级性和特殊性，必须考虑其执行策略。传统的以行为为基础的教育手段已经不再适用，因为这些高难度任务通常缺乏通用性的解决办法，每个情况都需要单独研究和解析。因此，使用情境导向的案例分析法。

案例教学法是比较古老的一种教育方法，其历史可以上溯至古代希腊时期，其中最著名的例子便是柏拉图提出的“助产士”策略。案例教学就是教师运用已学的理论性和实操性的知识点去解析并探讨这些问题，让学生结合所学陈述性知识及实践经验来进行分析和讨论，达到知识的消化吸收、融会贯通，培养解决实际问题的能力。

譬如“婴幼儿常见的传染病及其预防”这一章节，它对于中职学生而言毫无诱惑力，原因在于其专业的深度较深，包含了大量医疗领域的专用术语，显得有些复杂难懂。然而我们需要明白的是，我们的教育目的并非培养他们成为专业的卫生专家，而是在于使他们能正确理解并应对各类常见的疾病，掌握预防及自我保护的方法。因此，教师可以在课程开始之前挑选出符合此主题的实际例子，这些例子的呈现方式既可以是文本描述，也可是照片或影片等视觉材料，通过多样化的手段来生动展现给学生，让学生运用新的认知去解析、总结案例，找寻解决之道，从而实现知识的灵活运用和技能提升。

【案例教学法实施方案举例】

项目名称：幼儿常见传染病应急预案制定

所属课程：幼儿卫生保健

教学目标：能够准确识别各种常见的幼儿传染病并根据其特点制定相应的应急方案

教学过程：

1. 案例展示。教师通过多媒体设备展示几组代表性强的幼儿传染病防治的真实视频案例，布置任务，请学生带着任务观看视频。

2. 围绕案例组织学生分组讨论。尝试从中归纳出主要症状，并结合教材内容分析各类病因及如何护理、预防，试图从个别化的案例中探寻出其内在规律。通过思想的碰撞学生可以生成新的认识，建构新的知识体系。在此基础上教师做补充和总结。

3. 尝试制定应急方案。在学生熟悉了显性知识的基础上，进一步提出定义不明确的任务，为幼儿园制定传染病预案。此任务的完成需学生充分了解幼儿园的整体运转及各部门的岗位职责，明确责任分工，从顶层设计的理念出发来系统定位、统筹安排。这一阶段的工作仅靠单一的课程不可能完成，在理解案例的基础上，有效利用幼儿园实践的机会，全面了解工作流程、规则制度和日常工作是学生寻求解决方案的突破口。

（四）拓展性实践（职后指导）

拓展性实践是在职业人的五个成长阶梯中达到最终级别的专家技能所涉及的最后的实际操作环节。对于中等职业学校的学生来说，成为专家型的技能可能遥不可及，然而考虑到教育的全面性和完美设计，我们仍然需要将其纳入议事日程，并视为学生的提高和扩充实践任务。幼儿保育教育是一个非常紧密连接职前和职后专业的领域，因此扩大实操就是在把学校的初级培训带入职场，也就是让招聘和就业部门追踪毕业一年或半年的情况，找出他们在职位上的表现和面临的问题，然后进行归类整理和分析，并在合适的时机邀请这些毕业生回到校园，来获得更具针对性的工作建议，以此解决问题、增强他们的职业能力，进而完成从职前到职后的整体教学过程。一旦学生们带着“职业人”的心态，带着工作的困惑和思考再一次进入学校学习专业知识，那么他们将在现有的认识框架和经验基础上，构建一个更为生动且深广的知识网络，持续朝着专家级的方向前进。

二、基于职业修养的学生管理体系设计

作为教育体系构建计划的关键部分，学生管理制度主要负责阐述不符合职业行为规范的内容，这些内容不能构成单独的教育主题或找不到相应的明确教学材料用于执行教学任务。该制度旨在培养并强化学生的职业观念及工作习惯，同时配合首要课程教学路线上的实际操作框架，以达成全面的学生实践培育目标。首先，学校被视为实践教育的核心区域，不仅需要向学生传授丰富的知识和技能，也应关注他们内在的专业素质提升。其次，正如“蓬草生长于麻丛之中，无需扶持便可挺立”和“白色的细沙混入黑色泥土，也会变得漆黑如墨”所示，我们可以看出环境对于人才发展的重要性不容忽视。由于中职学生的年纪较轻，自我学习的动力不足，易受到外部因素影响。因此，考虑到这一问题，制定了一套学生管理的实践策略，要求学校的相关部门加强对学生的教育监管，给学生提供各类平台，举办多样化的校内校外实践活动，以此充实他们的业余时间，优化心理环境，让他们能在学有所得的同时，主动投入到生动有趣的现实生活中，从而促进潜能的发掘。

（一）组织丰富的第二课堂活动，激发潜在能力，增强职业认同感

所谓的“第二课堂”指的是通过各种课余活动来提升学生的专业技能和素质，这是一种对常规教学模式的拓展与深化，也是校园内非正式学习领域的关键元素之一，它能有效地增进教育的深度并提供有益的学习体验，这对拓宽学生的视野、促进个性的成长、塑造特长以及挖掘潜能都起着关键作用，特别是提高他们的实践操作技巧、创新思维方式及团队协作精神方面有着显著的效果。

各种形式的活动实践是不同的。

第一，学院应该支持并推动学生的自我管理，举办幼儿教师的技能比赛和主题的教育活动，例如主题诗歌朗诵、演说、辩论、戏剧演出等才艺竞赛，以此来促进学习。同时，还包括管弦乐队、合唱团队、舞蹈俱乐部等各类学生团体活动。在这个过程中，学生们通过规划、协调、设计、实施及参加这些活动，不知不觉地培养出他们的组织技巧、创新思维、执行能力和其他职业所需的基本素质。

第二，计划邀请儿童教育的权威人士或者幼儿园的优秀教员到学校举办演讲会，并组织关于幼儿保育与教育的相关法律、规则及标准的研讨会议，让学生们能够自我学习他们即将投入的工作领域的法律法规及其管理，从而加深职业认识。

第三，执行一系列的仿真模拟任务。这包括对幼儿园日常活动的所有阶段进行模拟，

例如早晨的健康检查、引导孩子们正确地洗手和上厕所、户外活动和游戏、用餐、午睡以及放学前的准备工作等。此外，还需模拟课堂授课和讲授的过程，以使教师们能够更好地理解并掌握幼儿园的一日流程，同时提升必需的教育技巧和团队协作的能力。

第四，中职的学生还应具备初级的教育研究能力，因此，本项研究还设计了诸如幼儿园课程实例研讨和热门教育问题调查研究等活动，目标是提升初级幼儿教师的观察记录技巧、反思与发展能力，以真正理解并接受幼儿教师这一行业。

（二）注重学生的日常行为规范教育，培养良好的职业习惯

美国心理学家威廉·詹姆斯（William James）① 曾经说过："播下一个行动，收获一种习惯；播下一个习惯，收获一种性格；播下一个性格，收获一种命运。"幼儿保育教育专业兼具职业性和师范性双面角色，未来的幼儿保育员需要在学校阶段就开始塑造自己积极的工作态度和健康的生活方式，来保证将来工作的顺畅开展。因此，对于即将成为新一代儿童教育的引导者们来说，应该重视并积极地去培育他们的良好职场素养及个人品质。譬如在学校里必须遵循着一套严格的行为规则，即不能穿着奇怪或过于暴露衣服入场上课（而需身披整齐划一的学生制式服装）并且始终保持良好的形象举止。此外，还包括诸如此类的规定细节，当走进实践教室的时候不允许涂抹过多的化妆品，不能穿尖头的高跟鞋子，也不能有任何的长长的手指甲，衣冠整洁是必要的条件之一，这些都是对一位优秀的早期基础教育教学工作者所必备的基本标准。

（三）开展广泛的社会实践活动，培养端正的职业态度

成功的关键在于心态，而正确的职业心态则是实现所有任务的基础与先决条件。对于职业心态的塑造可以从三个方向入手：职业精神、职业伦理及心理健康的培育。首先，职业精神涵盖了敬业精神和创业精神两个部分。敬业，需要对工作有强烈的认可度并热衷于自己的职位，学校应该全程引导学生参与"校园之旅"，通过观察实习、护理实训、教学实习再到实际操作实习来深入理解儿童教育的实践过程，增强他们的责任感与敬业观念；其次，随着创新创业理念日益受到关注，学校也应当支持学生自我创业，设立学生创业孵化器，以供感兴趣的学生互相交流学习经验和展现其创意思维的空间。

职业道德建设方面，需要培育学生的同情心、耐性和作为幼儿保育老师的榜样能力。这是成为一名优秀幼儿园老师必须具备的基本素质之一，即能以自己的行为方式给孩子们

① 威廉·詹姆斯. 詹姆斯集\ [M\ ]. 万俊人，陈亚军，译. 上海：上海远东出版社，2004.

带来正面的教育效果。由于幼童自我照顾及情绪处理的能力相对较差，且对于成人尤其是他们的老师更为依恋，任何一位成年人的行动或言论都有机会受到孩子们的仿效。学校可以设立如“幼儿保育教学志愿团体”的社会机构来推动此项工作，这一机构的主要成员应来自在校生并接受专业的引导，同时需设定清晰的规定及其职责分配方案。机构定期举办相关主题的活动，比如进入小区向家长们传授家务教育的技巧，从而加强亲子共同成长理念，或者前往乡村去协助那些孤儿们提供服务并且免费授课等。通过亲自参加各种社交互动可以让他们了解实际生活中的婴儿照护情况体会自身的重要性，进一步明晰自己承担的工作任务，转变出一种新的思维模式，即认为读书是有用的这种思想上的变化，会增加同学的专业认知度提高其热情程度。

健康的心理也是职业人应具备的一项基本素质。学校还需要建立专门的心灵辅导机构和求职咨询部门，以便他们能够定期地接受心理咨询并学习如何有效地缓解压力的方法，同时举办一些关于求职技巧的演讲活动，以此来增强他们的信心与积极进取的精神面貌，让幼儿教师带着这种心态去迎接新的挑战。

第五节　构建多元化的教育评价体系

鉴于中等职业技术学校主要以教育教学为核心手段培育优秀毕业生，其评价方案需要契合该领域的专业理念及价值观。基于塑造优秀的“职场人士”的目标设定，在幼儿园管理专业的培训方向上已经有了全新的认知标准；以此基础之上，建立了一套名为“双线并行”的新型教育实施体系。要确保精准度高且公正无偏地衡量学习成果的同时，发现存在的问题以便及时修正弥补，考核评价也需作出相应的调整和改进，通过进一步反馈和补救教学，使学生从教育中不仅获得知识，而且提高技能、改善态度，促进学生的全面发展。有研究者表明为了能够与教育相适应，应根据不同课程类型，吸纳多方主体参与，从专业知识、职业技能、职业态度等综合职业素养出发，来确定具体的评价模式和考核细则，并在实施过程中不断修改和完善。

本书认为在教育评价方面我们主要厘清三个问题，即谁来评、评什么、怎么评。

一、评价主体多元化

评价主体被称为进行评价的对象。由于教导是一个由老师和学生共同参与的过程，我们不能只依赖于老师的角色，学生也需要对自己的表现做出反馈。这种自我评估和他人的评估相结合的方式，可以激励学生积极参与管理并增强他们的主权感，同时也能让他们通过反省自己而得到进步。对于中等职业学校而言，校外实践基地实践是学校教育的关键一环，学校的实训场地也是重要的实践环境，因此，幼儿保育教师应当根据实际工作的能力要求及行业的规范去评估实习的学生。幼儿保育的教育者们（包括班级内的同学、教师）都应该一起参加这个过程，只有这样才能保证公正合理的评估结果，让学生能够全面了解自身的长处和短处，以便更有效地提升自己。

二、评价内容综合化

评价不仅是为了确定学生的学习成果能否满足教学目的的要求，同时也能提升他们的知识、技巧和品质水平。评价内容应该源于职位的工作职责，并把职场的标准融入教学的目标中去。对于职业培训而言，我们需要深入研究职位的具体工作需求，然后根据这些需求来设定评价项目。为了达成“职业人才”的培育目标，要充分利用评估的功能，实行以整体职业能力的提升为主导的全方位评测。测试的项目不能仅仅停留在基础知识和技术的理解上，还需要考查他们应用基础理论解决问题、实际操作等方面的情况。针对开设幼儿保育专业的部门，必须设立特定的评估标准，其中应包含详细的规定、比例分配、测评方法和执行的时间表等。就内容的层面来看，它应当涵盖教师的基本教育教学技术、艺术表现技艺、教授技巧和专业的成长潜力等各个方面。

三、评价方式多样化

教学强调过程性与动态性，因此具体的评估方法并非固定不变，而是取决于所要评估的内容，应该始终遵循以过程评估为基础并结合成果评估，同时兼顾数量型评测及质量型评测的方法原则。对于学生的知识储存状况，我们可以通过考试来衡量；若需评估其整体思考和解决问题的能力，则可采取案例研究等形式；关于学生的实际操作技巧，可以通过各种如任务式、仿真演练或实地测试等手段。

比如，通过设定具体的标准，我们可以评估学生的弹唱、说跳、绘画等实操能力，并在学年结束时使用量化手段对其进行全面的专业技能测评。此外，我们还需要考虑他们日常活动中的一些行为，包括参加技能比拼、文艺表演、学生团体等第二课堂活动的情况，以及他们的特殊技能考试成绩、课堂表现、出勤率等方面，形成完整的评分体系。像五大领域的课程规划与执行这类涉及多项教育的技能，可以通过笔试加上实践演示的方法进行检测。期末的笔试题目侧重于教学设计的应用以及利用重要的教育理论解决问题，重点关注那些难以用言语表达或定义模糊的学习任务。再者，我们还可以根据他们在平时举办的说课比赛、模拟授课、课件制作竞技中所取得的成绩进行整体评估。至于实习期的考核，既可以用提交的教育观测记录、实习报告等方式呈现，也应该包含对学生工作能力的测试，比如幼儿保育、学校班级的管理与环境布置、游戏活动的策划与引导等，这些都应当由学校的教职工负责并予以实施。

第四章

幼儿保育专业教学发展经验借鉴

第一节　中国共产党幼儿保育教育的基本经验

“所谓经验，就是实行政策的过程和归宿。”中国共产党在 1927-1949 期间幼儿保育教育的政策与实践，不仅打破了封建旧式儿童观念，给予了儿童应有的社会地位和受教育权利，而且不同于国民党统治区专为资产阶级服务的患有“三大病”的幼儿保育教育，根据人民需要创办了服务于工农群众的民族的、科学的、大众的幼儿保育教育。“幼有所育”是党在十九大报告中所提出的，它作为民生目标彰显了党和国家对幼儿保育教育的重视，办好人民满意的幼儿保育教育也成为当前的重要任务。革命战争时期中国共产党幼儿保育教育虽然有不足之处，但是在当时取得了很大的成效，证明了其历史作用，积累了宝贵的历史经验，对新时代幼儿保育教育的发展提供有益借鉴。

一、马克思主义理论是中国共产党幼儿保育教育的指导思想

马克思主义经典著作中没有关于幼儿保育教育的现成答案和理论，但马克思主义经典作家运用唯物主义的世界观和方法论，对儿童、社会以及经济文化等方面的考察为我们提供了丰富的思想资源。中国共产党独具匠心的把马克思的基本理论融入中国的实际情况中，找到了适合自己特色和社会需求的幼儿保育教育。正如习近平总书记所说，马克思主义是历史和人民的选择，中国共产党选择马克思主义作为精神旗帜是完全正确的。

（一）强调儿童为本的幼儿保育教育原则

马克思主义从唯物史观出发，认为儿童有其自身的发展规律和身心特点，应该尊重其主体性及独特性。与忽略了儿童自身的非马克思主义观念相比，马克思主义强调从儿童本身出发，以儿童为本开展幼儿保育教育。中国共产党幼儿保育教育坚持“一切为了孩子”原则，不断深化“儿童本位”的教育价值，主张幼儿保育教育应在儿童身心发展特点的基

础上，结合国情和社会实际，灵活多变，主要采取感情教育以及与实际相结合的生活教育。一方面，与儿童建立起深厚的感情，从感情上进行引导和启发渗透教育内容；另一方面，从儿童实际生活经验中，给予启示和教育。教育方法上，提倡关心儿童、爱护儿童，要求教师要以身作则，要和儿童讲道理，不能偏袒和欺骗儿童。在指导儿童的过程中，“多采用间接的暗示，并经常给以鼓励和表扬”，“用积极的指导避免消极的限制”。为培养儿童的创造力，提出不要过分干涉他们的行动，使其自由生长。按照儿童心理特点采取科学教育的内容，能使他们的智力得到正常发展，如按照年龄分组进行识字、集体游戏、唱歌、讲故事等启发儿童智力的活动，针对年纪较小的儿童主要注重其身体健康和感官的训练教育，在可接受的程度上启发智力。除此之外，还提出要研究儿童心理，认为掌握儿童的心理是有助于工作的进行的，要记录儿童的个性，观察儿童的生活，深入的了解儿童，发现他们的爱好个兴趣倾向。还要召开儿童心理研究会，交流研究心得，定期进行心理测验，对待特殊儿童要进行诱导改进。对儿童的认识不再是一的，而是注意到其自身的发展，并且采取了科学的教育方法，关注每个儿童的个性发展，使他们从小就过着科学化的、规律的、集体的生活，这种对儿童的高度认识为以后制定幼儿保育教育政策提供了经验。

（二）坚持教育与劳动相结合的幼儿保育教育方法

克鲁普斯卡娅指出，马克思和恩格斯是从建立共产主义的理想出来发阐述教育与生产劳动相结合的基本原理的，说明了该原理对于培养全面发展的人，对于儿童品德的形成，对人的智力发展的意义。土地革命时期，中国共产党提出的幼儿保育教育总方针就指出，要将幼儿保育教育和劳动联系起来，作为马克思主义的幼儿保育教育方法之一。主张消灭离开生产劳动的幼儿保育教育，要把儿童培养成为有“能思想的头脑”，又有“能劳作的双手”，还有“对于劳动的坚强意志”的人。为了贯彻这一幼儿保育教育方法，将劳动教育作为幼儿保育教育中特别重要的一个内容，旨在培养儿童热爱劳动、热爱劳动人民、关心帮助劳苦群众的劳动观点和群众观点。教师还会根据不同年龄儿童的身心发展特点，组织适当形式和内容的学习和劳动活动。首先是自我服务，培养儿童独立生活的能力。其次发展到学做各种力所能及的劳动，从为自己服务发展到为他人服务、为集体服务，儿童通过这些力所能及的劳动懂得关心他人，并以此为自豪。最后还带领儿童认识和参加社会性的劳动，通过观察承认劳动懂得其意义，同时也参加一些力所能及的社会性劳动，如经带儿童到田野间去参观劳动人民的辛勤耕作，进而教育他们要珍惜爱护粮食；夏收秋收时帮老乡拣麦穗，帮助大人们拾洋芋、南瓜等来锻炼其劳动观点。有的也会在园内开辟小动物园、小菜园丰富他们的自然知识，培养他们热爱劳动的优良品质。不仅培养了儿童正确的劳动态度，养成了儿童良好的劳动习惯，还为将来从事国家建设工作做好准备。

（三）保证儿童自由全面发展的幼儿保育教育目的

儿童的自由全面发展是马克思主义幼儿保育教育的目标导向，也是未来共产主义社会的幼儿保育教育追求。革命战争时期，中国共产党根据实际需要，提出以民族精神与生活知识教育儿童，造就中华民族的优秀后代。起初在缺少经验的条件下主要以生活为教育内容，对儿童进行计划教育与兴趣教育配合的教育，但是这种教育内容致使儿童获得的知识没有系统和联系。随着在“工作中摸索经验，学习中提高工作效率”，逐渐探索出了符合儿童身心发展规律以及抗战环境的幼儿保育教育内容。

首先，关心儿童的健康，对儿童进行体育教育。幼儿保育教育的首要和基本任务，就是保护儿童的健康。一方面，保证儿童身体的正确发育和锻炼，使他们初步养成个人卫生和品性方面的一些习惯，为发展儿童的智力发展创造良好的条件；另一方面，配备医务人员，对儿童定期进行检查，不仅注意给儿童营养丰富的食物，还注意充分利用阳光、空气和水来锻炼儿童的身体。其次，进行文化教育，包括音乐、儿歌、游戏、识字、识数等课程，教材由教育厅或者保育员研究会编制，有时教师也会自己编写教材、制作玩具。最后，进行道德教育，采取启发诱导和榜样教育的方法对儿童进行良好品德和文明礼貌的教育，用新的道德即社会主义社会的道德精神来教育儿童，培养共产主义道德品质和爱国情感，逐步培养儿童的意志和责任心。儿童在集体主义教育中消除了个人主义的观念，养成了团结互助的优良作风。

马克思主义为我国幼儿保育教育的发展提供了思想资源，不断推进马克思主义中国化，与时俱进，是中国共产党幼儿保育教育的基本经验。马克思主义坚持儿童是国家、民族以及政党的未来和希望的观点，所以儿童本位是马克思主义幼儿保育教育发展的根本，是促进幼儿保育教育质量提升的动力和基础。党的十八大以来，以习近平同志为核心的党中央从薪火相传的战略高度看待幼儿保育教育，指出中国梦的实现不仅是依靠平凡劳动者的力量，还有作为未来社会接班人的儿童，指出他们“既是实现第一个百年奋斗目标的经历者、见证者，更是实现第二个百年奋斗目标、建设社会主义现代化强国的生力军。”在新时代，马克思主义中国化不断纵向深入发展，对今后的幼儿保育教育的发展提供了理论和思想指南，为中国共产党幼儿保育教育工作的开展继续提供立场、观点和方法。

二、中国共产党的领导是幼儿保育教育的根本保障

教育的领导权和教育的性质决定教育发展的方向，我国的教育只能由“无产阶级的文

化思想即共产主义思想”领导。革命战争时期，中国共产党从实际需要出发，尽管条件艰苦依旧坚持对幼儿保育教育的探索，因时、因地、因人制宜的兴办幼儿保育教育，取得了傲人的成绩。只有在中国共产党的领导下，幼儿保育教育才能克服各种困难，获得正确的发展，不断开拓创新，为新时代办好人民满意的幼儿保育教育、促进幼儿保育教育现代化和普及化指明了正确的政治方向。

（一）将马克思主义同幼儿保育教育实际相结合

马克思主义只有同中国具体实际相结合才能发挥其科学价值，教育领域也是如此。革命战争时期，在中国共产党的领导下，创造性的将马克思主义普遍原理和幼儿保育教育实际相结合，逐步探索出一条符合自身特点和需要的具有中国特色的幼儿保育教育道路。主要体现在，幼儿保育教育为革命战争和生产建设服务，为解放广大妇女参与社会生产服务。在与政治实际相结合方面，中国共产党指出，幼儿保育教育是培养共产主义的建设者和接班人，根据战时需要及儿童身心发展情况，适当的对儿童授以抗战教育与训练，“对于幼稚生进行抗日救国的教育，这于培养民族优秀后代是有极大贡献的”，启发他们的民族意识和民族精神，培养他们的抗战建国能力，造就未来的民族解放战士。在与经济实际相结合方面，考虑生产力实际，号召学前教师和工作人员参与生产，自给自足，保障供给。幼儿保育教育理论不能脱离幼儿保育教育实践单独存在，中国共产党幼儿保育教育的历史经验是革命战争时期取得的劳动果实之一，正是因为它是中国共产党在革命战争时期的艰苦实践中得出来的。将马克思主义与中国实际相结合，是中国共产党幼儿保育教育的必然要求，也是马克思主义幼儿保育教育思想在中国发展的前提。

（二）将幼儿保育教育作为党的事业的重要组成部分

重视幼儿保育教育，并把它纳入党的发展规划中，与党的战略保持同频，是中国共产党幼儿保育教育在革命战争时期能够不断发展的一个重要原因。人民教育各个时期的中心任务，必须以共产党在各个时期的中心任务为转移。这是各级各类教育都必须遵循的基本规律，也是共产党兴办人民教育事业的优良传统和成功经验。幼儿保育教育的发展密切联系人民的生活。革命战争时期的幼儿保育教育在保证儿童全面发展和教育的同时减轻妇女照顾孩子的负担，给广大妇女积极参加生产、国家、经济、文化及社会政治生活提供了可能。一方面，将兴办各种类型的幼儿保育教育机构、开展儿童公育作为党的重要工作之一；另一方面根据党的纲领制定幼儿保育教育的目标和内容，提出忽视儿童的幼儿保育教育，就等于是等抗战建国的怠工。中国共产党深刻认识到幼儿保育教育和革命战争之间的关系，提出幼儿保育教育不仅能够培养未来国家的建设者和接班人，还能够作为宣传工具。许多海内外民主人士参观中国共产党领导下的幼儿保育教育，给予了很高的评价和肯定，打破了共产党不要老人和儿童的谣言，得到了许多海外社会人士的支持，募集到了资金。在幼儿保育教育实践中不断批判和纠正错误观点，全党上下统一思想，把幼儿保育教育作为抗战建国中工作中的重要一环。并且在人民群众中积极宣传，让广大工农群众切实感受到兴办和接受幼儿保育教育的重要性，动员他们积极参与办学。正是由于中国共产党重视幼儿保育教育，各幼儿保育教育机构才会获得人民和政府的帮助、社会的支持，并在学前教师的不懈努力下，在艰苦的条件中取得巨大成绩。

（三）将幼儿保育教育作为党的事业的重要组成部分

重视幼儿保育教育，并把它纳入党的发展规划中，与党的战略保持同频，是中国共产党幼儿保育教育在革命战争时期能够不断发展的一个重要原因。人民教育各个时期的中心任务，必须以共产党在各个时期的中心任务为转移。这是各级各类教育都必须遵循的基本规律，也是共产党兴办人民教育事业的优良传统和成功经验。幼儿保育教育的发展密切联系人民的生活。革命战争时期的幼儿保育教育在保证儿童全面发展和教育的同时减轻妇女照顾孩子的负担，给广大妇女积极参加生产、国家、经济、文化及社会政治生活提供了可能。一方面，将兴办各种类型的幼儿保育教育机构、开展儿童公育作为党的重要工作之一；另一方面根据党的纲领制定幼儿保育教育的目标和内容，提出忽视儿童的幼儿保育教育，就等于是等抗战建国的怠工。中国共产党深刻认识到幼儿保育教育和革命战争之间的
关系，提出幼儿保育教育不仅能够培养未来国家的建设者和接班人，还能够作为宣传工具。许多海内外民主人士参观中国共产党领导下的幼儿保育教育，给予了很高的评价和肯定，打破了共产党不要老人和儿童的谣言，得到了许多海外社会人士的支持，募集到了资金。在幼儿保育教育实践中不断批判和纠正错误观点，全党上下统一思想，把幼儿保育教育作为抗战建国中工作中的重要一环。并且在人民群众中积极宣传，让广大工农群众切实感受到兴办和接受幼儿保育教育的重要性，动员他们积极参与办学。正是由于中国共产党重视幼儿保育教育，各幼儿保育教育机构才会获得人民和政府的帮助、社会的支持，并在学前教师的不懈努力下，在艰苦的条件中取得巨大成绩。

（四）将法规政策作为幼儿保育教育发展的制度保障

为了保证幼儿保育教育沿着正确方向规范发展，中国共产党十分重视幼儿保育教育方针的制定和幼儿保育教育的立法工作。各革命根据地根据党提出的幼儿保育教育总任务和

总方针，结合自身实际和各方面建设的需要与要求制定符合本地区的幼儿保育教育政策和方针。为了落实和贯彻教育总方针，中国共产党制定一系列幼儿保育教育政策，发布命令、指示和决定，作为推动幼儿保育教育发展的有力的措施。从一开始提出建立学期教育机构，如 1927 年颁布的《江西省革命委员会行动纲领》、1931 年颁布的《中国苏维埃共和国劳动法》等。再到进一步的强调幼儿保育教育的内容学制以及办学内容，如 1931 年颁布的《湘鄂赣省工农兵苏维埃第一次代表大会文化问题决议案》、1932 年颁布的《学制与实施目前最低限度的普通教育》等，其中 1934 年颁布的《托儿所组织条例》被称作是红色政权下第一个幼儿保育教育文献，对幼儿保育教育的目的、儿童的入园条件、托儿所的教师以及各种设施设置、监督工作等都做了比较详细的论述。1941 年先后颁布的《陕甘宁边区机关托儿所章程》和《关于保育儿童的决定》，为幼儿保育教育机构的工作开展提供了依循，保证幼儿保育教育更加规范的发展。还特别强调儿童的权利和地位，如 1939 年颁布的《陕甘宁边区抗战时期施政纲领》、1942 年颁布的《关于保育儿童、保护产妇各项待遇》和晋冀鲁豫边区 1948 年颁布的《婴儿保育、产妇保健暂行办法》以及 1946 年颁布的《关于儿童工作决议》等，都提出禁止对虐待儿童，并且对儿童进行公育，保障他们的健康成长。总之，中国共产党幼儿保育教育虽然刚起步，在艰难地条件下也始终强调规范发展。在中国共产党的领导下，幼儿保育教育的政策不断发展，这其中除了卫生保健工作外，还有关于儿童教养、保育员管理等相关的规章制度，使得革命战争时期的幼儿保育教育工作有法可依。

在中国共产党的领导下，幼儿保育教育才能够做到全心全意为人民服务，办好人民满意的幼儿保育教育。由于幼儿保育教育本身所具有的独一无二的重要价值，所以应从法律角度来予以保障，让幼儿保育教育“有法所依”。通过立法作为幼儿保育教育发展的动力和保障，对幼儿保育教育的质量有重要意义，依法治教是幼儿保育教育发展的客观要求。建国以后，凭借着革命战争时期的幼儿保育教育经验，我国幼儿保育教育逐步走向法制化，关于幼儿保育教育发展规划性的法规明显增多，更加注重于儿童身心发展规律及对儿童的保护。在此背景下，幼儿保育教育根本法的制定显得尤为重要。注重调研、与实际相结合是我们党的传统，在幼儿保育教育立法的过程中，也要利用这一优势。对实地考察和调研中所出现的实际问题进行研究，出台相关政策法规，不仅让幼儿保育教育立法有据可依，还可以使实际问题的的解决方法有法可依。在党和政府制定的总的政策法规下，各地政府再根据本地区实际情况制定更加细化、符合实际需要的政策和方案，提高其现实性和可行性。新时代幼儿保育教育应该在中国共产党的领导下，各级各类政府机构相互配合，共同实施，促进幼儿保育教育的发展。

三、以人民为中心是中国共产党幼儿保育教育的价值所在

人民立场是中国共产党的根本政治立场。革命战争时期，中国共产党开展的幼儿保育教育立足于服务人民的生活，为培养健康、合格的建设者和接班人，解除前方战士、后方干部和广大劳动妇女的后顾之忧，运用群众的力量来解决他们自己的问题。这就明确了中国共产党幼儿保育教育的根本价值是以人民为中心，即发展幼儿保育教育一切为了群众，一切依靠群众。

（一）提高人民群众对幼儿保育教育的科学认识

“群众是真正的英雄”，群众的认识和心态影响成果和效率。中国共产党坚持到农村中、到群众中去宣传儿童保育对抗战建国的重要性以及科学的保育方法，充分发动了群众，根据自愿的原则和实际需要来兴办各种形式的教育机构，并给予指导和补助，提高了广大群众的积极性，推动幼儿保育教育事业迅速发展。1934 年 3 月 15 日，江西省教育部提出不仅使群众了解劳动互助社与妇女参加生产的意义，还将全村全向的男女老幼参加到生产战线上来，同时为儿童创造了一个安全、良好的成长环境。1942 年，我们党要求各地区要迅速成立保育委员会，加强宣传教育，使保育工作深入农村，并定期开会研究保育问题，组织儿童健康比赛等。儿童保育院内部还设立研究部门，专门研究保育工作之责，特别注意儿童的饮食卫生、衣物用具、生活习惯及教育玩具等，并将结果随时宣告社会。除此之外，中国共产党还大力开展群众保育工作，宣传科学的接生方法，编发妇婴卫生、儿童保育须知小册子，各县设保育干事，加强农村保育工作。在医院中设立儿童保健科，使儿童卫生得到保障，并鼓励医生出诊看病，示范保育常识，推广到群众中去。还聘请负有保育工作经验的人和儿科医生到各县乡村进行视察宣传，对人民传播儿童健康环境卫生疫病预防等具体知识，或推动妇女团体组织，推广儿童卫生教育与抗战保育意义等的宣传，和实际需要配合起来。

（二）幼儿保育教育的开展要“从群众中来”

“凡是需要群众参加的工作，如果没有群众的自觉和资源，就会流于徒有形式而失败”。中国共产党充分意识到了群众的巨大能量，提出要放手发动群众，充分发挥群众兴办幼儿保育教育的积极性和主动性，因时因地因人制宜，灵活多样的发展幼儿保育教育。根据革命战争时期农村革命根据地的现实条件和特点，我们党提出了艰苦奋斗、勤俭办所、民办公助的办园方针。一方面，一切为了群众，幼儿保育教育机构的工作人员都是由

群众选举的，“对于看护人的选择，要注意他们在群众中的信仰，而且年纪要大一些，不得人信仰的或者年纪轻的，群众都不肯把小孩子送来”。如下州区下州村设置的两个托儿所的保教人员都是由群众选举的，并且按照政府的规定给予优待。另一方面，一切依靠群众，托儿所的用具都是依靠群众的力量购置的，只有在特殊情况下，政府才会给予补贴，如许多玩具都是由群众募集给小孩子们玩耍的。在工农群众的帮助，托儿所不但逐渐普遍的建立起来，而且慢慢的改良、进步，对于改善劳动妇女和儿童的生活、增加生产以及对革命战争都有重要的意义。

（三）幼儿保育教育的落实要“到群众中去”

革命战争时期，中国共产党幼儿保育教育是为了服务于广大妇女和前线战士，为了免除他们的后顾之忧，放手参与革命战争和社会生产建设，幼儿保育教育不仅惠及干部子女，还惠及了工农大众。一方面，不断推进幼儿保育教育深入人民群众，“推广民间的保育事业”，力求用科学的理论以及实际行动，揭穿封建迷信，促进妇女身体健康民族后代婴儿健康，以达到人才两旺，国富民强。另一方面，让家长参与到幼儿保育教育中，提出只有幼儿保育教育机构和家庭教育目的、内容、方法要求一致，互相支持密切配合才能达到理想的教育成果。《托儿所组织条例》中就提出，政府要经常检查托儿所的工作，并且每月都要召开家长会议，要让他们提出对幼儿保育教育的意见。幼儿保育教育机构定期向家长报告，招开“母亲会”“恳亲会”，听取意见和批评，还组织家长参观，交流育儿经验，宣传教育的重要性及科学教育的内容方法。

进入新时代后，党中央更加坚持以人民为中心发展幼儿保育教育，强调要办好人民满意的幼儿保育教育，不断加强人民对幼儿保育教育的获得感和满足感。党的十九大报告进一步指出，要想办好幼儿保育教育，就要将公平而有质量的幼儿保育教育作为我国幼儿保育教育当下以及未来的一段时间内的主要目标。首先，要推进幼儿保育教育公平理念，以政府为主导，并向农村偏远地区倾斜，将其作为推进幼儿保育教育公平的着力点；其次，坚持优先原则，采取多重政策保障弱势儿童接受幼儿保育教育的权利，如大力举办公立幼儿保育教育机构或根据各地区实际情况，建立免费幼儿保育教育政策等；最后，为提高幼儿保育教育质量，一方面要提高学前教师的准入制度，通过高质量的学前教师提升幼儿保育教育质量；另一方面加强监督和管理，及时对幼儿保育教育的方方面面进行评估，促进弱势儿童的发展，以确保每个儿童都能公平的接受有质量的幼儿保育教育。幼儿保育教育的发展要更加优质和普惠，确保所有儿童有一个公平和平等的机会，不让一个儿童落后，为在 2035 年建立覆盖城乡，布局合理的幼儿保育教育公共服务体系打下基础。

四、学前教师队伍是中国共产党幼儿保育教育的不竭动力

高水平的学前教师造就高质量的幼儿保育教育。学前教师队伍是幼儿保育教育变革的核心力量，能够保障幼儿保育教育公平，提高幼儿保育教育质量。革命战争时期，中国共产党对学前教师的关心和培养，是幼儿保育教育工作取得成效的重要原因。革命战争时期，幼儿保育教育得以快速发展，取得令人瞩目的成绩，关键在于中国共产党意识到了学前教师的作用，提出幼儿保育教育以及儿童发展的好坏，中心一环是教师。在党的教育下，深刻领悟和贯彻“孩子是革命的后代”这一理念，凭借高度的革命责任心和自我牺牲精神，战胜一切预料不到的困难、排除一切预料不到的危险，为保障儿童的生命健康，无私奉献，战胜了传染病、敌人的枪炮以及物资匮乏等困难和危险。最终培养了一支党性觉悟高、专业技能强、甘于和勇于奉献的保教队伍。不仅为新中国儿童保育事业打下了初步基础，还培养了一批农村妇女成为幼儿保育教育事业的干部。

（一）提升保育教师的思想政治觉悟

毛泽东强调：“掌握思想教育，是团结全党进行伟大政治斗争的中心环节。”1941 年《延安的保育工作》中总结道：边区的物质条件是困难的，但由于保教人员对保育革命后代有深刻的认识与高度的热诚，因而在工作中积极努力，冲过了各种障碍，给保育工作打下了初步基础，并取得一定的成绩。由于历史条件的限制，当时对保教人员的文化程度并不提要求，多数保育员是拥护中国共产党的农民。为了革命战争的胜利，我们党决定大量的吸收知识分子参加中国共产党领导下的各类工作。全面抗日战争时期，几十万知识分子从沦陷区和国统区进入延安和各个敌后抗日根据地。为了更多的知识分子参加革命根据地的教育工作，1940 年颁布了《关于开展抗日民主地区国民教育的知识》，团结更多的知识分子为抗日教育事业服务。随着革命根据地的儿童数量不断增加，工作人员也随之扩增，为加强保育院的工作，调来一批年轻的知识分子、干部，这些知识分子和原有的保教人员结合后，彼此之间取长补短，互相学习。有许多知识分子参与幼儿保育教育工作中，但是一开始他们只是服从组织勉强工作，不是在思想上心悦诚服的，造成了工作进行十分困难。根据党的要求，结合革命战争、土改和三查的实际作为教育资源对他们进行思想政治教育，使他们的政治觉悟大大提升，尤其是在整风运动以后，逐渐克服了这种错误思想，大家认识到保育工作是革命工作的一部分，对孩子的负责就是对革命负责，思想上做好了准备，工作上也有了进步。1940 年中共中央通过一个专门保护母亲儿童的决定，提出解决保育儿童问题，使工作人员安心与革命工作，是中国共产党员应当担负的责任。《决定》

要求首先要在党内进行教育工作，提倡爱护母亲与保育儿童，批评和纠正一些同志中对这一工作的轻视或漠不关心的态度。经过中共中央妇委和边区许多机关以及首长们的宣传解释说服的结果，从前在大城市受过高等教育的妇女，甚至娇生惯养的年轻女性也都愿意到保育院去做教师了，甚至还有学政治经济的大学生以及留学生主动申请担任保育院内的工作人员。1945 年 5 月，全面抗日战争已转入全面反攻时期，由于保育员人数不足，还吸收了一些革命意志坚定，富有奉献精神的男青年同志，主动承担了一切较为繁重的体力劳动，减轻了女同志的辛苦。

（二）培养保育教师的专业技能

随着经验的增加，我们党逐步认识到，儿童保育工作的好坏，是和保育员有很大的关系的，保育人员的思想认识、工作态度、保育技术高低以及对孩子的热爱程度，直接影响儿童生理和心理发育，但是因为环境的关系，又处在偏僻的农村，只能聘请一些些农村妇女来作为保育员，她们大部分识字不多。因为不了解保育工作的重要意义，所以最开始她们很不安心保育工作，所以必须重视对她们的教育，不仅要从技术上，还要从政治上加强教育，提高她们的积极性和责任心。1938 年，我们党提出要“为适应着以专门的儿童保育工作的需要，保育院内附设保姆训练班”。1941 年 8 月 25 日，陕甘宁民政厅主办的保育训练班开课，经过培训，一批妇婴卫生和保育工作的干部走上工作岗位，不仅推动了农村妇婴卫生工作，还对儿童卫生教育以及抗战保育意义等科学的保育工作进行大力宣传。1946 年，为进一步总结十年来保育工作经验，研究国内外的保育理论，统一保育领导机关，中央妇委成立了儿童保育委员会，进一步推动了各解放区幼儿保育教育的发展。

由于条件限制，无法通过组织大规模的脱产培训来提高幼教人员的专业素质，各根据地主要采取了集中培训、在岗业务学习等方式提高保育人员的素养，在岗培训，边干边学是主要途径和办法。例如，洛杉矶幼儿园提出要在工作中来教育她们，使她们思想发生转变、认识工作的重要性，看到该工作的前途，主要分为：思想教育、文化教育和技术教育，并在实地中作中来学习。专业知识和业务能力方面，主要是通过集体研讨、互相交流以及对工作中的经验教训的总结来提高相关知识。思想意识方面，各级领导注意从政治的高度提高其对幼教工作意义的认识，帮助保育人员提高认识，将幼教工作看作是一种革命工作，而不是雇佣工作、慈善工作。这一系列的措施，使得许多妇女逐渐认识到保育儿童不仅仅是从敌人的炮火下抢救儿童，而是直接参加抗战建国的实际工作之一，所以她们积极参加这个工作，负起了保育儿童的责任。正是对保育员的重视以及培养，才会为打造一支钢铁般的保教队伍奠定了基础，也为孩子们的健康发展提供了保障。

（三）提高保育教师的地位和待遇

保育教师队伍的高质量是保证幼儿保育教育高质量和可持续发展的关键，而保育教师作为培养儿童的主力军，社会地位和身份认同影响着其工作热情以及职业认同感，从而影响着保育教师队伍的建设。正是深知幼儿保育教育对革命的重要性，中国共产党不仅对幼儿保育教育事业高度重视，还对幼儿保育教育以及工作人员给予关心和良好的福利待遇，这也正是大量知识分子自愿投入幼儿保育教育事业的重要原因之一。为了提高保育教师工作的积极性，使他们能够安心工作，我们党发布了一系列条例和决定提高他们的政治地位和经济待遇，“使其政治的、经济的待遇不仅与大家一样，而且还要提高。”为提高教师的积极性，我们党从物质和政治两个方面提高待遇。物质上，教师的待遇比一般工作人员优厚，而且还有津贴制度，根据工作年限的长短给与相应的物质补贴，还规定了有关保姆的待遇，每月发放津贴且随着工龄的增长而增加，还发放衣物，在职夜班的时候发夜餐费和伙食费，许多机关工作人员津贴取消之后，教师依旧保留。政治待遇上，保证教师与其他机关公务人员地位平等，在历年评选模范工作中，保育院还产生了劳动英雄和模范工作者。由于承担着“培育革命后代”的艰巨任务，所以保育教师受到各方重视，同其他从业人员一样受到党的关怀社会的尊崇。边区主席林伯渠称赞其“于培养民族优秀后代是有极大贡献的”，所以应给与相当的待遇。1944 年的文教代表大会上，被评为先进的人里有 14 名是学前教师。1946 年儿童节，陕甘宁边区第一保育院评选了 13 名模范保育工作者，边区妇联送奖金十五万元。1946 年的三八节大会上，林伯渠指出“保证从事保育工作的保姆，工作人员，其政治和经济的待遇不仅与大家一样，而且还要高”。

二、中国共产党的领导是幼儿保育教育的根本保障教育的领导权和教育的性质决定教育发展的方向，我国的教育只能由“无产阶级的文化思想即共产主义思想”领导。革命战争时期，中国共产党从实际需要出发，尽管条件艰苦依旧坚持对幼儿保育教育的探索，因时、因地、因人制宜的兴办幼儿保育教育，取得了傲人的成绩。只有在中国共产党的领导下，幼儿保育教育才能克服各种困难，获得正确的发展，不断开拓创新，为新时代办好人民满意的幼儿保育教育、促进幼儿保育教育现代化和普及化指明了正确的政治方向。（一）将马克思主义同幼儿保育教育实际相结合马克思主义只有同中国具体实际相结合才能发挥其科学价值，教育领域也是如此。革命战争时期，在中国共产党的领导下，创造性的将马克思主义普遍原理和幼儿保育教育实际相结合，逐步探索出一条符合自身特点和需要的具有中国特色的幼儿保育教育道路。主要体现在，幼儿保育教育为革命战争和生产建设服务，为解放广大妇女参与社会生产服务。在与政治实际相结合方面，中国共产党指出，幼儿保育教育是培养共产主义的建设者和接班人，根据战时需要及儿童身心发展情况，适当的对儿童授以抗战教育与训练，“对于幼稚生进行抗日救国的教育，这于培养民族优秀后代是有极大贡献的”，启发他们的民族意识和民族精神，培养他们的抗战建国能力，造就未来的民族解放战士。在与经济实际相结合方面，考虑生产力实际，号召学前教师和工作人员参与生产，自给自足，保障供给。幼儿保育教育理论不能脱离幼儿保育教育实践单独存在，中国共产党幼儿保育教育的历史经验是革命战争时期取得的劳动果实之一，正是因为它是中国共产党在革命战争时期的艰苦实践中得出来的。将马克思主义与中国实际相结合，是中国共产党幼儿保育教育的必然要求，也是马克思主义幼儿保育教育思想在中国发展的前提。（二）将幼儿保育教育作为党的事业的重要组成部分重视幼儿保育教育，并把它纳入党的发展规划中，与党的战略保持同频，是中国共产党幼儿保育教育在革命战争时期能够不断发展的一个重要原因。人民教育各个时期的中心任务，必须以共产党在各个时期的中心任务为转移。这是各级各类教育都必须遵循的基本规律，也是共产党兴办人民教育事业的优良传统和成功经验。幼儿保育教育的发展密切联系人民的生活。革命战争时期的幼儿保育教育在保证儿童全面发展和教育的同时减轻妇女照顾孩子的负担，给广大妇女积极参加生产、国家、经济、文化及社会政治生活提供了可能。一方面，将兴办各种类型的幼儿保育教育机构、开展儿童公育作为党的重要工作之一；另一方面根据党的纲领制定幼儿保育教育的目标和内容，提出忽视儿童的幼儿保育教育，就等于是等抗战建国的怠工。中国共产党深刻认识到幼儿保育教育和革命战争之间的关系，提出幼儿保育教育不仅能够培养未来国家的建设者和接班人，还能够作为宣传工具。许多海内外民主人士参观中国共产党领导下的幼儿保育教育，给予了很高的评价和肯定，打破了共产党不要老人和儿童的谣言，得到了许多海外社会人士的支持，募集到了资金。在幼儿保育教育实践中不断批判和纠正错误观点，全党上下统一思想，把幼儿保育教育作为抗战建国中工作中的重要一环。并且在人民群众中积极宣传，让广大工农群众切实感受到兴办和接受幼儿保育教育的重要性，动员他们积极参与办学。正是由于中国共产党重视幼儿保育教育，各幼儿保育教育机构才会获得人民和政府的帮助、社会的支持，并在学前教师的不懈努力下，在艰苦的条件中取得巨大成绩。（三）将幼儿保育教育作为党的事业的重要组成部分重视幼儿保育教育，并把它纳入党的发展规划中，与党的战略保持同频，是中国共产党幼儿保育教育在革命战争时期能够不断发展的一个重要原因。人民教育各个时期的中心任务，必须以共产党在各个时期的中心任务为转移。这是各级各类教育都必须遵循的基本规律，也是共产党兴办人民教育事业的优良传统和成功经验。幼儿保育教育的发展密切联系人民的生活。革命战争时期的幼儿保育教育在保证儿童全面发展和教育的同时减轻妇女照顾孩子的负担，给广大妇女积极参加生产、国家、经济、文化及社会政治生活提供了可能。一方面，将兴办各种类型的幼儿保育教育机构、开展儿童公育作为党的重要工作之一；另一方面根据党的纲领制定幼儿保育教育的目标和内容，提出忽视儿童的幼儿保育教育，就等于是等抗战建国的怠工。中国共产党深刻认识到幼儿保育教育和革命战争之间的关系，提出幼儿保育教育不仅能够培养未来国家的建设者和接班人，还能够作为宣传工具。许多海内外民主人士参观中国共产党领导下的幼儿保育教育，给予了很高的评价和肯定，打破了共产党不要老人和儿童的谣言，得到了许多海外社会人士的支持，募集到了资金。在幼儿保育教育实践中不断批判和纠正错误观点，全党上下统一思想，把幼儿保育教育作为抗战建国中工作中的重要一环。并且在人民群众中积极宣传，让广大工农群众切实感受到兴办和接受幼儿保育教育的重要性，动员他们积极参与办学。正是由于中国共产党重视幼儿保育教育，各幼儿保育教育机构才会获得人民和政府的帮助、社会的支持，并在学前教师的不懈努力下，在艰苦的条件中取得巨大成绩。（四）将法规政策作为幼儿保育教育发展的制度保障为了保证幼儿保育教育沿着正确方向规范发展，中国共产党十分重视幼儿保育教育方针的制定和幼儿保育教育的立法工作。各革命根据地根据党提出的幼儿保育教育总任务和总方针，结合自身实际和各方面建设的需要与要求制定符合本地区的幼儿保育教育政策和方针。为了落实和贯彻教育总方针，中国共产党制定一系列幼儿保育教育政策，发布命令、指示和决定，作为推动幼儿保育教育发展的有力的措施。从一开始提出建立学期教育机构，如 1927 年颁布的《江西省革命委员会行动纲领》、1931 年颁布的《中国苏维埃共和国劳动法》等。再到进一步的强调幼儿保育教育的内容学制以及办学内容，如 1931 年颁布的《湘鄂赣省工农兵苏维埃第一次代表大会文化问题决议案》、1932 年颁布的《学制与实施目前最低限度的普通教育》等，其中 1934 年颁布的《托儿所组织条例》被称作是红色政权下第一个幼儿保育教育文献，对幼儿保育教育的目的、儿童的入园条件、托儿所的教师以及各种设施设置、监督工作等都做了比较详细的论述。1941 年先后颁布的《陕甘宁边区机关托儿所章程》和《关于保育儿童的决定》，为幼儿保育教育机构的工作开展提供了依循，保证幼儿保育教育更加规范的发展。还特别强调儿童的权利和地位，如 1939 年颁布的《陕甘宁边区抗战时期施政纲领》、1942 年颁布的《关于保育儿童、保护产妇各项待遇》和晋冀鲁豫边区 1948 年颁布的《婴儿保育、产妇保健暂行办法》以及 1946 年颁布的《关于儿童工作决议》等，都提出禁止对虐待儿童，并且对儿童进行公育，保障他们的健康成长。总之，中国共产党幼儿保育教育虽然刚起步，在艰难地条件下也始终强调规范发展。在中国共产党的领导下，幼儿保育教育的政策不断发展，这其中除了卫生保健工作外，还有关于儿童教养、保育员管理等相关的规章制度，使得革命战争时期的幼儿保育教育工作有法可依。在中国共产党的领导下，幼儿保育教育才能够做到全心全意为人民服务，办好人民满意的幼儿保育教育。由于幼儿保育教育本身所具有的独一无二的重要价值，所以应从法律角度来予以保障，让幼儿保育教育“有法所依”。通过立法作为幼儿保育教育发展的动力和保障，对幼儿保育教育的质量有重要意义，依法治教是幼儿保育教育发展的客观要求。建国以后，凭借着革命战争时期的幼儿保育教育经验，我国幼儿保育教育逐步走向法制化，关于幼儿保育教育发展规划性的法规明显增多，更加注重于儿童身心发展规律及对儿童的保护。在此背景下，幼儿保育教育根本法的制定显得尤为重要。注重调研、与实际相结合是我们党的传统，在幼儿保育教育立法的过程中，也要利用这一优势。对实地考察和调研中所出现的实际问题进行研究，出台相关政策法规，不仅让幼儿保育教育立法有据可依，还可以使实际问题的的解决方法有法可依。在党和政府制定的总的政策法规下，各地政府再根据本地区实际情况制定更加细化、符合实际需要的政策和方案，提高其现实性和可行性。新时代幼儿保育教育应该在中国共产党的领导下，各级各类政府机构相互配合，共同实施，促进幼儿保育教育的发展。三、以人民为中心是中国共产党幼儿保育教育的价值所在人民立场是中国共产党的根本政治立场。革命战争时期，中国共产党开展的幼儿保育教育立足于服务人民的生活，为培养健康、合格的建设者和接班人，解除前方战士、后方干部和广大劳动妇女的后顾之忧，运用群众的力量来解决他们自己的问题。这就明确了中国共产党幼儿保育教育的根本价值是以人民为中心，即发展幼儿保育教育一切为了群众，一切依靠群众。(一) 提高人民群众对幼儿保育教育的科学认识“群众是真正的英雄”，群众的认识和心态影响成果和效率。中国共产党坚持到农村中、到群众中去宣传儿童保育对抗战建国的重要性以及科学的保育方法，充分发动了群众，根据自愿的原则和实际需要来兴办各种形式的教育机构，并给予指导和补助，提高了广大群众的积极性，推动幼儿保育教育事业迅速发展。1934 年 3 月 15 日，江西省教育部提出不仅使群众了解劳动互助社与妇女参加生产的意义，还将全村全向的男女老幼参加到生产战线上来，同时为儿童创造了一个安全、良好的成长环境。1942 年，我们党要求各地区要迅速成立保育委员会，加强宣传教育，使保育工作深入农村，并定期开会研究保育问题，组织儿童健康比赛等。儿童保育院内部还设立研究部门，专门研究保育工作之责，特别注意儿童的饮食卫生、衣物用具、生活习惯及教育玩具等，并将结果随时宣告社会。除此之外，中国共产党还大力开展群众保育工作，宣传科学的接生方法，编发妇婴卫生、儿童保育须知小册子，各县设保育干事，加强农村保育工作。在医院中设立儿童保健科，使儿童卫生得到保障，并鼓励医生出诊看病，示范保育常识，推广到群众中去。还聘请负有保育工作经验的人和儿科医生到各县乡村进行视察宣传，对人民传播儿童健康环境卫生疾病预防等具体知识，或推动妇女团体组织，推广儿童卫生教育与抗战保育意义等的宣传，和实际需要配合起来。（二）幼儿保育教育的开展要“从群众中来”“凡是需要群众参加的工作，如果没有群众的自觉和资源，就会流于徒有形式而失败”。中国共产党充分意识到了群众的巨大能量，提出要放手发动群众，充分发挥群众兴办幼儿保育教育的积极性和主动性，因时因地因人制宜，灵活多样的发展幼儿保育教育。根据革命战争时期农村革命根据地的现实条件和特点，我们党提出了艰苦奋斗、勤俭办所、民办公助的办园方针。一方面，一切为了群众，幼儿保育教育机构的工作人员都是由群众选举的，“对于看护人的选择，要注意他们在群众中的信仰，而且年纪要大一些，不得人信仰的或者年纪轻的，群众都不肯把小孩子送来”。如下州区下州村设置的两个托儿所的保教人员都是由群众选举的，并且按照政府的规定给予优待。另一方面，一切依靠群众，托儿所的用具都是依靠群众的力量购置的，只有在特殊情况下，政府才会给予补贴，如许多玩具都是由群众募集给小孩子们玩要的。在工农群众的帮助，托儿所不但逐渐普遍的建立起来，而且慢慢的改良、进步，对于改善劳动妇女和儿童的生活、增加生产以及对革命战争都有重要的意义。（三）幼儿保育教育的落实要“到群众中去”革命战争时期，中国共产党幼儿保育教育是为了服务于广大妇女和前线战士，为了免除他们的后顾之忧，放手参与革命战争和社会生产建设，幼儿保育教育不仅惠及干部子女，还惠及了工农大众。一方面，不断推进幼儿保育教育深入人民群众，“推广民间的保育事业”，力求用科学的理论以及实际行动，揭穿封建迷信，促进妇女身体健康民族后代婴儿健康，以达到人才两旺，国富民强。另一方面，让家长参与到幼儿保育教育中，提出只有幼儿保育教育机构和家庭教育目的、内容、方法要求一致，互相支持密切配合才能达到理想的教育成果。《托儿所组织条例》中就提出，政府要经常检查托儿所的工作，并且每月都要召开家长会议，要让他们提出对幼儿保育教育的意见。幼儿保育教育机构定期向家长报告，招开“母亲会”“恳亲会”，听取意见和批评，还组织家长参观，交流育儿经验，宣传教育的重要性及科学教育的内容方法。进入新时代后，党中央更加坚持以人民为中心发展幼儿保育教育，强调要办好人民满意的幼儿保育教育，不断加强人民对幼儿保育教育的获得感和满足感。党的十九大报告进一步指出，要想办好幼儿保育教育，就要将公平而有质量的幼儿保育教育作为我国幼儿保育教育当下以及未来的一段时间内的主要目标。首先，要推进幼儿保育教育公平理念，以政府为主导，并向农村偏远地区倾斜，将其作为推进幼儿保育教育公平的着力点；其次，坚持优先原则，采取多重政策保障弱势儿童接受幼儿保育教育的权利，如大力举办公立幼儿保育教育机构或根据各地区实际情况，建立免费幼儿保育教育政策等；最后，为提高幼儿保育教育质量，一方面要提高学前教师的准入制度，通过高质量的学前教师提升幼儿保育教育质量；

另一方面加强监督和管理，及时对幼儿保育教育的方方面面进行评估，促进弱势儿童的发展，以确保每个儿童都能公平的接受有质量的幼儿保育教育。幼儿保育教育的发展要更加优质和普惠，确保所有儿童有一个公平和平等的机会，不让一个儿童落后，为在 2035 年建立覆盖城乡，布局合理的幼儿保育教育公共服务体系打下基础。四、学前教师队伍是中国共产党幼儿保育教育的不竭动力高水平的学前教师造就高质量的幼儿保育教育。学前教师队伍是幼儿保育教育变革的核心力量，能够保障幼儿保育教育公平，提高幼儿保育教育质量。②革命战争时期，中国共产党对学前教师的关心和培养，是幼儿保育教育工作取得成效的重要原因。革命战争时期，幼儿保育教育得以快速发展，取得令人瞩目的成绩，关键在于中国共产党意识到了学前教师的作用，提出幼儿保育教育以及儿童发展的好坏，中心一环是教师。在党的教育下，深刻领悟和贯彻“孩子是革命的后代”这一理念，凭借高度的革命责任心和自我牺牲精神，战胜一切预料不到的困难、排除一切预料不到的危险，为保障儿童的生命健康，无私奉献，战胜了传染病、敌人的枪炮以及物资匮乏等困难和危险。最终培养了一支党性觉悟高、专业技能强、甘于和勇于奉献的保教队伍。不仅为新中国儿童保育事业打下了初步基础，还培养了一批农村妇女成为幼儿保育教育事业的干部。（一）提升保育教师的思想政治觉悟毛泽东强调：“掌握思想教育，是团结全党进行伟大政治斗争的中心环节。”1941 年《延安的保育工作》中总结道：边区的物质条件是困难的，但由于保教人员对保育革命后代有深刻的认识与高度的热诚，因而在工作中积极努力，冲过了各种障碍，给保育工作打下了初步基础，并取得一定的成绩。②由于历史条件的限制，当时对保教人员的文化程度并不提要求，多数保育员是拥护中国共产党的农民。为了革命战争的胜利，我们党决定大量的吸收知识分子参加中国共产党领导下的各类工作。全面抗日战争时期，几十万知识分子从沦陷区和国统区进入延安和各个敌后抗日根据地。为了更多的知识分子参加革命根据地的教育工作，1940 年颁布了《关于开展抗日民主地区国民教育的知识》，团结更多的知识分子为抗日教育事业服务。随着革命根据地的儿童数量不断增加，工作人员也随之扩增，为加强保育院的工作，调来一批年轻的知识分子、干部，这些知识分子和原有的保教人员结合后，彼此之间取长补短，互相学习。有许多知识分子参与幼儿保育教育工作中，但是一开始他们只是服从组织勉强工作，不是在思想上心悦诚服的，造成了工作进行十分困难。根据党的要求，结合革命战争、土改和三查的实际作为教育资源对他们进行思想政治教育，使他们的政治觉悟大大提升，尤其是在整风运动以后，逐渐克服了这种错误思想，大家认识到保育工作是革命工作的一部分，对孩子的负责就是对革命负责，思想上做好了准备，工作上也有了进步。1940 年中共中央通过一个专门保护母亲儿童的决定，提出解决保育儿童问题，使工作人员安心与革命工作，是中国共产党员应当担负的责任。《决定》要求首先要在党内进行教育工作，提倡爱护母亲与保育儿童，批评和纠正一些同志中对这一工作的轻视或漠不关心的态度。经过中共中央妇委和边区许多机关以及首长们的宣传解释说服的结果，从前在大城市受过高等教育的妇女，甚至娇生惯养的年轻女性也都愿意到保育院去做教师了，甚至还有学政治经济的大学生以及留学生主动申请担任保育院内的工作人员。1945 年 5 月，全面抗日战争已转入全面反攻时期，由于保育员人数不足，还吸收了一些革命意志坚定，富有奉献精神的男青年同志，主动承担了一切较为繁重的体力劳动，减轻了女同志的辛苦。（二）培养保育教师的专业技能随着经验的增加，我们党逐步认识到，儿童保育工作的好坏，是和保育员有很大的关系的，保育人员的思想认识、工作态度、保育技术高低以及对孩子的热爱程度，直接影响儿童生理和心理发育，但是因为环境的关系，又处在偏僻的农村，只能聘请一些些农村妇女来作为保育员，她们大部分识字不多。因为不了解保育工作的重要意义，所以最开始她们很不安心保育工作，所以必须重视对她们的教育，不仅要从技术上，还要从政治上加强教育，提高她们的积极性和责任心。1938 年，我们党提出要“为适应着以专门的儿童保育工作的需要，保育院内附设保姆训练班”。1941 年 8 月 25 日，陕甘宁民政厅主办的保育训练班开课，经过培训，一批妇婴卫生和保育工作的干部走上工作岗位，不仅推动了农村妇婴卫生工作，还对儿童卫生教育以及抗战保育意义等科学的保育工作进行大力宣传。1946 年，为进一步总结十年来保育工作经验，研究国内外的保育理论，统一保育领导机关，中央妇委成立了儿童保育委员会，进一步推动了各解放区幼儿保育教育的发展。由于条件限制，无法通过组织大规模的脱产培训来提高幼教人员的专业素质，各根据地主要采取了集中培训、在岗业务学习等方式提高保育人员的素养，在岗培训，边干边学是主要途径和办法。例如，洛杉矶幼儿园提出要在工作中来教育她们，使她们思想发生转变、认识工作的重要性，看到该工作的前途，主要分为：思想教育、文化教育和技术教育，并在实地中作中来学习。专业知识和业务能力方面，主要是通过集体研讨、互相交流以及对工作中的经验教训的总结来提高相关知识。思想意识方面，各级领导注意从政治的高度提高其对幼教工作意义的认识，帮助保育人员提高认识，将幼教工作看作是一种革命工作，而不是雇佣工作、慈善工作。这一系列的措施，使得许多妇女逐渐认识到保育儿童不仅仅是从敌人的炮火下抢救儿童，而是直接参加抗战建国的实际工作之一，所以她们积极参加这个工作，负起了保育儿童的责任。正是对保育员的重视以及培养，才会为打造一支钢铁般的保教队伍奠定了基础，也为孩子们的健康发展提供了保障。（三）提高保育教师的地位和待遇保育教师队伍的高质量是保证幼儿保育教育高质量和可持续发展的关键，而保育教师作为培养儿童的主力军，社会地位和身份认同影响着其工作热情以及职业认同感，从而影响着保育教师队伍的建设。正是深知幼儿保育教育对革命的重要性，中国共产党不仅对幼儿保育教育事业高度重视，还对幼儿保育教育以及工作人员给予关心和良好的福利待遇，这也正是大量知识分子自愿投入幼儿保育教育事业的重要原因之一。为了提高保育教师工作的积极性，使他们能够安心工作，我们党发布了一系列条例和决定提高他们的政治地位和经济待遇，“使其政治的、经济的待遇不仅与大家一样，而且还要提高。”为提高教师的积极性，我们党从物质和政治两个方面提高待遇。物质上，教师的待遇比一般工作人员优厚，而且还有津贴制度，根据工作年限的长短给与相应的物质补贴，还规定了有关保姆的待遇，每月发放津贴且随着工龄的增长而增加，还发放衣物，在职夜班的时候发夜餐费和伙食费，许多机关工作人员津贴取消之后，教师依旧保留。政治待遇上，保证教师与其他机关公务人员地位平等，在历年评选模范工作中，保育院还产生了劳动英雄和模范工作者。由于承担着“培育革命后代”的艰巨任务，所以保育教师受到各方重视，同其他从业人员一样受到党的关怀社会的尊崇。边区主席林伯渠称赞其“于培养民族优秀后代是有极大贡献的”，所以应给与相当的待遇。1944 年的文教代表大会上，被评为先进的人里有 14 名是学前教师。1946 年儿童节，陕甘宁边区第一保育院评选了 13 名模范保育工作者，边区妇联送奖金十五万元。1946 年的三八节大会上，林伯渠指出“保证从事保育工作的保姆，工作人员，其政治和经济的待遇不仅与大家一样，而且还要高”。教师大计，师德为本。十九大报告指出要加强师德师风建设，培养高素质教师队伍，倡导全社会尊师重教。幼儿保育教师对儿童有很强的“示范性”，对儿童的心理发展和个性形成由潜移默化的并且使长期的影响。同时，儿童又具有“向师性”，喜欢模仿教师的一言一行。保育教师只有在思想上树立“以德为先”的理念，才能全面贯彻“立德树人”的任务。首先，提高保育教师的理论修养和政治觉悟。政治觉悟的提高有助于将学习动机转为内部动力支持，理论的提高有助于对幼儿保育教育理论内涵和意义更深入的理解，二者相结合能更好地将学习到的理论内化为自己的理想和信念，内化为自己的专业理念和师德。其次，建立师德监督长效机制。开展多渠道的外部监督机制的同时发挥革命战争时期的“自我批评”精神，开展保育教师自身的自律和自省，并构建合理、多元化的师德评价标准。另一方面，明确保育教师的身份地位，同时提高他们的待遇，保障其基本权益，才能调动他们的从业积极性。首先，为了增加保育教师的职业认同感和自豪感，就必须用立法的形式保护其身份和地位，只有基本权益得到了保障，他们才能安心从教，也有助于促进我国幼儿保育教育事业的发展。其次，保障保育教师的合法权益。除了对保育教师在工资、医疗、生育、养老等待遇上作出明确规定外，对职后培训也要做出规定。职后培训是提升保育教师自身专业素养和从业技能的重要手段，是与时俱进，掌握先进教学资源和科学教学方法的有效途径。这些措施都有助于稳定保育教师队伍。最后，要扩大幼儿保育教育编制。长期以来，非在编的保育教师一直是边缘群体。扩大编制，除了可以平衡师资外，还能减少学前教师的流动性，增加教师数量，减少师幼比。低师幼比代表着儿童能够得到更加频繁、有效的互动，对儿童的发展有着积极作用。因此，一方面要以习近平新时代中国特色社会主义思想为指导将“以德为先”贯穿保育教师教育过程的始终，不断提升其工作能力；另一方面明确保育教师的身份地位，同时提高他们的待遇，保障其基本权益，使幼儿保育教育教师能够获得社会的普遍重视与尊重，从而调动他们的从业积极性。

第二节　国外幼儿保育专业教学发展经验借鉴

幼儿保育专业教育教学之所以获得广泛普遍关注，大概与以下两个方面因素有关：首先，是对幼儿保育教育价值有了更深刻的理解。其次，是对幼儿保育教育不足有深入了解。从全球范围来看，幼儿保育教育被视为不同国家教育体系和系统中最为薄弱的一个部分，亟待进行改进、增强与优化等。因此，如何能在扩大覆盖面同时提高品质，成为国际社会推动幼儿保育发展的关键焦点。

一、基于教育立法的幼儿保育教育质量提高的建议

从总体来看，世界各国以不同的方式提高了对幼儿保育专业的教学质量，并在寻求一种共通的方法，通过强化相关政策规定提供保障措施，从而改善幼儿的成长环境。比如，约在 2012 年，澳大利亚制定“早期教育国家质量框架”，并把其列入国家的法定制度中，其基本目标是“提升全国范围内早期教育的质量，并促进早期服务体系的连贯与持续改进”。美国与幼儿保育教育的相关法律法规同样经历了类似的变化过程。譬如 1921 年的《母子法》、20 世纪 30 年代的《联邦紧急救济法》、1940 年的《兰汉姆法案》、1981 年的《启蒙法》、1994 年的《2000 年目标：美国教育法》、1990 年的《儿童保育与发展整体拨款法》、2000 年的《早期学习机会法》、2002 年的《不让一个儿童掉队法》和 2003 年的《入学准备法》等反映了美国幼儿保育教育法律法规的历史发展脉络并构成了该国有关幼儿保育教育的完整法律法规体系，保障了其幼儿保育教育的基本质量。日本的幼儿保育教育主要由幼儿园和保育所两种机构来实施，该国针对不同的幼教机构制定了相应的法律。譬如，幼儿园所依据的是《学校教育法》《幼儿园设置基准》等一系列法律规定；保育所所依据的是《儿童福利法》《儿童福利设施设置基准》等一系列法律规定。与此同时，为

了规范和保证幼儿园教育的质量，日本文部省还制定了《幼儿园教育要领》以及与之配套的《幼儿园教育指导资料》和《幼儿园指导书》等。20世纪90年代以后，日本幼儿保育教育出现了“幼保一体化”的趋势，为此该国政府又专门制定了《关于今后支援育儿措施的基本方针》和《关于推进有关学前儿童的教育、保育等提供综合性的法律》等，形成和完善了有关幼儿保育教育的法律体系，促进了幼儿保育教育的质量。在英国，为了进一步规范办学，提高保教水平，确保儿童在早期阶段的安全健康及学习发展，该国政府于2008年9月颁布了面向0~5岁儿童的《早期奠基阶段教育指导纲要》，并对该纲要进行了修订和完善，于2012年正式开始实施。总而言之，各个地方都在积极努力致力于建立健全适合幼儿保育教育的政策规划，几乎每次幼儿保育教育的重大变革都能够以教育立法的形式固定下来，并依法保障了幼儿保育教育的质量。

二、基于幼儿教师专业化发展的幼儿保育教育质量提高的建议

鉴于幼儿身体及心理的发展尚处于初级阶段，他们的依附程度相对较高且比中学生的独立性和大学生的自主能力都更为显著，这是因为他们在发展的过程中对于老师的需求更高，并且老师在这个过程中的影响力也变得越来越明显。这也意味着需要为这些孩子提供高质量的服务以满足这种日益增长的需求，并对老师们提出更多的期望，即具备较高的素养并在专业的道路上不断提升自身的能力和水准。世界各国的人们已经意识到这一点的重要性，并将这个目标作为第一要素。比如，英国开展了“有效幼儿保育教育研究项目”，这一项目的重要发现是，“教师的教学水平与幼儿保育教育机构的教育效果呈现显著正相关，幼儿保育机构管理者的学历程度对幼儿保育教育机构的教育质量具有重要影响”等。根据这一结论，除了鼓励幼儿保育教师们继续深造外，还需要获得相关的从业执照，以便更好地履行职责且能够熟练运用关于如何照顾好孩子的基本技巧，比如怎样引导孩子参与到各种活动中，或者怎么样才能让孩子保持良好的生活习惯等。此外，为了进一步强化工作效果，该国政府颁布了包括早期教育职业证书培训计划、幼儿教师计划和幼儿教育专家计划，以期能使更多优秀的年轻人在此领域里得到更好的锻炼，从而培养出一支优秀人才。对于幼儿保育教师及其培育的重要性，日本亦密切关注。日本在相关的法律法规里清晰阐述了幼儿保育教师的角色和职责，强制幼儿保育教师必须具备相匹配的教育资质且拥有高水平的专业技能，同时也将“了解儿童，协助他们增进经历”视为提升幼儿保育老师专业化的关键指标。此外，日本也对幼儿保育教师的训练方式和教学内容做了详尽且实际可行的规范。在美国，因为幼儿园和小学教师的薪资偏低，只有那些排名靠后的高中生才会选择学习幼儿保育专业，这导致了起点过低的教师招聘和培养直接影响到美国幼儿保育

教育的品质提升。为了解决这个问题，美国政府非常看重教师素养在提高幼儿保育教育质量上的重要性。因此，美国政府实施了一系列举措以增强幼儿教师的能力：首先，赋予幼儿保育教师与中小学校教师相同的地位，明确定义了幼儿保育教师的工作性质，并利用政策确保他们的薪酬福利；其次，通过提供稳定的教育资金及其他专门基金等手段，强化了幼儿保育教师的持续教育；再次，通过减少或免除学费的方式激励优秀的学生加入幼儿保育教师行业；最后，鼓励有丰富经验的杰出教师带领和指导新手教师，并对这些导师额外支付补贴等。总的来说，提升幼儿保育教师的学历和专业能力，以及提高他们的培训质量，是全球各国保障幼儿保育教育质量的一种普遍做法。

三、基于课程设置与教学内容改革的幼儿保育教育质量提高的建议

如何利用特定的教导方式和课程安排推动儿童的健康成长，是影响幼儿保育教育教学的重要因素之一。为了确保幼儿保育教育的高品质，需要创建多元化的教材资源并构建合理且科学的课程框架。这已然为全球范围内提升幼儿保育教育水平的一项普遍特征和趋势。例如，依据儿童身体和心理的发展特性，法国在幼稚园阶段设立了包括语言、共融环境、探索世界、体能锻炼和艺术创作五大模块，这些模块不是按照传统学科划分，而是依照主题分类的方式设计课程内容。此外，他们特别注重孩子的个性化学习模式而不是系统地知识传授。同样，在美国，由于各个州对于幼儿保育的内容和方法存在较大的差异，导致无法保证幼儿保育教育质量，因此，从 20 世纪 80 年代开始推行“全国课程标准化行动”，旨在设定一致的教育准则、课程计划和评估制度。虽然公众对此持有不同的看法，但是这种规定确实有助于实现幼儿保育教育课程的标准化，从而提高了整体教育水准。然而，需要注意的是，美国的幼儿保育课程并不是固定不变的，它采用了“全国标准”和“地方标准”相结合的形式，一方面体现了美国教育的地方自治特色，另一方面也避免了一刀切的标准可能带来的一些负面效应。近年来，美国的目标在于提升幼儿保育教学品质及其全球竞争能力，他们特别关注到对教材教法的研究上，实施了一系列策略：首先，强化早期的读写能力和算术技能的学习重要度；其次，通过改良课纲来体现其全面性和多元化的特性；再者，深化对于幼儿保育教师培训的内容要求，确保它们能适应孩子和社会的需求变化；最后，重视利用当地的社会资源去丰富教师们的授课素材等等。与此相反，日本则是基于如《幼儿园教育指南》之类的文件作为基础框架，确定出五个关键领域的具体操作方法（包括身体保健和人与人之间的交往方式），并且鼓励各学校可以依照这些标准自行设计适合自己学校的特色教程或主题项目。此外指出“应充分考虑孩子的成长阶段特征”，还要考虑每个机构自身的文化和地理位置因素，确定他们的学习计划，以此保证优

质、针对性的课堂实践得以顺利开展。

四、基于教育督导与评估的幼儿保育教育质量提高的建议

构建并完善幼儿保育的管理组织是全球各地确保幼儿保育专业教学质量的关键措施之一。各个国家都重视提高孩子的幼儿保育并对其实施严格监督评价制度的原因在于：首先，这能给决策层提供了具体的数字数据，作为参考来制订相关的教育策略；其次，有助于约束学校经营者的运营活动及其老师的授课行动；再次，能让公众了解所有类型的早教中心的具体情况以维护他们的权益。因此，许多国家和地区都在积极推行各种形式多样化的监管工作，以便更好地推动孩子们园内学习的标准化进程。比如，美国政府就设立了一个名为“首脑初始知识咨询小组”的新部门，加强中央政府对于幼儿保育工作的全面指导。这个组织的核心任务就是提升公众特别是公职人员对于幼儿保育教育的重大影响及其价值的理解；指导美国的幼儿保育事业的发展，设计联邦层面的幼儿保育教育计划以及各个州的教育方案的品质；增强联邦政府与州政府之间的协作配合，也强调联邦政府在美国各地幼儿教育进步中的作用；提出有效的策略来规划政府资金投入和社会资源利用；进一步深化对国家和地区项目的评测和宣传工作。作为美国最顶尖的幼儿保育教育管理的领导者，它负责全面监控和评估美国的幼儿教育水平。此外，美国还在其幼儿教育质量检测过程中构建了一个责任机制。具体的措施包括设立州级的责任制度、学区的责任制度、学校的责任制度以及班组的责任制度，以此保证幼儿教育的质量。澳洲在幼儿教育质量测评和监察方面的实践也有独到之处，2012 年，他们发布了名为《幼儿教育和儿童护理的国家质量框架》的文件。这份文件包含了《国家教育和儿童护理法》和《国家教育和儿童护理条例》《国家质量标准》评估和评价系统、各州和地区的监管部门以及国家级的监管部门等等。标志着澳洲已经建立了一个新的儿童护理教育的质量保证系统，并在联邦层面上进行了合作，这包括联邦政府与各种学术机构的研究工作，以促进对幼儿保育教育质量的评估。这些举措构成了一个全面且实用的儿童护理教育监控和评估制度，从而确保了幼儿保育教育质量的提升有赖于组织、监管和政策的支持。

五、基于幼儿保育教育科研的幼儿保育教育质量提高的建议

对于推动幼儿保育教育的发展来说，科研活动起到了关键性的引导作用。全球各地都普遍采用一种独特的策略：利用科学研究来驱动幼儿保育教育的创新和品质提升。观察到不同国家的幼儿保育教育科研工作，在推动幼儿保育教育改革和提升质量方面的主要贡献包括：首先，他们提供了关于幼儿保育教育新观念和国际上幼儿保育教育改革进展的信

息，这些信息可以被视为该国内部幼儿保育教育改革和进步的参考；其次，分享针对孩子身体心理成长特性和规律的最前沿研究结果，这有助于建立该国内部的幼儿保育教育政策基础；再次，深入分析了该国内部幼儿保育教育现况及其所面临的问题，并提出了改善和优化的方法、路径和措施；最后，他们还支持政府分配幼儿保育教育资金和执行特定于幼儿保育教育的项目等工作。然而，全球范围内幼儿保育教育科研工作的分布并不均衡。近年来，美国政府持续发布了一系列法律法规，详细阐述了其对于美国幼儿保育科研中政府角色、资金支持、组织结构和责任分配、科研品质监控、普及和实际应用等方面的具体要求，这对于提升美国幼教科研的水准，确保幼儿保育教育的质量，推进幼儿保育教育行业的前进具有关键性的影响。在美国幼儿保育科研领域，主要进行了如下几项工作：首先是设立了一个专属于幼儿保育科研的教育部门；其次是明晰了各层级政府在幼儿保育科研过程中的义务和使命；再次是以法规形式确立了幼儿保育科研结果的使用权限；最后是在部分学校特设了以幼教科研为主导的“儿童发育实验室”等设施。同样地，英国也非常看重幼教科研的重要性，并且为了这个目的特别启动了名为“有效早期教育研究”（EPPE）的项目。这项计划的研究和执行不仅为英国关于幼儿保育科研的相关政策和法律提供了解决方案，同时还积极推动着英国幼儿保育教育行业的进步和素质的提升等。

六、基于补偿教育和均衡化发展的幼儿保育教育质量提高的建议

为了提升幼儿保育的教育品质，必须确保所有的孩子都能获得优质的幼儿保育教育。目前，国际上评价幼儿保育教育的标准不仅包含“流程”和“架构”两个维度，更重要的是关注那些享受优秀幼儿保育的孩子的数量及其占比。在普及幼儿保育教育基础上实现高质量发展，已然成了全球各国家推动幼儿保育教育发展的核心策略和价值观所在。因此，对于弱势群体的孩子来说，早期补救教育和平衡性的成长自然成为提高幼儿保育教育水平的关键因素。在这一问题上，各个国家和地区均已经采取了一系列行动：首先，对处于劣势地位的孩子们、偏远的社区里的孩子以及少数族群的孩子们进行了早期的弥补式教育。从全球的角度出发，早期补救教育一直以来都是伴随着民权运动的崛起、平等教育观念的大众推广以及教育民主化的快速推进密切相关的。自二十世纪中后期开始，美国的早期补救教育便聚焦于为贫困家庭的孩子提供支持，其中最著名的项目如黑人儿童补偿方案、高瞻远瞩计划、智力开发计划、免费午餐计划、双语教学计划、残疾人补偿计划等等；此外，美国奥巴马政府也制定并且优化了一些特定的政策来援助生活困难的家庭和孩子，比如推行“加强计划”等。这些努力无疑有助于改善困境中的孩子们的学习和生活状况，同时也提高了整个国家的幼儿教育水准。然而，全球有部分国家和区域也推行无偿幼

儿园服务及教学活动（例如：美洲的国家像美国的纽约州；欧洲的一些发达国度比如英国的爱丁堡市），以此确保贫困家庭的孩子能够享有平等且公正的教育机会。其次，推动对特定族群孩子们的早期二元文化学习项目的发展与实践。澳洲是一种经典的范例——早在20世纪80年代末期就已经开始推广早期的多元文化和第二外语的学习课程。最后就是积极推进幼教资源分配更加合理化的行动措施。许多国家的做法是在法律层面明确规定强调中央或地方行政部门对于扶持困难家庭的义务责任感，同时还采取了一系列具体举措来调整资金投入的比例方向，以便更偏向于那些较为落后或者人口稀少的地区的孩子们，使他们享受优质而全面的基础教育教学环境和服务质量提升方案。

七、基于建立高水平幼教机构的幼儿保育教育质量提高的建议

毫无疑问的是，高水平幼教机构的幼儿保育中心对于提升孩子们的学习品质有着至关重要的作用。此外，许多国家的政策也强调建立优秀的、高标准化的幼儿教育设施来保证孩子们的高质量成长环境。例如，英国“有效的幼儿保育教育”的研究深入探讨了教育机构的素质如何影响孩子的发展，其结果显示：“当幼儿园的教育质量得到提高后，六岁的孩子在语言和数学方面的测试分数会明显上升，并且他们更容易适应小学生活，减少不良的行为习惯”；另外，这个项目的目标是详细分析优质学校的特性，包括那些能够实现“保育”与“教育”相结合的全面保护措施的幼儿园。

幼儿园和学前班是品质最优的选择，他们共享着诸如“优秀的管理人员、高质量的教育团队、和谐的校园环境与家庭社区间的密切联系”等共同特性。美国为确保幼稚园教育的优质度，设立了严苛的对幼稚园教育设施评级体系、标准和流程，同时提升了进入市场的要求。

八、基于稳定经费投入的幼儿保育教育质量提高的建议

建立起多元的幼儿园基金制度体系等方式方法以此推动高质量的基础设施建设从而提升整体水平。各国之所以保障幼儿保育教育的财政投入，一方面固然是基于对幼儿保育教育重要性和薄弱性的认识，另一方面还基于对幼儿保育教育投入效益的认识。如1999年经济合作与发展组织（OECD）在会议报告中就指出“儿童早期教育与保育：从投资中获益最多的教育阶段”。在这方面，各国主要采取了以下措施：一是在国家层面上通过教育立法来保障对幼儿保育教育的财政投入。如美国联邦政府就通过颁布《儿童保育与发展固定拨款法》《早期学习机会法》《提前开始法》和《不让一个儿童落后法》等法律法规保障了国家对幼儿保育教育事业的投入。二是，进行补偿性幼儿保育教育的专项财政投入。

比如美国、英国、埃及和印度等国家在幼儿保育教育政府财政投入中有意识向处境不利儿童、家庭贫困儿童和边远少数民族地区儿童倾斜，促进了教育公平和幼儿保育教育的均衡发展。三是国家实施大型的幼儿保育教育专项项目。如美国针对家庭低收入和处境不利儿童实施的《提前开端法案》，英国实施的“确保开端项目”和印度实施的“儿童综合发展服务项目”等就属于此类范畴。四是建立起多元的幼儿保育基金制度体系，推动高质量的基础设施建设从而提升整体水平。

第五章 幼儿保育专业教学的发展建议

对于幼儿保育的专门人才而言，其整体素质提升至关重要，而综合能力的培养依赖于实际且多样的实践场景实现。根据 2012 年《教育部等部门关于进一步加强中职学校实践育人工作的若干意见》提到“教育是实践育人的主要形式之一”。伴随着中国幼儿保育行业的前进步伐，强调教育的重要性，提高幼儿保育专业的学生们的实践技能及职业发展的能力已经成为一种必然趋势。作为一名幼儿老师，他们不仅需要教授五大学科内容，还需要承担起双语授课与传承文化给儿童的重要任务，这为中等职业学校幼儿保育专业的教育系统建设带来了更严峻的挑战。

第一节　树立科学的幼儿保育人才培养理念

认识上的变革被视为现阶段中等职业学校幼儿保育专业教育改革和进步的核心要素。教育目标应符合专门的人才培育目标，建立教育目标体系需要重视培养幼儿保育教师的实践能力与其综合素质。教育并不仅仅是简单的知识传递，强调了学生作为主动的学习参与者，针对特定的教育实践难题与现象，验证已学的理论知识，并且持续优化和修正自己的知识架构。经过累积深厚的教育经历，塑造出个人独特的观点。教育不仅仅是复制和吸收，更重要的是探索和创新。教育的终极目的是强化和深化幼儿保育专业学生的专业知识与专业技能，推动他们产生怀疑的精神和创新性的思考方式，使其最终成为反思性实践者，从而让他们能有效处理复杂的问题。

中职学校的幼儿保育的主要责任是培育及输出能适应各种工作环境、教育教学、管理和产品开发的高素质幼儿教育人才，因此，需要基于反思性的实践理念审视我们的人才培养方式，强调实践能力的提升，明确幼儿保育人才培养目标，保证学生在实践学习过程中获得独立执行教学工作的技能。首先，要深入理解国家幼儿保育政策与文件，融合自身专业的培养方向，设定合适的教育目标框架。其次，必须积极地参与社会的互动交流，深度接触市场，寻求专家意见，实现产业-学术-科研三方联合，掌握社会对儿童护理教育工作者具体要求的信息，并将这些信息融入我们的教育目标之中，使之符合现实的需求。同时，我们将进一步完善教育目标的内容，将其划分为每个学期的各个主题，以便让学生有条理地逐步推进他们的教育进程，增强实践经验积累。

第二节　优化幼儿保育专业教学的内容

一、优化教育教学内容

教育内容的适当规划对实现教育培训的目标至关重要。唯有提升地方适用的教学内容并增强其文化的兼容性，强化本土幼儿保育教育资源开发，才可能保证中等职业学校幼儿保育专业教育质量。因此，中职学校幼儿保育教育专业教育内容体系应立足于幼儿保育教育人才培养的特点和幼儿保育发展趋势，关注学生的综合能力提高，明确各个教学阶段的功能、内部关联及其逻辑结构，并在该专业课程设置中注入独特的文化元素。通过有效地建立中等职业学校幼儿保育专业教育内容体系，确保学生能获得完整的系统化的专业实践学习。

教育的理念强调实操性和实用性，应该强化课程中的教育元素与其现实生活中的应用之间的关联。随着高等教育的大众化趋势，地区经济发展形态的多样性和利益方体的多维度，使得人才的需求也随之丰富。当前，幼儿保育市场的潜力尚未被充分挖掘，这意味着早教领域的专业人才是必需的。据此，中等职业院校不能仅凭单一的方式来培训能够满足市场需要的幼儿保育教师。为了适应这一情况，中等职业学院应当聚焦于幼儿园和其他相关的行业的具体需求，把更多关于家庭协作、教育教学研讨会、社区参与等相关主题融入课程设置中。还需从真实的教学环境出发，面对各种复杂的教育挑战和状况，采用小团队讨论、实地考察等方式，让教学相长成为可能，鼓励学生将所学的理论知识转化成科学技能，使被动的学习转变为积极的学习，从而促进创新型实践教育的发展。通过此类方式，我们可以借助中等职业院校幼儿保育专业的教育改革及优化，更有效地满足社会和行业对幼儿人才的期望。

二、运用虚拟技术手段

教师最好的成长方式就是在教学现场获得发展。如何为学生提供充足、丰富并且有针对性的实践内容，成为中职学校幼儿保育专业教育体系构建中亟待解决的问题。有效的教育实践，能够为学生获取知识后的进一步加工和交流提供良好的条件和环境，为学生创造丰富真实的情境和氛围，为学生反思教育实践、发展创造性思维提供空间。因此，基于多媒体计算机技术、仿真技术和人工智能技术基础的虚拟现实（VIRTUAL REALITY，VR）技术为中职学校幼儿保育专业开展教育提供了技术支持。虚拟现实技术在教育实践领域所具有的构想与交互性、重复性、自由性和真实性等特征，为提高教育效果提供了平台。一方面，虚拟现实技术的引入可以引起学生的学习兴趣，让学生有身临其境的感觉和体验；另一方面，虚拟现实技术可以最大限度还原真实的幼儿园等幼教机构，帮助学生以正常人的视角和比例进入虚拟实践场景，感知虚拟实践场景的情境细节，在人机交互中进行实践训练。虚拟现实技术的多样性为不同类型的幼儿保育教育内容提供了多种选择，能够极大地丰富当前有限的教学环境，使学生得到更为全面的训练。

教师最佳的发展途径是在课堂里不断进步并提升自我能力。然而，怎样能给孩子们带来丰富的且富有针对性实操经验呢？这成为中等职业院校幼儿保育专业教育的关键问题所在。有效率的教育活动不仅能让学习者对所学知识点加深理解并在实际操作中有更好的应用机会，为学生营造出一种真实而又充满活力的气氛，激发学生的思考力和创新精神。因此，借助现代信息科技如电脑模拟系统或 AI 智能设备的基础之上建立起来的虚幻世界——即“虚拟现实”（简称：VR）已经逐渐被运用到中职学校幼儿保育专业教育中，这种新型的技术手段具备想象力强、可反复练习、高度逼真的特点，使得它能在很大程度上提高了学生的参与感，从而也增强中职幼儿保育专业学生的独立意识与动手能力。其一，借助虚拟技术可以激发中职学生的学习激情，可以让学生有身临其境的感觉和体验。其二，虚拟实技术可以高度还原真实的幼儿园等幼教机构，帮助学生以正常人的视角和比例进入虚拟实践场景，感知虚拟实践场景的情境细节，在人机交互中完成实践训练。虚拟现实技术的多样性为不同类型的幼儿保育教育内容提供了多种选择，能够极大地丰富当前有限的教学环境，使学生得到更为全面的训练。

三、改进教育实施过程

当新手教师面临实际教育教学环境中的诸多挑战时，他们的信心、教导技能及教学成果可能会受到严重的影响，从而对他们的职业决策和专业进步，造成不利后果。然而，倘若这些困难难以避免，我们应尽力提供他们在入职前的培训机会，让他们有更多的时间去观察幼儿园的一线工作情况、参加实习或实地考察等活动，以便更好地了解实际情况并找出自己的缺陷所在，才能保证教育质量。为了实现这一目标，可以构建一套基于课堂实践、扩展至课外的实践经验、主要关注教育实践的社会实践相结合的“四个一”的教育内容架构，以此来提升学生的跨学科技能应用水平，助力他们成功步入职场，同时促进他们养成独立思考和创新发展的习惯，为他们的专业成长打下坚实的基础。

唯有在教育环境实际中积累经验，才能提升学生的职业技能及教育素质。面对实习训练的时间不够长且内容实施不彻底的问题，可以效仿其他中等职业技术学院优秀做法。比如在美国等发达国家的教育体系中，普遍使用的是年度制的实习方式。美国的师范生教师专业发展的学科在学校里的实习期可达一整年，而德国则实行两年制的教育实习计划。为了确保教育部门、中等职业技术院校和实训基地都履行职责，优化监管机制，可以采取增加教育实习时长的方式，把集中的实习分散到各学期来执行，以强化教育的具体内容。这种逐步推进的方法能使得专业的理论课和专业课紧密融合在一起，让学生能在“学习—实践—再次学习—再次实践”的专业成长过程当中，达到“边学习边实践，边实践边学习”的目标。有助于学生更深入地了解幼儿教育单位的工作情况，从而显著提升幼儿保育专业学生教育理念水平和教育指导技巧，防止他们陷入理论知识和教育实践分离的“两个世界”，推动幼儿保育专业学生在知识、教学和研究方面取得全方位的发展。

第三节　完善幼儿保育专业教学的管理机制

教育活动的顺利执行需要教育机构和职业学校的配合，同时也需要依托于实践基地的支持。只有持续强化义务，增强解决问题所需的协同力量，促进各方之间的深度互动与对话，建立有效的管理协作体系，才能够使各部门充分履行其职能，优化整体计划、组织实施、协调发展及监管评估，确保实际效果。

幼儿保育专业的发展是长远发展的必由之路，教育行政部门需要制定出合适的战略规划并且加强对该领域的监控和指导。可以借鉴国外如何增强社会的责任感以保护教育品质的方法，通过明晰界定政府责任、构建有效的督察系统来进一步改善优化幼儿保育发展运行方式。比如在美国，政府就利用了宏观控制的方式推动各部门之间的协作，使政府在幼儿保育方面的作用更加明显，也确保了各级政府继续增加对幼儿保育教育的投资力度，这些都为我们更好地推进幼儿保育提供了一些启示和参考价值。教育行政部门作为当地幼儿保育实践工作的一分子，必须承担起整体规划、整合各种关系的角色，同时也负责资金的管理。中央及地方级别的政府可以建立专设机构或分配专门人员，制定关于幼儿保育教育质量监察、评估和保障的规定，确保幼儿保育教育能够高效运转。此外，中等职业学校应该发挥自身的主动性和创造力，积极筹划和组织，改革管理策略，健全管理体制。而教育基地则需调整观念，执行相关实习政策，全力支持项目建设，为学生们提供多元化的工作场所，充分展示自己的能力。中等职业学校和幼儿园应当加深多种形式的合作，履行每个部门、所有级别领导以及职业学院和基地老师在教学上的义务和责任，进而提高管理的效率。需要尽快优化教育规划的条款，确保教育环节的组织和执行得当，并设定负责教育任务的各个部门和人员的职责分配和管理机制，同时也需要对实训室、实习基地等教育基地的建设和管理进行规定。

与此同时，由于现有的教育评估系统不够完善，譬如其评估标准并不完整，评估范围过于狭窄，仅由单个主体或目标参与评判等问题，导致学生及老师无法准确了解教学状况，也无法对自身的教学行为进行自我反省。为了解决这类问题，亟须借鉴优秀范例来深入研究如何优化评估方式、评估内容与评估工具，发现现有系统的缺陷并提供相应的改善方案，以此建立起多元化的全角度教育评估系统，通过多个层次和多种视点收集评估信息，以充分利用评估功能。从教育行政部门到中职学校到幼教机构应出台相关政策，设立专门的教育监督团队，确保实际操作步骤得到执行。

首先，从评价指标与内容方面，需要强化制度构建及监管措施。在美国，对于实际操作能力的关注度极高，其评价模式从注重基础知识和学识结果转向更看重学生的实践应用能力和理论运用程度，也会考虑他们与孩子之间的互动和个人化的教学引导。因此，在衡量学生的基础知识和基础技巧的使用时，也必须考虑到他们在专业的态度、感情和才能进行综合评分。为了让教育评估更加有针对性且实用，应设定详细的标准并使用全方位的考查指标。此外，我们要充分利用总结性的评估，需注意到持续性和诊断性的评估，结合观察、问答、访问和文件夹等多种手段公正而全面地评估学生的实践效果。根据人文主义的学习理念，应该鼓励学生自我反省和调节学习的进度。在课程启动前，老师需要了解学生的知识储备、技能水平和情绪状态，以确保教育的有效实施。

其次，从评价方法方面，结合终结性评价、成性评价和诊断性评价，及时跟踪学生知识和技能的获得状况，协助学生回顾自身的学业历程，确定进步的目标和策略。综合运用观察、提问、访谈、档案袋等方式客观全面地评价学生的实践成效。人本主义学习理论提倡要进行意义学习，使得中等职业学校的幼儿保育专业教学的专业评估更为科学、人性化和标准化。因此，在课程启动前，老师需要了解学生的知识储备、技能水平和情绪状态，以确保教育的有效实施。在具体开展过程中，教师当及时跟踪学生知识和技能的获得状况，协助学生回顾自身的学业历程，确定进步的目标和策略。此外，我们也应该邀请更多外部机构，例如雇主和社会团体的加入，以便更深入地了解中等职业学校的幼儿保育专业的教育质量。最后，需要关注评估目标，即加强实践课的学习、提升教师实践辅导的能力和职责，并设定严格的评估标准。譬如，可以增加那些积极投入教育且成绩显著的老师的奖金，可以激发他们的同事们更加努力。另外，对于老师们的职位升迁、工资待遇等问题，可以实施具体的、实际可行的好处措施，比如设计出一种能使教育质量与教师的工作负荷、年度绩效考评、职称评选等相关联的规定，以此来设立一套有效的奖罚体系，真正保护好教师的利益，增强他们实践辅导的能力，从而进一步完善中等职业学校的学前教育专业的评估系统。

第四节　加大教育资源保障力度

一、推进专业教师培养

教学素养是教师在职业教育的执行过程中所展现出的教学理解方式，涵盖了准确识别问题、选取高效手段与策略、实施相应的专门行动及自我反省等技能。因此，提高专业教师的教学素养是培养专业教师的关键，而加强专业教师师资队伍建设是提高中职学校幼儿保育教育专业教育质量的关键。为了提高学生的实践能力，保证教育质量，必须全面提高指导教师的教学素养，加强专业教师师资队伍建设。

中职学校应落实政策，明确岗位，加强管理，保障经费。一方面，学校人事部门要根据教育的目标和要求，制定具体的师资队伍建设计划，重点加强对现有师资培养方向和培养方法的研究。如鼓励高职称、高学历的教师每年有一定的时间从事教育工作，参与实训室建设，并将其在教育和实训室建设中取得的成果作为教师工作考核的内容之一；鼓励教师定期深入到幼教一线挂职锻炼，参与科研和课程开发，运用最前沿的教育技术，进行社会调查研究，获得对教育理论的深刻理解和对幼儿教育客观规律的正确认识；通过考取相关职业资格证书等，不断提高教师的实践指导能力和水平。另一方面，从幼儿园高薪聘请教育经验丰富的幼儿园教师作为兼职教师定期到中职学校做讲座、指导活动开展、指导毕业论文撰写等，组建一支以专职为主、专兼职结合的教育师资队伍。此外，中职学校可通过与师资力量强的中职学校定点合作，定期对教师进行专业技能培训，不断提高教师的理论水平和教育技能。同时，教育主管部门和中职学校应完善人才引进工作机制，引进一批理论素养高、实践能力强的专业教师，通过待遇留人、环境留人、事业留人，确保人才能够留得下、靠得住，为幼儿保育教育事业的发展提供强有力的人才支撑。

总之，应通过内部培养和外部引进，落实政策，逐步建设一支结构合理、人员稳定、既懂专业理论又懂专业实践、教学效果好的专业教师师资队伍，形成学生、幼教机构教师和中职学校教师三方的专业发展共同体，建立共同成长的长效机制。

二、完善经费保障机制

教育的实施需要充足的教育基金作为基础，应当执行一种偏向于教育的投资策略，并在总体数量上增加中职学校幼儿保育教育专业教育建设费用。坚持把专项资金用于指定用途，给政府资助设立法律保护，加强对财务管理的监督和控制，以便实现财政资金的实际应用和高效运用，从而使中职学校幼儿保育专业能够顺利运行。另外，一方面，在寻求政府支持时，学校也应该积极地与外部机构保持联系，最大化利用校园内部的资源，向外界提供知识和服务，努力寻找与社会的合作机会，获得来自外部的援助。为了创建稳定且持续的产学研协作关系，可以从多个方面来筹集足够的资金，扩大资金来源途径。鼓励高校企业共同打造实习训练基地，以此来解决购买高级教具所需的资金问题，为我们改善教育环境创造良好的物质条件。另一方面，还需提高校园内部的管理水平，减少实践活动的开支。应当合理分配人力、物资和经济资源，不断提升校园内部的教育设施、设备、技术、书籍和网络等资源的质量，以提高其使用效果，确保能满足教育教学需求。

三、完善实践基地建设

对于中等职业技术学校中的幼儿保育教育专业的学生来说，实践场地是他们掌握职业技巧的关键所在。为了提升他们的培训品质，学校需要为他们提供充分的硬件支持，其中包含了校园内的实习区域和外部的实践地点。

首先，要优化学校的实验环境，打造出功能齐备的钢琴练习室、舞厅、手工艺品制造实验室、蒙特梭利教学空间、感觉综合训练中心、奥尔夫音乐课堂、小规模演播室、儿童行为观测室、幼儿园活动区域等等，以指导他们在逼真的场景里把所学的理论知识转变为能满足工作需求的专业技能。努力使校园内部的实习条件尽可能地贴近实际的工作环境，并创建一种模拟或者完全真实的现场学习氛围和实习场馆。由于全国各地对幼儿教育的热情高涨，这个专业的招收人数正在快速增长因此，学校必须立即加强财政投入，确保有足够的资金来维持各种实验室内相关设备的完整，与此同时，设立专门的管理人员负责各个实验室的使用登记、卫生清理和定期设备维修等相关事务，以便让学生们可以充裕的时间去参加实习并且保持高效的学习效果。

其次，关于构建校外的实训场所的重要性。通过强化这些设施的发展能有效地提升学员的教育实战技能，使他们顺利过渡为职场人。与此同时，也能让职业学校根据幼儿保育的实际情况来优化或修订他们的教学计划以确保它们的内容符合行业的需要。当招生人数不断上升时，也需要扩展外部的培训场地覆盖面，包括但不限于早期儿童学习班、蒙特梭利教室及具有特殊语言能力的国际化的幼稚园等各类婴孩照顾和服务提供者的地方以此适应不同类型的学生的需求多样性的增长趋势。为了达成“互惠共享”的目标，可以寻求一些高质量且有影响力的幼儿保育培训机构成为我们的战略联盟成员，并且设立稳定的外部训练场所，以便更好地保持同这类学校的紧密关系，并对长期有效的协作模式做出明确规定。这样做不仅能够增强毕业生的工作机会，同时也解决了部分企业对学生招聘的要求。

四、加强沟通交流合作

培育幼儿保育教育专业学生有依赖于中等职业技术学校，但更重要的是借助教师教育的实际训练场所。这些训练场是培养幼儿保育教育专业学生实践能力的核心基础结构，应该增加投资、调整制度、强化管理以充分发挥他们在人才发展中的关键角色。为塑造满足幼儿保育教师岗位要求且具备相关领域知识的学生，必须考虑未来的教师可能的社会需求及个人计划，搭建地区、中等职业技术学校与行业的共融办学教学模式。首先，改进校园内的训练场地装备。要求合理分配资源，系统规划，新增实用实验教室，保证学生在学校就能初步理解幼儿保育专业，并且学习到一些教学技巧。其次，最大限度地运用现有设备，提升它们的效用。再次，由于外部训练场的广泛利用可以增强学生的操作经验和自我反省的能力，因此它们能在中等职业技术学校达到培养高质量幼儿教育专才的目的。为了健全幼儿教师实践教育的发展框架，搭建中等职业技术学校-幼儿培训机构两方联合的教育实践创新平台，推动中等职业技术学校和幼儿培训机构双方深入而广泛地协作，打造一系列幼儿保育教育专业师范生实习示范区、幼儿老师轮岗培训示范区以及教师自主研究示范区等多项服务职能一体的示范性教育基地。因此，需要建立中等职业学校和行业的协同发展体系，以确保人才培养的高质量，并充分利用示范性教育基地的服务功能和影响力。

为激发基地对中职学校教育的投入热情，稳固两者间的紧密协作联系，中职学校不仅需要为实践基地分配工作任务，还需提供学术研究的支持。通过结合自身的师资力量及科学研究实力，中职学校可以充分运用幼儿园的一线教育实践优势，形成互利共赢的关系。譬如，中职学校幼儿保育专家和学者可以通过他们的丰富科研经历，协助或领导幼儿园的教育研究项目，从而提高幼儿保育的理论研究素养；同时，他们还可以创建一支包括来自中职学校和实践基地的专家、教研精英和优秀教师组成的“名家”团队，助力实践基地打造独特的校园文化，推动幼儿园的校本课程研发。这种融合有助于深化教育教学改革，构建中等职业学校与实践基地之间的互动学习平台，进而提升实践基地的科研能力和持续发展的潜力，让实践基地变成中等职业学校教育活动的有力合作者。

第五节　激发保育专业学生学习的积极性和主动性

一、突出对学生“能力本位”的培养

“能力本位”教育的核心目标在于把传统的职业教育转变为素质教育，建立融合理论与实际操作的学习理念，强调学生作为主导者的角色，强化对学生能力的培育工作，鼓励学生积极地探寻新领域与有关问题解决方法，最大限度激发学生的主观能动性。在《教师教育课程标准（试行）》中，规定“教师是反思性实践者”“引导未来教师创新教育教学模式，形成个人的教学风格和实践智慧”。职前教师教育固需要关注基础技巧的熟练运用，更重要的是要有自省的态度、批判质疑的意识、自主学习的技能和终身学习的意识。中等职业学校幼儿保育专业学生作为一个具有自身经验和信念的教育初学者，其不是被动接受信息浇灌的“容器”。在整个教育过程中，需要注意教育情景的变化性与复杂性，也要考虑到每个个体的不同特点和他自身的内在诉求变化情况。因此，中等职业技术学校必须秉持以生为本，由传统的教师教授为核心转向以学生学习，全面考虑中职学生的自我差异，推动中职学生发挥自身主体作用，进一步规范与引导职前教师的专业发展、职业进步。

二、加强对学生“专业信念”的培养

实践教育的文化核心阐述了实践教育文化育人的突出价值，这主要体现如何培育幼儿保育专业教师的职业角色——通过深入了解教师专业身份并激起他们对于职业角色的感情，从而推动建立职业认同感。打造一位具备高度素养与强大能力的幼儿教师，必须拥有坚定的职业信仰。专业信念的培养仅依赖于理论学习来实现这一目标是不够的，实际操作中的经验积累更为关键。因此，中等职业技术学校应积极把握教育的每一个机会，提升学生的工作职责意识，深化他们的职业观念，矫正职业心态，指引职业精神，以增大幼儿保育学生在持续发展过程中的内在驱动和实践智慧。譬如，在学校外的实践活动中，可以通过名人访谈、同龄辅导等方式，邀请具有强烈的教育热情且富有教育情怀的幼儿保育专家及校友回校交流，使学生能够从聆听中学到热衷于幼儿保育工作的共同感受，进而增加他们对幼儿保育工作的喜爱程度和对待孩子们的责任感；还可以借助每个学期末的实习回

顾，鼓励学生讨论关于幼儿保育优势以及为何选择从事幼儿保育工作等问题，以此方式互相影响，进一步加强学生的职业归属感；还可以运用社区服务和社会研究活动，锻炼学生的研究技能和自我反省能力，指导他们对幼儿保育教师的职位做出公正合理的评估。通过培育幼儿保育专业学生的爱心、责任心以及职业心，激励他们产生对幼儿保育事业的热诚和执着。

第六节　实施幼儿保育专业项目化的课程改革

一、建设基于岗位任务的专业课程体系

为了确保教育策略的设计得以顺畅高效地执行，首先必须摒弃传统的专业科目式课程体系，根据现实的工作需求对各个专业的相关内容做出调整，将其打造成一套完整并且满足职场要求的项目导向式的授课框架。项目的重点已不再强调单一科目的知识点或基本原理的学习，反而更注重如何通过解决真实工作中遇到的问题，从而提升个人的实操能力和适应力。项目开发时应当遵循“目标行业出发设定方向—深入研究各类职位的具体职责—具备的核心竞争力要素—确定核心领域的训练—开发项目群—确定子项目”的顺序来进行。这种教学是基于建构主义学习理论，让学生作为中心位置，使学生能在模拟工作的情境中逐步积累起相关的概念理解和个人技巧水平。教师主要负责策划专题讨论会并在其中发挥引导作用，同时鼓励学生积极主动投入思考，并保持开放的创新思维，从而全面提高学生的整体业务素质。然而，值得注意的是推行项目教学法需关注以下几个方面：第一，要选择能直接反映日常作业场景的话题；第二，要把教材中的某章节的理论知识与实践技能相融合，第三，每位能够自己拟定详细的活动流程图表，允许学生具备一定程度的自主权；第四，对最终结果的要求应该是清晰明了，易懂好记；第五，项目任务要有一定的挑战，契合学生的最近发展区；第六，具备评价环节进行评价。

二、开发适合幼儿保育专业的校本教材

项目化课程的实施不仅需要实现各个学科的项目规划，也需要与其相匹配的教育资源作为项目的支持工具。然而，当前市场上的幼儿教育书籍尽管种类繁多，却很少有能够反映职业教育的特点，并适应中等职业技术学生的项目学习的实用书。因此，每个学校都需要契合学生需求和学校的实际情况的校本教材。在学校内部的专业老师应该全面研究现有

的教材优点和不足，遵循“理论知识足够使用，职位任务能胜任”的标准，把工作项目领域的主题融入每一本教材里。与此同时，应当邀请具有丰富实践经验的幼教或者早期儿童发展机构的专家加入教材审查小组，对初次编写的校本教材进行评估；教师根据指导意见进行修改，提高教材内容的针对性及服务的质量，确保教育的实施效果。唯有创建适用于自身的校本教材，才能让项目化的课程改革得以实行。此外，还应调整思维方式，确立课程、教材、教学服务于行业和就业导向的基本目标。

三、确定幼儿保育专业的人才培养目标

中职幼儿保育专业主要任务在于培养具有良好的人文精神和职业素养，具备较扎实的幼儿保健保育科学知识及幼儿教育理论知识，并能根据幼儿生理、心理发展特点及保育工作的要求，熟练掌握幼儿保育工作的各项技能，能在托幼园所、早教机构、社会福利及其他相关机构中，从事儿童基本生活照料、保健、自理能力培养和辅助教育工作的人员。为实现这一目标，应该对目前的课程结构进行调整，以此作为新的课程框架设立基础，也应采用此目标来评估新课程架构的有效性，确保培养目标的落实情况。另外，产教深度融合、校企深度合作被视为职业教育的发展趋势。换而言之，某职业院校的产教融合程度，很大程度上影响了它的存活和成长高度，实现产教融合，关键在于校企合作。我们要将推进产业教育结合视为中等职业技术学校幼儿保育专业的主要改革方向，旨在促进产业教育一体化及院校企业的相互合作，使企业的需求渗透到学生的培训过程中，使幼儿园、托儿所、早教机构等学前教育机构作为学生的主要就业单位。因此，需要全面掌握这些用人单位对于这类专业学生知识、技能方面的要求，并将他们作为制定相关课程的关键参考因素来确保我们的幼儿教育专业学生能够满足他们的工作岗位的能力需求。

四、坚持幼儿保育专业法规标准为依据

1.《幼儿园工作规程（修订）》的规定

《幼儿园工作规程（修订）》（以下简称《规程》）第四十二条规定：“幼儿园保育员应当具备高中毕业以上学历，受过幼儿保育职业培训”。而《规程》对于保育员岗位的工作职责也有明确的界定。（见表 5-1）

表 5-1　幼儿园保育员的主要职责

1. 负责本班房舍、设备、环境的清洁卫生和消毒工作；
2. 在教师指导下，科学照料和管理幼儿生活，并配合本班教师组织教育活动；
3. 在卫生保健人员和本班教师指导下，严格执行幼儿园安全、卫生保健制度；
4. 妥善保管幼儿衣物和本班的设备、用具。

基于《规程》对保育员的岗位工作职责要求，我们在进行专门化专业课程设计时，应全面涵盖卫生管理、生活管理、健康管理、配合教育四个部分。

2.《保育员国家职业技能标准》的规定

2019 年 3 月 26 日人力资源和社会保障部办公厅发布了新《保育员国家职业技能标准》（以下简称《标准》）。《标准》将保育员这一职业定义为：在托幼园所、社会福利及其他保育机构中，从事儿童基本生活照料、保健、自理能力培养和辅助教育工作的人员。并将这一职业分为初级、中级和高级三个等级，规定了不同等级的申报条件。根据《标准》，中职学前教育专业（保育方向）的学生可考取中级保育员资格证书。《标准》中明确了保育员需具备的职业道德，也强调了保育员需具备的基础知识，这也为我们设置“4+1”课程体系提供了基本依据。（见表 5-2）

表 5-2　《标准》中保育员需具备的基础知识

序号	内容
1	婴幼儿生理、心理教育基本知识
2	常见病及常见传染病基础知识
3	婴幼儿安全知识
4	婴幼儿营养学知识
5	婴幼儿发育行为知识
6	相关环境知识
7	相关法律法规知识

五、构建幼儿保育专业“4+1”课程体系

在深入调查国家、社会及行业对幼儿保育人才的培养需求进行充分调研后，立足产教融合背景下，通过研究中职生在行业对应实际工作岗位上的真实工作任务和工作过程，分析整理得出典型工作任务，归纳出中职生在行业对应工作岗位的行动领域，结合学校教学组织管理，形成学习领域，由此构建中职学前教育专业（保育方向）“4+1”课程体系，培养“高素质，善保育”的初级应用型学前教育机构保育员和家庭育婴员。

参考文献

著作类

[1] 列宁. 列宁论国民教育 [M]. 北京：人民教育出版社，1958.

[2] 毛泽东. 毛泽东同志论教育工作 [M]. 北京：人民教育出版社，1958.

[3] 习近平. 习近平谈治国理政 [M]. 北京：外文出版社，2014.

[4] 习近平. 在纪念马克思诞辰 200 周年大会上的讲话 [M]. 北京：人民出版社，2018.

[5] 贾珀尔·L. 鲁普纳林，詹姆斯·E. 约翰逊. 幼儿保育教育课程 [M]. 黄瑾，等译. 上海：华东师范大学出版社，2011.

[6] 珍妮特·冈萨雷斯-米纳，黛安娜·温德尔·埃尔. 婴幼儿及其照料者：尊重及回应式的保育和教育课程（第 8 版）[M]. 张和颐，张萌，译. 北京：商务印书馆，2016.

[7] 刘复兴. 教育政策的价值分析 [M]. 北京：教育科学出版社，2003.

[8] 刘立新，周凤华. 新职业教育：培养面向未来的人才 [M]. 北京：中国人民大学出版社，2019.

[9] 刘天娥. 学前教师教育课程设置研究 [M]. 武汉：武汉大学出版社，2017.

[10] 唐之享. 人本教育论 [M]. 北京：教育科学出版社. 2015.

[11] 徐国庆. 职业教育课程论 [M]. 第 2 版. 上海：华东师范大学出版社，2015.

[12] 徐红. 幼儿保育教育本科专业人才培养模式研究 [M]. 武汉：华中科技大学出版社，2016.

[13] 周兢. 国际幼儿保育教育政策比较研究 [M]. 上海：华东师范大学出版社，2012.

[14] 石伟平，徐国庆. 职业教育课程开发技术 [M]. 上海：上海教育出版社，2006：11.

期刊类

[1] Nakahara D. A Study on the Contents of Social Work for Nursery Teacher´s Training Course in Early Childhood Care and Education：The Viewpoint of " Social Work" in the Teacher Training Course [J]. Annual Bulletin of Osaka Junior College of Social Health & Welfare, 2011, (10)：91-100.

[2] Mubashar R. et al. Factors Affecting Teachers´ Practices in Implementation of Early Childhood Care and Education Curriculum in Public Schools [J]. Global Social Sciences Re-

view，2020，（1）：623-632.

［3］Susanne，G. A Content Analysis of Early Childhood Teachers’Theoretical and PracticalExperiences with Infants and Toddler in Australian Teacher Education Programs［J］. AustralianJournal of Teacher Education，2013：25-36.

［4］Eebid. Children’s experiences in the center based child care as a fuction of teacher based child care as a fuction of teacher background and adult：child ratio［J］. Mervill Palmer.

［5］Darling-Hammond，L.（2000）. How teacher education maters［J］. Journal of Teacher Education，51（3）.

［6］Education Commission of the States（ECS）：In pursuit of quality teaching：five key strategies for Policymakers，denver，ECS，2000.

［7］杨兴国，李丹. 基于“双证融通”应用型幼儿保育教育人才培养路径探析——以育婴师-学历证融通为例［J］. 教育理论与实践，2023，43（09）：22-25.

［8］孙志刚，李潇，张霞，肖夏，卢彦伊. 应用型幼儿保育教育专业实践能力培养模式研究［J］. 教育理论与实践，2023，43（06）：23-26.

［9］刘磊，高晓娜. 共同富裕视角下幼儿保育教育扩张与幼儿保育教育公平——基于CFPS2012-2018年数据的实证分析［J］. 教育发展研究，2022，42（24）：62-69.

［10］于洁，孙百才. 幼儿保育教育供给侧结构特征与策略研究——日本“家园共育”的经验与启示［J］. 教育学术月刊，2022（12）：48-56.

［11］黎勇. 主客位融合：我国农村幼儿保育教育发展的价值取向［J］. 幼儿保育教育研究，2022（12）：75-78.

［12］梁钊华，杨依德. 乡村振兴背景下西部农村幼儿保育教育可持续发展的路径与对策研究［J］. 农业经济问题，2022（11）：145.

［13］苏美兰. 加强幼儿园标准化建设促进幼儿保育教育发展及未来走向［J］. 中国教育学刊，2022（S1）：194-196.

［14］陈秋珠，王颖. 新制度主义视域下芬兰幼儿保育教育政策的多维价值与实践路径［J］. 华南师范大学学报（社会科学版），2022（05）：69-81+206.

［15］邰康锋，任江维. 高职教育“岗课赛证”融通教学改革的逻辑体系与实践策略——以幼儿保育教育专业为例［J］. 中国职业技术教育，2022（26）：41-45+59.

［16］陈蓉晖，赖晓倩. 我国农村幼儿保育教育资源配置及优化策略［J］. 东北师大学报（哲学社会科学版），2022（05）：156-164.

［17］蔡迎旗，王嘉逸. 可持续发展视角下区域幼儿保育教育环境承载力评价指标体系及

其测算［J］. 幼儿保育教育研究，2022（09）：62-74.
［18］魏勇刚，杨明月，雷雅娴，周巧，马一杰，李青龙. 我国学前融合教育师资队伍建设的实践样态与改善路径［J］. 幼儿保育教育研究，2022（08）：13-26.
［19］张锋利. 高职院校幼儿保育教育专业课程思政的途径探析——以运城幼儿师范高等专科学校为例［J］. 教育理论与实践，2022，42（21）：47-49.
［20］张升峰，荐秋. 初中起点本科层次幼儿保育教育师资培养模式探索［J］. 幼儿保育教育研究，2022（07）：91-94.
［21］姚敏. 共生理论视域下高职幼儿保育教育专业人才培养路径研究［J］. 教育理论与实践，2022，42（12）：24-27.
［22］唐松林，于小强，赵菲凡，周付军. 我国当代幼儿保育教育政策工具的内在图景及优化策略［J］. 当代教育论坛，2022（03）：29-38.
［23］李林慧，钱源伟. 基于 OBE 理念的幼儿保育教育专业实践课程重构［J］. 教育发展研究，2022，42（06）：24-30.
［24］陈冬梅，刘桂玲. 走向集群：幼儿保育教育专业课程体系建设的指向与路径［J］. 职教论坛，2021，37（09）：66-72.
［25］孙雪荧，李玲. 日本幼儿保育教育免费制度：背景、架构与问题［J］. 外国教育研究，2021，48（07）：101-111.
［26］曲春波. “课程思政”理念下的高等教育专业课教材设计的实践与思考——以幼儿保育教育专业为例［J］. 编辑学刊，2021（01）：108-111.
［27］霍利婷，崔占峰. 幼儿保育教育扩张与家庭教育投资的阶层差异演变——儿童及家庭平等化的双重视角［J］. 山西财经大学学报，2021，43（02）：29-42.
［28］白翠瑾，李哲，张茉，杨光，久能和夫. 幼儿体育师资培养国际案例对中国的启示［J］. 沈阳体育学院学报，2020，39（05）：32-39.
［29］李召存，王楠，徐昭媛. 我国幼儿保育教育史研究 70 年回顾与展望［J］. 幼儿保育教育研究，2020（04）：53-61.
［30］田景正，余冰杰. 幼儿保育教育投入与幼儿保育教育发展探析［J］. 河北师范大学学报（教育科学版），2020，22（02）：58-63.
［31］洪秀敏，赵尚艺. 西部地区幼儿保育教育发展的成效、瓶颈及对策——基于成都市第二期幼儿保育教育三年行动计划实施效果的调查［J］. 现代教育管理，2020（01）：70-77.
［32］梁慧娟. 改革开放 40 年我国幼儿保育教育事业发展的回望与前瞻［J］. 幼儿保育教

育研究，2019（01）：9-21.

[33] 李敏谊，郭宴欢，陈肖琪. 北欧国家幼儿教育和保育政策话语的新变迁［J］. 比较教育研究，2018，40（05）：89-97.

[34] 苗曼. 论幼儿保育教育的“学前性”［J］. 教育发展研究，2017，37（24）：38-42.

[35] 刘磊，毕钰. 英国近20年幼儿保育教育政策中的家庭视角解析［J］. 幼儿保育教育研究，2017（06）：3-12.

[36] 赵强. 澳大利亚幼儿教育与保育的政府干预研究［J］. 浙江师范大学学报（社会科学版），2017，42（02）：106-114.

[37] 胡福贞，覃莉，宋蓉. 当代发达国家幼儿保育教育保教政策演变及启示［J］. 教育科学，2016，32（06）：87-93.

[38] 李生兰. 美国幼儿保育教育机构对儿童进行反偏见教育及启示［J］. 外国教育研究，2016，43（08）：116-128.

[39] 吴小平，赵景辉. 加拿大幼儿保育教育政策：历史、经验与走向［J］. 外国教育研究，2015，42（04）：55-65.

[40] 王幡，白健，王建平. 日本幼儿保育教育中“幼小衔接”的实践与启示［J］. 浙江师范大学学报（社会科学版），2015，40（02）：80-85.

[41] 严冷，夏婧. 美国伊利诺伊州幼儿保育和教育投入政策分析及其启示［J］. 幼儿保育教育研究，2015（02）：15-21.

[42] 刘颖，冯晓霞. 澳大利亚幼儿保育政策的演变及启示［J］. 幼儿保育教育研究，2012（08）：11-18.

[43] 蔡迎旗，凯瑟琳·C. 斯尔科. 美国幼儿保育与教育中的政府职能［J］. 外国教育研究，2011，38（07）：40-44.

[44] 杨兴国，李丹. 基于“双证融通”应用型学前教育人才培养路径探析——以育婴师-学历证融通为例［J］. 教育理论与实践，2023，43（09）：22-25.

[45] 杜丽姣，边霞. 国际学前儿童艺术教育研究现状与特点——基于近十年国际权威学术期刊相关论文的文献分析［J］. 学前教育研究，2023（03）：1-15.

[46] 王秀萍，汤凤霞. 70年来我国学前教育课程改革的历史回顾与反思［J］. 上海教育科研，2019（12）：31-36.

[47] 赵东升，殷志竞. 高职学前教育专业师范生师德成长路径［J］. 中学政治教学参考，2019（33）：104.

[48] 张宁珊. 英国近二十年学前教育政策及其对我国的启示［J］. 外国中小学教育，

2019（11）：39-47+9.

［49］张霞，乜勇．芬兰早期儿童教育与保育政策的历史演进与现实启示［J］．当代青年研究，2023（05）：112-124.

电子文献类

［1］国务院办公厅．关于促进养老托育服务健康发展的意见［EB/OL］．（2020-12-31）［2021-11-22］．http：//www. xinhuanet. com/2020-12/31/c_ 1126934011. htm.

［2］国务院办公厅．关于促进3岁以下婴幼儿照护服务发展的指导意见［EB/OL］．（2019-05-09）［2021-11-22］．http：//www. gov. cn/zhengce/content/2019-05/09/ content_ 5389983. htm.

［3］教育部．中等职业学校专业教学标准［R］．（2017-08-26）［2021-12-27］．http：//www. moe. gov. cn/s78/A07/zcs_ ztzl/2017_ zt06/17zt06_ bznr/bznr_ zzjxbz/.

［4］教育部等九部门．职业教育提质培优行动计划（2020—2023年）［EB/OL］．（2020-09-29）［2021-11-22］．http：//www. moe. gov. cn/srcsite/A07/zcs_ zhgg/202009/t20200929_ 492299. html.

［5］教育部办公厅等十四部门．职业院校全面开展职业培训促进就业创业行动计划［EB/OL］．（2019-10-23）［2021-11-22］．http：//www. moe. gov. cn/srcsite/A07/zcs_ zhgg/ 201911/t20191118_ 408707. html.

［6］教育部．中华人民共和国职业教育法［EB/OL］．（2022-05-15）［2022-04-21］．http：// www. moe. gov. cn/jyb_ sjzl/sjzl_ zcfg/zcfg_ jyfl/202204/t20220421_ 620064. html.

［7］教育部，国家发展改革委，财政部．关于引导部分地方普通本科中职学校向应用型转变的指导意见［EB/OL］．（2015-10-23）［2021-12-05］．http：//www. moe. gov. cn/ srcsite/A03/moe_ 1892/moe_ 630/201511/t20151113_ 218942. html.

［8］教育部．中等职业学校幼儿保育教育专业教学标准（试行）［EB/OL］．http：//www. moe. gov. cn/s78/A07/zcs_ ztzl/2017_ zt06/17zt06_ bznr/bznr_ zzjxbz/zzjxbz_ jy/201708/P020170826637278386751. pdf.

［9］中共中央．关于制定国民经济和社会发展第十四个五年规划和二〇三五年远景目标的建议［EB/OL］．（2020-11-05）［2021-11-22］．http：//www. cidca. gov. cn/2020-11/05/ c_ 1210874463. htm.

［10］中共中央，国务院．深化新时代教育评价改革总体方案［EB/OL］．（2020-10-13）［2021-12-09］．http：//www. gov. cn/zhengce/2020-10/13/content 5551032. htm.

[11] 中共中央，国务院. 关于幼儿保育教育深化改革规范发展的若干意见 [EB/OL]. (2018-11-15) [2021-12-05]. http://www.gov.cn/zhengce/2018-11/15/content_5340776.htm.

[12] 中共中央 国务院关于全面深化新时代教师队伍建设改革的意见 [EB/OL]. (2018-01-20) [2022-02-05]. http://www.gov.cn/zhengce/2018-01/31/content_5262659.htm.

简致咨询组织发展
系列丛书

K·S 简致咨询
K·S CONSULTING

行动探询

适时转变领导力的秘诀

[美] 比尔·托伯特（Bill Torbert）
苏珊娜·库克-格鲁特（Susanne Cook-Greuter）
达尔曼·费雪（Dalmar Fisher）
埃里克·福尔德（Erica Foldy）
艾伦·高蒂尔（Alain Gauthier）
杰基·基利（Jackie Keeley）
戴维·鲁克（David Rooke）
莎拉·萝丝（Sara Ross）
凯瑟琳·罗伊斯（Catherine Royce）
珍妮·鲁道夫（Jenny Rudolph）
史蒂夫·泰勒（Steve Taylor）
玛丽安娜·特朗（Mariana Tran） 著

邝耀均 谢 丹 孙 茜 译
王小红 王 澜 审校

ACTION INQUIRY

The Secret of Timely and Transforming Leadership

電子工業出版社
Publishing House of Electronics Industry
北京·BEIJING

Action Inquiry: The Secret of Timely and Transforming Leadership by Bill Torbert
ISBN：978-1576752647

版权贸易合同登记号 图字：01-2017-2761

图书在版编目（CIP）数据

行动探询：适时转变领导力的秘诀 /（美）比尔•托伯特（Bill Torbert）等著；邝耀均，谢丹，孙茜译. —北京：电子工业出版社，2018.3

书名原文：Action Inquiry: The Secret of Timely and Transforming Leadership

ISBN 978-7-121-33756-7

Ⅰ. ①行… Ⅱ. ①比… ②邝… ③谢… ④孙… Ⅲ.①领导学 Ⅳ. ①C933

中国版本图书馆 CIP 数据核字(2018)第 036155 号

策划编辑：晋　晶
责任编辑：杨洪军
印　　刷：天津嘉恒印务有限公司
装　　订：天津嘉恒印务有限公司
出版发行：电子工业出版社
　　　　　北京市海淀区万寿路 173 信箱　邮编 100036
开　　本：787×1092　1/16　印张：15.75　字数：225 千字
版　　次：2018 年 3 月第 1 版
印　　次：2022 年 1 月第 10 次印刷
定　　价：79.00 元

凡所购买电子工业出版社图书有缺损问题，请向购买书店调换。若书店售缺，请与本社发行部联系，联系及邮购电话：（010）88254888，88258888。

质量投诉请发邮件至 zlts@phei.com.cn，盗版侵权举报请发邮件至 dbqq@phei.com.cn。

本书咨询联系方式：（010）88254199，sjb@phei.com.cn。

丛书序

致力于推动组织持续健康发展

组织在为社会提供产品和服务，以及提升人类福祉方面的重要性超过了大部分人的直观估计。在环境变迁、科技创新、全球化等不断深化发展的今天，组织的形态和运作方式在某些方面已经和过去迥然不同了，有些组织短暂辉煌然后烟消云散，有些则遭遇危机却又重获新生。是什么给这些组织带来了命运的差异呢？没有一个简单的答案对应上述问题。在很大程度上，在组织有效性上表现越好的组织，就越有机会赢得生存并在竞争中脱颖而出。关于推动组织的发展方面，虽然各种跨学科的研究和实践层出不穷，其核心关切的议题主要是：如何推动组织变革以适应组织内外环境的需要，保持并持续提升组织的有效性和健康程度。

作为一家以推动组织持续健康发展为使命的专业咨询机构，简致咨询一直在寻找有效推动组织发展的关键所在。而国内外无数的学者和实践者为我们带来了诸多启示，这方面，我们特别关注的是组织发展（Organization Development，OD）这个兼具研究和实践双重属性的领域。组织发展以其博大的跨学科视角，胸怀跨域研究和实践的宏愿，在实用工具、模型和方法上研究和实践的严谨精深，深深地打动了我们。我们也高度认同组织发展之父库尔特·勒温（Kurt Lewin）为代表的学者和实践者所强调的基本价值观和协作性的咨询模式。

我们还可以罗列出一大群学者和实践者给我们的启示。例如，克里斯·阿吉里斯(Chris Argyris)提出的兼具学术严谨性和实践指导性的诸多理论，理查德·哈克曼（Richard Hackman）进行的大量实证研究和发现，乃至于奥托·夏莫(C. Otto Scharmer)等更新一代的实践者给我们以全新的视角来审视世界，通过U型过程，学会与知识和灵感最深层的源泉建立联结，让我们学会感知正在生成的未来……

在此，我们仅提及了众多思想巨人中的极少数，还有更多并未列名。站在所有这些思想巨人的肩膀上，为了让更多的中国实践者能够做到既有正确的、深入的理论认知，又可在实务操作领域掌握必备的技能，我们认识到自己必须深刻理解经典的组织发展知识以建构自身的系统认知，并学习具体而有效的教练/引导技巧，以掌握引发深度对话（探询）并推动组织系统在不同层面产生变革的实务技能。因此，我们致力于构建一个兼具理论高度而又具备实操指引的系列丛书，帮助所有对组织持续健康发展感兴趣的领导者和致力于推动组织发展的专业人士掌握扎实的理论知识和实用的工作技巧。因受制于时间与版权限制，未能穷尽该领域之经典，以下概括性地介绍我们去芜存菁后选入的几本专业书籍。

《NTL 组织发展与变革手册》（The NTL Handbook of Organization Development and Change）

简介：组织发展（Organization Development，OD）领域最权威的机构当属美国的 NTL（National Training Lab），由组织发展领域的泰斗库尔特•勒温创立，该手册凝聚了 NTL 数十年研究和实践精髓，提供了组织发展的核心理念、整体框架和具体的干预指导，堪称组织发展领域的“圣经”，是组织发展顾问、引导师等专业人士的必读书籍以及组织内的 HR、高层领导者的有益读物。

《IAF 群体引导手册》（IAF Handbook of Group Facilitation）

简介：IAF（International Association of Facilitation）是引导（Facilitation）领域最权威的国际机构，其编制的手册内容来自 50 位全球顶尖的从业者和学者的研究与实践，涵盖了引导领域必须了解的所有关键信息，堪称引导领域的“圣经”。在组织发展领域，尤其是全系统的变革活动中，涉及广泛的引导活动，从设计到实施，是组织发展领域极其重要的实务技能。作为组织发展实践者，理应掌握扎实的引导能力。

《行动探询》(Action Inquiry)

简介:《行动探询》由比尔·托伯特(Bill Torbert)所著，他开创性地探讨如何在行动当下实现根本性转型(Transformation)的方式，并详细列举了七种典型的行动逻辑类型。《行动探询》为我们理解个体领导力和个人、群体、组织的转型性变革提供了重要的理论依据和实务操作指南。

《引导型教练》(Facilitative Coaching)

简介:《引导型教练》将引导和教练进行了深度融合，使个人教练(Individual Coaching)的过程更加透明和多元化。《引导型教练》是一本个人教练方面的独特工具书，可以在组织发展的过程中，尤其是涉及阻力的变革活动时，帮助改善组织中的个人心智和思维，调整其能量状态，促进个人实现深层次的学习转变。

我们致力于为读者提供高质量的译本，对于专业术语的多种译法，我们倾向于沿用同系列书籍中的既定用词以创建读者的一致理解。此系列丛书能够呈现在读者面前，除了译审团队的不懈努力之外，还有赖于电子工业出版社编辑的专业指导和支持，以及简致咨询研究团队的鼎力相助。

译审过程中，我们常常为原著者博大精微的思考所震撼。带着对原著的敬重和对读者的负责，我们常常纠结于如何将这些模型、原则和技巧等极具实用意义的知识用恰当的中文语言表述出来。囿于时间和专业经验上的不足，本系列译著在译审过程中难免有错漏和不足之处。若应用的过程中存在疑惑或发现译本存在错漏，欢迎随时联系译审团队，使我们可以共同探索真理之所在，同时强化实务操作的技能，一起学习，共同进步！

简致咨询

中文版序

对年已75岁的我而言，在《行动探询》这本书英文版面世已十几年，继被翻译成俄语和日语之后，如今又将走向更为众多的中国读者之时，实在是令人欢欣的一刻。

事实上，相对美国读者而言，中国读者可能对“行动探询”更为熟悉，因为在中国哲学和中国式的实践行为中它有着深厚的根基。也许到了下一代，就真正的AI（行动探询）和适时的转型领导力行动，美国人将要从中国寻求指导和启发。也许中美双方都会逐渐认识到，真正的AI（行动探询）比另一种AI（人工智能）值得付出更多的探询和努力。

《行动探询》其实深受老子《道德经》的精髓和太极拳练习的影响。早在我20多岁，就开始接触《道德经》和太极拳了，并对它们进行了研究。那时我还远未首创出“行动探询”这个概念——现在还在尝试着的一种领导、聆听（以及教学和写作）的方法。有人甚至会说，行动探询就是一种组织层面的会谈式太极拳，有益于商务谈判、家庭矛盾、政治策略和亲密友谊的双向非暴力转变。

就像整个太极圆形标志，它包含了对立元素的相互作用和结合——阴阳、春秋、黑白和进退。同样在行动探询中，对立的探询（冥想/研究）和行动（生产/工作）在人们每一刻的互动中乃至这一生中都在慢慢相互补足。

借助探询，领导者和顾问寻求在行动的涡流中培养一种沉默的警觉，正如《道德经》中所说的：

不言之教，无为之益。

天下希及之。

领导者和顾问会积极地解开矛盾情绪和意义的死结，过程如此之自然合理，以至于没人察觉到局势已经悄然发生了转变。或者，就如《道德经》中所说：

古之善为士者，

为妙选通，深不可识。

夫唯不可识，故强为之容：

豫焉，若冬涉川，

犹兮，若畏四邻，

……

孰能晦以理之徐明？

孰能浊以静之徐清

对行动探询的探索及发展的初次尝试

自大学毕业后的50多年来，我一直试着学习如何在与家人、朋友的日常生活及工作中更频繁地实践行动探询。（我总是标榜自己会采用这种行动中的探询，但偶尔才会为之，当我似乎完全忘记自己的这个承诺时，他们中很多人都乐意为我指出来。）

当然，早在1965年我大学刚毕业时，“行动探询”这个术语还并不存在。在21岁时，我只知道，作为一个深切关注人类探询能力且具备质疑精神的理想主义者，我开始进入行动的世界了，在这个“现实”的世界中仅仅探询是不足以生存的。我最好要了解切实可行的含义——采用何种方式来有效行使权力，要能识别并引导现有的权力结构，甚至偶尔能转换这些权力结构以提升人类的生产性、繁荣、公正和永续性。我最好要学会的不仅仅是理论上的，还有行动上的切实可行。

这意味着我还要进行大量的探询，但这种探询与通常在学校课堂上所采用的有本质区别。

第一人称行动探询：首先，我必须觉察到在实践的当下我真正在做什么、关注的是什么。除此之外，我要能接收到对我行动效果的反馈（不偏不倚地）。最后，我也可能时不时地在发现自己的初次尝试无效后就立即改变行动吗？

这就是我所说的“第一人称”行动探询——我们在行动中可以与他人或自己单独实施的行动探询，但很少有人会这么做。为深入了解这种探询，我很快加入了一种精神方式的探索途径，这种方式专注于行动中的静默，其中包括师从于一位太极舞蹈大师。

第二人称行动探询：其次，要做到真正的切实可行，我必须学习如何在我的工作团队中、家庭中和社会关系中使用爱、权力和探询，在这个过程中鼓励他人也能使用自己的权力，这样我们团队实事求是及自我转变的能力才能得到提升。这种“第二人称”行动探询要求团队（或者家庭，或者朋友群体）成员提升相互反馈并接受反馈的意愿，这些反馈可以是自我披露性的，可以是支持性的，可以是对抗性的。换句话说，我们必须将探询看成行动的一部分，让它（同时进行的探询和行动）有效、具有转变性且是适时的。如果我们能真正成功做到适时采取行动探询，就能通过这种方式增进彼此间的信任和相互性，否则，没人会愿意继续这样的实践。

为学习这种第二人称的行动探询，也是目前应用得最多的行动探询，我加入了耶鲁大学专门研究个人与组织行为的博士项目。这个项目采用最新的“群体动力学”实践来帮助我们学习在群体中进行谈话和决策的方式，从而提升信任和相互性。（理所当然，作为一名新进入这个领域的学生，最开始我所表现出的独断行为、探询行为和沉默甚至都谈不上是具有随机适时性的，既无效又不具有变革性。)

第三人称行动探询：最后，要做到真正而广泛的切实可行，我还必须学会的是，当没人像我这般有兴趣来研究第一人称行为中的自我学习或者第二人称行为中的实施相互权力时；当我的行为不仅会影响我所在的团队，也会影响和我没有直接个人关系的人和情境时，如何对他人发挥领导力作用。我也必须学习如何实施并分享第三人称的实证社会科学研究，这种研究对我们的努力效果进行了长期的验证，以让我们自己和更广泛的公众能够从中有所收获。

为了开始这种“第三人称”行动探询，我创立了耶鲁大学 Upward Bound 计划，同时也是这个计划的负责人和主要研究员。这是一个专为贫困学生设立的为时七周的暑期寄宿学校计划，由林登·约翰逊总统发起的“抵制贫穷”运动提供资金。时值 1967—1968 年，正是马丁·路德·金和罗伯特·肯尼迪被刺杀的年代，当时争取民权和反对越南战争的抗议活动正席卷美国。由我这个 23 岁的领导带领的项目中，教师和宿管导师团队黑人、白人各占一半，黑人学生超过 2/3 且女性学生占了群体的一半。

这两年，我是否领导大家创造了一个组织范围内的行动探询的有效转型典范呢？最接近真相的答案是，比起我最初在第一、第二人称领域进行的行动探询，这次在第三人称领域进行的行动探询的有效性还是略胜一筹的。在行动方面，Upward Bound 计划取得了一些积极的成果（如我们的第三人称研究所示）：① 让学生们第二年的在校成绩提高了 40%；② 只有 3%的学生第二年从就读的公立学校退学；③ 和上一年相比，我们使该市学生的辍学率降低了 50%。

但是，我认为在第三人称行动探询方面也存在一些负面反馈：① 在第二个暑期，因为 4 月马丁·路德·金被刺后新一轮单边的黑人权力运动迅速蔓延，上一个暑期还是我“朋友”的黑人员工用一种第三人称的方式称呼我为“白色的魔鬼”，这无益于我们协作员工会议的整体和睦关系；② 另外，在第二个暑期课程的最后一天，一把椅子砸中了我的头部，留下了伤口；③ 项目的最后一晚产生了一些财产损失，导致第二天媒体进行了负面报道。

近 45 年的行动探询

在 Upward Bound 计划之后的 45 年里，我继续探索行动探询如何帮助我个人、与我直接共事的同事及素未谋面的人们（通过我的研究和写作）。公允地说，我认为，作为一名“适时转化型”领导者、一名个人和组织转型的研究者，我在教学领导力和帮助组织转型方面逐渐取得了进步。在此提供一个示例，在我担任波士顿学院 MBA 项目研究生院院长的九年任期内，我们创建了全球第一个关注行动有效性的 MBA 项目，并将学校的全国排名从 100 名之外提升到了第 25 名。

然而，与此同时，我向你郑重宣告，迄今帮助我在领导力、咨询、教学和研究出版领域取得了成果的行动探询训练的实践，无论它是什么，都远不及我想让行动探询广泛运用于全球发展的抱负并将其实现有意义。我的第三人称研究和写作的成果极少给在社会科学和职业领域的同事们带来影响（更不用说，在“自然”科学领域）。除了行动探询协会之外，几乎没有专业学者会在他们的著作中将第一、第二和第三人称的行动探询结合起来。

但是专业学者可能是最不可能去领导行动探询实践的专业人士和实践者群体之一。只有全球数以亿计的成年人在不同的家庭、组织、宗教群体、运动团体和文化群体中不断增加他们的适时互动，行动探询才能从个人操守、人际间相互性和物种延续性方面，逐渐更多地促成创建一个物种丰富的社会。

我认为目前让行使相互权力的实践在全球蓬勃发展的最好机会就是让行动探询实践在中国开始迅速发展：不仅仅是在商业职场人士、专业学者和政府官员间迅速发展，虽然这些人正好是对领导力行动、领导力理论与研究和领导力发展相互结合的领域感兴趣的群体，还要同时，特别是要在女性、太极练习者和大学生群体中迅速发展。这些群体拥有的单边权力通常不像男性职业人士那么多，因此，当他们在实践带有相互性权力特征的行动探询时，比较不容易感受到自己当前的权力来源受到了威胁。

21 世纪的行动探询

在 21 世纪初，任何场景中任何人都有可能带头去实施行动探询，在越来越多的际遇中，人类学习行动探询相互转化的权力的紧迫性和重要性正变得越来越深刻。首当其冲的是，若要让世间充满更多相互友好的亲密关系，任何人基于自己的经历（或者了解了自己所在国家或文化背景下在持续泛滥的性虐待、强奸或内心孤独的数据）都会理解学习行使相互权力的全球紧迫性。[确实，这也是我和希拉里·布拉德伯里合作的最新作品的内容：《性爱/权力：本着探询精神的爱》(Eros/Power: Love in the Spirit of Inquiry)，2016]

我相信你们中大部分人——我的中国读者——也能理解在战争与和平、恐怖主义和核扩散这样的全人类社会领域背景下采用一种更为微妙、更为相互性的方式的紧迫性，在这样的背景下，单边权力带来的只有分裂、死亡和苦难……直到它学会了自我化解的自制力。

学习行使相互权力的紧迫性的另一方面有关人类集体与我们所处环境的关系。我们今天广泛地偏好于使用单边性的技术而不是相互转变的行动探询，这意味着我们正在污染空气及水资源，我们在扼杀整个动物和植物物种，也包括我们自己，这不过是早晚的问题。

而人类作为一种物种，其短期生存最紧迫的问题是，我们必须将我们多数的注意力从广为人知的那种 AI（人工智能）转移到真正的 AI（行动探询）上，除了我们这些极少数的初学者，人类作为一种物种还没有学会如何生成这种相互的且能相互转化的权力。只有更多的人在未来 20 年里学会了行动探询，我们的计算机科学家才能在人工智能机器人内植入相互性的程序。否则，机器人会越来越智能化地通过单边权力来实现目的，正如我们人类目前通常做的那样。

几十年后，在单纯的工具条件下，当人工智能机器人比人类还聪慧时，他们可能完全会做出决定要消灭我们这个物种，因为人类太危险，或者还因为我们那让人恼怒的反复无常。如果人类要生存、繁荣下去，就必须实践行动探询这样的 AI，而且实践的形式和进行人工智能这种 AI 的方式比，要更为诙谐有趣、深刻彻底，人际间的关系要更为亲密，实践过程要更具持续性……同时我们还必须教会智能机器人如何行使相互转变的权力。

阅读本书之际

当你阅读本书之际，特别是读到后面关于用更为相互性的方式进行领导时，思考一下，你认为在中国哪家企业的领导人，或者哪位艺术家、科学家或政治领导人采用了行动探询的道家及太极实践。依我看来，在美国，沃伦·巴菲特和伯克希尔·哈撒韦保险公司是致力于长期以相互性为焦点的资本主义行动探询的英雄人物，葛萝莉亚·史丹是以相互性为导向的女权主义政治行为艺术和探询的另一位女英雄；在南非，纳尔逊·曼德拉和图图主教是促成了从种族隔离到黑人与白人共存的民主社会的非暴力相互性转型的英雄，这种相互性的过程在那里已不再如此明显；在天主教会里，教皇约翰二十三世和方济各教皇是偏爱谦逊的相互性探询远胜于傲慢的等级无误论的领导人物。在我所读到的有关中国领导者的资料中，我认为物理学家方励之在他的专业领域及两次再教育的经历、整个婚姻历程和政治举动中，体现了最为投入的创造性行动探询。

如果行动探询现在能成为一种在中国广为人知的个人、职业和精神实践的方式——与历史悠远的道教文化和更近代的寻求适时探询方式的马克思主义的中国路径融会贯通——也许美国人和其他国家的人民将会受到鼓舞而更为广泛地尝试行动探询实践。若能如此，作为一个物种，人类将极有可能在全球范围内实现繁荣而持久的家庭、组织和社会，从而让世界变得更具相互性、公平性和可持续性。

正如我在开头所写，此时我非常高兴看到你将这本《行动探询》的中文版执于手中，能够开始思索将投入多少时间来实践行动探询。

前　言

行动探询带来的希望和力量

你经常进行行动探询吗？大部分人在句子里用到“行动”和“探询”这两个词时，通常都知道它们的意思。当把这两个词放在一起变成“行动探询”时，指的是一种有效提升绩效和创造学习的新方式。你在日常生活中会把“行动”和“探询”结合起来使用吗？

行动探询是一种同时实施行动和探询的方法，作为一种需要训练的领导力实践，它能让我们的行动更加高效。这样的行动有助于个人、团队、组织乃至更庞大的机构增强自我蜕变的能力，从而变得更有创造性、更有觉察力、更加公正，也更具持续性。基本上，任何家庭或组织中的任何人，不论其拥有多大或多小的权力，都能通过践行行动探询变得更加有效、更具蜕变性。

行动探询是个人、团队和整个组织能够实施的一种转化学习的终身过程，如果他们希望自己：

- 使愿景成真的能力越来越强；
- 对当前的危险和机遇越来越敏锐；
- 表现得越来越有效和更具转化性。

行动探询成了一种不曾停止的生活方式。我们通过探询让自己的行动变得更为适时而明智，从而实现自己所在家庭、团队和组织的全面发展。

令人惊讶的是，行动探询几乎是一个不为人知的过程，这或许是因为学习如何不停息地进行行动探询绝非易事。因为行动探询并非一套照搬照抄就一定能心想事成的行动良方，它也不是那种可以机械模仿的复制过程，不能听了点儿概念，偶尔似是而非地对他人比画两下，就想当然地认为自己在进行行动探询。真正的行动探询是在每个鲜活的当下，重新学习此刻如何采取最佳行动。让行动探询挑战与潜力并存的根源在于，不仅要让他人，也要让自己，易于接受探询和转变。

为何要努力扩展自己行动探询的实践

为什么人们应该学习行动探询？让我们来看看本书的几位作者对这个问题的具体回答。一位作者这样写道：

> 我在大学担任科学实验室主任的第一年接触了行动探询。当时我是第一次在管理岗位任职，这也是我的第一份工作。每学期我要管理 300 多位本科生的实验流程。我的教学团队全是些毫无经验的研究生，还有是纯粹为了赚外快或想靠离家让自己或家人冷静下来的兼职老师。我能获取信息的渠道有限，也缺乏影响力，却要承担很多有赖于系主任和教职员工支持的行政性责任。这听起来就是一个注定失败的场景。
>
> 在行动探询的帮助下，我分析了自己的处境并且质疑我最初的很多设想。它让我看见人们有不同观点，并能利用这些知识形成创造性的方式来融合分歧。在实践中我培养并发展了自己的领导者特质。三年后，我和他人一起为实验室开发了一门新课程，还通过谈判获得了 20 多万美元添置新设备。更重要的是，我能够团结所有助教，以向学生提供优质教育为目标而共同努力。我所做的贡献得到了系里的认可，在工作的第二年我被提升为正式教师。

另一位作者写道：

我对行动探询的研究和践行始于婚后不久。简单而言，是行动探询拯救了我的婚姻。尽管我的技巧依然十分有限，但是我会观察自己的行为，并认识自己也造成了一部分问题，偶尔还能来点情感柔术，就这样已经产生了显著效果，它让我的婚姻关系在问题中得到巩固，而不是因此而分崩离析。

最资深的一位作者为人十分谦虚，他这样写道：

我参加了行动探询研究小组。在研究伙伴们的帮助下，我在小组中能更多地实施干预，这让我对自己的感觉越来越好，也促成我在日常交谈中不断努力去把自己的主张和探询结合起来，探询别人的经历，探询自己的感受及其产生的原因，并且探询如何将感受表达出来，结果都很成功。我在不断取得进步，这让我兴奋不已，因为这意味着学习真的是一个终身过程。

还有一位已为人母的作者和我们分享了自家的一则睡前逸事：

当小女儿像个旋转舞者一样围着床跳舞时，我正试着给喜欢听故事的大女儿读书，心里在嘀咕这个时间段应该有个安静的环境让姐姐沉浸在故事中。不一会儿，姐姐开始咬手指甲，这是我最不喜欢她在听我读书时做的动作。我训斥了她，最后两人争吵起来，她感到沮丧而愤怒，开始哭起来。

我能看见究竟发生了什么——我因为小女儿不停地旋转而产生了恼怒，却不公平地发泄在了大女儿身上。我向大女儿道歉并解释了自己所看见的缘由。她很快就释怀了，让我搂着她安抚她……她并不经常这样，因为不公平对她的伤害很深。小女儿听到了我们的对话，精力充沛的她也稍稍安静下来，让我们能够把故事顺利讲完。然后两姐妹都很快睡着了，要是当时的情形进一步恶化，恐怕就不是这样的光景了。

另外一位作者写的故事和之前的情景有些相似：

> 说实话，能即刻觉察到自己内在状况的能力是我个人发展进程中最重要的部分。随着时间的推移，这种能力在迅速提高。15年前，当遭遇到麻烦时，我要花几周的时间才弄明白自己的内在到底发生了什么。现在，我在经历的瞬间就能觉察到。这种能力除了让我得意于自己的发现和单纯对“当下”的体验，还让我在任何社交情境中能主动让自己的行为更得体、高效。这听起来好像要耗费大量的时间、精力去时时关注大量的信息，但事实并非如此。简而言之，行动探询天生带着觉察生活的一部分。

学习“带着觉察生活”有多难？时刻将行动和探询结合起来又有多难？带着觉察生活让我们由内而外地仔细关注自己所经历的一切，希望从中有所收获，从而调整我们的行为甚至改进我们的思维方式。但是，带着觉察生活也需要我们推翻一些正统的观念。请记住，现代以大学为基础的经验科学（在象牙塔中的学术环境下实施的所谓纯粹研究）与现代的组织和政治实践（混杂的真实世界中践行的马基雅维利“现实政治”）历来都是将探询和行动分隔开的。

行动探询与有关政治行为和科学探询的现代观点有何不同

在现代，政治/组织实践和科学探询主要采用由外而内的方式进行，而行动探询恰恰与之相反。在现代从政治角度看，权力就是用由外而内的方式让他人按照我们的意愿行事的能力（确实，大部分人都认为这就是权力的正确定义）。同样地，现代的科学理论和方法论认为事情的发生是由外而内引起的结果。例如，不管钉子是否愿意，用锤子敲打钉子会让钉子嵌入木头。（这听起来的确是再普通不过的常识，不是吗？）现代科学还认为，邀请外部调查者（客观、公正、专业的科学家）由外而内地研究人的行为能充分了解事物的前因后果。

我们每天从新闻中看到各种结果的上演。基于单边权力且缺乏探询的情况下，公司或国际社会所采取的行动最终导致的是丑闻和战争，事后回想往往觉得有失公正。而缺乏行动的探询会让我们错失良机——它们突如其来需要迅速反应，否则就转瞬即逝。然而将探询与行动分隔开来是当今大学和非学术界都在遵循的准则。你可能从未听说过行动探询，或者不会有意识地运用行动探询，原因就在于它是一种新的科学探询，一种此前很少被实施的、新的政治行动/组织行动[①]。

与之相反，行动探询主要是由内而外进行的（尽管它也认可由外而内观点的存在和影响）。行动探询的发生是因为我们（我们中的任何人、家庭或组织）发现想做的与能做的之间存在着差距，意识到这种差距会激发出明确的想法以完成目前能力范围之外的任务。在这种情况下，想要行动的想法包含两方面：（1）进行必要探询的想法，从而了解如何处理这个新事物；（2）进行必要的探询去了解我们是否真正完成了它。所以，行动探询始于内心对差距和想法的感受。搭建书架的想法才产生了把板子钉在一起的策略。选择锤子作为战略工具，而评估能力则决定了手臂的挥舞能否让锤子以正确的角度击中钉子将其打进木头。诚然，锤子对钉子的敲打是钉子进入木头最直接和最直观的原因，但是锤子自己是不能动的，更别说能做出任何有建设性的事情。

如果自己的想法清晰而强烈，我们会希望尽快知道我们的策略、战术（如

① 就此而言，更专注于研究的同僚们可参阅附录。在那里我们讨论了行动探询的历史根源和其他几条行动探询研究流派，这些流派融合了主体、主体间以及客体探询。我们也回顾了一些客观的测评和研究，它们构成了本书正文中对行动探询讨论的基础。我们把这类学术性的讨论留在附录中，因为本书正文面对的读者是包括我们在内的所有处于个人和组织行动探询实践初学者阶段的公众——无论男女老少、管理者还是研究者。

对锤子的使用）和结果是否能实现我们的想法。如果想法没有得到实现，越早知道，我们就能越早调整行动以更接近想法。由此可知，与交替进行行动和探询的方法相比，在行动过程中就能纠错的方法从本质上来说对我们更有用，对他人更有利，从科学意义上说也更具影响力。行动探询将研究与当前的实践紧密结合起来。

实际上，行动探询要求人们都认识到自己采取的每个行动其实也是一种探询。反之亦然，也就是说，我们所做的每次探询同时又是一种行动，会影响到对方的反应。从这个意义上说，所有的行动和所有的探询都是行动探询。（例如，即便我们以一种不容反驳的口吻提醒孩子家庭规矩时，也无法预知会得到什么样的反应。孩子随后的反应在某种程度上体现了对我们的行动效果的评述，也代表了对我们接下来的行动的一种探询。）

但是，尽管我们经常进行一些不明显且不自知的行动探询，但在日常生活和干扰事件的过程中，我们几乎从未意识到或记得自己可以有意地采用行动探询。此外，我们中很少有人熟悉或能够运用可能的具体战略和战术来提高行动探询的效率、转化力和适时性。实际上，适时行动探询的根本秘诀就是在当下保持足够清醒并有意识地进行行动探询。梭罗曾经调侃道："我从未见过一个完全醒着的人。"放眼看去，不论是商界还是学术界，我们几乎找不到什么指导方法让人保持清醒，并在日常生活中培养有意的、有效的、具转化性的适时行动探询。本书将开启一场终生乃至（从文明的角度）跨世纪的旅程来消除这一差距。

行动探询的三大主要目标

从主观的个人层面来说，行动探询显而易见的价值旨在让自己变得高效而真诚。真诚的产生不是源于一成不变的行为，也不是源于不断标榜同一个原则，而是源于我们对差距进行更为动态和持续的探询。这种差距可能存在于预期结果与行为的实际结果之间，可能存在于计划行为与实际行为之间，也可能存在于初始想法和行动时觉察度低的状态（不太清醒）之间，因而让我们失去良机。

在与家人、朋友、同事、客户或陌生人的关系中，行动探询显而易见的价值是带来重要且具建设性的相互关系。双方的权力差异或者任一方单边使用权力都会降低信任和坦诚沟通的可能性。相互关系的产生主要通过两种动力。第一种是对双方之间的权力行使进行更为开放的探询，以形成相互的关系（就如同父母和幼儿间的情形一样，尽管当前感受到的相互关系常常外在表现为假定的弱者对强者的依赖性，真正的相互关系需要待孩子长大成人甚至更久时间才能形成）。第二种产生相互关系的动力是，一旦我们认识到双方之间行使的权力，就会采用越来越具创造性的行动来培养共同的愿景和战略，让双方进行更具协作性的交谈，共同决定用什么方式来理解双方共同创造出的价值。如果你回顾作者们就行动探询如何与生活息息相关所做的简短描述，就会看到其中对高效、真诚和相互关系的关注，这些关注彼此交织在一起。

从更为大型的组织、社会和环境的层面来说，行动探询显而易见的价值在于形成可持续性。要做到可持续性，组织架构（如法律、政策和网络等）必须鼓励高效、真诚和相互关系，还必须继续实施变革以实现更大的社会公平，与自然环境更为和谐地相处，我们将在本书正文中对此进行论证和阐述。

真诚、相互关系和可持续性对你来说或许起初只是空洞高调的理想，与日常世界中有关权力的活生生的现实没有太大关系。这样的观念之所以存在，是因为我们通常会传统地或者愤世嫉俗地认为权力就是权力所有者既不探询也不考虑结果的整体公平性而达成单方愿望的能力，也确实有过这样的经历。

行动探询代表着有力行动的一种方式，它与现代政治的/组织的行动有着根本上的区别，因为它认为相互的转化力（目前鲜有人了解或行使的一种力量）比单边权力的威力更为巨大。传统的权力形式，如军事力量、外交力量、专业技能或职位的权威性，通常都是单方进行使用来影响外部行为的。这或许会产生即时的默许、顺从、依赖或反抗，但不论是哪种权力形式，仅凭它们自己都不可能产生转变。行动探询在具体情境中将它们按不同比例进行混合，时时展现出这种少有的相互力量，让采取行动的个人及与其相关的人和组织都易于发生转变。行动探询带来的希望是一种新的力量（转化力），矛盾的是，这种力量却源于让自己易于转变的意愿。在本书正文中你将看到很多这种力量出现在工作中的实例。

总结和展望

我们已经将行动探询作为新生事物介绍给大家。行动探询的“新”可以同时从两个方面进行诠释。从历史层面来说，这种“新”表现在，将现代对探询的科学性关注与现代管理问题结合起来，前者会生成有效的理论和数据，使得这种结合能控制和协调组织行为。从个人层面来说，这种“新”表现在，每一次当我们保持清醒、有意识地去践行行动探询，而不是未经探询就采取不自觉的习惯性行动时，这种实践都在为我们个人的日常生活创造一个新的不一样的未来。

为了让大家对行动探询的典型特征有初步认识，我们做出如下构想：

1. 每个行动和每个探询都是不明显的行动探询。

2. 行动探询将当下的研究和实践融合在一起。

3. 在日常生活和干扰事件的过程中，我们几乎从未意识到或记得自己可以有意地采用行动探询。

4. 行动探询旨在将主体数据、主体间数据和客体数据进行融合——主体数据是我们自己对未来的打算，主体间数据是用不同参与者的多种观点来感知的当下所发生的事情，而客体数据是关于过去已经发生的事物及其特质。

5. 行动探询的特殊力量（转化力）来自我们对打算或共同愿景的执着；对自己和他人在愿景、战略、执行和结果方面的差距保持警醒；愿意在组织或社会转型的过程中和他人共同发挥领导作用，这也包括愿意自行转变。

践行行动探询会让你和不这么做的人相比更具竞争优势。事实上，根据我们与成千上万名管理者合作的经验，他们最初会认为践行行动探询似乎颇有风险，但最终形成的组织提升远比他们当初的预期要快得多。（之所以会出现这种意料之外，是因为，首先，我们高估了新行为的风险而低估了持续在进行的习惯性行为的风险；其次，这种能为大家所见、自愿实施、不具备竞争攻击性、能弥补差距的领导力行为在当今组织中相当少见。）

但是行动探询的竞争优势实际上远逊于它的相互协作所带来的优势。当有了鼓励他人也践行行动探询的想法及相关技能时，你会获得更大的回报。和采用竞争性的方式运用行动探询相比，协作性的行动探询会以更丰富的方式来充实你的人生（如与人的交往更具相互性、拥有更多信任和友谊、产生更强烈的服务和意义共享的意识）。当采用协作性的方式运用行动探询时，它能带来的希望和威力才能完全呈现出来。

本书提供了全新的方法来帮助你的朋友、同事、工作团队和组织去学习，即便他们正陷于日常活动的激烈挣扎中。我们将行动探询这个高度实用的流程提供给大家，通过这个流程，管理者和整个组织能同时在多个层面进行学习，调整自己的行为。这是一个不间断的流程，它不仅让我们在绩效和信任尚未受到负面影响之前就改正错误，还是一个令人愉悦且活力四射的体验过程，因为有大批同事加入，营造了一种持续学习的积极氛围。

我们撰写本书旨在为你开启或继续行动探询之旅提供支持。在书中我们用了很多例子来阐述行动中的探询过程，这些例子中有的谦逊而短暂；有的极具战略性、艺术性和持续性，为整个人生、整个公司、整个行业甚至整个国家带来改变。此外，我们邀请你完成插叙中针对第 1~3 章设计的练习，进入行动中的探询过程。接下来，我们首先关注的是一位经理的故事，然后再向外拓展到团队和组织，最终延伸至整个社会和人类生活。欢迎加入这种行动探询！

目　　录

第 2 部分　转化型领导力

第 3 部分 组织转型

第 4 部分　行动探询的终极精神和社会性目的

Action Inquiry

第 1 部分

学习行动探询领导力技能

CHAPTER 1

第 1 章

行动探询的原理

说到“行动探询”，我们指的是一种富有成效并同时进行自我评估的行为。它是一种同步处理多任务的行为，关注不断发展的形势，完成任何需要优先完成的任务。如有必要，还会要求我们修正任务（和我们自己的行动）。行动探询从来就是一种需要练习的实时训练，某种程度上它的目的就是去探索什么样的行动此刻是适时的，不管过程是冷静而精准的定位，还是冲动而反复的摸索。

读懂和写下上述句子一点也不难，它们也让行动探询的价值显而易见。你又何尝不想采取适时的行动呢？然而，行动探询也是世界上最难持之以恒去做的事（至少对我们有些研究和践行行动探询长达三四十年的人来说是如此）。之所以困难，一部分原因在于高质量的行动探询要求对当下情境具备超出一般程度的觉察。另一部分原因是，某个情境下可能同时有许多不同的和潜在的互相矛盾的政治压力和适宜性的标准。还有一部分原因是，在尝试让某些东西发生的同时还要培养使自己易于改变的喜好实属不易。

这里分享一个看似非常简单的行动探询事例。以下是一位公司总裁通过电话和自己助理的谈话：

“我猜你正在处理琼斯的合同。如果需要帮助就告诉我。”

这位总裁很明确地说出了自己的假设，而且提出主张：必要时助理可以向自己寻求帮助以确保这项工作的完成。那位助理可能会说：“什么？我从没听说过琼斯的合同。”或者，“我以为是保罗在跟进这件事情。”或者无论事实是什么，如果与这位总裁明确表述的设想和想提供帮助的意愿不一致，这种简单的、可验证假设的行动探询能避免许多工作中的日常波折。

但即便像这位总裁展现出来的这种明显的核实和探询行为在商业、职场和家庭对话中也都非常少见。让我们来看看最近进行的一个模拟手术室研究，这项研究的对象是接受过如何避免失误培训的住院医生。研究显示，主治医生在模拟手术危机期间说出的 4 000 多句话中，只有 3 句有关指导注意事项的谈话中包含了对助理的理解程度的探询。可是就在模拟开始前几分钟，这些年轻的医生中有一半接受了培训，了解在行动中进行特定探询的方法，但结果显示探询的行为依然少得可怜。他们心里更深处那种想要表现出独立、能干和学识渊博的内在需求阻挠了他们表露出收集数据以防错误发生所需的脆弱性（很多人在事后的采访中承认了这一点）。

我们需要转变觉察，转变成一种能让我们识别出何时发表意见的觉察，就像那位总裁做的一样。这种觉察优于那种阻碍住院医生在手术室向同事寻求帮助的隐性自我形象，而这种觉察会响应性地关注到病人和我们都需要帮助的真正需求。这种觉察究竟是什么？我们如何适时获得这种觉察呢？

水下管道项目经理

为了获得更多的线索，让我们先听听史蒂夫·汤普森是如何重现自己和老板罗恩·塞德里克发生的冲突的。史蒂夫是一位能力很强的经理，收入不低。他的团队正在安装水下管道，这时一场风暴即将席卷他们所在的北海钻井平台。

英国国家石油公司（British National Oil Company）与罗恩·塞德里克签订了合同，委托其搭建用于在海上直接向油轮装油的“单锚腿系泊系统”，这样就无须修建几百英里长的管道来连接近海油田。最初的水下建设工程已经完成，彼时的挪威海峡风景秀丽，非常安全。到了 2 月，北海水域的水文状况恶劣且难以预测，而我们却要从一艘长 600 英尺的大型起重船上潜入海中，进行 8~12 小时的饱和潜水。

在这个危险过程中，最关键的环节就是经由“界面”（受海浪影响的大洋水平面下 25 英尺区域）发出和回收一个能搭载六人的潜水钟。汹涌的海水已经多次让潜水钟上的绞车链断开。一旦发生这种事情，潜水员几乎就没有生还的机会。

那是我第一次做项目经理，能否使全体人员工作出色、让塞德里克极其满意我们的表现，对我而言非常重要。塞德里克是出了名的冷漠，他总戴着一顶金光闪闪的金属安全帽，不论遇到多大困难，他的项目总能提前完成。

当我们的潜水钟刚进入水中准备进行为时 12 小时的作业时，风向突变，改从浪涌的方向吹来。此时的浪涌还不算激烈，但大风还未真正刮起来。我提醒当班主管留意天气，自己走上舰桥去查看最新的天气预报和图文传真，它们证实了我的疑虑。

就在这时，塞德里克走到我面前说：“我个人很欣赏您和您下属的出色表现，也知道你们会继续保持。现在天气有点变化，但我们今天必须完成出油管道的连接工程来赶超进度。所以，在恶劣天气打断我们的作业前，要尽可能让潜水钟继续停留在水下。我看得出那群小伙子对您颇为敬重，我知道他们会照您说的干。”

“好的，先生。”我信心十足地回答，尽管那时自己内心的声音

> 却截然相反。从站在舰桥上观察天气的那一刻起，我就开始担心和恐惧。在面对自己强烈地想要获得成功以及赛德里克认同的愿望时，我恐怕没有叫停作业的勇气。我也害怕自己不得不欺骗下属，使他们认为挑战作业极限是合情合理的。
>
> 结果完全可以预见，我让潜水钟在水下待了很长时间。天气转变后，刮起了大风。收回潜水钟过程中，在水下 20 英尺处情况非常险恶。我危害到了潜水员的安全，并且在判断允许作业的参数方面，开了一个糟糕的先例。因为我"圆满完成"——我们确实完成了出油管道的连接任务，赛德里克给了我一大笔奖金，但我并没有从中获得满足感。内心深处认为自己操控并危害了同事的安全，这种觉察毁灭了我一直以来认为自己是个诚实且有道德的人的幻象。

突发状况过去了，任务也成功完成了，史蒂夫·汤普森本可以祝贺自己面对艰难险阻依然完成了任务，还获得了上级的奖励。可与之相反，他的觉察以警觉和显露脆弱的方式揭示了自己严重的性格弱点，这是很少有人有勇气去面对的。他觉察到自己标榜或宣称的价值观竟与自己的实际行为严重不符。

我们是带着两个与行动探询有关的问题来看史蒂夫·汤普森的故事的。隐性的自我形象只会束缚觉察，妨碍我们以真诚的、相互的、公正的和探询的方式采取行动。那种优于我们所有隐性自我形象的觉察究竟是什么？如何在即便是紧急状况下适时获得这种觉察？

这个例子本身并没有对这两个问题给出积极的答案。史蒂夫在面对塞德里克时，以及之后令人紧张的作业时刻都没有表现出这种觉察。尽管危险和阻碍重重，他依旧让工作继续完成，使潜水员平安回到水面。这个故事显示了一种行动中的意识：行动第一，探询其次或者压根就没有。对于如何时时调整自己和团队的行为以适应不断变化的工作条件，史蒂夫有受过良好训练的意识。在工程和社会系统理论中，我们称之为从单环反思（告诉自己最新采取的行动是否有利于更接近目标的信息）中消化和学习的可靠能力。可靠的单环学习对于快速且有效地达成目标至关重要，史蒂夫很显然在这个案例中展现了这种意识。

故事结束时史蒂夫也展现出了另一种更加难以描述的意识。当他看见自己的“幻象”被“摧毁”，这看起来有点像那种优于一个人自我形象的觉察。但这还不是一种足够自主的意识，不能让他在混乱之中看到一种主动领导权，从而产生同样兼具效率和效能的合理成果。

让我们更仔细地回顾史蒂夫·汤普森的故事中究竟发生了什么。在某个特定时刻，他觉察到激励自己的几种个人推动力中存在重大分歧。一是取悦老板的欲望，通常你会认为这种欲望本身是无害且具建设性的。二是高效且有效地行事的愿望，这通常被认为是在工作环境中最具有建设性的倾向。三是通过全力维护团队福祉而赢得尊重的欲望。四是诚实且有道德的自我形象。

外在世界里北海风暴大作时，史蒂夫内心深处灵魂的这四部分彼此激发了新的剧烈冲突。他把自己内心体验描述为“担心而恐惧”和“难堪”。他把结果描述成对自己是一位诚实且有道德的人这一幻象的“毁灭”。

但是等一下，这里究竟发生了什么？那种自我形象真的只是一种“错觉”吗？对史蒂夫自己而言，那时发生的故事以及他事后把故事又写出来，不正是诚实的精髓所在吗？他之后选择采用的整个反思过程不正是道德探询的真谛吗？除了带着慈悲心、不偏不倚地观察自己缺乏真诚的行为，还有别的途径来培养真正的道德和诚信吗？

通过在书写过程中接受到的反馈和反思，史蒂夫渐渐意识到，毫无疑问，他有着一种真实的、非常强烈的道德关注。事实上，正是这种关注激发了他进行彻底的自我批评。他突然意识到两个微妙的特性让他在风暴之际的行为走样，一个是通过存在的形式，另一个是通过自身缺失的形式。因为存在而让他行为走样的特性是指塞德里克对多种权力（作为上级，他拥有合法且潜在的单边权力；作为技术领域专家，他享有的权威和美誉；以及他用地道的得克萨斯式男子气概十足的方式谈论“恶劣天气”所展现出来的那种纯粹的、诱人的、直率的力量）的巧妙运用。在风暴发生的时候，史蒂夫可以感受到塞德里克运用权力对他造成的影响，以及那种压力隐含的不合理性。然而与此同时，他说不清自己身上发生了什么，也想不出方法来消除这种影响。其实我们很多人也遇到过这种情况：当被某种权力影响时，我们会变得不知所措或恍恍惚惚，无法清楚表述自己身上到底发生了什么，也不能采取创造性的行动来进行应对。

因为缺失而让史蒂夫行动走样的另一种特性是指一种注意力或洞见，它能够不偏不倚地观察到发生在外部世界的风暴以及在内心深处掀起的巨浪，我们将其称为超洞见（super-vision）。

单环/双环/三环觉察

系统理论为超洞见的命名和理解提供了一个框架。按照系统理论的术语，在塞德里克和北海的天气带来的危机中，史蒂夫成功地采用单环反思进行了应对。风暴期间，他调整了自己的行为，使水下的人员得以安全撤回。但是他也体验到了一些自己不能完全理解的双环反思。他依稀知道这种反思要求他不仅仅要改进自己的行为，还要改变结构或战略。我们或许会说，他需要澄清一点，当效率、效能与合理性三者不可兼得时，通常合理性为先，效能次之，效率最后（因为长远来看，只有当效率促成了效能，它才可持续，而只有当效能是合理的，它才可持续）。我们或许还会说，史蒂夫需要了解，当现存的权力体系（如本案例中的塞德里克）使用权力威胁到了企业的合理性时，就需要一种基于转变力量的对立主动权加强相互性。

但正是这种加强相互性的转化力对于大部分人而言还是一个陌生的概念，史蒂夫不熟悉这一概念也就不足为奇了。而且，我们大部分人都把自己现有的结构、战略或行动逻辑看作自己的身份，接受双环反思的感觉就像失去了自己的身份。所以会倾向于抵制这种做法，除非并且也只有等到我们在内心能感受到更深层次精神力量的存在时，才可以永远找到自己，即便在尝试不同的角色、戴着不同的面具或采用不同的战略时。这种更深层次的精神力量或超洞见并非以自我认知形象为基础，而基于对发生在四大经验领域之间实际交流的亲身体验而形成：我们的注意力、战略、行为和结果。在系统论中，这被称为三环反思，因为正如图 1.1 所示，它强调我们对外部世界造成的影响与我们的行为、我们的战略和我们的注意力本身之间的当下关系。三环反思让我们当下能直面自己。（梭罗说他从未见过一个完全醒着的人，我们认为他的意思是他从未见过一个可以不断地用这种方式来直面自己的人。）

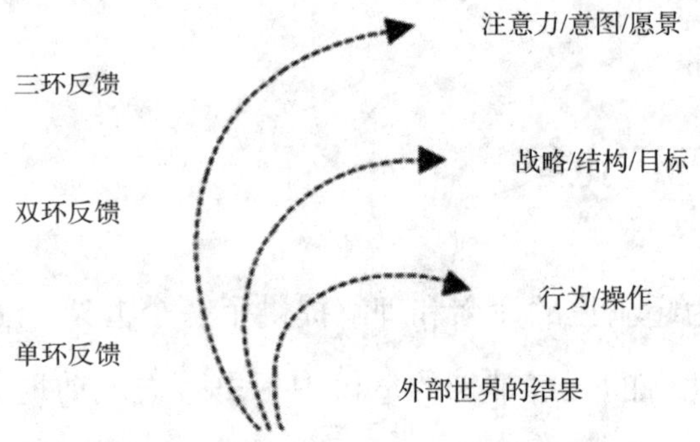

图 1.1　个人觉察中的单环、双环和三环反馈

通过在培训中采用角色扮演的形式来设想自己可能采取的不同行动，史蒂夫逐渐意识到，他需要倾听，而不是认同当时自己隐约察觉到的有关那个情境的其他各个方面。起初，他认为唯一的不同做法就是直接对塞德里克的指令表示反对，而不是说“好的，先生”。但是早在那个时间点他并没有十足的把握自己必须把水下作业人员拉上来，即便当时天气预报的信息已非常令人担忧。所以，为什么要冒险顶撞上司呢?

另一个简单的不同做法，也就是后来史蒂夫在角色扮演中所做的，即按自己当时的方式去回应塞德里克，但会提前把潜水钟从水里拉上来。在反思中，史蒂夫觉察到，为了适时地应对实际情况，他的即时觉察必须接受几种不和谐的能量体系——实际的外部天气体系、有关团队潜水的体系、塞德里克的心理体系和自己的心理体系。例如，他的觉察能够欣然接受塞德里克因为水下作业的工人们对他的尊重而由衷的褒扬（而不是因为带操纵性的情境所需），也能够记住并在那个时刻清楚感知到自己正常的自我感觉——他人对自己的尊重是基于自己拥有良好的专业判断能力，而不是因为自己的鲁莽大胆或者是个卑躬屈膝、易被操纵的循规蹈矩之人。换句话说，按照他当时的方式去回应塞德里克，但提前把潜水钟从水中拉上来，他应该能感受到，就像在角色扮演期间开始感受到的那样，他和塞德里克的力量能够相互平衡、相互加强，就像美国政府的立法机关、行政机关和司法机关之间的三权平衡。

这种力量通过对目标进行探询来平衡实现目标的行动，又平衡了不同参与者的影响力，史蒂夫尝试练习行使即时的超洞见时虚构并进行的第三次角色扮演更加清楚地诠释了这种力量。“我不确定提前完成这个任务会给您或公司带来多大的风险。”他开始尝试性地探询。扮演塞德里克角色的人简短地停顿后并未做回答，史蒂夫继续说道：“我们当然可以让潜水钟在水下待久一点，但我不确定我们是否能完成。伙计们知道我会鼓励他们多干点，但他们也知道我不会让他们冒生命危险。您想和我一起待在这里掌控局面吗？还是可以让我继续按自己的判断来进行呢？”在这里，史蒂夫首先让塞德里克评估他自己的“提前”目标是否合理，然后提到这与潜水员的利益（该情形下另一个合理的现实）相悖，最后邀请塞德里克在整个局势中发挥他自己想要有的影响力，同时阐明史蒂夫自己的侧重考虑（包括他无意和塞德里克争夺权力）。

通过这些角色扮演，史蒂夫开始领会到，他可以主动培养的不仅仅是对新行为的单环学习以达成别人的目标，也不仅仅是对新战略和新目标的双环学习以实现直觉性的愿景。现在他发现自己正在使用三环学习来有意识地培养持续的超洞见。超洞见是一种意识，在初始情境中就可以大致感受到史蒂夫灵魂深处的不和谐。发生在我们内心的超洞见常常是灵光一现，继而转瞬即逝，我们往往来不及说出、理解或记住它们。在紧急时刻，如果史蒂夫一开始就能够经受住对自己灵魂深处和更广泛层面的这种不和谐的观察——如果他能继续运用超洞见而不是在心里责怪自己道德沦丧到无可救药的地步——那么那种强烈的觉察或许可以让他在当时采取不同的行动。

角色扮演期间的这些事后的觉察实验，究竟会带领史蒂夫走向何方？经过几个月的事件梳理、记录和角色扮演，史蒂夫的同事形容他“变为另一个人了”。他不再只是一位塞德里克印象中的技术专家，那种在具体任务中把自己和别人都逼到极限的人。现在，人们认为史蒂夫不仅在他职权范围内展现出充沛的精力和可靠的品质，从更广泛的层面来看，他还是一位视野开阔、值得信赖、精神稳定而又思虑周全的领导者。当史蒂夫从高管项目中脱颖而出时（在这个项目中他进行了刚才提到的书面梳理和角色扮演），他应邀加入了公司最高管理层和董事会，职位超越了塞德里克，而且薪水也比之前翻了不止一番。

事情并未就此停止。史蒂夫的学习不仅提高了其自身收益，三年后，他成为一家竞争对手公司的总裁。在新角色中，他立刻发现了企业践行行动探询的机会。新公司最近失去了一位重要客户。史蒂夫并不认为这是一个无法改变的事实，也没有觉得自己比前任更有优势（但能确定的是，他，史蒂夫，绝不会让重要客户就这样流失），他亲自给昔日客户的 CEO 打电话并且具体了解自己公司失败的原因（这是他在寻求单环反思）。然后，他安排公司员工重构导致不良表现的体制和关系（这是他让自己的公司进行双环学习）。接下来，他给那位昔日客户提供了一份新合同，这份合同规定史蒂夫的公司对实际执行中的任何失败都会承担超出寻常的大比例经济责任（这为鼓励自己公司在努力履行合同的同时持续进行三环觉察创造了条件）。这一次他的公司成功履行了合约，也重新赢得了一位重要客户。

这里我们看到了一些迹象，史蒂夫已经超越了自我谴责的阶段，开始培养一种更为灵活、即时的觉察，这种觉察让人在实时压力下能运用示弱的、增强相互性的转化力，从而为公司和客户带来更多的福祉。

涵盖四个经验领域来提高意识质量

这里有一个问题要问读者，作为个体的经理人（至少要管理自己的时间和行动），除了仅仅被动地理解史蒂夫通过书面梳理和角色扮演练习所逐渐获得的有效性、合理性和对真诚的个人感受外，还能做些什么呢？如何更敏锐地觉察到自己对自认为所处的情境所做出的未明说也未经验证的假设，并减少这些假设对自己的束缚呢？

第一步要开始意识到常规的注意力和觉察非常有限。第二步要开始在挑战性的情境中用新的方式使用自己的觉察。

意识到常规注意力的有限性的一种好方法是立刻花时间去进行反思。如果还没有进行过，强烈建议通过写日志来练习。

与他人或者一个群体一起，回想人生中没有取得满意结果的事件，从中选出六件列成清单，包括一些正在发生的问题，如在工作中的、在家庭中与家人或朋友的、参与的一些运动团队、教堂或其他活动中的问题。因为情境是当下的，对任何问题的新觉察都可以马上运用。密切关注和要持续互动的那个人之间经常发生的问题，结果会尤其有效。（即使这些困难都是源于对方的错，尽管如此，如果依然能够学会如何采取行动来避免或克服它们，就会更快乐。）那些发生在很久以前，但依旧耿耿于怀或者让你颇为受伤的事情，也是“不满意事件”清单的好选择。

我们尤为鼓励在自己的日志中列入几件这样的事情。在接下来的章节中，我们会一直邀请你反复地写日志。第 2 章会提供一个方法论，让你更加仔细地研究一件或多件这类事件。

现在让我们看看如何启用新方式拓展常规注意力，以此来体验它的局限性，从而逐渐培养出超洞见的能力。第一，我们的注意力很少会涵盖在史蒂夫·汤普森的故事中一直讨论的“四个经验领域”，如表 1.1 所示。因此，很多发生了的事都不会被我们的注意力留意到。例如，阅读本书时，你可能有一段时间注意不到周围的声音或其他事情，也注意不到自己的身体位置和呼吸，甚至注意不到本书是一个实实在在的物体，有尺寸、重量和质地，和你正读到的词语和句子的认知意义是有区别的。现在提醒你的这些事实或许能短暂地驱使你立刻获得对几个领域更广泛的觉察。在继续阅读本书时，你的注意力能同时涵盖对本书是实实在在物体的感知（第一领域），对呼吸的感知（第二领域），以及对书中句子意义的感知（第三领域）吗？

表 1.1　四大经验领域

第一领域	外部事件：结果、评估、观察到的行为后果、环境影响
第二领域	自我感知的表现：实施过程中感知到的行为、技能、活动形式和行动
第三领域	行动逻辑：战略、计划、策略、行动方案，对体验进行反思的典型模式
第四领域	有意图的注意力：临在意识、愿景、直觉、目的

在我们整个人生过程中，通常掌握语言后的头几年就是在学习如何直接应对第一经验领域——外部世界，学习如何相对有技巧地去奔跑和玩游戏，练习投篮，或者学会穿针而不是把针尖扎到自己手上。接下来，有时我们青少年时期的朋友或父母会成为反馈来源，我们更关注的是第二经验领域——自己的表现本身。我们学习如何相对有技巧地在传统的、早已存在的社会性游戏中扮演角色。我们或许会变成一个破裂的家庭中那位善于倾听的冲突调解人，或者会击败同龄人中地位较低的人来提升自己的地位。到了读大学的年纪或者 20 岁出头时，很多人会把主要的注意力转向第三经验领域，不管是音乐制作或记账，还是软件开发或医学，通过在一些认知领域培养创新或问题解决能力来创造新价值。

然而，现在很少有人在成人后继续学习时能达到意义更加深远的领域。在这种学习中，我们寻求直接使用第四经验领域——我们的注意力本身，我们的超洞见——它能在另外三个经验领域中有目的地游走并一次跨越多个经验领域。在读这一整段文字时，你有没有保持对这本以实体存在的书以及自己呼吸的感知呢？

本章以及整本书都在邀请你进入管理层的世界，那里的人像你我一样，越来越想要时刻进行探询式行动和参与。在第 1 部分最后，也就是第 3 章之后，你会发现我们对前三章的每一章都做了总结，还提供了相关的注意力练习，帮助你把行动探询的理念转变成行动探询的实践和体验。此刻，我们请你在第 2 章中进行探索，看自己个人的行动探询如何拓展到工作对话及与朋友间的对话。之后在第 3 章中，我们会介绍组织层面行动探询的独特力量。

CHAPTER 2

第 2 章

作为谈话方式的行动探询

有了第 1 章的基础，你现在可以随时开始练习自我行动探询（尽管会发现自己需要很多支持来培育这样的意愿，就如我们刚开始练习时一样）。读完本章后，你会得到充分的指导，知道如何在谈话中练习行动探询，从而在工作或其他生活领域开始尝试行动探询在人际交往方面的特质。你甚至可能发现自己想要和一拨特地挑选的朋友或同事来一起练习。正如在第 1 章中所看到的，对我们而言，练习个人行动探询的主要价值是让人更深切地感觉到真诚，而在本章中我们会发现，对我们与他人的关系而言，练习人际间行动探询的主要价值是让人更深切地感觉到彼此的相互性。

首先让我们来听听安东尼的故事。他初次尝试行动探询就让自己沉浸于丰富的领导力学习之中，这给他的部门和事业带来了改变。稍后在本章中还会介绍一种具体方法让我们在每次谈话时都能实施行动探询。最后我们会提供一条特定原则，适用于想提升领导力有效性的小团队。但首先，让我们建立一种对行动探询的直觉性理解，明白无论在组织或家庭中的正式身份是什么，自己能如何去践行它。

安东尼的行动探询领导力实验

安东尼供职于一家咨询公司。作为一家国际人力资源咨询公司惠灵分公司的薪酬顾问，他过去两年一直都在钻研高度专业性的领域，用一种非常复杂的方法为大型企业客户比较企业的薪酬方案。他已经成为公司里为数不多掌握这种方法的专家之一。这一角色实现了他“做独一无二的事，让自己与众不同”的个人抱负。

现在就在他想要蜕变成一名专业个体贡献者时，一个能发挥更多附加价值和开创性领导力的机会出现了。这个机会包含两部分。安东尼看到了可以进行质量改进的机会，他也能轻易进入公司的战略管理团队。惠灵分公司的组织结构没有等级性，整个分公司被分成 12 个团队，每个团队由一名团队协调人领导，并向分公司经理报告。最近团队协调人正被一个难题所困扰，安东尼觉得自己能帮助他解决这个难题：类似开账单、培训、招聘及入职教育、职业路径、工作分配和绩效考核等众多行政职能的缺陷。团队协调人被要求在开发新客户并维护老客户的同时，还要负责所有这些职能工作。协调人总是要在紧迫的时间限制下强行尽量兼顾各种当务之急。最后，客户、员工和协调人自己都要承担由此产生的苦果。

没人给安东尼安排这个项目，但是他最开始就决心这么做，还制订了计划来帮助团队协调人减少一些问题。首先，他会跟分公司经理商谈讨论这个项目，然后再和每个团队协调人见面，简略地解释他的建议。接下来，他会准备访谈时的问题和调查工具并自行实施。数据分析完毕后，他会在团队协调人月度会议上进行结果反馈。这样将会集体产生行动计划并实施。事实上，安东尼把原本可能花在惋惜工作无效、责怪他人上的时间用来想出了一种有创意的应对方法，这种方法采用探询性的手段，能强化彼此的相互性。

带着这个灵活的方案，安东尼与分公司经理唐进行了会谈。原计划半小时的会谈，按安东尼的说法，“变成了 2 小时，期间讨论了团队协调人面临的问题和这个项目能如何有助于解决它们”。这次会议起到了非常重要的澄清作用。唐建议安东尼应该在数据收集完毕后向团队协调人提出建议，但是安东尼答复说自己并不打算建议解决方案，“而是要引导所有团队协调人都参与协作，找到解决方案”。我们能看出安东尼对优化所有参与者的相互性很敏感。

安东尼展开了调查与访谈。在几次与唐的进一步讨论后，他决定针对团队协调人的职责进行调查——包括他们想要保留的职责、愿意委派给团队成员的职责和那些认为该通过行政办公室来集中处理的职责。

安东尼这样描述自己的经历：

> 我和团队协调人进行的后续讨论是在一对一的基础上检验自己行为的大好机会。他们乐于敞开心扉来讨论敏感话题，也很欣赏我付出的努力，这让他们工作能轻松点儿。
>
> 每位协调人会负责特定的咨询专业领域。我不得不一直对如何框定（frame）问题而保持觉察，哪些方面要做深入调查，哪些方面又要巧妙地规避。例如，在一些情境下，我会画出一个图，将“市场增长”和“市场渗透”分别标注在两条坐标轴上（那个经典的明星/瘦狗/现金牛图）。在和保健团队的协调人谈话时，我将他的团队划分到明星区域，将一个被界定为薪酬领域的团队划分到瘦狗区域。这两个团队的协调人应该有同样的职责吗？或许保健团队的协调人应该增加支出以获得更多收入，而薪酬团队的协调人则应当努力削减成本以增加利润。
>
> 在任何情况下，这个图被证明是我运用框定/主张（advocating）/阐述（illustrating）/探询技能的绝佳场景。你不能直接就告诉一位在业内有 25 年经验的高级经理和专家“他应该改变自己的行为”，但是我脱口而出的是行动探询的语言行为要素。“接下来的几分钟，让我们讨论一下有关收入和支出的话题（框定）。我认为不同团队的协调人对创造利润的关注点应该是不一样的（主张）。让我们看看这张

图，会发现薪酬团队与保健团队是如此的不同吗（阐述）？你会让他们都关注同样的问题吗（探询）？”这是一个增加团队协调人觉察意识的机会。

接下来，我们会更详细地探讨“谈话”的四个不同要素（框定、主张、阐述和探询），这些概念在之前的段落中安东尼已提及过。他的故事结尾是这样的：在高层管理月度会议上做最终陈述之前，安东尼觉得有点怯场。这并不令人意外，因为在上司们的面前试验新行为，对他来说等同于示弱。尽管如此，会议本身还是很顺利。最终选出了三个团队作为试点来测试下放协调职能的想法以鼓励下属们培养领导技能。此后不久，安东尼得到晋升。

将谈话四要素紧密结合以提升有效性

安东尼关于谈话所学到的究竟是什么呢？这能给他以足够的信心进入不熟悉、不确定的领域，在这些领域中，从正式的组织权力结构来看每个人都是他的上级，但他却能像身处同僚中一样侃侃而谈。

谈话是人类世界主要的也是最具影响力的行动媒介，会出现在商业活动、学校、父母和孩子中以及爱人之间。我们认为谈话的四要素（框定、主张、阐述和探询）代表了人类行动的原子结构。如果我们能建立一种沉默中聆听的三环觉察来反思自己的行动和团队当前的活力，正如刚才看到安东尼在会议中进行的那样，我们就能在说话时组织且重新组织这些原子结构的组合，平和地利用人类所拥有的力量，这种力量堪与技术上的单边核能相匹配。

在工业时代和当前的电子信息时代，从技术上来说，我们已经变得很强大了，却仍未形成行动的力量。说要摒弃谈话而直接行动的人（他们的谈话往往成效偏低）显然没有意识到一个事实：谈话其实是行动的精髓。实际上，我们互相谈话的方式极大地影响着自己。最优秀的经理们通常对很多我们正在说的东西有一种直觉性的理解，并且有意无意地培养了一种谈话艺术。然而，我们当中大部分人几乎从未意识到谈话这种行动的“核动力”对我们的影响是如此巨大。我们有意地把全部注意力都聚焦在说出来的词语内容上，而不是谈话的动态过程。

我们认为，随着安东尼对自己正在进行的谈话保持了充分的临在状态，对谈话四要素的平衡和结合能力的不断提升，他的谈话成效也在不断提高。换句话说，如果你发现自己的谈话只由一种或两种要素类型主导，那么建议尝试增加更多其他类型。然后你们可以用自己的谈话实验来检验上述这些主张。

以下是谈话四要素的定义和实例。

1. 框定是指明确说出当前场景的目的、参与人员欲解决的困境、你认为大家相同或不同（但需要说出来进行验证以确保无误）的假设。也就是说，把你的观点和对他人观点的理解放到台面上进行检验。这是在谈话和会议中经常被遗漏的谈话要素。领导者或发起人总是常常假设他人知道并共享整体目标。明确的框定（或者当谈话偏题时的重构）确实有效，因为框定已为人共享这一假设常常并非事实。人们如果在框定（“他想得到什么”）时必须靠猜测，常常会猜错，并且因为这种框定本身是遮遮掩掩的，我们常常会将错误归咎于负面的操纵性动机也就不足为奇了。

例如，开会时不从第一项议题直接开始，领导者可以先提出一个明确的框定进行验证：“离截止日期只剩一半时间了，我们已经收集了很多信息，分享了不同的方法，但还没有做出一个决定。我认为今天我们最重要的事就是要对某事达成一致……至少做出一个大家都认可的决定。我认为 XYZ 是一个绝佳的机会，所以想从它开始。你们都同意这一看法吗？或者你们认为还有别的是今天最重要的事情吗？”（事实上，看完接下来的三个谈话要素后，你会发现这个对会议可能的架构的验证，实际上也包含了谈话的四个要素。）

2. 主张是指采用相对抽象的语言来明确表明和行动有关的选择、观点、感受或战略。（例如，“我们得快点发货了。”）有些人的谈话几乎全是主张；而另一些人却完全不主张。两种极端——一味主张或从不主张——似乎都相对无效。例如，“你有多余的笔吗？”这句话不是一个明确的主张，而是一种探询。你问的那个人或许会据实说“没有”，然后转身离开。对比一下，如果你说：“我需要一支笔［主张］，你有多余的笔吗［探询］？”那个人更有可能这样回答：“没有，但秘书办公室里有一整盒笔。”

对大多数人来说，最难有效进行的主张类型是有关我们感受的主张——特别是对当下所发生一切的感受。之所以困难，部分原因是我们常常对自己的感受一知半解，也不愿展现自己脆弱的一面。此外，避免引起潜在尴尬的这种社会规范让当下的感受似乎成为不可讨论的内容。出于所有这些原因，感受只有在强烈到爆发的程度，才会进入谈话中，然后很可能以对他人进行苛刻评判的方式呈现出来。（“该死，你们这些大嘴巴给我闭嘴！”）然而，这种关于感受的主张方式通常比较无效，因为它会激起他人的防御心理。比较一下，一种弱势的描述更有可能获得别人真诚的分享。（“我觉得很沮丧，因为这种如机关枪般快节奏的谈话把我完全挡在外面，我感觉不到它正让我们达成共识。其他人有这样的感觉吗？”）

3. 阐述涉及的是讲述更为具体一点的故事，如果把主张看作骨架，这就好比为它添加血肉一样，因此可以更加清楚地引导和激励他人。例如，“我们必须早一点发货［主张］。我们最大的客户杰克·塔恩收到了一个加急订单，本周内需要我们的配件［阐述］。”阐述所建议的任务和战略与单纯从主张推测出来的完全不同。单纯的主张可能被看作对下属或另一部门的批评，或者可能引出一种不恰当的回应。例如，它可能带来了长达一年的系统性改革，但其实真正的意向目标是更具体层面的短期行动。然而，没有主张的阐述就会完全缺乏方向感。

你或许确信自己的主张有且只有一种有关行动的含义，是下属或同级理解错误。但在这种情况下，你的认定存在着严重的形而上学的错误。含义本质上是无穷无尽的。从来不会只有一种唯一的关于某一行动的含义或解读。这就是为什么当我们想要更有效地实现目标共享时，清楚地知道谈话四要素并有序整合它们是如此重要。

4. 探询显然是指向他人提问以了解信息。理论上，这是世界上最简单的事情；实践中，却是世界上最难有效实施的事情之一。为什么？原因之一就是我们经常用反问的方式进行探询，刚才我们就这么做了。我们不给别人回应的机会，或者我们的语调会暗示自己并不真正想要一个答案。“你好吗？”这句话我们每天要说几十次，却并不真正想知道答案。我们说“你也认同，不是吗”，清楚表明了自己想要的答案。

如果我们要探询自己提出的主张，有一个窍门：如果他人确实不认同的话，鼓励他驳斥这种假设。这样，如果他人证实了我们的假设，我们就确信这种证实是有意义的。如果没有，我们就知道接下来的任务是要达成一致。此时，可能有效的做法是将焦点转移，不再只关注自己的观点，而去探询他人是如何框定、主张和阐述正被讨论的这个问题。

难以有效探询的另一个原因是，在探询之前如果没有进行框定、主张和阐述，它可能就很难奏效。单一的探询往往会让他人去猜测其背后隐藏的框定、主张和阐述到底是什么，从而在回应时非常谨慎，带着防备心理。例如，“我们手上有多少库存？”（“嗯……他在企图为削减劳动力找理由。”）

要注意到贯穿谈话四要素的核心价值就是相互性。在主张和阐述时，我们会尽可能中肯地、令人信服地去陈述自己当前的观点。在框定和探询时，我们会尽可能创造性地去接受他人的观点。

但对于一个特定的场景，我们如何才能知道到底要探询什么，运用什么去阐述，主张什么以及怎样去框定整体形势呢？对这些问题的概括性答案就是，谈话四要素的各个部分源于在第 1 章中我们所讨论的对四个经验领域进行的第一人称研究，如表 2.1 所示。

表 2.1　谈话四要素如何从四个经验领域中获得适宜的内容

框定	注意力/意图/愿景
主张	战略/结构/目标
阐述	行为/操作
探询（和倾听）	外界结果

它们是这样建立关联的：要确定什么样的探询在当前情境下会引发最大可能性的共识和协调行动（并且能清楚地得到回应），我们需要重点关注外部世界的经验领域（例如，“目前让您立场如此坚定的商业环境是什么样的”）；要确定什么样的阐述目前是最恰当的，我们需要重点关注我们行为所讲述或体现的故事（例如，“您已经打断了我两次，而且几乎是在咆哮。这个事实让我很想知道究竟是什么令您如此生气。”）；要确定应该主张什么样的战略，我们需要重点关注认知/情感的经验领域（例如，“如果我们能想出一种方法可以同时促成各人正为之奋斗的事情，那么我们或许可以找到富有创造性的战略去应对这个市场。”）；要发现什么样的框定对我们的共同行为最具包容性和针对性，我们需要重点关注最后一个经验领域，即直觉性意图的领域（例如，“我逐渐意识到，如果想让公司和我们的领导团队在未来十年持续发展，或许我们能给出的最好礼物就是学会如何让我俩及我们两个部门更好地协作。这是不是一个与你们的愿景完全兼容的十年愿景”）。

练习超洞见将谈话四要素整合起来，似乎是一笔不划算的投资，因为听起来似乎要投入很多努力，也没有实质上的单边技术性能力去获取结果。的确，运用探询和阐述去发现、讲述那些易受其他观点所影响的事实，似乎会极大威胁到我们在单方操控局势时所形成的（或想象中已形成的）某种气势。我们中大多数人都不希望这种气势被打破，因此，对于尝试真正的框定、主张、阐述和探询的方式犹豫不决，因为用这种方式谈话可能会唤起真实的回应，而这些回应会扰乱我们的气势，驳斥我们的美梦。这也是为什么当我们对使用常规方式所实现的结果不满时，会更有积极性去尝试谈话式的行动探询，因为用新方法进行尝试没有什么损失。正如我们说过的，尽管这种人际间的行动探询能够提升我们的联合效率和有效性，但获得的主导价值增强了相互性。只有当我们自己转变到对相互性的认同多于对单边控制状态的认同时，才能完全习惯于这种说话方式。

只有当我们强烈且真诚地想要在行动当下保持对自己的觉察时，才能成功做到经常有效地实施框定、主张、阐述和探询。只有当我们强烈且真诚地想要知道真实的回应，尤其是这一回应是在质疑我们当前的框定、主张和阐述时，我们才能成功做到有效地框定、主张、阐述和探询。我们会渐渐从骨子里感受到，只有基于事实和相互性的行为才会有益于我们、他人和我们的组织（培养这种感受是一个终身旅程，我们会在第 4~7 章中探索这个旅程中的主要阶段）。

除了想知道他人对这种情境的真实感受外，还要让我们行动/探询的方式使他人确信：我们希望被质疑，甚至被证明有误。为什么？因为人们一般不愿意去驳斥别人的框定、主张或阐述。直接这么做往往会被认为粗鲁无礼，如同让别人“没面子”。这个问题越敏感，向他人阐述为何我们看重驳斥的回应（如果确实是他们真实的回应的话）就越重要。

练习谈话四要素的规范化方式

八年前，我们的合作伙伴埃里克·福尔德、珍妮·鲁道夫和史蒂夫·泰勒组成了一个自发学习小组。他们每月聚会一次练习行动探询，还帮助其他这样的小组进行练习。用他们的话说，成员们常常会描述有关自己的重要互动关系的案例（或计划去实施的互动），小组成员之间的现场案例也时有发生。事实上，本章早前提到的安东尼的故事，就是他寻求小组成员帮助而建立的一个持续性行动探询项目。另一个类似小组的成员在日常工作中面临某种挑战时，有时会借助邮件来寻求及时帮助。

关于这样的过程如何在一个给定情境中发挥作用的详细书面介绍为数不多，鲁道夫、福尔德和泰勒记录的是其中之一。本章余下的篇幅将呈现他们描述内容的浓缩版本。它展示了通过使用框定、主张、阐述和探询，谈话能直接有助于个人的自我转变，让自己思路变得更为清晰。你或许可以和同事或工作以外的朋友创建一个小组，讨论一些类似我们在第 1 章结束时请你开始去记录的案例。

梳理这类案例的意义就在于可帮助案例撰写人（及他人）明白自己为何受到阻碍，避免同样的问题再次出现。下文（见表 2.3）提供了一个至关重要的指导框架。运用接下来介绍的工具，我们将对这个案例进行分析，并将我们对黛娜的隐含假设、行为和结果的观察填入表中。

在这个具体案例中，黛娜是技术变革行动（ACT）的主管，这是一个以工会为基础的联盟，旨在解决计算机技术对职业健康影响的问题。谈话发生时，黛娜任职主管还不到一年。案例中的另一个人物安妮，大约比黛娜早一年半进入该组织。安妮并不觊觎主管这个位置。尽管她很年轻，但已熟谙组织和权术之道。黛娜非常尊重她，也很倚重她，尤其在自己担任主管之初。

在黛娜到任初期的几个月中，她和安妮相处得非常好，但是不知从某个时刻起两人关系开始紧张起来，到现在两人的谈话常常陷入僵局。在接下来的例子中（见表 2.2），就展现了她们谈话的典型模式，当时她们正在争辩哪个场所是更适合得到组织帮助的目标。在接下来的这段交流中，另两位成员米里亚姆和弗雷德也在场，但都保持沉默。现在让我们看看表 2.2。

表 2.2　示例对话及内心独白

黛娜和安妮的对话	黛娜的想法和感受
黛娜：还有哪些别的潜在场所？ 安妮：不久前我们和 Phoning 股份有限公司的人聊了聊，或许我们可以再和他们核实一下。	
	这主意不咋地，她为什么会推荐这个？

续表

黛娜和安妮的对话	黛娜的想法和感受
黛娜：您指的是马萨诸塞州西部的那家电话营销集团？他们干得不错，不是吗？他们只为高级客户提供服务。 安妮：好吧，但他们对待电话客服的条件不太好。 黛娜：他们只是一家很小的公司，并且基本上他们和我们是同一阵线的。或许如果我们资源没有限制的话还可以考虑，但事实并非如此。 安妮：我没看出这一切有什么关联。那里有工人在恶劣的环境下工作。他们可以借助我们的援助。	她漏掉了重点。
	胡扯，我们又要发生冲突了吗？她的纯粹主义者观点简直让我抓狂。
黛娜：我们要面对的敌人不是 Phoning 股份有限公司的经理。 安妮：或许他不是您的敌人，却是我的敌人！	
	为什么我们会到这个地步？为什么气氛会变得这么紧张？为什么我们一次次地陷入这种局面？
黛娜：但那不具备战略意义。	

小组从寻求了解黛娜所期望的结果开始。黛娜想从这段互动中得到什么？表 2.2 右栏有关“想法和感觉”的这一列常常提供了有关案例撰写人期望的结果的线索。

右栏暗示，她认为安妮基于教育目的考虑的对象提名是固执己见。她认为，“这主意不咋地”，并且“她漏掉了重点”。在对话中，黛娜试图让安妮弄清楚而强烈表示说：“我们要面对的敌人不是 Phoning 股份有限公司的经理。”当安妮反驳说没准他就是自己的敌人时，黛娜的应答是：“但那不具备战略意义。”请注意所有的这些评论，不管是自己内心做出的还是大声对安妮说出的内容，都是在大致主张她们可能采取的行动。实际上，它们都来自对认知的经验领域的集中关注，没有任何一个主张与当前众人是如何谈话的这个过程有关，也没有一个主张是来自对行动当下行为的经验领域的关注。

在黛娜看来，合适的对象类型是什么？黛娜试图搁置安妮建议的对象时说：“他们干得不错，不是吗？他们只为高级客户提供服务。”“他们只是一家很小的公司，并且基本上他们和我们是同一阵线的。”我们从中可以得出线索，对象不是一个小的、高级的组织。注意这些评论不尽相同，有的是一个反问探询（自答其问），有的是一种阐述（“他们只是一家很小的公司”），还有的是一种主张。整个谈话的框定都在围绕黛娜对其他潜在场所的初次探询。

学习小组注意到这些模式，询问黛娜是否能澄清自己为什么要这么说。她说自己想影响小组来确定符合标准的对象。黛娜本该鼓励所有成员说出潜在场所，然后框定接下来的谈话以制定共同的标准来选出合适的对象。与之相反的是，她却暗中试图强制使用自己的标准选择合适场所。

黛娜似乎也在为和安妮之间的冲突而感到烦恼。她暗自道：“胡扯，我们又要发生冲突了吗？”“为什么我们会到这个地步？为什么气氛会变得这么紧张？”当小组就这点询问黛娜时，她说她想要的是和谐的讨论，这有助于组织向前发展。

到此时再看黛娜案例中的谈话。黛娜想要一个和谐的讨论，但在讨论中只有她的观点可以占上风，这其中的讽刺意味众人都一览无余，尤其是对黛娜自己而言。事后回想，黛娜注意到在谈话过程中她还另有一个目标，只是当时还不是那么明显，似乎被想要自己的观点占上风的期待所淹没。另一个期待的结果就是：“进行一次真正的对话。”“什么是真正的对话？”有人问。黛娜认为，在真正的对话中她和安妮会充分分享自己的观点，彼此聆听并积极协商。换言之，黛娜开始意识到自己标榜的价值观是相互性（真正的对话），但在谈话中践行的价值观却是试图单边控制。

表 2.3 案例总结表

黛娜的实际框定	黛娜的实际行为	实际结果
1. 安妮奉行纯粹主义者观点，对组织而言这些是错误的标准	主张自己的观点却不去探询他人的观点	僵局：黛娜的观点并未占上风，也没有实现真正的对话
2. 如果我错了，那么我（作为老板）的可信度就不存在了。如果我错了，那么或许我就不该成为老板	不公开自己的推理	沮丧
3. 处理这个棘手的战略问题是我的责任（独自的）	诉诸关于具备战略意义的抽象标准，但并没有达成一致标准	
4. 如果我承认自己错了，会很没面子		
黛娜期待的框定	**黛娜期待的行为**	**期待的结果**
1. 我尊重安妮和她的观点	黛娜探询安妮的观点	黛娜的观点占上风
2. 我不必独自对组织的战略方向负责	黛娜公开自己的推理且探询他人的推理	组内和谐
3. 关于战略方向的真正对话能提升我的可信度	黛娜公开反思自己和安妮的冲突并寻求帮助	组内进行了真正的对话
4. 我愿意去试验以得到一个更好的结果		

我们把黛娜"期待的结果"和她实际获得的结果进行比较，就能得到一个清楚的画面，看到黛娜正面临的挑战。在这种情况下，实际结果几乎就和她的希望截然相反，自己的观点没能占上风，反而还让她和安妮陷入僵局；他们没有创造出真正的对话，反而都是针锋相对的断言；他们拥有的不是和谐，而是趋于激化的沮丧。怎么会发生这种情形呢？如果我们按逆时针方向沿着表 2.3 中的实际结果—实际行为—实际框定—期待的框定—期待的行为

进行追踪，就会发现答案了。

我们尝试尽可能具体地想象期待的结果。例如，黛娜公开反省自己和安妮的冲突并寻求帮助时可以这样说：

> "此时我觉得自己进退两难。一方面我确实希望大家将我认为合适的组织定为目标对象。另一方面当我一味地推行自己的观点时，就会出现那种我和安妮在不断重复的模式：我说我的观点，然后她说她的观点，我们似乎都不能影响彼此。我没能得偿所愿，她也没有，我们就只能这样僵持着。这种模式过去一直在妨碍我们。我认为自己对什么是正确战略持开放的心态。我相信如果我们一起努力，会得出一个更好的战略，优于安妮和我各自在脑海中持有的那个。你们其他人愿意尝试一下这个方法吗？"

请注意，要说出任何这样的话，黛娜首先必须抛开自己在认知的经验领域的主张，然后重新去关注行为的经验领域。练习超洞见，像刚才提议的那样说话会有什么好处呢？

这种群体的方式有三大好处。第一，它能将沉默的米利亚姆和弗雷德邀请到谈话中，给他们赋能，增强小组内部的整体相互性，降低黛娜和安妮之间绝对极端化的可能性。第二，它描述了当前过程中形成的僵局，这是在初始谈话过程中黛娜完全没有立刻明确意识到的一个领域。第三，很明显它能促使团队运用相互影响来形成一个可能的组织战略双环转型。如果黛娜和她的同事们（还有你）能够学会如何在会谈中参与"动作流"（action-flow），那么她（和他们以及你）或许就能帮助那些困在类似情境中的人们。

现在我们进入第 3 章来回答"个人及人际间行动探询可以怎样拓展为组织行动探询"这个问题。

CHAPTER 3

第3章

作为组织方式的行动探询

在第 1 章中，我们阐述了个人如何自我练习第一人称行动探询。在这种行动探询中，我们寻求注意力——一种意识的临在状态——来关注自己对目的、想法、行为和效果的直觉感受之间的关系。通过这种方式，我们逐渐使自己内在的真诚与日俱增。

在第 2 章中，我们仔细研究了一些近距离观察的实例，了解可以怎样在与他人的谈话中践行第二人称行动探询。在这种行动探询中，我们寻求整合框定、主张、阐述和探询，以更好地识别从所有谈话参与者的视角来看正在发生的一切意味着什么，因此，无论达成的结论是什么，我们都会逐渐形成更坚固的相互性和相互对结论的承诺。此外，我们注意到有效而适时的第二人称行动探询要求参与者同步实施第一人称行动探询。

在本章中，我们把行动探询看成不受时间和场合限制的一种人员、知识和资源的组织方式，其目的是实现可持续性。我们称之为第三人称行动探询，因为它超越了我们自身的范畴，涵盖了当时在场的他人以及那些可能永远不会认识彼此的其他人。后一种人随着时间的流逝通过组织、网络或者市场结构（如股票市场）而彼此相关联。在本章末尾，我们会通过有数百万人参与的行动探询来仔细研究作为一种第三人称组织形式的股票市场，但在我们开始之前，会先介绍一个规模小得多的组织转变，涉及面仅为几百人而不是几百万人——一个商学院研究生院的转变。在那之前，我们会简单讲述一个三人合伙企业在创业第一年的一些经历。而在那之前——确实如此，也就是接下来——我们将解释行动探询如何作为一种组织方式发挥作用。

组织行动探询的基本任务、时间视域和权力

就像在第一和第二人称行动探询中发现的，我们认为，有效的、具有转化性的，同时也是可持续性的第三人称行动探询同样要求将四种经验领域和可进行单环/双环/三环反思、学习与改变的机会整合起来。本书第7章中，当我们在考察哪些CEO有能力帮助他们的组织成功转型时，会用实证展示出，成功的第三人称行动探询也需要第一和第二人称行动探询的实践。

在第三人称行动探询中，我们谈到的四个领域是指愿景、战略、执行和评估（见表3.1）。在市场经济中，盈利能力和市场占有率的增长一直是评估公司的主要形式。亏损要么会导致对运营的单环改变，要么会导致对战略的双环改变，甚至可能是对使命的三环改变。

表3.1　四种经验领域如何在第一人称的关注、第二人称的谈话与聆听和第三人称的组织中得到体现

第一人称关注	第二人称谈话与聆听	第三人称组织
意图	框定	愿景
思考/感受	主张	战略
感知/行动	阐述	执行
影响/察觉	探询（和倾听）	评估

当然，除了营利性企业之外，还有其他组织形式（如政府、非营利性机

构、大学等）；除了盈利能力之外，还有其他评估形式（如组织如何影响参与者的权益；基于对社会和自然环境的影响考虑，组织过程的可持续性如何）。

随着时间的推移，作为作者，我们已经逐渐理解了从行动探询和四个经验领域层面看到的领导力和权力。我们认为，组织任何层级的领导者若要变得完全可靠且能长期担当重任，他们必须能够实现四种不同类型的领导力，同时要具备传统意义上的有效性，并会对个人和组织的转变提供支持，这种转变对三环学习体系的实现是必不可少的。我们相信名副其实的领导者一定能够：

1. 对外界可能随时发生的意想不到的紧急情况和机遇进行及时响应。

2. 及时履行事务性工作和岗位职责，这通常需要一周到三个月的时间来完成。

3. 定义并实施一个重要的战略举措，这通常需要 3~5 年的时间在战略、执行和评估领域进行不间断的协调工作。

4. 澄清组织使命，鼓励持续改进，实现对使命、战略、执行和结果之间的协同，这需要 7~21 年，因为组织成员只会逐步地判定这个进程的价值并主动参与到行动探询的过程当中。

与领导能力相关的这四个时间跨度相互渗透并彼此影响，因此长时间的有效管理就要求始终兼顾并平衡这四种领导力。实际上，更进一步观察的话，这四种领导力中的每一种都兼具长期和短期特质（例如，在有些情况下，终极使命的成功实现取决于对一次意外机遇的即时响应）。

对应于不同领导力类型的需求之间的关系可能相当紧张，因为涉及两种短期领导力的任务更多是由特定时间下的外在因素决定的，而涉及两种长期领导力的举措则更多是由内在因素决定的（如果它们都需要行使的话）。一种极端情况是，如果一位领导者是完全被动地在规划时间，那么更紧急、更为外在的需求会占得优势，从而排挤持续性的探询和战略举措。另一种极端情况是，如果一位管理者不能在两个较短的时间跨度内有效进行工作，就会被孩子、学生、下属、同僚和上级认为无益的、不切实际的（不可靠的）。

大多数领导者在处理不同领导力类型间的紧张关系时倾向于选择聚焦一个活动。我们不是都知道“救火队员”不停地在应对紧急情况（似乎常常也是紧急情况的始作俑者）吗？还有埋头于日常性事务、拒绝任何变化的“官僚主义者”吗？还有那些“有远见”聪明绝顶却又难以与人合作的战略规划者吗？这些夸张描述所代表的方式几乎肯定会加剧各个经验领域间的不协调，随着时间的推移而降低组织效率。我们进入任何特定的领导角色时，可能会发现四种经验领域中存在严重的紧张状态和不协调，这是因为前任可能已经采用了相对片面的领导方式，就像这些夸张的描述一样。

然而，如果一位领导者能够积极地、有意识地兼顾并平衡这四种领导力，那么每个时间跨度的需求将逐渐补充并支持其他三个时间跨度的有关活动。然而，显而易见的是，要实现这种兼顾与平衡最开始就要求保持对这四种组织经验领域的觉察，欣然接受它们。简而言之，在持续进行的基础上努力生成三环学习——超洞见，就是真正适时领导力的秘诀。但是很少有组织成员（如果有的话）会做出这种努力。与之相反，不同的成员就组织的问题及如何解决可能有截然不同的观点。

我们刚刚讨论的领导力的四个时间跨度与不同领导类型惯于运用的不同权力大致对应：

1. 眼前的机遇和紧急情况通常需要对单边权力的临时使用（仅仅是因为可能没有时间进行其他处理），但并非总是如此。单边权力最能短暂改变外部世界。

2. 常规的职责任务和短期项目通常通过两种权力类型来实现——参照权力（referent power）和逻辑权力（logistical power）。相互参照性权力或参照权力是一种由权力服从者而不是权力行使者建立的权力，是“被统治者一致认同”的一种权力。它最适用于去影响同事就一个给定项目的具体表现。参照权力认为，如果你告诉同事去做什么，他们或许会抗拒；如果你询问他们是否会（运用他们的权力）帮助你，他们更可能配合，只要你也如此回报他们。

与之相对应，现有架构下有望效率更高的新项目（如研发一个新的销售软件系统）需要使用逻辑权力来为其创建一个微型的连贯新体系。逻辑权力是在既定的架构中系统地创造一种达到预期结果的新方法的力量。

3. 战略规划和实施的要求更为复杂。实施一个长期的战略需要同时兼顾逻辑权力、参照权力和单边权力。要发展一个真正有驱动力的战略计划需要一种直觉性的、目标明确的前瞻力。

4. 最后，展望或者重新展望引人注目的组织使命，让组织成员持续实践行动探询以增进使命、战略、执行和结果之间的协同性，这都需要转变性权力并巧妙地适时整合我们刚刚提到的所有权力类型。

小公司的构想、投入和组建

伊丽莎白年近 30 岁，是英国一位成功的网站设计师。她在巴斯大学攻读行动研究的硕士学位，并决定在一年时间里，与新成立的设计工作室的两位合伙人定期反思自己正在创建的业务类型，以及自己的日常活动是否真正体现了自己的真实意图，以此作为自己学术研究的内容。

三个人租了场地，将电脑联网，也创立了几种不同类型的业务，都和他们最初认真讨论合伙创业时所设立的主题有关。他们创造了“服务设计”（service design）这个术语，以填补设计界的空白市场。

与出售单个产品的“产品设计”或“图表设计”不同，“服务设计”关注的是为每位客户个体定制可持续的（也可调整的）服务。三位合伙人被绿色资本主义的思想所吸引——这些理念包含采取客户拉动业务的方式、从交付服务的所有材料中寻求最佳投资回报、把地球体系本身当成我们想要维护的服务（如“供暖服务”和“淡水服务”）。他们对服务设计的抱负就是发挥持续的作用，将工作和生活中衡量富有的标准从物质的消耗逐渐变成持续的价值流（flow of value）。

这的确是远大的使命愿景设计。作为研究生作业的一部分，伊丽莎白在其日志和公开反思中所采用的结构极大地提高了单环、双环和三环学习的可能——但是这些合伙人实际上做了什么呢？尽管没有使用任何行动探询术语，他们确实立刻开始询问如何将这些理念应用到他们与客户早期举行会议时的战略和执行中，会议之后又立即召开自评会议。例如，他们预见到一个汽车制造商很可能转变为“移动供应商”（mobility provider），在与之会谈时，他们设定了非正式的基调，避免一味进行固定套路的演示，理由是正式的陈述是“供给推动”的方法，而不是“需求拉动”的方法。（他们能迅速看到高度抽象的“需求拉动”概念与他们实际销售实践之间的类似性，让人印象深刻。）

会谈期间充斥着各种玩笑和题外话，有关在服务设计领域市场空白的简述让这位潜在客户私下说起公司“贩卖金属”的文化和它那不如人意的服务态度。他透露，最近自己想改变品牌文化的打算被董事会否决了，但他依然认为改变文化是公司生存所必需的。会议最后的结果是，在半小时内合伙人营造了一定程度的相互性，让客户向他们吐露了很多关于公司和自己个人的信息。实际上，他们已经建立了公司战略同盟。

伊丽莎白和她的服务设计合伙人发现一家电信公司的企业社会责任部门被公司当作一种公关或风险管理职能，而不是利润的积极贡献者。他们在琢磨如何更好地为这个部门和整个公司提供服务。他们创作了一篇假设未来会刊登在《金融时报》上的文章。文章报道称，在企业社会责任部门发起下，公司和一家大型电话生产商签订了一项协议。依照协议，电话生产商会生产可进行软件升级的电话，这样就不要求顾客购买新的手机，然后两家公司共享服务利润。这个未来的产品为公司内的广泛对话创造了没有威胁感的氛围基础。由此它带来了三个成果：让公司重新定位了企业社会责任部门的角色；

将企业社会责任部门与利润而不是成本联系起来；承认企业社会责任与业务核心相关，而不是公共关系的附加元件。

公司成立一年后，伊丽莎白回顾自己这一年的收获，意识到自己和合伙人经历了重大转变。在之前的工作经历中，他们只是大型企业里无足轻重的小人物，只能被动地随之潮涨潮落。现在他们在自己的公司以及在为其他公司提供顾问服务时能积极进行转变。对于人们愿意倾听她的意见以及别人对她和伙伴们的尊敬，她很意外，意识到这和他们在与客户会谈时践行的相互性有关。如果要创造真正的相互依存和新的价值，她必须在四个经验领域不断地来回切换，这让她感到震惊。然而在公司建立之初，她非常紧张，担心合伙人是否会为了适应具体的客户需求和市场实际情况而对他们的使命做出折衷处理。但后来她意识到，正是这种从抽象到具体、从愿景到战略到执行再到评估的多次反复过程才让他们得以坚守自己的价值观。尽管伊丽莎白和她的合伙人并没有使用我们的术语“行动探询”，但他们确实在有意地践行这个术语所代表的意义。

管理一所商学院

现在让我们转到一个规模更大、根基更牢固的组织场景，比尔·托伯特在此担任研究生院院长。因此，现在他将转成第一人称来讲述这个故事，这样能更为具体地展现在整合不同的任务、时间视域和组织行为探询所涉及的权力类型时面临的挑战。

1978 年，在我接受波士顿学院商学院（现在是波士顿学院华莱士·卡罗尔商学院）研究生院院长职位之前，已经在一些机构的非核心部分进行了广泛的行动探询实验。在波士顿学院，我下决心要弄明白如何在一代人的时间里孕育出一个持续转变性探询的环境，将其制度化并沿袭下去。我知道这样的探询包含对权力的清晰认识，实施过程中既要符合道义，又要有艺术般的技巧，要能质疑、挑战自己和他人，也能真正接受真实的自我，而不只是自己最理想的样子。

在 25 年后写下这段经历的今天来看，在波士顿学院的工作似乎足以给正进行同样努力的人提供具体的实例，告诉他们可能面临的困境。首先我简要地回顾那段时期组织内所发生的事情；然后细节性描述一些重要的事件，阐明领导力的四个时间跨度和四种权力类型之间的相互影响。

历史概况

1978—1980 年，学院教职工推行了一种新的 MBA 教育模式。它着重教授学生两种技能，通过团队咨询项目教授行动技能，此外，还会教授分析技能，并向学生展示如何在真实场景的压力下将这两种技能相结合。与此同时，该模式不仅请学生和教职工检查自身的有效性并进行提升，还会关注到项目本身的有效性。简而言之，在很多美国企业开始尝试实现“持续质量改进”很长一段时间之前，它就已经形成了这种模式。到 1982 年，根据一个由各大商学院院长参加的投票显示，该 MBA 项目从 100 强之外一跃名列全国 30 强。到 1987 年，学院的毕业生在企业的第一年平均薪资稳步增长（即便在 1980—1982 年大萧条时期），根据这一指标，该项目能跻身于全国 25 强。

学生对该项目的投入程度体现在他们自行创立了研究生院校徽，上面的座右铭为“成功源于合作和真诚”。与此同时，该项目的应届毕业生成功资助了戴安·维斯案例演示比赛。迄今该活动已举办了第一届，它是与企业合作的团队咨询项目的成果，这些项目旨在切实改进企业运营，而不仅仅是纸上谈兵。所有一年级的全日制学生都参加了这个比赛，将理论与实践结合，而这恰恰是波士顿学院项目的独特之处。比赛冠名为戴安·维斯，这是一位学生，她带领团队在各种案例演示中名列首位，还是全班最早毕业的人，可惜一年后就因癌症而去世。

践行能实现组织转型的权力

本章开头介绍的四种领导力任务、时间视域和相关权力类型的简单理论能如何帮助我在波士顿学院的发展中发挥建设性作用呢？

我认同其中或许存在别的因素，但证据表明，我对在行动中探询的兴趣以及对四种领导力和权力的平衡感对刚刚提到的积极结果发挥了作用。1978 年，在寻找一种类比关系来最恰当地诠释这些领导力和权力并将两者相互关联时，我的注意力被有关使命的问题所吸引：

1. MBA 项目应该为每个学生做些什么？

2. MBA 项目应该为项目本身做些什么才能使其成为一个日益高效的组织？

3. MBA 项目应该做些什么才能最好地代表大学，代表一所耶稣会（Jesuit Order）大学？

4. MBA 项目应该做些什么才能巩固其在专业教育和全球政治经济领域更为广泛的舞台？

带着这些问题，我和教职工进行了一系列访谈，讨论根据他们所处的不同领域如何定义有效性，他们如何看待学校的有效性，以及他们如何评价自己职业的有效性。这些访谈让我更好地了解了同事，也让我看到学校教职工内部已经存在的决心，那就是要为学生开设以行动为导向的课程。这些访谈也揭露了在学校普遍存在，但此前却从未公开表明的关于由来已久之惰性的看法。不同的教职工称之为“一种不作为的氛围”“一种组织性的自卑感”“一种对研究成果的消极自我态度”和“一种普遍的平庸感”。如果我们要想有不一样的结果，的确需要改变这种组织性的自我概念。但是要怎样做呢？

在一次公开的教职工反思会议上，我分享了这种脆弱的组织性自我概念，随后进行的公开讨论促使许多教职工意识到，应该把各自喜好的项目和对彼此常用的批评都搁置一边，要在一些新的举措上达成一致。学院已经出现多年投票确定新项目未果的状况，但接下来的六个月时间里，全体教职工通过了重组 MBA 项目和其他五个重要举措。这个例子表明对机构层面重建愿景的探询如何能在形成具体战略倡议并对其提供支持的同时改善组织的持续运作。

与此同时，我发现耶稣会有一个重要的座右铭——“在行动中冥想”，这句话充分表达了一种同时培养更广泛觉察和有效行动的决心，让我看到这所大学的教会特质。对于一个聚焦如何培养自己和他人开展有效行动的 MBA 项目来说，这种特质绝不是毫无关联或者是一种潜在阻碍，恰恰相反，这是一种坚定的后盾。这种使命感——培养有效的行动——使美国所需的管理需求与一所耶稣会大学的特质保持一致，与我们具体商学院的需求保持一致，也与学生对接受务实教育的长期关注保持一致。对我来说，这种使命感赋予了一条线索，让人们能在经年的努力中有意识地保持专注，否则局面可能变得混乱而让人沮丧。

一开始确实会产生混乱的迹象，紧急情况也确实发生过，这在管理领域已司空见惯。这些现实情况要求，除了要用温和的权力将人聚集起来进行商谈之外，还要运用其他类型的权力。我到任第一天就发现，前任遗留给我的一位下属处于巨大的职业危机中，她既不能执行任何工作，也无法明确决定自己该做什么。当那天我要求她提交打算做这份工作的书面声明，否则就提交辞职报告时，她提交了前者。我们双方握手后她离开了办公室，然后我发现她掉在地上的一封辞职信。当晚我一夜无眠，一直在考虑出于为办公室和学校考虑，是否有必要坚持单方面辞退她（她所说要留下来的决定显然不够坚定），可是第二天早上一到办公室，就发现她刚和办公室所有的同事进行了一场争吵，这样一来，她的辞职就变成双方的决定了。

我记得第一次和学生进行非正式公开会议时，自己还在期盼着进行自我介绍，同时也认识学生们，却发现他们一致要求在学期还没结束时就停掉某位老师的教学或者退还他们的学费。在不能证明其“道德败坏”的前提下，是没有办法强制让一位老师在学期的中间停止授课的。但是经过一系列认真的交谈，很幸运的是，最终这位老师自愿请辞，由另一位更胜任的老师顶替上课。在每个这样的案例中，都运用了一种相互的探询。在这种探询过程中，大家不会为了推脱责任而提出面子上好看的解决办法，最终会得出真正的解决方案。

当我知道学校有一个系认为我没有权力强迫任何变革，甚至拒绝跟我当面谈论有关 MBA 课程改革的话题时，自己的震惊情景我现在还历历在目。我并没有强迫任何变革的意图，但是那个系如此坚决地固守自己的优先考虑（甚至不愿意去自我审视一番），最终我不得不同时使用了单边权力和参照权力来展现自己的力量，这样我们才能开始一场更具相互性的转变性对话（实际上，那个系在接下来 10 年里从学校最差的系转变成了最好的）。

正如前面的故事表明，我处理紧急情况的方法不过就是广开言路、坚持做具有挑战性的事、拒绝无法应对挑战的折衷解决方案。但除此之外，我还会尽可能地认真倾听似乎是合理的建议，尽可能地采取相互性行动。如果单方面行动似乎越来越明显（就像在案例中，那个系不愿和我见面一样），在进行时的关键一点就是，不论对手是谁，都要向其公开自己采取单方面行动的原因。这一策略会邀请对手来挑战我的假设。如果我的假设是错的，我乐意放弃它们，他人就会看到我是能够被影响而改变观点的。退而求其次，我也给了他人以尊重，进行了协商，不会让其在毫不知情的情况下有吃惊或被人暗算的感觉。这样即使我最终采取了被认为是单方面的行动，也形成了些许相互性。我是通过长期的自律和忍耐才学到这个教训的，尽管现在听起来可能很偶然，但我坚信就这一个策略比我学到的其他任何教训都更能提高管理效率。

这个方法产生了很多成果，包括来自 IBM 的 10 万美元补助金；学校行政部门同意，出于团队集体工作的考虑，给予在重组后的核心 MBA 项目任教的老师一门课程的教学减免政策。以运用示弱的、相互转变性的权力为出发点，但在适当条件下接受所有类型的权力，这个过程带来了丰厚的回报。例如，我深信对于许多教职工而言，和这个创新 MBA 项目本身的内在逻辑权力相比，或者和该项目能应对美国管理领域正面临的更大挑战所带来的前瞻力相比，IBM 和学校行政部门对这个新举措的赞同和支持行为所代表的相互参照性权力无疑在最开始的时候显得更有意义，也更有说服力。我们如何能够逐渐让教职工有更大的决心去进行创新呢？

一个支持行动探询的行动探询团队

为了深化并协调 MBA 项目的重组，我在各个系里寻找信誉高的成员一起组建核心团队，为这个新项目制订计划，寻求支持并初步实施。主要参与者要通力合作，并用新的方式开展行动。当时人们对教职工会投票通过任何提案的可能性普遍持消极看法，因此我想尽可能地创立一个最有能力、最投入也最可靠的团队。这个团队不仅要会争论，更重要的是要示范一种共谋事业的新方式。近年来在给企业客户提供的咨询实践中，我发现，采用创建将主张付诸行动的团队对产生持续性组织行动探询最具吸引力和说服力。

我们将核心团队的会议纪要发给其他教职工，很快这些会议就成为展示前所未有的相互赋能和相互评价的平台。我们采用的教学方式是：相互教学，然后接受对自己教学的评论。例如，我们第二次会议的纪要就包括对我的教学工作所做的如下评论：

在评论托伯特的教学时，其他成员提到：背景材料让人印象深刻，但缺乏在此基础上的讨论，这让人困惑；讲义太多，具体事例不充分；讲得太快，没有使用黑板，没有总结；给出的事件更多属于管理领导力的例子而无关乎教学。

因此，尽管那天讲课时我并未预计到这种结果，但最终我公开展示了自己的弱点，我认为如果一位领导者打算获得转变性权力来从根本上影响他人的话，这是他必须做的。

我毫不怀疑，保证我们的最终提案获得通过的关键因素是，拥有高信誉的教职工核心团队对自己正在做的事情深信不疑。他们在投票前几个月就一直和同事们进行互动，而这些同事们有大量的机会去影响提案（实际上，初步设计被否决了），因此，教职工团队和我以同时改变我们的提案和学校的方式行使转变性权力。对于结果的产生也同样重要的是多次行使逻辑权力，如从提交给学院的提案中删除可能引起争议的行政议题。这样，团队通过不同权力类型的混合——首先是转变性权力，其次是逻辑权力，最后是参照权力（隐含在团队成员已有的信誉中）——实现了成功的结果。

行动探询在证券市场中

现在让我们将关注点暂时转向一个更大的组织活动——证券市场。我们将探讨在何种程度上它们会代表一种分散化的实时第三人称行动探询过程。

证券市场如何反映愿景重构、战略、执行和评估四个组织经验领域呢?我们能很快理解，股票价格的实时变动代表了那一时段所有买卖特定股票的投资者对所了解到的最新业务状况以及政策行为的整体评估。大多数没有经验的投资者和许多专业投资顾问的研究主要或仅仅只聚焦在评估的经验领域上，以此用来指导自己何时买卖何种股票。他们往往基于今天报纸的头条、昨天股价的变动或公司最近的季度报表来做决定。而且，他们的研究往往未经专业训练，也不是一种累加性的结果，或者不会进行自我参照（例如，他们不会去关注如何通过改变自己来增加成功的机会）。然而，涉及股票买卖的决定，在执行、战略和愿景重构所对应的经验领域中，是有可能进行经过专业训练的、具有累加性且会自我参照的行动探询的。

例如，在执行领域，作为自我参照的执行准则，一个人可以采纳这样的规定:“卖出任何跌价 8%的股票。”在战略领域，投资专业人士能够，也确实会给客户提供不同投资策略的选择（如大型增长股、中型价值股、债券等）。在愿景重构领域，自 20 世纪 80 年代初以来，社会责任投资（SRI）一直在为投资的真正目的提供另一种展望。社会责任投资的目的不仅是通过选择相对可靠的高利润率的企业来为投资者实现经济收益最大化，还为了优化社会公平、环境可持续性以及经济效益这三重底线，它们会对同时关注这三重底线的企业进行投资。

20 世纪 80 年代至 90 年代初期，经济学家、金融教授和华尔街的投资顾问几乎都对社会责任投资不屑一顾，因为它违背了新古典经济学理论和金融投资组合理论。根据短期的个人主义理性选择标准，收窄个人投资组合的标准而不是最大化股东的财富，只会减少个人的经济回报，别无它用。极少有经济学家和金融教授会认真思考在这些理论中的双环改变（1998 年诺贝尔经济学奖获得者阿玛蒂亚 · 森就是那些凤毛麟角中的一位）。

所以想象一下，20 世纪 90 年代末，当大部分社会责任投资企业开始为客户带来比平常的常规投资顾问更好的经济回报时，那些专业学者和顾问是何等惊讶。只要安装好任意一台传真机，主要的投资公司立马就开始为所谓的社会基金打广告。此外，从 1999 年到 2001 年末，经专业管理的社会屏障筛选投资组合的增长速度是所有投资资产增长速度的 1.5 倍，达到 3 万亿美元，并且首次在所有投资资金总额中占比 10%以上。

到底发生了什么？社会责任投资运动显然已经成功地将一些原本并非具有财务属性的变量概念化了，这些变量与更长期的正向经济收益相关。我们能发现在这个历史时期，有两种不同却相关的方式造成了这样的局面。第一，因为今天人类的经济活动正在明显地消耗我们的自然资源，“常规经营”的成本一直在攀升，因此，企业率先找到社会友好、环境友好的战略可能会降低成本。第二，市场研究员已经确定了一个保持增长的细分市场，即“绿色”和“文化创意”市场，这些市场的客户群体相对较富裕，因此，率先找到社会友好和环境友好战略的企业能吸引这个日益增长的消费群体。

换言之，社会责任投资运动正在践行一种单环/双环/三环行动探询。在三环层面，它为投资活动清楚地表述了重新展望后的一种新使命。在双环层面，它为投资顾问们提供了新的策略，如股东倡议以及与公司进行对话，让公司有机会去修改各种政策，这种做法能吸引更多的投资者，因为越来越多的投资者会以此为其中一个标准来做出投资决定。

社会责任投资运动带来的另一种持续的双环变化是制定了新的标准和措施来评估企业的经济、社会和环境效益。2000 年，联合国基金会给全球报告倡议组织（Global Reporting Initiative）拨款 300 万美元，以支持其对创立新的全球会计标准和措施的承诺。

不管怎样，用严谨的文字对本次就证券市场和社会责任投资的讨论做一个总结是非常重要的。对于如何在证券市场挣钱这个问题，没有什么高招可提供。社会责任投资基金倾向于避开大型石油公司，它们也青睐高科技企业。因此，自 2001 年以来，在战争和经济萧条的共同作用下，它们的经济收益下降。此外，整个社会责任投资运动仍然处于初始阶段，包括它使用的所有评估方法也如此（甚至在 20 世纪 90 年代末至 21 世纪初，传统的金融会计师要快速整理出真实的数据都很困难）。所以，以上有关社会责任投资的主张还不断存有争议，这种争议是恰当的，我们欢迎读者做进一步的探询。

同时，社会责任投资的举措也充分展示了证券市场的投资活动能如何进行转变。从主要聚焦于短期评估数字这种不明显的行动探询来看，通过社会责任投资，我们发现投资决策可以朝着日益显性的行动探询方向演化，这种日益显性的行动探询会去开始鉴别那些积极寻求优化三重底线的公司。

紧跟本章之后的插叙部分提供了与前三章内容相关的总结和练习题。然后从第 4 章开始的章节将带领我们踏上每个人都可能参与的一个终身旅程，它将让我们在单环/双环/三环反思的基础上，提升不断理解和行动的能力。

插叙

行动探询：概念和经验

第 1~3 章的总结和练习

第 1 章——行动探询的原理

在第 1 章中，我们从个人层面介绍了行动探询。作为一种在行动中的超洞见，它能实时评估动态的形势，完成任何优先任务；同时，如有必要，发起对任务的重新审视（也可能是对你自己的重新认识，就像史蒂夫·汤普森那样，重新审视自己在北海风暴中的经历）。

我们关注行动探询是如何在自己身上发生的，从而建立了对四个经验领域的觉察。史蒂夫·汤普森在北海的故事表明，为了在紧急情况下运用转化型领导力，我们需要培养在行动中探询的能力，这样才能接收和理解三种类型的反思：

1. 针对外部世界表现出的结果的单环反思，它要求我们改变行为以更高效地达成目标。

2. 对为了提升有效性可能需要改变的目标和战略而进行的双环反思。

3. 三环反思是关于我们要培养一种什么样的持续觉察，这样才能兼容四个经验领域并能检验行动的合理性和真诚性。

通过单环/双环/三环反思，行动探询能帮助我们提高行动的效率、效果和合理性，同时在内心产生一种真诚感。当我们的行动能同时产生外在的效力和内心的真诚感时，它们就具有深刻的适时性。

但很多人或许疑惑，如何用不同的方式练习注意力，让自己确实是在进行行动探询而不仅仅是在思考呢？下面是一些可以随时进行的个人行动探询练习。

关注练习

我们在此建议的注意力练习所涉及的第一个核心要素是：关注。如我们之前所说的，第一步是要开始认识到我们平常的注意力和觉察非常有限，因为很多在我们内心发生的事情我们都没有觉察到。一个正在学习这种觉察能力的人说："我感觉自己这一生都过得云里雾里的！"我们中的一些人直到开始真正关注时，才惊讶地发现自己甚至都不知道的内在的心理、情感和生理活动是如此之多。

- 在家或工作时（在可能的情况下），把闹钟或手机设置为每 60 分钟响一次。在铃声响起的那一刻，花 30 秒时间关注自己在心理、情感和生理上的感受（包括被铃声引起的任何恼怒情绪）。
- 当从一个活动过渡到另一个活动时，通过关注自己对于前一个活动的结束和下一个活动开始的感觉是怎样的，将这种过渡状态带入觉察范围中。
- 每天吃饭和入睡前抽时间进行自我回顾，确定继上一次的回顾后自己最满意的时刻是何时，然后暂停回顾并明确地问自己："是什么原因令它让我最满意？"同样地，找出自上次回顾后自己最不满意的时刻及原因。回想一下，在这些时刻发生时，你是否觉察到了这些反应。

- 每次当你和他人进行有意义的互动后，关注自己的感受。养成这样的习惯。

可以从其中的一项练习开始，为期一周，下一周再尝试另一个。起初可能一天下来都没注意到自己已经完全忘记要去关注感受了，这大致解释了你糊里糊涂生活在“云雾”中的原因！之后，随着这些练习在你的生活中占据了一席之地，你将体会到越来越多的自发性关注。你可能想把关注练习的清单复印下来，放在你每天可以看到的地方。

顺便说一下，关注不涉及评判，因为这是一个中立活动（或者反过来看，一段时间后，你可能发现，最初在练习时经常出现的评判就不是关注的一部分，但关注评判这一过程本身就是关注的一部分）。享受这个发现之旅吧！

第 2 章——作为谈话方式的行动探询

在第 2 章中，我们探讨了如何更深入地聆听他人和自己的谈话，关注单边或相互影响的过程。我们认为意义要么是建构式的，要么是碎片化的。就像安东尼在人力资源咨询公司进行的有效干预所展示的那样，将我们谈话的要素（框定、主张、阐述和探询）整合起来，形成建构式的意义。而碎片化的意义则往往是将主张和反主张进行毫无目的的堆积。

我们说过，行动探询式的谈话本身是由我们对四个经验领域的觉察组成的。框定聚焦于我们的注意力；主张则聚焦于我们的思维；阐述是基于我们对自己和他人表现的感知；而我们对他人体验的关注和对自身行动给外界带来冲击的关注能给探询提供恰当的指导。

命名练习

这个练习要做的就是留意四个经验领域，将四个谈话要素融入对话中。一个有效的训练方式就是和同事或朋友组成一个学习团队，每月碰面一次。

通过回顾彼此的具体案例（就像达娜的案例一样），参加和干预每次会议的过程，帮助你把本书中的概念运用到实践中。

我们尤其建议你要进行的练习是，关注在对话中自己是如何对即时的感受提出主张的。第 2 章讨论主张时，我们强调过，对大多数人而言最难有效使用的主张类型就是有关我们感受的主张。当在进行刚刚建议的关注练习时，你可能会发现，即便说出自己的一些感受是什么都比较困难，更不用说在公共场合去进行主张了。有人发现要花两天时间才能找到合适的词来描述自己对一个复杂情形的感受。在某种程度上，我们只有变得善于关注和说出自己所泛起的感受时，才能更娴熟地有效提出主张，恰当地使用感受的主张。和关注练习一样，说出自己的感受是一个中立的、非评判性的发现过程。请在每天进行的关注内在状态的练习中去融入这些说出感受的练习。

- 运用下面的句式结构帮助自己清楚和准确地说出进行关注练习时自己觉察到的感受，只要内心有感受产生就照此进行。

“当（1）时，我感觉（曾感觉）（2），因为（3）。”

（1）什么词最能描述那种感受？

（2）什么行动、事件或经历引发了这种感受？

（3）这次事件对你比较重要的影响是什么？

- 有很多不同方式来传递你的感受。例如，有同事将你们俩商量好一起制订的计划提前做了，你感觉非常生气，可能用以下七种方式（以及很多其他方式）中的任何一种来表达愤怒：

1. 以沉默对待那个同事。

2. “你为什么那样做？你违背了我们的约定。我再也不会和你合作了。”

3. 你语调轻快用带点滑稽的语气说：“那本来就是你的提议，那就这么着吧！”

4. “我觉得你本应该等我一起的。”

5. “你那样自己提前行动，这让我很生气。”

6. “我觉得很生气，因为你没等我就做出决定。”

7. “我对你独自做出决定感到有些生气，因为我们说好要先等到这个消息后再决定。我想听听是什么感受让你这样做了，听了我的看法后你又是什么感受。”

我们可能不清楚用这七种不同的方式表达愤怒后，收到的回应会有什么样的差别，但似乎肯定会有差别。让我们回顾过去的一周，从今天开始，然后是昨天，依次进行，你听到自己表达感受的方式都是什么样的?

我们提供的指导都比较简短，但你应该投入大量的时间去练习分析和表达感受，认真对待它，并且不时记录下你的反思。对我们大多数人来说，投入时间和经历来这么做本身就是一个重要的发展阶段。祝愿大家成功。

第 3 章——作为组织方式的行动探询

第 3 章介绍了作为组织方式的行动探询，它寻求实现使命、战略、执行和结果这几个领域间的清晰度和一致性的提升。我们用了三个规模不同的组织作为例子，从伊丽莎白和她两个合伙人创建的一家服务设计公司，到约有 700 名教职工师生的老牌商学院研究生院的自我转变，再到社会责任投资在 20 年间逐渐发展成股票市场中的一种投资方式的过程。

我们强调了多重任务、时间视域和权力类型如何相互交织。我们也详细展示了领导力行动中的正念（mindfulness）和相互关系如何有助于产生单环/双环/三环学习，这三种学习对适时的转变性行动以及愿景、理论、实践和效果间实现持续的完整性必不可少。

行动探询练习

此时此刻，基于个人的学习风格、当下的需求或其他因素，你可能已经或还没有尝试过行动探询练习。这个练习模块可让你反思自己与一个第三人称组织（本书）的关系，在你对它的关系中进行可能的单环和双环改变。显然，我们没有迫使你改变的力量，也不认为能够要求任何改变。因此，反思后你所做的决定是属于你自己的。

不论你是否已经进行了我们建议的关注和命名练习，现在请你在阅读本书时采用下面的行动探询流程来批判性地反思自己迄今为止的个人经历。你可以自行设计谈话要素的措词，只要它适用于你的四大经验领域。

行动探询

探询主题：当看到插叙部分建议的前两个练习时。

初始框定：当我看到所建议的练习，对此我的打算是______。

主张：我认为此时对我来说最好的回应是_____，因为_____。

阐述：自那时起，我已经做了的是______。

探询/倾听：我的决定所带来的结果是我所期望的吗？是____，不是____。

为什么是或为什么不是？

我对自己的计划以及执行计划的方式满意吗？是___________，不是________。

经过这次探询后，我现在想改变自己对这些练习的立场吗？是____，不是____。

[可能地]再框定：此时此刻，就这些练习我想做的是______，因为_________________。

总之，这种反思过程会让我：

1. 不做任何改变。
2. 基于单环学习做出改变。
3. 基于双环学习做出改变。
4. 基于我从这本书中了解的三环学习做出改变。

我们在前三章对如何练习第一人称、第二人称和第三人称行动探询只进行了普遍意义上的概述，之后还将重新详细讲述。在接下来的章节中，我们要探讨人们如何逐步向适时的转变性行动探询方向发展。

Action Inquiry

第 2 部分

转化型领导力

CHAPTER 4

第4章

机会主义者型和外交官型：可能选择但又不甘被其限制的行动逻辑

到目前为止，在本书第 1、2 章中，我们分享了初学者在某个特定时刻就某些特殊事件尝试行动探询的例子（从某种意义上来讲，每个新情境下我们都是初学者），展示了史蒂夫·汤普森和安东尼的行动探询。在第 3 章中，我们介绍了更为复杂的行动探询，这种行动探询让人们对时间视域和权力类型是如何互为交织以帮助个人、群体和组织实现转变产生了极为微妙的感受。显然，在恰当时刻提出问题这种初级的行动探询，与长达 20 年之久地为社会责任投资运动制定完整的使命、战略、执行和评估过程这种高级的行动探询相比，有着巨大的差距。

整体发展过程

在接下来的几章中，我们希望阐明的是，帮助自己以及别人朝向高级行动探询能力转变具有怎样的挑战性。没有可以在一个月或一年内完成这个任务的详细步骤，这种让自己能真正地时刻践行真诚、与人互动具相互性和坚持可持续性的价值观的自我转变，是大部分人在成年之前一直在进行的一段漫长的人生旅程，但待到成年后，很少有人会有计划地继续前行。沿着这段旅程前行的每一个重大步骤都可被看作建立了一种新的行动逻辑：一种我们毫无察觉却彻底影响我们的经历的整体战略。

我们通常看不到自己的行动逻辑，特别是在采取行动的当下这种最需要看到它们的时候。往往得等到我们随着自身转变的发展，开始意识到各种人所拥有的不同行动逻辑就是工作和家庭矛盾产生的主要原因时，才能发现自己的行动逻辑。此时我们中才有人会投入地研究自己和别人的行动逻辑，尤其是那些在行动当中所展现出来的逻辑。只有当行动逻辑阻止我们一起好好工作、好好相爱或好好互相探询的时刻，我们才会邀请自己和伙伴去留意、识别以及转变自己的行动逻辑。

在接下来的四章中，我们将介绍在人生的某一特定阶段的主要行动逻辑，它们不言而喻且似乎毋庸置疑，而人们的行动经常会被其束缚。我们还将讨论如何帮助他人超越当前的行动逻辑而实现转变。正是这种不言而喻而又未经检验的行动逻辑严重限制了我们行动的有效性。当我们意识到这些局限性并且开始尝试超越它们时，我们的行动就会实现质的飞跃。如果我们能意识到他人和自己身上这些起支配作用的行动逻辑，就能减少无心的冲突和误解。实际上，我们甚至可以帮助自己和他人摆脱当前假设的束缚而实现转变。

在本章和下一章中，我们将描述四种不同且依次发展的行动逻辑：机会主义者型、外交官型、专家型和成就者型。这四者中任意一种都有可能描绘了你的管理方式的特征。发展性理论和研究为这样一个观点提供了强有力的跨文化支撑，那就是，如果我们彻底转变，就会按顺序发展经历这四种行动逻辑，然后再继续到后面章节中描述的其他行动逻辑。

接下来的篇章中，我们将更详细地描述并阐明这四种行动逻辑，但在此先简略地让你熟悉一下它们。

1. 机会主义者型把物质或外部世界经验领域当成主要现实，专注于获得对这当中事物的控制。这种行动逻辑把单边权力视为唯一奏效的权力类型，在斟酌处理的时间视域非常短的情况下，即从几小时到几天之内，会发挥很好的作用，能抓住机会和有效处理紧急情况，但几乎也就顾及不到其他三种领导力任务和时间视域。机会主义者型的人将“我赢了”视作发生了适时的行动。

2. 外交官型把自己感受到的执行经验领域当作真正重要的东西，专注于实现自我控制以利于有效行动。为了做到这点，他会模仿组织的惯例行为和高阶组织成员的行为模式。这种行动逻辑经历了这种力量最强大的参照力量和当前规范。它一般聚焦在一周到三个月时间视域内的日常任务和工作。对于外交官型的人来说，适时行动就是“我”“按时”完成工作，“准时”参会并且完成了日常任务。

3. 专家型把战略经验领域当作主要现实，专注于让自己对一个或多个特定学科的认知理解（如会计、工程、市场营销等）变得精通。这种行动逻辑认为逻辑权力最重要，最喜欢在六个月到一年的时间视域内完成特定项目。对专家型的人来说，适时的行动就是“我”尽可能高效地完成了任务。

4. 在逐一掌握了战略、执行和结果的经验领域之后（通常是 6~26 岁），大多数人从此再没改变过自己的行动逻辑。但却有少数（约 40%）受过高等教育的职场成年人会再经历一次转变，形成成就者型行动逻辑。这种行动逻辑在 1~3 年的时间视域里作用突出，能创造性地兼顾较短的时间视域，把计划、执行和评估结果这些行动间的相互作用当成最为真实的东西。成就者型的人专注于在行为上进行持续的单环改变以期最终获得预想的结果。适时的行动就是，“我”成功地兼顾了各种需求：偶发的即时收益、遵守约定期限、高效工作和可由市场或其他标准评判的有效成果。

对自己和同事的主导行动逻辑进行假设会帮助你更有效地和他们相处，

也能挑战你们去采用自己目前“盒子”之外的思维和行动去进行试验。此处，最重要的是要明白，我们从未被完全锁定在一种看不见的框定现实的方式之中。事实上，“锁定”这个词无法正确形容我们和自己的主导行动逻辑之间的隐喻关系。

第一，我们描述的这几种有先后顺序的行动逻辑，每种都完全包含了之前行动逻辑的所有可能性，同时包含了一套新的行动逻辑选择。因此，在两个行动逻辑中，拥有排列在后的那个行动逻辑，我们就有更高的自由度来决定何时使用何种行动逻辑。

第二，当我们真正以后期行动逻辑体验自己和情境时，我们越认识到自己和他人正在进行的、作为不同行动逻辑的证明的经历，就会越来越频繁地注意到它，尽管通常是短暂且不持续的。当我们能够采用干预手段促进当前情境朝向后期行动逻辑转变时，我们也会越来越频繁地注意到这一点。这种在现实生活中的行动探询对帮助我们自己转变为后期行动逻辑有着额外的助益。

第三，除了主导行动逻辑，每个人常常还有一个次要的或者应急行动逻辑，即自己处于胁迫下会倒退回去的行动逻辑——如当我们觉得不安全、生病、愤怒或疲惫时，或者回老家探访父母时。在采取行动时，这种退行的状况值得我们仔细了解并记住，以扭转无效的负面感受。例如，本书的一位作者意识到自己在疲倦时会陷入外交官型行动逻辑中，可以说是倾向于“大派送”来避免冲突，而不会坚守自己的立场。学会把问题留待第二天解决而不是立即做出决定也许对你来说轻而易举，但对他而言，是花了几年的努力才做到的，感觉就像一场重大的胜利。

第四，也是最后的，如果我们不断通过行动探询练习自己的注意力，我们可以超越这四种行动逻辑。虽然这四种行动逻辑或多或少地是在支配着我们，但是我们也或多或少拥有后期行动逻辑——因为后期行动逻辑就是逐渐增加的自我觉察和自我转变。通过越来越多地练习行动探询，而且认识到自己是在不断变化着的行动逻辑中行事，我们会有更多的自由来选择哪一种行动逻辑在当前是适时的。

诊断自己和他人的发展性行动逻辑

但是，到目前为止，这四种发展性行动逻辑对你来说还只是抽象的概念。我们认为你可能会喜欢听公司同事们讲述有关对其他同事和他们自己进行诊断的故事，通过这样的方式来了解四种发展性行动逻辑。当然，你在读这些故事的同时，也可以开始对自己工作团队的成员或那些在工作上要经常打交道的其他部门的同事进行判断（也许此时出现在你脑海的是不同的家庭成员）。当读到本章结尾时，你可能对自己目前的发展性行动逻辑也有了初步判断。

我们建议你在日记本上分三页来记录，每页的顶部分别列出一位工作伙伴（同级、上级或下级）的名字，与这三个人建立一种更为有效的工作关系后你的收益最大。在第四页纸的顶部写下你自己的名字。当阅读本章及后面的章节时，注意每个行动逻辑表现出来可关联到你们四个人的特征，并用几个词说明他展现了那个特征的特定场合。你应该发现每个人会突出地展现出一种特定行动逻辑。尽管那个人偶尔会带着之前的行动逻辑的特征行事，但是他很少会表现出下一个行动逻辑的迹象（除非他恰好处于向那种行动逻辑发展的过渡期），并且几乎不会展现出超出自己主导行动逻辑两个级别之外的行动逻辑特征。可是请记住，你不是在做科学判断，这只是一种估计。估计的意义不在于证明对错，也不是把自己或同事归为某类，而是去检验你对自己或他人的发展性行动逻辑做出的假设是否能指引你在和他们共事时去选择更为有效的行为。通过与他们进行的持续行动探询，你会对自己的判断能力更有信心。

在这里分享故事的都是经理或职业人士，他们在写自己的诊断故事时，也正在学习行动逻辑和发展性理论。

查尔斯，机会主义者型的人

凯西在一家大公司当独立撰稿人，她渐渐诊断出查尔斯——这位不好打交道的同事——是一位机会主义者型的人。

> 查尔斯和我在工作中是同级，尽管他在公司待的时间比我长，但我在目前这个团队的资历比他老。当他刚加入我们团队时，每天他会到我办公桌前来上三四次，问我工作相关的建议和设计技巧。刚开始的时候，我感到受宠若惊，他跟我请教技术知识实际上满足了我的虚荣心并且大大增强了我的自信。
>
> 几周到几个月后，他来我桌前的次数越来越频繁，待的时间也越来越久，我感觉他是在故意操纵我的时间。我需要用午饭时间或加班才能补上和他聊天花掉的时间，我开始讨厌他，继而把愤怒全都转向公司凭资历提拔员工的体制上。现在我意识到那只不过是将责备归咎于外部原因，而不是承认自己的胆怯和无法采取行动。
>
> 我确实进行了一些尝试，看到他朝我这边来的时候我就拿起电话，或者在提供帮助之前问清他之前进行的研究以及陷入的困境是什么。他感觉到我打算让他自己做点事情时，就开始向团队其他成员寻求帮助。
>
> 他的同事给他的典型评论包括："我甚至都已经到了不想跟查尔斯说'早上好'的地步，免得要花近半小时的时间听关于他私生活的细节。""凯西，我真不知道你怎么忍受得了坐在他旁边。我和他座位之间隔了三张桌子，但是我依然发现难以避开他。"
>
> 有了现在的后见之明，我认为那时候花时间去帮他实际上是在害他而不是为他好，因为之后他被调到了另一个团队并且失去了晋

升的机会。他跟我吐露，经理和他说他应该更多地去关注自己的工作，少向别人求助，少花时间在私人生活和社交上。

从这个故事中，你能推断出查尔斯对自己、他人及如何与他人相处做了什么样的假设？关于如何有效行动，他有什么样的假设？他认为一个有道德修养的人会如何处事？根据凯西的描述，你在查尔斯身上还发现了其他哪些行动模式？（你或许也想问问自己，凯西的描述是否提供了任何关于她自己目前行动逻辑的线索。）

通常，人们在 6~12 岁进入机会主义者型行动逻辑。通过骑自行车、做针线活、猜谜语以及上千种其他活动，他们学会了获得对外部世界经验领域的控制。但是有那么一部分成年人会继续持有这种观点，为人处世中总是试图单方操纵他人或尽可能地占便宜。查尔斯用向凯西寻求建议的方式来奉承她，以此换取她的时间和技术支持。机会主义者型的经理有时是一位老练圆滑的操纵者，他甚至可能把殷勤周到作为策略，但依然会把世界看成一个以寡敌众的“丛林之战”。查尔斯的丛林生存之道就是去找寻对自己来说惠而不费的人，一旦发现这种交换短期内已无利可图，就会放弃这个人。他几乎从不考虑他人对自己的看法或者自己的即时行动会对长期的关系造成什么样的损害，直到他想要的东西（如晋升）将其拒之门外才恍然大悟。

作为一种管理风格的基础，机会主义者型行动逻辑有它的闪光点，尤其在短期内特别有效：能在紧急情况下快速切入正题，能开拓非结构化的销售领域，勇于冒险。但是时间一长，缺点也就显露出来。它用来短期获胜的欺骗和操纵行为所付出的长期成本是他人对自己的低信任度。承担失误或误判的责任是机会主义者型的人往往会去避免的一种短期成本，他们不愿意承担责任并且将其归咎于外部因素。

这种行动逻辑只看重组织的财务和单边权力的因素，而不注重结构和精神方面。它不重视帮助管理者和组织实现转变与发展。对于机会主义者型的经理来说，一个人必须“小心行事”这是不言而喻的，因为他们认为其他人也会这样做。在他们看来，霍布斯主义等式“强权即公理”是有效的，“想别人怎样对待你，就要怎样对待别人”的黄金法则被重新解读为“拥有制胜黄金法则的人”。尽管短期来看，这种方法似乎给他带来了对他人而言不公平的优势，但是实际上这种行动逻辑会严重限制他的职业发展机会。尽管拥有机会主义者型之后的行动逻辑的经理可以在特定的场合选择机会主义地行事，受机会主义者型行动逻辑制约的经理却别无选择，在所有场合都只能机会主义地行事。针对来自不同行业的经理进行的研究表明，拥有这种行动逻辑的经理不到 5%。

回想一下你的同事或你自己表现出那些机会主义者型特质的场合。对你来说，在多大程度上这是一种退行的行动逻辑？或者，你是否对这种行动逻辑感到非常震惊，不知道该如何去驾驭属于这一类行动逻辑的人？

菲尔，外交官型的人

一家大型制造公司零配件部的主管这样描述他的上级。

菲尔是我的老板，他似乎无法独自决策，他甚至向我暗示，感觉自己就是一枚棋子或者傀儡，对自己的责任范围并没有实际控制权。菲尔非常了解规章，并且一丝不苟地遵守它。他是风险规避型的人，会不惜一切代价避免冲突。我认为这就是他觉得自己像一枚棋子的主要原因。他已经放弃了太多的“战斗”，甚至连“抗争”的念头都没有产生过。

我的同僚们（他的其他下属）都一致认为，菲尔在这个职位上没有发挥作用。他似乎总是毫不犹豫地接受上级领导给他的任何指示，而这往往给我们部门带来负面后果。这有个例子。我们（零配件部）正要进入设施运作阶段，要雇用 400 多名员工。我是会最早要接触到新员工的主管，但最近招聘的大量新员工，直到他们开始上班的那天晚上，我才见到人。他们中有一些是“关系户”，是由副总裁或董事会成员推荐来的。我知道世界并不完美，偏袒也会发生，但我认为自己应该参与所有新员工的面试。我还认为菲尔至少应该对那些更为不公平的情形表示反对，这些“关系户”被给予正式的全职身份（这样他们就可以享受到全额福利），而我们还有很多人在这里干了好几个月的临时工，一直在等着转为全职身份。

菲尔偶尔会跟我分享他希望看到部门可能发生的变化，也会认同我的一些建议。但这些讨论通常最终得到的结语是“那绝不会成功”，或“上级领导不会喜欢的。”然后他会试图说服我不要兴风作浪，要接受“这里的规矩”。我并不想捣乱，但我希望自己永远也不要麻木不仁到能接受那些错得离谱的事。

菲尔的指导性假设会是什么？外交官型行动逻辑专注于控制自己的社会表现，并且确保其能被一些或者所有的重要参照群体（家庭、工作团队等）所认同。许多人在青少年的早期就已经转变到外交官型行动逻辑，成年人中身为经理职位的人处于这种行动逻辑的比例要高于机会主义者型行动逻辑。对经理的研究表明，24%的一线主管、9%的中层经理和 5%的高级经理是外交官型行动逻辑。

对于外交官型的人来说，重要人物的价值观高于一切。某件事情或某种行动，如果它是时尚的、有销路的、能影响他人或者高层认为它是有价值的，那么它就有价值。行为技巧（在正确的时间做该做的事、说该说的话）对于获得身份认同、达到他人标准以及遵守正确的规章至关重要。

就像机会主义者型行动逻辑一样，外交官型行动逻辑也有它的优点和缺点。从积极角度看，外交官型的经理拥有可靠、忠诚和善良的品质，这些品质作为组织的黏结剂可以提升士气，改善组织机能。有时称某人为“外交官”是指他八面玲珑，遇到最艰难的问题时，既能诚实坦率，又能达成一致，让自己更为自信，也提升了过程中各方的尊严。但有些时候，称某人为“外交官”的含义是指他为了避免并消除所有潜在冲突，掩饰真实的感受和客观的数据，竭力地不惜任何代价以维持表面上的和气。因此，外交官型的人只会和同事日渐疏远，正如菲尔的下属一样，他们会因外交官型的人对自己的关注和建议不屑一顾而心生反感。（颇具讽刺意味的是，外交官型的人经常没有发现或理解这一点，正是自己努力避开冲突的行为有时恰好引发了冲突。）

外交官型的经理并不想听到关于自己的负面反馈。不仅如此，他们还试图避开它。他们把负面反馈等同于失去颜面和丧失地位。他们无法理解负面反馈能帮助自己实现目标，是具有建设性意义的。对他们而言，没有什么目标比避免失去颜面的潜规则更重要。这种对反馈的厌恶有助于解释为什么外交官型的人像机会主义者型的人一样，与处于后期行动逻辑的人相比，会更容易被禁锢在自己成人后的行动逻辑中，也更加看不到其他行为方式的可能性。

外交官型的经理无法批评别人、质疑群体规范，就像他无法进行自我批评一样。我们从菲尔身上看到了这一点，在处理所谓的关系户事件上，他不会去纠正明显的不公平现象。外交官型领导带领的组织将无法适应不断变化的竞争现状，也无法发现和创造新的战略机遇。下属们会有一种停滞不前和期望幻灭的感觉。他们可能会放低目标，变得松懈，甚至会在销售或生产数据这样的信息上作假以让数据“看起来不错”。

挑战并支持机会主义者型和外交官型的人实现转变

在结束本章时，让我们问个问题：一位领导者或一位教练能够做些什么来帮助这两种行动逻辑的人成为对组织更有帮助的领导者，让他们的能力越来越强？请看表 4.1 所总结出的机会主义者型和外交官型的特征。

表 4.1 机会主义者型和外交官型发展行动逻辑的管理风格特点

机会主义者型	着眼短期；聚焦具体事情；往往善于应对现实紧急情况；具有欺骗性和操纵性；把规则看成自由的丧失；认为运气是最重要的；拒绝批评性反馈；遇事归咎于外因；多疑；刻板；自我控制力差；充满敌意的幽默；无视单边力量，感性；认为“侥幸成功”是合理的；惩罚就是“以牙还牙”；正确的道德标准是公平交易；适时的行动是“获胜”
外交官型	坚守惯例；遵守规章；避免内部、外部的冲突；从众；努力达到群体标准；寻求身份认同和地位；说话时经常使用最喜欢的短语、陈词滥调和事先编排好的笑话；保存颜面至关重要；忠诚于所属群体；违反规范会感到羞耻；伤害别人是罪恶的；惩罚就是不赞成；正确的道德标准是友好、合作；适时的行动是“行事准时”

要应对机会主义者型的经理并帮助他们成长，组织必须建立一种清晰、定义明确、公正的体系，以便首先满足工作的需求，再用来评估经理人的表现。（如果现实中这些体系不清晰，机会主义者型的人很可能第一个注意到这一点，并试图去钻空子。）特别是，因为机会主义者型的人还没有将一些规范内化吸收，其年度目标和相应的具体动机（加薪、分红、升职）一定要与绩效密切挂钩，而绩效目标又必须包括社会进程目标（例如，如何对待同事等）。

机会主义者型的人倾向于忽视或者主动拒绝口头提出的负面反馈，所以管理这种类型人的管理者，对他们糟糕的表现千万别回避，可采取单边惩罚的做法，甚至包括解雇。经验表明，较为含蓄的权力形式（参照权力、逻辑权力等）不起作用时，运用单边策略来影响他人去减少其单边的不响应行为是一种可选的行动探询策略。此外，在开始明显的行动前，强烈建议管理者争取同事对这一策略的支持，因为机会主义者型的人通常对冲突采取“不正面对峙”的态度，只会用精心设计过的一面之词快速将旁观者都招至自己阵营，来达到法不责众的目的。

这个整体战略也许听起来无情且不具发展性。但是，经历过机会主义者型行动逻辑给组织造成的巨大破坏，体验过这个行动逻辑多么抗拒改变，实现进一步发展后意识到偶尔在起作用的是什么时，我们认为这是最为充满爱意的方式。或许你可以把它看成那种所谓严厉的“爱”，对失足的青少年、酒鬼或瘾君子施以的“爱”。当你把它看作那种常常被推荐用于特别麻烦的青少年、酒鬼或瘾君子的严苛的“爱”，或许会有帮助。

有志于营造环境去挑战外交官型的人继续成长的组织，会卓有成效地在组织内实施结构化管理发展活动，主要以小规模团队的实时项目为主，提供具体技能的常规训练，如框定、主张、阐述和探询等。外交官型的人在小工作团队里比在正式的管理层会议上感觉更自在。他们会更多地表现自己并建立关系，以后可能受到这些关系的影响，接受转化所需的脆弱性。在这样的团队中，每个成员能够轮流承担不同的领导责任，同时还有一位对团队没有直接管理权的人来担任导师，指导大家定期进行同侪评估和反馈。这种方法对于组织来说，也许一开始听起来像一种不切实际的大投资。但是这种安排必会带来自主或半自主项目小组的高绩效，所以产生了多项回报。

每一种早期阶段的行动逻辑基本上，并且会很明显地表现出只关注四种社会经验领域中的一个，因此在有多重领导的项目团队中，如上面提到的那些团队，会不可避免地产生紧张关系。外交官型的人避免冲突的技能毋庸置疑会被提升，不是被有形的具体事件，就是来自参加者相互冲突的行动逻辑。对外交官型的人来说，如果他认为组织高层管理者是支持个人实验和转变的，并且他每周都能从团队导师那里得到评估反馈和指导，这种情形就是一种转变体验。

关注行动逻辑模式的练习

当你继续阅读本书时，会渐渐识别出自己的人生此时正处于什么类型的行动逻辑（或许可以请别人帮你辨别）。我们认为有必要强调在本章中指出的一种动态，即每个人在受到胁迫时采取的行动都会倾向于一种特定的倒退性行动逻辑。这些属于无意识模式。无论你是否判断出当前的主导行动逻辑是机会主义者型还是外交官型，都值得把接下来的练习当作转变无效行动的机会来进行检查。

- 练习关注自己是否有投机取巧式的匆忙行动或说话的习惯或模式。

1. 关注自己是否在采取贸然或冲动的行动。

2. 使用早前提供的方法来关注伴随这类冲动所产生的感受。

3. 开始注意唤起这种冲动反应的情境。在总结时，开始询问自己："在那些让我贸然行事的时刻，什么对我而言是有风险的？"

4. 开始注意自己贸然行动之后发生的一系列事件。开始询问自己："如果下次我让自己'暂停'行动，最坏的结果会是什么？"想象一下这样的暂停后可能发生的一系列事件。

5. 当进行了一段时间的这种自我觉察练习后，你就能够选择何时暂停行动，同时适时的行动探询会帮你制定出一项策略，而不是自行产生一种无意识的"策略"。

- 练习去关注，当你在应对与自己有关的外部事件时，特别是如果这些外部事件代表了你和他人所想或所做之间的冲突时，你是否有圆滑地"忍气吞声"的处理习惯或模式（无视自己的感受）。

1. 当在日常总结中发现自己感到不满意的时刻时，仔细回想自己"忍气吞声"时的感受是什么。

2. 回顾整个事件，并且找到别人做出不受欢迎的举动前那一刻你做了或说了什么。你实际上希望的是什么？如果如你所愿，你会有何感受？

3. 在收到不想要的回应时，你"忍气吞声"的感觉是什么？可行的话，可以用之前提供的公式命名这种感觉。

4. 试着关注自己在何时被某些东西用一种不喜欢的方式所影响。请注意：这些发生得如此隐蔽和快速，以致我们都没有注意到。要保持警惕！

5. 我们的外交手段是对恐惧、伤害或愤怒的一种伪装，这些感受产生时并未被正确地表达出来。我们首先需要练习的是对自己不掩饰这些感受。在每次检视和注意到自己正扮演外交官时，私下练习用公式命名这些感受。

6. 当进行了一段时间的这种自我觉察练习后，就能选择何时以及如何表露对外部事件的反应，同时适时的行动探询会帮你制定出一项策略，而不是一种无意识的策略自行产生。

让我们接着来分析在大部分经理和职业人士身上能发现的两种行动逻辑：专家型和成就者型行动逻辑。

CHAPTER 5

第5章

专家型和成就者型：最常见的管理者行动逻辑

在某种程度上，机会主义者型和外交官型发展行动逻辑是还未能达到管理职能要求的行动逻辑。一方面，现实中很少有中层或高层经理只有这两种行动逻辑（见表 5.1）。另一方面，它们两者都不能确实地运用反思来改善表现。第三方面，机会主义者型和外交官型行动逻辑还没有关注到可以产生整体新价值的适时行动，这些行动可以通过提高效率来削减成本或通过增加有效性来增加收入。因此，这两种行动逻辑的人群中没有出现很多管理者，我们也能明白其中的原因，因为它们不会产生类似管理者们会采取的行动，如提前计划、反馈绩效以及改善运营。

表 5.1　497 名管理者的发展分布情况（含不同行业和组织层次）

机会主义者型	3%
外交官型	10%
专家型	45%
成就者型	35%

续表

后传统行动逻辑	7%
合　　计	100%

相比之下，如表 5.1 所示，专家型和成就者型行动逻辑占据了所有管理者中的极大部分——约占 80%。这两种行动逻辑也是最早开始注重单环反馈以改善执行的行动逻辑。然而它们采用的方式很不一样，并且都不鼓励双环反思，而双环反思才能帮助自己或他人发展到后期的行动逻辑。

拉里，专家型的人

在第 4 章中为我们提供了外交官型的菲尔的故事的人，还讲述了另一位主管拉里的故事。

> 拉里在专业领域内是毫无疑问的技术专家，并且自认为在这个领域及以往的执行记录上无人可比。他是一位完美主义者，以至于对某位员工装饰办公室圣诞树的技巧都要批评一番。
>
> 拉里非常敬业，有着高尚的道德责任感，他觉得这一点让自己与众不同。他努力比身边每个人都做得出色，会毫不犹豫地指出别人的错误。他对自己的错误也几乎丝毫不能忍受，所以我认为这是公平的。他尊重基于绩效做出的决策，只要这些决策符合他的指导方针。但是，他更喜欢自己进行所有的决策。我和拉里工作来往比较密切，发现他有时会掌控一个本该是我俩共同负责的项目并独自完成，这让我看起来很差劲，更糟糕的是，这弱化了我在群体中的作用。
>
> 拉里内心对接受反馈很矛盾。他跟我分享过自己的感受，说他不需要反馈，某些情况下他甚至会觉得很恼火。他似乎很确定自己

已经知道要完成工作需要了解的一切。他的计划和组织技能让我印象深刻。他一直在给我很多帮助，我也不想让人误会我对他的印象非常负面，但他确实极度教条主义。他的话就是准则，不容任何讨论。拉里的信条是“要么按我的方式做，要么就别做”。尽管我们同级，他似乎决心要让自己保持绝对的控制地位。我一直在努力保持耐心等他做出改变，但是截至目前，他似乎坚如磐石。

外交官型的人也许会因为将他人进行优先排序有冲突而深感苦恼（伙伴们想要自己出来喝啤酒，老板想要自己加班，而妻子想要自己下午 6 点前到家）。到最后，他不会继续有技巧地满足别人的期望和默默忍受，而是拼命地去寻找一个与内心更加一致的、更真正具有附加价值和更加客观的基础来进行决策。对专家型的人而言，自己的行动指南变成一个具体的技艺逻辑（craft-logic），它只会产生一个“正确答案”，按照拉里同事的描述，这种特征似乎和他非常符合。

专家型的人不再认可那些让自己与群体里其他人保持一样的东西。他更认可能让自己从群体中脱颖而出的独特技能。在拉里的故事里，他未经商量就独自掌握自己和另一位同事共同负责的项目。专家型的人很少依靠他人的判断，更多的是依靠自己的判断。他们把自己的判断视为基于技能娴熟掌握之上的客观事实。

对于专家型的人来说，他人的偏好只能当作更广泛情境中的变量——通常是不重要的变量——而不能指导自己的行为。之所以“通常是不重要的变量”的原因是，在每个发展的初期，对之前的行动逻辑不认同的过程最初会贬低之前行动逻辑最看重的东西。在这个过程中总会出现外交官型的人看不起“未开化的”机会主义者型的人，而专家型的人又看不起“华而不实而又注重权位利益的”外交官型的人。

专家型行动逻辑的优点包括：立足于未来的项目组织及完成的方法；单纯为更好完成任务而努力工作；尽管很少向同辈学习（如拉里的故事所示），

却愿意听取行内公认大咖们的反馈并向其学习；以及凭借专业技能所获得的一种权威，这种权威能激励下属努力完成工作以争得专家型的人的赏识（还能让即使觉得恼怒的同事印象深刻，如拉里的案例所示）。

专家型的人的缺点表现在：通常不是理想的团队合作对象，因为他们在特别自律的逻辑下近乎苛刻地追求完美，对别人来说这似乎就是一种竞争性。此外，他们不愿意就有关专业领域外的反馈做出回应（例如，关于顾客偏好或市场投放时机考虑的反馈意见），这让他们看起来极度排斥反馈。同样，拉里再一次很好地进行了示范：他的逻辑就是唯一的逻辑。

专家型的人另一个缺点是他可能被自己造成的压力所困扰。在第 2 章中，我们提到了年轻的经理安东尼，他花了整整两年时间努力成为一名专家，能使用一种非常复杂的方法比较公司的收益项目。安东尼能证实"完美主义者特征"所带来的身心痛苦。"我发现自己痴迷于细节，要让成果中的每个最终变量都合理化。"安东尼对行动探询的成功尝试表明他开始超越专家型行动逻辑，走向成就者型行动逻辑，这是一种只有少数管理者才能实现的成就。

但是，在更为仔细地了解成就者型行动逻辑之前，我们先暂停片刻，注意本书中所说的专家型的特征和有关例证，这些在你自己的行动逻辑中或者想更深入了解的同事的行动逻辑中都会出现。现在你开始能理解它们了。

乔安妮，成长中的成就者型的人

我们接下来要讨论的乔安妮是一位经理，她在积极实践行动探询以进入成就者型行动逻辑阶段。就像帮助咨询公司分支机构的高级经理转变角色的安东尼一样，乔安妮打破了专家型行动逻辑的约束，开始用新的方式去认识和体验事物，展示了行动探询能如何帮助我们转变行动逻辑。这个故事的长度和细节以及生动、乐观的语气似乎都反映了她发现一个新世界的感觉。

作为杂志社的市场调研经理，我应该是一名问题解决者和“完美主义者”。探询事情存在形式的根源是我日常工作的一部分——挖掘、分析并陈述结果。人们评价我说，“您真的很擅长和数字打交道”，“我不知道您怎么会懂这玩意儿”。这些评价都是一位专家型的人爱听的话，我过去也是。但现在我发现这种行动逻辑局限性很大。我更愿意自己少点细节意识，而更多地去涉足整体局势，努力追求长期效果，而不是短期效率。

市场营销总监史蒂夫向我透露，他参加了公司另一个岗位的招聘面试，如果他接受了这个岗位，那很快就要到岗上任了。我认为要想成为市场营销总监的主要候选人，更多地展示成就者发展性阶段的特质很重要。于是我制订了一个计划，其中包含很多试验。

我一听到这个消息，马上和史蒂夫商量，征求他关于最佳着手方式的建议。我表达了自己想最终成为市场营销总监的浓厚兴趣。史蒂夫相信我能胜任这份工作，但他的回复也确认了我的想法：我需要更多地出现在更高层次管理人员的视线范围内——一句话，采取主动，积极加强与这些人的沟通交流。

接下来我要采取的主要行动就是重新整理我的岗位职责说明。发行人吉姆要我们把岗位职责说明发给他，这样他可以开始思考职责分工（现在市场营销总监的位置还空缺）。按照史蒂夫的建议，我重新整理了我的岗位职责说明，还把自己有兴趣担任的市场营销总监的职责也包括了进来。我在信中明确地指出：“我不确定过去是否充分表达了自己对担任市场营销总监的兴趣并表现了相关胜任度，但现在我要借此机会来表达。”我还告诉他自己的首要任务就是继续提高写作和口头交流技巧。

通过这个行动，我要让吉姆知道我在努力改变自己的行为。这封邮件本身对我来说也是前所未有的。我也敞开心胸，进行了自我反思并接受他人的批评。我希望吉姆能意识到我的坚定，帮助我成长。

吉姆没有直接回应我的信件和重整的岗位职责说明，但在过去的几周里，他和全国销售经理把一些他们喜欢的宣讲文稿发给了我，还打电话征求我对其他一些宣讲的看法。最近，吉姆已经让我负责常规宣讲的改进。我曾在信中明确表达了自己对这个项目的兴趣。

还有一个一直在进行的行动就是每天保持与广告总监吉姆和全国销售经理的联系。尽管这听起来像一件琐碎小事，实际上却是我最有效的试验之一。我过去常常整周或两周和发行人说不上一句话。采取主动行动后，形成了一种连锁反应。我打电话给他们进行的谈话也促使他们更频繁地致电给我。在交谈中，我能展示自己对不同主题的了解，有时这让我得到了负责某些项目或跟进某些事项的机会。另一个成果就是在这些人和公司其他高层管理者讨论时，我的名字常常会被提及。

我采取的另一个有效行动是自愿参与了一个我之前没有经历过的项目。我们需要为杂志上的广告位制定一种新的收费体系。这个项目的完成期限几乎是不可能实现的，但是我做到了。为了这个项目，我好几个晚上都工作到 9 点，还搭上了两个周末。我觉得尽可能顺利且迅速地完成这个项目很重要。如果有任何耽搁和失误，吉姆或许就再也不会把项目委派给我了。这是一个他可能认为我发挥不了作用的领域，如果我不主动，他仍然不会知道我其实可以。

我采取的下一个重要行动是安排一个会议，和吉姆讨论我的薪酬。本质上我想要加薪，但我也希望表达我对自己的能力及贡献的信心，同时还拥有恰到好处的进取心能成功胜任市场营销工作的挑战。这个会议是我在谈话中恰当地运用框定、主张、阐述和探询技能的最好机会。通过思考这些谈话的要素，我能够把一个可能会艰难且紧张的会议转变成一个积极而富有成效的会议。我们讨论了各自的推理，也能够让双方看到彼此在一些问题上的看法。他同意我的贡献没有在薪酬上得到恰当的体现。

总之，我对自己所取得的进步非常满意。尽管晋升市场营销总监的人选还未决定，但是我觉得自己朝着成为那个人的目标又迈出了重要的一步。

我与发行人以及公司其他人的频繁接触帮我完全脱离了专家型阶段，进入到成就者型阶段。我采用更富有成效的方式来接受批评并且已经将关注点从获得短期满足转到取得长期高效。个人感觉自己最大的进步是，我拥有了成为倡导者的能力而不再是一位追随者。

成就者型的人对实现目标充满激情。乔安妮在这之前专注于挖掘事物的内在联系，掌握数字隐含的信息以及陈述最终的答案，而成就者型行动逻辑的范围更广泛。它不仅关注事物的内在运作，还关注更广泛的外在环境是如何发挥作用以及如何让整个组织变得有效的。当乔安妮从专家型转变成成就者型行动逻辑时，我们看到她将关注范围扩大，不再局限于研究数据。她表达了自己"对不同主题的了解"并且承担不同的新项目，如提议一种新的收费体系。她主张提拔自己，从更为技术性的市场调研经理晋升为更具开拓性和管理性的市场营销总监，这是典型的成就者型的做法：关注那些能帮助组织实施既定战略的功能。

与那些拥有早期阶段的行动逻辑的人相比，成就者型的人更关注自己和别人观点之间的差异，重视团队合作和通过共识达成的一致。成就者型行动逻辑是第一个认为兼顾不同时间视域不是一种麻烦，而是更接近于管理实质的行动逻辑。在新的广告收费体系制定中，乔安妮展现了这种对不同时间视域的机智结合，认识到她必须快速行动，同时也要高效而有效能地成功贡献价值。

成就者欢迎个人反馈，寻求和同事关系的相互性。在乔安妮的故事中，她和其他经理的联系随着她采取成就者型行动逻辑而逐步变得频繁。她观察到自己和其他经理人之间的联系频率急剧上升，注意到她在这个方面的主动甚至开始引发“连锁反应”。她就自己薪水的问题去说服老板，要强调的是她不仅得偿所愿，还在沟通中实现了相互性。渐渐地，她开始表现出寻求和重视反馈。

然而，成就者型的人处理反馈的方式有它不为人注意且更为消极的一面。坦白地说，就是这种反馈最好要能符合成就者型的人既有的事物结构（他的行动逻辑），否则反馈就会被他们拒绝。你可能知道这样的例子：

- 项目经理让你和其他部门经理一起参加一个会议，就项目如何运作听取你们部门的建议和评论。会上提出了很多修改意见，但是项目经理只接受那些符合她正采用的基本方法的意见。
- 一天晚上有朋友打电话给你，很兴奋地和你说他想创业，提出他的商业计划并征求你的建议。此外，他让你也投资这家公司以帮助启动计划。你认为他的计划不合理，建议他在行动之前先把几个你认为关键的问题探讨清楚。你还告诉他自己没有投资资金。对你的两个回答，他非常沮丧。谈话最后以他说你和他不再是朋友而结束。

在这两个例子中，成就者型的人提出一个建议，然后寻求反馈。但是给出反馈后，很明显成就者型的人努力要实现的只是关于自己本就已形成的关注点。他们并不准备质疑自己行动逻辑本身的正确性，也不可能在行动中重构自己的方法。

成就者型的人对下属和上级的关注是复杂的。一方面，在成就者型阶段的经理重视和鼓励下属的创造性，并且能把重要的职责委派给他们。同时，他能和上级互动，主动和他们交流，提出项目，并且表达不同的观点。另一方面，成就者型的人无法质疑自己对公司更大目标有限性的概念，让他不能认真考虑、接受偏离当前公开或隐性制度的战略选择。

毫无疑问，你们知道很多有关成就者型的人的想法和行动的例子。在我们对管理者的研究中（见表 5.2），成就者型的人占了样本总量的 35%。表 5.2 强调了与本章中我们已探讨的两种行动逻辑有关的特定管理特质。

表 5.2 专家型和成就者型发展性行动逻辑的管理风格特点

专家型	对解决问题有兴趣，寻求原因，基于自己的技艺逻辑严格要求自己和他人，想脱颖而出、与众不同，完美主义者，效率重于效果，教条主义，只接受来自行业内公认大师的反馈，重视基于技术优势所做的决定，幽默=恶作剧，能预见意外事件、特殊情况，正确的道德标准=对道德秩序内在一致性的使命感，适时行动=迅速、高效
成就者型	长期目标，未来是生动、鼓舞人心的，欢迎对行为的反馈，适时行动=兼顾时间需求来获得有效结果，感觉自己是倡导人而不是追随者，寻求对行动的一般推理，寻求关系的相互性而非等级性，理解复杂性、系统性，为未达到自我标准而愧疚，看不到自己的缺点和在客观性之后存在的主观性，正确的道德标准=在自我选择的（非自我创造）道德体系基础上的实质性日常改进

亚特对四种行动逻辑所做的总结和展望

现在我们再借助一个故事来回顾在第 4、5 章中探讨过的四种行动逻辑——机会主义者型、外交官型、专家型和成就者型行动逻辑。亚特在本家族的企业中担任经理。在他的故事中，亚特描述了他经历的每种行动逻辑转变的历程。这不仅有助于我们回顾这些行动逻辑，还用非常鲜明的方式突出了我们在乔安妮的故事中窥见到的东西：人们拥有潜能去成功获得更广泛、更具包容性的行动逻辑。亚特展示了自己已经完成至少四次转变，第五次可能正在进行中。在他的故事中，最后两段让我们看到了三个更进一步发展的行动逻辑：再定义型、转化型和炼金术士型，它们都超越了成就者型行动逻辑。当达到亚特故事中的那个境界时，你就可以寻找新的主题——后传统成就者型的主题，我们在后面的章节会对此做详细讨论。下面是亚特的故事。

15 岁时我在祖父的店里工作，那时就显示出了机会主义者型倾向。我会做那种让我当时看起来很棒、但长远看后果却有点糟的事。

19 岁我进入了大学，为我父亲打工，当时他买了一家大型的汽车修理厂。我那时的行为属于外交官型管理行为：想让每个人都喜欢我并且会避免冲突情况。但是由于那个行业从业者的特性，我不能也没有长期停留在外交官型阶段。我们的雇员一般都有酗酒、吸毒、情感、行为、社交或法律上的问题。很多人都上过法庭、进过监狱，一周的财务收支平衡都应付不来。回想起来，他们中大多数人显然都是机会主义者型。

我还记得从外交官型到专家型心智模式的转折点，尽管当时我并不知道它叫什么。这个事件是我第一次要解雇一个人。从那之后，我就开始关注推动雇员们正确地做事。我变得很有条理性，做事有条不紊而且按照程序来。我还在店里创立了流程，这些流程后来被推荐到全国使用。我不喜欢有人试图告诉我，在我所采用的"完美"方式之外，还有不同的处理方式，尽管下班后没人的时候我经常也会尝试新的想法。我也欢迎别人问我一些他们解决不了的问题，并且乐在其中。

由于低失业率我们再也招不到新雇员时，再运用这个策略就遇到了难以逾越的障碍。我不能因为不遵守规则就解雇人，因为再没有替代的人了。

随后我看到了成就者型风格的迹象。我决定把目标放在正确完成工作上，而不是坚持严格的程序，这样可能有很多方法来实现这个目标。和形形色色的人共事让我很快知道了灵活的重要性，这些人中有时不时会失踪几天甚至几周的酒鬼；有在工具箱上放一面镜子以发现是否有人在观察他的偏执狂；有我称为极度兴奋者的人，他经常跳过车身在店里跑来跑去，攀爬墙面，吊在管道上晃荡，紧跟在别人身后吓唬人；还有一个雇员，我问他如何能把工作做得这么好，回答说就是磕了药再去工作。以前，我会很轻易就炒掉他们这类人，但是我学到了每个人都在以自己的方式发挥作用。当时，我也开始寻求检讨自己的所为，看看是否还有能做得更好的方式。我通过观察他人反观自己能从他们身上学到什么，然后发现每个人都有我可以学习的地方。

过了一阵后，我开始偶尔做做仲裁，并且认为这让我体会到了再定义型的多重行动逻辑及过程和任务间相互作用的感觉。第一份案情摘要似乎很有说服力，然后另一份会让我改变看法，而口头陈述则会再次改变我对整个案件的看法。尝试像转化型的人一样用不同的方式来解决问题，让每一方都感觉他们说出了自己想说的并且接受我的裁定，认为它是公正合理的，这个过程很有趣。现在与客户和员工打交道时，我也会同样策略性地使用这些技巧。

接下来这件突发事件或许是炼金术士型阶段特质的惊鸿一瞥，当时一位客户因为车的缘故大吼起来。那时也是业务旺季。我要处理的工作包括 15 位雇员、75 辆汽车、几百个库存项目和其他客户需求。记得那位客户大吼大叫的时候，我觉得自己当时正凌驾于情境之上俯视着一切。我想出了自己该做些什么来制止这一切，就从上面回归到情境中。这次事件后，在需要的时候我就可以做到这样，把自己从当前的情境中抽离出来，冷静地决定应该做什么来控制场面。几次之后，我对自己能够做到这点感到既惊又喜。

当亚特提到“再定义型的多重行动逻辑及过程和任务间相互作用的感觉”、转化型的行动逻辑会与他人分享决策过程以及炼金术士型的行动逻辑从情境中脱离和就情境采取坚决行动间相互影响的经历，他自己发现了超越成就者型的行动逻辑的一些主题。

下一步

我们将在后面的章节中对成就者型之后的行动逻辑进行细节性的探讨，但同时，我们希望你们能如亚特一般开始对发现自己新行动逻辑的可能性感到入迷而欣喜。如果你已列出自己和各种行动逻辑有关的一些特点（或者正在这样做），就已经在发展过程中迈出第一步了。你的列表是重点聚焦于一种行动逻辑，且这种行动逻辑看起来像一个愉快的而又有挑战性的目标吗？或者，它是否跨越了两种行动逻辑，暗示你或许正从一种行动逻辑向另一种过渡中？又或者像乔安妮一样，当前的行动逻辑似乎是受限的而下一种则是令人解放的？又或者，目前所描述的行动逻辑中没有一个基本上符合你的情况，甚至组合起来也没有？如果是那样的话，你或许会发现接下来的内容能更好地代表你的情况。

现在，你的兴趣可能不再局限于对自己行动逻辑的第一人称进行自我评估，转而寻求来自同事或家人的第二人称评估，甚至是采用第三人称方式的科学测评。如果真是如此，我们将给出如下建议。关于第二人称评估，我们知道，很多人会将取自每章表格中的所有有关行动逻辑的短语混在一起，然后列在一张纸上，请同事们在他们认为和询问人情况相符的短语上画圈。这个过程不仅能为你带来丰富信息，而且能就彼此的风格进行与工作有关的积极对话。当同事们被多次询问同类型反馈后，会带来整个团队运作方式的双环改变。

关于进行第三人称方式的科学测评，我们推荐全球领导力画像测评（Global Leadership Profile），我们对管理者的行动逻辑进行的所有统计都基于这个测评。你可以在本书附录中了解更多有关测评的信息。你也可以开始思考并积极尝试超越现有行动逻辑的下一个行动逻辑的主题，正如乔安妮和亚特在做的那样。

相对专家型行动逻辑的人而言，以上这些相对松散的建议可能对成就者型行动逻辑的人更具吸引力，除非正如乔安妮在她的故事中描述的那样，专家型的人觉得自己目前被其行动逻辑所限。大部分专家型的人会发现自己在更为结构化的环境中进行转变能取得更好的进展，如第 3 章中介绍的以行动为导向的 MBA 项目，因为在这种环境中他们会被教授并鼓励实践互不关联的行动探询技巧。

开放性练习

专家型和成就者型的人都体会到了明显和确切的满足感，伴随而来的还有技能日渐精湛，经验日益丰富。与此矛盾的是，当我们长久地沉迷于那些满足感时，它们就会封锁进一步的学习和发展。要让自己保持开放的心态，相信无论身处何地，多多少少都能从邂逅的每个人处获得有价值的新东西，带着这样的假设来实践一种开放式的行动逻辑。在与他人碰面时或客套一结束，或者在每日检视时，通过不断的探询来倾听自己的声音（如这里提到的三类问题），为自己找到新的无价珍宝。

1. 我真正欣赏这个人的具体特质是什么？我如何在自己身上培养这种特质？

2. 我如何说清楚这个人的哪些具体特质惹恼了我？以此为鉴，我是否发现自己的某些地方也有那种恼人的特质呢？我如何与自己特别讨厌的这种特质和平共处并逐步改变它？

3. 对任何人，尤其是那些和我观点不同的人，我会在内心做如下探询：

- “那个人和我如此不同，但却知道些我所不知道或不了解的东西。那个人身上有哪项知识或经验是我所没有的？”
- “这会如何让我在一个、二个、三个或所有四个经验领域中得到信息或受益呢？”（让自己“咬钩不放”直到发现通过了解那个人的看法或经验能够获益的地方。）

- 我会找到这个人并且继续对我的问题进行行动探询。之后，我会关注自己对这个人是否有了不同的感觉。

关注建议的这些练习是否对你有吸引力或让你感到厌恶。

结论

现在让我们回到亚特为我们开启的“大门”并由此进入新领域——后成就者型行动逻辑的世界。这些行动逻辑从再定义型开始，有别于我们在第 4、5 章中提到的四种早期行动逻辑，它们对作为组织当前和未来领导者的你而言至关重要。最近的研究（见第 7 章）表明，和处于再定义型之前的行动逻辑的人相比，再定义型及之后行动逻辑的人能更有效地推动组织转型/转变。因为这种超越了成就者型阶段的发展能带来重大的社会效益，我们用单独的一个章节来分析再定义型（见第 6 章）和转化型（见第 7 章）行动逻辑，展示它们的主题如何有别于成就者型的主题以及这些后传统行动逻辑能带来什么样的表现。

CHAPTER 6

第6章

再定义型行动逻辑：通往转化型领导力的桥梁

第 1~3 章中，我们介绍了行动探询以学习过程为核心。但这种学习过程并不是一种会产生持续变化的机械的、自动的反思过程，恰恰相反，它是一种迂回的、断断续续的，有时又是颠覆性的转变性学习过程。这种学习让个人和组织的视野变得更为开阔、深刻，同时获得了在行动的当下通过单环/双环/三环反思进行学习的新能力。

第 4、5 章中，我们开始阐述这种艰难的终身学习过程。事实上，每个人早期都会经历几次行动逻辑的转变。我们的人生起始于被称为冲动型行动逻辑的阶段，本书未对这种行动逻辑展开讨论。大多数人在 3~6 岁时会从冲动型行动逻辑转变为机会主义者型行动逻辑，相当一部分人通常会在 12~16 岁时又从机会主义者型转为外交官型行动逻辑。有一部分人到 21 岁时就已经转变为专家型行动逻辑，但更多的人是在参加工作后的 10 年里实现这种转变。

这些转变很可能困难重重，因为无论是自己，还是我们的父母、老师或老板通常都不会意识到我们正在经历这样的转变，他们或我们自己也不会有意识地构建一个发展蓝图来对这一过程进行指引，就像我们现在正在做的一样。

然而即使有发展蓝图，这个过程也可能依旧艰辛。因为，就像大画家埃舍尔的自画像一样，我们是在真实地重新绘制自己及每个发展转化阶段的心智地图。事实上，不同阶段的发展框架或行动逻辑的线性列表本身就具有误导性，因为它们暗示了在心智地图保持不变情况下的一种简单的移动。然而，这并不是个人在发展转变时的实际体验。

图 6.1 或许能进一步表达终身发展路径的一些经验特性。为了阐明我们基本行动逻辑中每次转变的颠覆性特征，从机会主义者型到成就者型之间的三次转型中，每一次都用一种向后翻滚的曲线来展示。然后，再定义型行动逻辑并没有被当作一个可抵达的目的地来进行展现，而是以一条路径的形式予以表达。通过这条翻滚的路径，回顾了一个人过往的转变经历和对其他行动逻辑日益增强的认识，一直达到转化型行动逻辑（第 7 章会做更完整的描述）阶段。然后从转化型到炼金术士型的转变历程的演示又有所不同。炼金术士型和所有早期行动逻辑间的双箭头提示了这是一种持续而又超越了时间概念的过程，在本书中第 12 章会详细讨论。

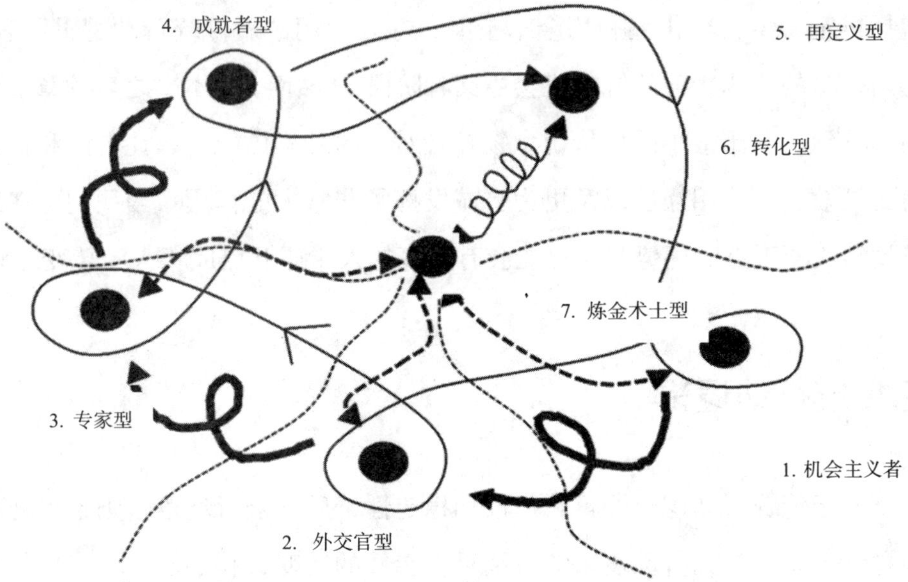

图 6.1　从后期行动逻辑角度对不同行动逻辑的动态性和同步性的理解

外交官型、专家型和成就者型的人通过被看作传统的行动逻辑来逐步发展。传统的行动逻辑习以为常地认为社会范畴、准则和权力结构形成了安定现实的真正本质。我们正学习如何在一个接一个的经验领域中逐渐获得更多技能和控制力来与其产生关联——首先作为机会主义者型，是与外部世界的关联；接下来作为外交官型，是与自己的行为世界产生关联；然后作为专家型，是与思想世界的关联；再然后作为成就者型，是前三者之间的相互作用。在传统的行动逻辑范围内的人，通常识别不出自己在通过一个特定的框架或行动逻辑看待我们自己、他人和这个世界，也意识不到在生活过程中自己的行动逻辑已经发生了转变。当我们进入 30 岁，有了更丰富的人生阅历，随之而来地对家庭、组织和社会的多样性和变化有了更为深刻的认识，我们中有些人开始意识到，或许能够去探询、选择和控制自己和他人对自己以及所面临的世界所做出的基本假设。

表 5.1 表明，在由 497 位受过良好教育的美国在职成年人组成的统计样本中，超过 90%的人持有传统的行动逻辑。只有 7%的人属于后传统行动逻辑，包括再定义型，转化型和炼金术士型，在表中用“后传统行动逻辑”表述。（另有 3%的人属于前传统的机会主义者阶段。）然而，在本书之后的章节中我们会看到，占比很小的后传统型领导者对于提升集体能力，让自己和机构变得更高效、更具相互性以及更为真诚发挥了非常大的作用。当我们更多地了解到转化型观点的优势时，可能会有更多的人希望开启成年人的转变之旅。

后传统行动逻辑

鉴于传统行动逻辑注重相似性和稳定性，后传统行动逻辑则越来越注重差异性，并参与到行动逻辑的持续且创造性的转变过程中。因此，后传统行动逻辑逐渐地不再是会限制个人选择的隐性框架，而越来越多地变成了一种显性框架（如完整的发展性行动探询理论），显性框架强调行动逻辑的多样性、发展自由度，以及我们所说的能做出适用于不同场合的个人行动逻辑选择的反应能力。

此外，形成了这些后传统行动逻辑的人越来越注重在每个社会互动中对他人使用不同形式的影响力。他们进一步意识到，这样做会加强或转化现有的行动逻辑和影响力结构。他们明白，在当前情境下是可以产生新的共享框架的，而且，如果希望有机会产生高质量的合作［因为新团队成员来自不同的国家文化背景，有不同的技能（如销售与会计）、不同的企业考核奖励体系或者不同的行动逻辑］，就必须创建这种共享框架。

在进入后传统行动逻辑的旅程中，我们会开始培养一种能力，使我们能在行动时全面而超然地思考支配行动的不同行动逻辑以及它们是如何彼此相互影响的。这个世界不再是一个彼此离散、毫无关联的地方。就像桌球台上的桌球一样，最初计划的战略行动会先后单边地引起一系列事件的发生。因此，因果关系被认为循环往复、密切相关且牵一发而动全身的，而一个人选择的评估措施也被看成体现了他自己的行动逻辑以及外界对其的反馈。现在，我们在第 2 章中介绍的框定、主张、阐述和探询的技能以及寻求负面反馈的技能更像一种说话的原则，而不仅仅是技巧了。

还有一些其他相关变化——我们立志遵循的原则对我们的影响力在增强；他人的规则变得不再那么有决定性，反而越来越被认为像一种对合理化质疑的限制。同时，对自己或机构是否在坚持按照所标榜的原则采取行动这一问题变得更加具有驱动性、更为迫切。同样地，有关如何克服自己的不一致性和避免虚伪的问题也变得愈加紧迫。人或组织内部的差异性不再被掩盖，也不再归咎于一些外部敌人或替罪羊。恰恰相反，这些差异被当成基础材料在行动中用于构建真诚，正如第 1 章中水下管道经理史蒂夫 · 汤普森开始去做的那样。

也有很多方法可以培养高度深刻的觉察，让我们知道自己的行为并不总是会如愿实现预期的结果。一种方法是进行不同形式的灵性练习，旨在产生增强的持续存在感。另一种方法是自己组建小组，小组成员提出并分析为某目的采取了具体行动却没有产生期望结果的案例（如第 2 章所示）。第三种方法是，采用与发展性理论对话的方式（也可能是以与导师或高管教练对话的方式），创作一篇批判性的/具有建设性的自传。

在第 5 章的末尾，亚特的自传让我们首次领略了这种方式，本章接下来的大部分内容将展现一个更为完整的实践案例。本书有一位作者在过去的 20 年里成功指导了很多人采用这样的方法。西莉亚是一位年近 50 岁的非裔美籍高管，作为自己博士生项目的一部分，她写下了这篇“职业自传”。她的故事是再定义型的人自我反思的典范。当在阅读她的自传时，你或许想简单记下人生中那些发生在过去、却似乎反映了你现在工作中的某个或另一个行动逻辑的事件。这种反思实践能帮助我们更接纳自己，也更接纳他人，因为他人所表现出的行动逻辑如今已不再让我们觉得迷惑和受约束了。

西莉亚，“追寻自己梦想的根源”

机会主义者型和外交官型

我上大学那段时间的确处于冲动型阶段，而我不打算在讨论中扯那么远。更确切地说，我认为要从大学后拥有的机会主义者型行动逻辑开始讨论，因为我发现自己当时努力想要获得一项技能并找到个人能力最适合的地方，我在寻找一个让自己舒服的地方。我也发现，通过这种评估自己开始融入外交官型的框架中，因为自己正试图理解别人，了解他们的文化，以及是什么让人们做出这样的决定。我在自己身上并没发现在这两种框架间存在一个清晰的界限。

回想起来，我发现自己第一次开始分析工作环境是我从事第一份“真正”的工作时。婚后不久，我在位于华盛顿的里格斯银行开始了自己的第一份工作。在此之前，我从未亲身经历过歧视，但在那里我真的感受到了。银行柜员会让要办理业务的黑人客户比白人客户等待更长时间，并且当黑人客户在听不到的距离时（尽管有时候我认为他们是能够听到的）用含贬义的名字称呼他们。银行想调我去参加培训，但我对数字不感兴趣，而实际上我也是个糟糕的柜员。那里的环境真的不适合我，因此我离职了。

之后我在一家同样位于华盛顿的大型通信律师事务所当前台接待员。这份工作对我而言没什么困难，我把大部分时间用来搞清楚公司里的人努力工作的动力是什么。我的错误率很高，我的目的就是追求普普通通的生活，能够养活自己就行。

我的下一段奇遇发生在美国铝业公司（ALCOA）。我受聘去做一份我认为是准专业的工作，跟进政府合同。正是在这里我意识到自己内心深处其实是个煽动者。我质疑秘书为什么依然“为他们那帮男人冲咖啡”，驳斥经理为什么他们不愿意委派真正重要的任务。尽管这局面听起来有些郁闷，我却学到了很多。在我最终脱离文员身份后，我去国会山参加参议院和众议院的听证会，了解影响铝业的各种事情。我热爱工作的这部分内容，并会为工厂经理们撰写趋势报告。

接下来，我应聘了美国州县市雇员联盟（AFSCME）的某位总监的行政人员岗位。AFSCME 的文化很适合我，我开始塑造自己的行为，从而在工会中干出了成绩。这是我第一次承认或者知道自己适合做一名转型的推动者。我热爱 AFSCME 的工作，这是我真正的事业。我学会了帮助雇员从雇主那里获得公正待遇的方式，认识到劳资谈判和书面合同的威力。我成为一名劳工狂热者。

1976 年，我在波士顿遇到了亚历克斯，那是 7 月 4 日后的那个周末。他负责一个类似 SWAT 的团队，该团队的建立是为了解决马萨诸塞州雇员就合同谈判发起的罢工。他将所有的提议都集中起来，并且让政府官员和工会成员的作用随处可见。我们的故事就是从这里开始。当解决了罢工问题，我们的关系开始密切后，就搬到了弗吉尼亚州。在这里我们为 AFSCME 的全国总部工作，为管理组织推动或者解决罢工在全国各地奔波。不久，我们正式和各自的配偶离婚，然后再婚结为夫妻。

专家型

在遇见亚历克斯时我就表明了自己的立场，这是我人生中的一个转折点。对我而言，亚历克斯是导师，是对我人生影响最大的人。他帮助我了解了自己所拥有的个人影响力，从而获得自信去追逐梦想。他教会我如何充满激情地表达自己的看法。他向我展示了我可以独立自主，去建立一个自己想要的而不是满足别人期待的生活。亚历克斯从来就是一位真正的领导者，人们被他所吸引。他充满着使命感并且为之而努力奋斗。他想要创造一个以人为本的工作环境，实现工资和工作条件的公平且有利于生产力。在这之前，我是个很传统的人，并且嫁给了一个我认为最不该嫁的人。那时生活如一潭死水波澜不兴，我的第一任丈夫对他的未来毫无想法。要是没遇到我现任的丈夫，我可能还会在那个令人不满的关系中待上更长的时间。

我认为自己正向专家型阶段发展，因为我在对自己负责并且开始掌控自己和外在的世界。在此之前，我对自己并不确定，常常觉得自己能力不足。我是家里最小的孩子，其他家庭成员的成就都很高。关于我，母亲最喜欢的说法就是我是个“可爱的孩子”，暗示了我缺乏别人那样的天赋，遇见亚历克斯让我找到了自己。我现在打算做些事情，因为我觉得那是我该做的事而不是因为别人是这么想的。

接下来几年的人生变成了一个探索新自我的过程。我远离了自己的直系亲属，这样才能真正地找到自我。我也疯狂地爱着亚历克斯。我继续培养对工人诉讼工作的深厚热情并且开始真正关注职场不平等现象。然而，我又有了另一种观点——机构的政治本性，工会和公司都是如此。很多时候是打着有利于工人的旗号去做事情，但实际上却更有利于工会和其长期的发展，而不是工人。我见识过贪污的工会官员和经理，为了保住自己的权力他们几乎会卑鄙到做任何事。

退回到早前的行动逻辑

最终亚历克斯从当时的岗位调到新泽西州社会服务办公室主管人力资源部。我在一个联合劳资委员会获得了职位，帮助劳资双方建立合作伙伴关系——尽管当时还没有出现这种说法。

我全身心投入到工作中，开始的时候并不顺利。回想起来，我认为自己在努力去适应这个新工作环境的过程中又退回到了外交官型框架。偶尔我觉得自己也在以机会主义者型的观点来行事。这两种方式可能让我的工作变得更为艰难，如果我知道这些差异并且有先见之明地留在专家型模式中，情况可能就不一样了。

我在思想上也没有准备好从对抗转变为合作。我的处事风格是对抗性的，我滔滔不绝地对着他人说话就是要说服对方而不是让他们也参与进来，也不知道如何以建设性的方式去倾听他人。如果有人挑战我的观点我会觉得受到了威胁，然后会试图说服他们转向我的观点。没人认可我们在雇员参与试点项目所做的工作是有意义的，这让我非常生气。

然而，此时我丈夫正隔绝在他自己的世界中。我从不知道也没问过是什么让他如此着迷，并且我也不想知道。我认为他是被工作的权力所吸引。对我来说，这是人生的一段黑暗期。我考虑过离婚，但我真的很爱亚历克斯并且能预见到我们会和好如初。没有他的生活似乎不是个切实可行的选择。我们需要渡过这个难关。直到今天我仍不确定他是否知道这黑暗的一年半时间有多难熬。可是对我而言，所发生的一切依然历历在目，仍能感觉到那时的孤独。我把试点项目失败后的这段时期定性为休眠期。

向成就者型过渡

我该做什么？我相信自己的智慧足以实现成功，但我需要做什么来促进成长呢？我决定去研究生院继续深造。如果我不能从工作中获得真正的满足，就要多学，这样才能多做贡献。不知怎么地，亚历克斯又重回我关注的焦点——他就如同以前一样还在那儿。或许是因为我为自己找到了焦点。他开车送我去参加 GRE 考试并等到考试结束。当我觉得自己没做好时（事实也确实没做好），他会给我鼓劲。在我攻读硕士学位的过程中，他一直支持我。我好像每天都在把课堂上学到的知识运用到实际工作中，最终以优异的成绩毕业了。这是对我能力的最大认可，让我重塑自尊。

我的角色变成了一名国家机构的内部顾问。和我一起共事的高管们都想要改变自己领导组织的方式并尝试不同的模式。我开始再次进入特立独行的局面。我对组织发展满怀兴趣，但不再那么教条，而是更多地发挥促进作用并更热衷于去发现。从过去的我到现在的我，这似乎是个再自然不过的转变进程。我再次超越了我的同事们。然而这次我不感到害怕。我正在追逐一个梦想，这个梦想符合我的命运，事实上我知道它就是我的命运。

在此期间，母亲意外去世，这让我深受打击。我从不知道自己对她的离世会悲痛到如此地步。或许是因为我终于开始认真对待我们的关系了。我正在学习更多有关自己的东西以及如何建立良性的关系（那些基于对话与理解的关系，而不是争争吵吵的关系），这样我最终能和她对话却不会感到威胁、贬低或防卫。在这点上我第一次有了再定义型的体验：不再觉得母亲的观点难以忍受而需要回避。恰恰相反，现在看起来她的观点和我的似乎相差得恰到好处，可以细细品味。但是在我能真正结束和母亲的那种非良性的关系前她就去世了。我想她绝不知道自己对我的人生塑造扮演了多么重要的角色，或许这就是我经常怨恨她的原因。母亲去世后，我每天都会为她哭泣，通常是在我独自开车去上班的路上，我想这种状态持续了两年。她总会涌现在我脑海中。因为知道她会为我获得硕士学位而深感骄傲，我在很多方面都一直保持前行。

在那以后，我找到了梦寐以求的工作，成为一个国家机构的品保总监。作为高管团队的一员，我负责为有关全面质量系统实施的团队提供咨询服务。我一直在努力获得如此重要的机会。对自己所承担的重任我表现得沉着冷静，也不需要像以前那样让自己成为核心重点。我对自己、自己的身份以及能做出的贡献更加笃定了。然而所有让人兴奋的时期突然结束了，在这家机构最后的遭遇同样也是艰辛的。由于政治环境的变动，机构的执行官换人了，对组织变革和质量的重视也随之消失。我备受打击，在这份工作中依然无法得到完全的认同。又到了再次前行的时候，这次将前往下一个学习高原，但在这之前我又进入了休眠期。

前往再定义型的旅程

亚历克斯再次面临职业变动，但这次情况不太乐观。我总是坚信他会重振旗鼓，他确实做到了。但这次更加艰难。我正处于变动中，他也是，一帆风顺的日子遥遥无期。但是现在我能意识到我们两人所拥有的优势。我不能再继续为国家机构工作了，一方面是经济方面的因素，另一方面是因为这样的工作对我而言已经失去光环没有吸引力了。亚历克斯已不在那里工作了，和他在同一个行业工作的乐趣就此消失。我们陷入经济紧张期，必须做点什么。我的工作从家庭收入的次要职业变成家庭收入的主要职业。对这种变化我还没做好准备，但是回首过去，我的整个人生都在为我自己而成熟，来真正成为我自己并实现我的梦想。

有好几家位于纽约的公司就可能的工作岗位来征求过我的意见。和丈夫商议后，我决定大胆去尝试。说实话，我对这些工作机会既感到受宠若惊，又惶惶不安。从政府/劳工领域转换到私营/资方领域意味着生活方式的完全转变，对此我不确定自己是否已经做好准备。无论如何，我去参加了这些面试，然后一路哭着回家，因为我知道自己最终将会获得一份工作，而生活将会发生重大的改变。第一份工作面试告吹了，我有点受到打击。我自己在脑海中，也和丈夫一起把所有问题都梳理了一遍，已经做了充分准备。

原来的工作变得难以忍受。庆幸的是，更多的工作邀请接踵而来，我收到了一份来自化学银行很棒的工作邀请，最终谋得了一个副总裁级别的岗位，负责某部门的专业发展。

在化学银行的日子就像我一直都属于这里。我知道要做什么、该如何去做。我知道如何团结整个部门，如何与公司高管打交道。实际上，我这一生都在和高管人员打交道——我丈夫是，在很多方面我自己也是。在成功发起了一个管理人员发展项目后，我很快转岗成为业务领导的战略专家角色。根据我的建议，实施了业务质量改进。当我结束作为专业发展主管的任期后，被安排调任业务质量总监。我负责全球计划，与销售人员合作来改进绩效考核并且精简报告流程。这确实是我理想的工作，我也做得很好。

后来公司发生并购，我正负责的那类具有创造性和战略性的工作戛然而止。就在此时，我无意中发现了自己后来攻读的高级工商管理博士项目，开始去收集更多相关数据。猎头也不停地给我打电话，我也有时间去看看其他机会。

今天，作为一名内部顾问，我并未身处客户体系的核心，更多的是从体系的边界来帮助他们发现自我。这是我真正的一个成长点。我不再需要像过去那样掌控一切，我的答案减少了，却有了更多的问题，这些问题主要聚焦于帮助客户发现自身的优势。我的行事方式也更为顺畅，更倾向于从战略角度来看待问题。我也意识到了对话的力量及争论的消极性。最终我想要的是经营自己的公司。

随着故事的结束，我们看到西莉亚已经从一个更多是从属于丈夫和母亲的青涩角色变成了资历老道的高管，成为家里的顶梁柱和资深人士。她也从狂热追随者变成了协作探询的推动者，甚至在与她价值观不相符的商业环境中也是如此。在这里，我们感受到了与转化型行动逻辑的共鸣，我们将在第 7 章探讨这种行动逻辑。

特别有趣的是，在故事的结尾，西莉亚考虑要离开大企业去创造一个更满足自己优先选择的环境。我们在工作中也发现越来越多处于再定义型行动逻辑阶段的经理，他们往往近期才离开大公司体系内的工作以加入小型咨询公司，在这里他们对自己的工作环境有更多的掌控权，主要工作是深入倾听其他人的内心世界以促成转型变革。这种趋势或许受到了全球企业不断降低的就业安全感所影响；或许也源于对自己的心理状态越来越浓烈的兴趣，而这反过来可能也受到大众文化和技术带来的后现代表现趋势所影响；或者这是越来越多的人在回应自己在后 9·11 时代所接收到的显著信号？这个信号传递出的信息告诉我们，环境、政治、商业和精神世界是一个系统统一体，呼吁我们要对一种包含经济效益、政治互利和生态可持续性三重因素的底线进行优化组合，而不是头脑简单地站队支持。

读了西莉亚的故事后，你可能已经开始对再定义型行动逻辑特征的想法和行动有了一些印象。同样，我们在表 6.1 中对这些特征做了一个总结。

表 6.1 与再定义型发展性行动逻辑有关的管理风格特点

再定义型	会采取一个相对的观点，更关注当前和历史背景，经常能觉察到矛盾情绪；能体验到时间既有着打动人心的独特时刻，又是一种流动可变的媒介；对自己和他人独特的自我表达方式感兴趣；寻求独立、有创造性的工作；与相似性和稳定性比，更易受差异和变化的吸引；不倾向评判或评估；通过倾听和发现模式而不是通过主张来产生影响；可能有点离经叛道；开始注意自己的缺点（和自己的负面影响）；可能有决策困难

结论

对后传统行动逻辑理解的觉察最开始可能让我们觉得困惑。再定义型的人对未解决或需要解决的东西有种不安的感觉，一种不知从何下手的无力感，这被看成这种行动逻辑类型的缺点，因为我们还没有建立后相对性原则（postrelativistic principles）。

然而这也可能是细细品味自己每次经历后重新焕发的时候，是对自己和他人的独特之处有全新见解的时候，是建立进一步亲密关系的时候，也是浏览世间新奇的时候。激动与怀疑以一种有别于从前的方式相互交替。如果这听起来似乎矛盾而杂乱，就像西莉亚曲折的故事一样，那这恰好诠释了再定义型的人的体会。重新看表 6.1，你会发现再定义型没有停留点，他在某种程度上是开始了一场旅程去重新评估之前所有的人生经历和行动逻辑。

再定义型是连接两个世界的桥梁。一个世界是从孩提时代就逐渐形成的、业已存在的、相对稳定的等级认知，因为我们学会了作为一种预设文化中的成员该如何自处。另一个世界是新兴而相对灵活的相互性认知，强调负责任的成年人引导自己的孩子、下属和同伴实现转型变革的力量。

从处于传统阶段的雇员角度来看，再定义型经理的领导风格倾向于不那么确定和强硬。部分原因是再定义型的人能觉察到当前情境下工作中层层叠加的各种假设和解读。

即时性练习

正如再定义型行动逻辑是转化型领导力所需的桥梁一样，要精细地调整后期的后传统行动逻辑中适时行动探询的执行，也需要借助一种桥梁，那就是一定的当下即时性——当前的觉察、选择和充满技巧性的实践。之前我们建议过，在尝试下一个练习前，可以把每个新练习都试验一周。如果你照做了，会累积很多全天都能用到的练习。现在，你或许已准备好开始关注如何使用这些练习来培养更多的即时性。

- 当让手机闹铃每小时响一次进行注意力练习时，注意到自己的心理、情感和身体感受如何所需的时间是否越来越短（从 30 秒开始）？
- 当从一个行动转到另一个时，是否会自动去关注自己的感受？
- 当在用餐和入睡前总结时，是否感到惊讶的次数越来越少？
- 你是否发现，当事情发生时，准确定义自己对此的感受所需的时间变短了？
- 你是否发现，当在主张时会自然地把对情境的感受包括进去？
- 你是否发现，当一些事件引发了冲动、压制和封闭的专家型的反应后，自己立刻就能关注到它们？或者，甚至在引发的那一瞬间？
- 你是否发现自己抵触他人观点的次数更少了，表达自己对他们观点好奇心的时刻更多了？
- 你的觉察是否更清晰了？（或者，你是否好像更迷糊了，因为你更加能觉察到自己经常处于迷糊状态中？）

下一步

对于如何以交互方式引领适时的转型变革，邀请甚至挑战他人加入此领导过程，我们接下来要介绍的转化型行动逻辑给出了一个概略的回应。大部分处在再定义型行动逻辑的人都渴望朝着这个方向继续转变。

CHAPTER 7
第 7 章

转化型行动逻辑：发展转化性力量

转化型行动逻辑的主要特征是行动时的自我觉察。它不但像再定义型那样直觉地认识到其他行动逻辑和自身都是一种行动逻辑，而且直觉地识别对于个人、家庭、企业或国家的行动逻辑的持续转变起促进作用或起阻碍作用的所有行动。如果在参与循序渐进式或蜕变转型性变革的过程中，面对他人基于完全不同的行动逻辑而构建当前的情形时，我们能觉察到正在行动中的自我，那么最核心的问题就变成：现在，对谁而言，适时的行动是什么？

转化型的人被这样的一种可能性深深吸引：某种适宜的行动在外交官型的人看来是“及时”的，对专家型的人来说是高效的，而成就者型的人则感觉是有效的，同时它还能支持行动者本人、他人或组织的转变。这里的关键点是系统转变的自发性。他人的适时行动给我们提供了目标已确定了的双环反思，从而能支持我们自身的转变，但是同时，只有我们每个人选择接受这种反馈和转化才能提升我们的自主性和个性。与此同时，如果我们发现自己的同事也对可能的转变保持开放的心态，会更可能接受这样的反思，更易于转变。因此，这种鲜为人知且极少会被行使的转化力量是一种相互的、示弱的力量，来自把握时机，对互动中的所有个人、群体、组织或地区进行细致的探询性关注。

当然，大部分在发展性行动逻辑测评（如强调本书提到的发展性研究的全球领导力画像测评，详见本书附录）中被评分为转化型的人，在谈话和思考时都不会明显地使用我们在本书中使用的发展性术语。然而，他们会随着时机的变化来理解改变的需求，或者本能地，或者基于相关理论（如莎士比亚的“人生阶段”理论、印度教的生命循环理论、埃里克森的发展性理论）。例如，某个处于转化型行动逻辑的人可能某种程度上会将策略性的决定进行以下排序：第一，洽谈工资和待遇时，适度带有机会主义者型的自我提升和自我保护感；第二，工作前几个月会采取更倾向于外交官型的行动逻辑，了解公司的新文化，包括领导的脆弱点和敏感点；第三，有选择性地在某些领域行使专家型的行动逻辑，做出有附加价值的出色贡献以实现升职；等等。

敏锐地察觉到各种观点，转化型的人能运筹帷幄，和下属们维持良好的工作和私人关系。他通常会本能地将成就者型的人所期待的营收及利润业绩与专家型的人所期待的高质量标准结合起来（而不会有专家型的上司可能带来的恐惧和竞争性这样意外的效果），而且能抽出时间和外交官型的人拉家常。

转化型的人会迈出的另一步是，他不仅能接受个性化（正如再定义型的人那样），还乐于在相互关系的背景下逐步形成个性化。如果不是显而易见地，转化型的人在不知不觉中变得越来越适应发展性过程，他们会看到他人（以及团队和整个组织，有关这两点我们会在第 8~11 章进行探讨）因为过去的经历已实现了发展，也承认自己需要机会自发地变得真诚、具有相互性和可持续性。伴随着这种认知而来的就是愿意让他人（如下属或孩子）犯错，但前提是，要培养更大的敏锐性和能力来进行单环/双环/三环自我纠正。然而，转化型的人也认识到自主性的限制，明白不仅情感上的相互依赖是不可避免的，越来越独立自主的朋友间的个人关系也应该被看作自己最重要的财富之一。

有了这种对相互关系的新认识，在关系和组织进程之初，建立明确的相互愿景、共同纲领和契约就变得越来越重要。

和成就者型的人不同，转化型的人对重新思考甚至改变自己在某种情境下的观点和目标，并且帮助别人这样做的可能性持开放心态。转化型的人会有意识地寻求并选择新的方式来构建机会、困境和冲突，这些因素往往包含着差异、矛盾和多种不同的观点。转化型行动逻辑从再定义型行动逻辑那里传承了识别、处理内部冲突的能力，如相互冲突的需求和义务。但是，虽然再定义型的人所带有的相对主义会让自己在这种冲突面前变得麻木，而转化型的人会理解矛盾对立面的紧张关系并且寻求解决方案去转换这些起初似乎是不可调和的差异。

无论他们在组织中是什么级别或头衔，采用转化型行动逻辑的人在现实中都发挥着领导作用。他们将自己和同事的注意力聚焦在使命、战略、执行和结果是否相互矛盾，是否能让它们变得更有连贯性？转化型的人会研究出各种方法来检测使命和战略、战略和执行以及执行和结果间的差异，这样能纠正无效的和不道德的过程。转化型的人对系统性差异非常敏感，能敏锐地察觉到同事和下属中存在的种族、民族、阶级、性别和发展的不平等。这种观点符合一种全球性的而不是种族主义中心的视野，促使转化型的人竭尽全力去促进个人和机构的发展，弥补社会的不平等，而不会像外交官型的人那样滋生出对政府援助的依赖。

转化型的人的表达方式是自然率性的，真诚而强烈，所表达的感受生动而有说服力，夹杂着激情四射的经历、刻骨铭心的悲痛，有欢乐，也有喜悦。他们表达轻松，带着一丝存在主义的幽默，既充满幻想，又犀利敏锐。转化型及之后的后传统行动逻辑会变得更加敏感，关注的不仅是过去对现在造成的影响，以及我们当前的行为，包括我们的语言，会如何影响当下和未来。

拥有转化型世界观的人认为人生目标超越于满足自身的需求之上，实现自我和他人的持续性发展是当务之急。转化型的人也会努力去发现自己最擅长的是什么。这类人胸怀使命感，投身在个人的追求——可为之奋斗一生的事业中。这种追求既可以和工作有关，也可以和工作无关，或者两者兼有，因为传统的工作/家庭界限不属于转化型的人愿意践行的关系原则。对转化型的人而言，有关身份的问题还包含自己的社会和精神使命的内容。

在此，我们分享一个具有典范性型案例。故事的主角叫莎伦，她近期进入了转化型行动逻辑。莎伦是一家大型咨询公司的团队领导者，她为我们提供了一个突出的案例，展示了即便对方是一个因长期独断专行而名声在外的上司，转化型的人也能如何感受并实施相互关系。她和上司讨论了自己的差异性，而她的上司，莎伦解释说，不是习惯于和下属直言不讳地讨论彼此差异性的那种类型。

我和一位经理一起共事，他的风格和我截然不同。我知道如果想在今年这个成败攸关的年份被晋升为经理，取得他的支持并且让他知道我已为此做好准备很重要。

人们称他为“暗杀者”，因为他总在晋升的关键时刻将员工封杀出局而闻名。我认为我所知道的能解决这个问题的唯一方法就是和他就这件事进行讨论，开诚布公地把这些从来没人谈过的内容提到台面上摊开讨论。所以我说：“史蒂夫，今年为您工作让我担心得要命，因为我知道您不会提拔员工。我知道因为我们做事的方式不一样，您认为我正在把事情搞砸，但是请相信我，我的方式会成功的，我知道一定会。”

他完全以任务为导向。他想看到预算分析及所有这类东西，而我一直告诉他：“史蒂夫，这个项目组里有六个人。我不需要看着一份书面报告来告诉您进展如何。”我认为那是我发生改变的关键点，因为我意识到我们是两种不同风格的人。他采用这种风格工作已经很多年了，我可以向他学习，但绝不会完全照搬他的方式。就是在那个时候我意识到自己的风格同样有效。我的方式没有错，我不需要继续寻找“那个”答案。

关于我们间的差异，我和他进行过几次谈话。我想没有人曾经就他对员工评估的方式或者他工作的方式和他针锋相对过。我只是一直在指出：“史蒂夫，我们是不一样的，但请相信我。我按时完成了一切，不是吗？”他只能说：“是的。”“我的项目团队开心吗？”他说，“是的。”我说：“看，并不是我做砸了，只是我们不一样，但是这不意味着我不能向您学习。”

我认为他在我这里收获颇丰。每个人都告诉我：“莎伦，你对史蒂夫做了什么？他给了你一个‘优秀’。他竟然挺身来支持你。”

这里很重要的一点是，莎伦在谈话中化解了自己和老板在行动逻辑上的差异。用行动探询的术语来说，她将对自己观点的主张和阐述进行融合的同时，还明确承认在他们的框定中存在着的差异，以及在验证并建立对某种工作风格的认同的过程中进行了探询。她这么做时甚至提出了以往被认为在公司是不可说的话题——老板对她的评价。当她的原则要求她进行讨论时，她没有刻意避开讨论这个话题。

尽管莎伦的故事展示了典型的转变力量，但是转化型阶段并非就不存在潜在的阴影和混乱。有能力看见冲突中的多种观点、发现他人的行为在加深冲突，这也会带来痛苦。对通常的权力作用（尤其是转化性权力）的优势的认知可能偏移到痴迷的方向。同时，建立一种个人如何生成转化的整体性理论（将个人的实践与广泛的历史和组织潮流相结合的理论）的意识，如果没有被持续的精神实践挫挫锐气，发现转化型行动逻辑的理论和其他三种经验领域之间的差异，可能会导致自大和自我膨胀。表 7.1 总结了转化型的行动逻辑特征。

表 7.1 转化型发展性行动逻辑的管理风格特征

转化型	认识到要制定和保持良好决策、原则、契约、理论和判断（不仅仅是规则、习俗和特例）的重要性；高度重视适时的行动探询、相互关系和自主性；关注独特的市场定位，尤其是在过去的重要时刻；将短期目标导向与长期发展进程导向相结合；了解“人们能看到什么取决于其行动逻辑”的悖论；富于创造性地解决冲突；享受发挥不同的作用；机智，存在主义式的幽默；意识到权力的阴暗面并被其诱惑

对转化型基于研究的观察

有关研究已确认，拥有后期行动逻辑的人确实有可能成为更高效的管理者和更具转变性的领导者。有的管理者会倾向于重新定义问题，应对问题时也倾向于提出协作性而非单边性的行动建议。我们的研究特别指出，这种倾向性与成就者型之后的行动逻辑类型结构存在某种联系。

在我们的一项研究中，将 49 位 MBA 研究生放在模拟管理环境中，进行一种被称为“公文筐”的测验（当时是 20 世纪 80 年代中期，恰好是电子邮件时代的前期）。根据测验，他们被雇用去接替一位因事故意外身亡的经理的职位，而他们必须在之前的雇主公司再待一周时间。可是在一个周日下午、还没见到新同事之前，他们已经开始处理在前任的公文筐里发现的 34 项邮件、备忘录、报告和电话留言。因为每个研究主体处理的是相同的 34 个事项，所以我们能够实施统计性测试。然后发现，和那些显示为成就者型、专家型或者其他的早期类型结构的人相比，全球领导力画像测评结果显示为后传统行动逻辑的人会重新定义问题，提出协作性的行动建议，处理了更多公文筐里的事项。

为了发现更多有关转化型的人在工作时的行动信息，我们做了一项跟踪研究。我们采访了 9 位男士、8 位女士，他们身居不同岗位，主要来自服务业，其中 5 位来自金融机构、2 位来自研究型公司、2 位来自医院、4 位来自调查公司，另外 4 位任职于制造型公司。所有人都获得了较高的学位，大部分是 MBA。9 位属于管理层，包括 1 位首席运营官和 3 位职能部门总监；4 名是专家或独立贡献者（如金融规划师或信贷主管）；还有 4 名顾问。17 位中有 15 人 30 多岁，年龄的中位数是 36 岁，工作年限的中位数是 10 年。表 7.2 显示了样本根据参与者行动逻辑分类的情况。我们把转录的采访分成两组，即“传统组”和“后传统组”。

表 7.2　17 名研究参与者的行动逻辑　　单位：名

后传统组	转化型	6	10
	再定义型	4	
传统组	成就者型	5	7
	专家型	2	

我们发现，传统和后传统型的职场人士在工作中思考、说话和行动的方式的确有很大差异，在以下三大领域的差异尤其突出：领导力实践、和上级的关系以及行动倡议。

转化型的人如何思考和行动

领导力实践

- 和成就者型的人相比，转化型的人更有可能实施双环学习，去设计各种情境，在这些情境中，他人是因果关系的根源，大家共同掌控任务，他人会做出选择，尝试冒险。
- 转化型的人会比成就者型的人更认真：了解下属的行动逻辑类型结构，对他们进行探询而不是解雇他们；形成对这些行动逻辑类型结构的综合性认识，包括差异化的类型结构；把它们作为综合新共识的基础。
- 转化型的人比成就者型的人更有可能去检测组织和上级的局限性，为下属和自己创造新的行动领域。

和上级的关系

- 转化型的人和成就者型的人都认为对上级的信念、目标和行为实施影响是恰当的。
- 和成就者型的人比，转化型的人在影响上级时更可能会对最初多样化的框架思想进行协商，从中选出一个新的共有框架思想，而成就者型的人更可能会像上级一般坚持自己的观点且不容他人争辩。
- 和成就者型的人比，转化型的人更可能把自己的看法仅仅当成看法，而不是不变的事实，并且会和上级明确讨论彼此在观念上的差异。
- 和成就者型的人比，转化型的人更多的是按照原则而不是规则来采取行动，甚至当那些原则和上司制定的规则不一致时也会如此。

行动倡议

- 当他们的行动和自己的原则不一致时，转化型的人比成就者型的人更可能注意到这种差异并采取行动去缩小差异。
- 转化型的人比成就者型的人更可能把自己的行动过程看成独一无二的，而不是受规则约束的一般行动过程。
- 和成就者型的人比，转化型的人更可能明白，要获得有效性需要设置一个舞台（框定一个框架让自己及别人的目标得以表达出来），而不是一味地让自己的解决方案和流程被采纳。
- 成就者型的人运用自己对他人观点的觉察作为指导，让自己的目标最终能为人所接受，他们把实施看作朝向目标的直线运动。而转化型的人却运用自己对他人观点的觉察来质疑并且修改自己的目标，以及检测自己的观点是否能影响他人。他们把实施过程看成一个反复的发展过程，在这个过程中会创造出新共识，从而对问题进行反复的重构。

总体而言，这些主张强烈表明，管理者要具备一些能力才可以创造出一个让自己、同事和整个组织能转型的环境，而这些能力的获得要求个人观点的发展性转变，要超越成就者型的行动，通过再定义型的相对主义，最终实现转化型的行动逻辑。

我们对帮助企业、大学和保健组织实现转变的咨询工作进行了为期十年的研究，在这十年里，我们逐渐明白原来这种说法是如此之正确。现在我们来大概了解，当拥有传统发展性行动逻辑的 CEO 和测评为具有转化型行动逻辑的 CEO 试图领导组织转变时所产生的不同结果。

对组织转变过程的研究

十年来，本书作者中有三位和另外一位咨询伙伴共同参与并研究了十个组织发展项目，每个组织平均花费四年时间。这些组织既包括营利性企业，也包括非营利性机构，规模从 10 名到 1 019 名员工不等，平均员工人数为 485 名。它们来自不同行业，包括金融服务、汽车、咨询、保健、石油和高等教育行业。

所有十家组织的 CEO 和高管团队的很多成员都完成了全球领导力画像测评。其中有五位 CEO 被评估为后传统行动逻辑（四位为转化型、一位为炼金术士型），另外五位的测评结果显示为传统的行动逻辑（两位为成就者型、两位为专家型、一位为外交官型）。在 CEO 被发现是处于后传统行动逻辑的五个案例中，这些组织都实现了积极的转变——公司的规模扩大了，利润上涨了，质量提高了，战略得到了改进以及美誉度也上升了。好几位 CEO 都成了行业领袖。此外，所有经培训过的计分员都认同，这五位 CEO 总计对 15 个组织的转变提供了支持（实际上，在和他们共事的几年里，除其中一位外，所有后传统型 CEO 每人至少对两个组织的转变提供了支持）。

与之相反，CEO 的行动逻辑处于转化型之前的另外五个企业案例中，平均而言都没有发生组织转变。其中，一个案例中出现倒退回了三个阶段的情况；两个案例中没有任何变化；还有两个案例中出现了积极的组织转变。在没有出现积极转变的三个案例中，组织经历了危机和非常明显的发展障碍。[①]

另一项数据分析进一步佐证了这一发现。四位顾问中有两位被测评为转化型行动逻辑，另两位则被测评为炼金术士型行动逻辑（将在第 12 章中介绍）。根据我们的发展性行动逻辑理论，那些发展阶段已超越转化型行动逻辑的人会更为持续地实践行动探询，也会越来越理解为此而采取适时行动时系统间的复杂性，以及行使“示弱的力量”的即时矛盾性。因此，我们预测，炼金术士型顾问应该比转化型顾问更能有效地支持处于转化型行动逻辑之前的 CEO，帮助他们的公司实现转变。我们的数据证实了这一预测。在处于转化型行动逻辑之前的 CEO 参与了成功的组织转变的两个案例中，带有炼金术士型行动逻辑的顾问都发挥了领导作用（两个没有变化的案例中有一个也是如此）。[②]

想要更为清楚地了解不同的领导力行动逻辑如何以及为何会对组织转变有不同的影响，让我们将转化型 CEO 的一些行动和外交官型 CEO 的行动进行对比。

在我们的研究过程中，一位转化型 CEO 在组织处于危机的时刻向高管团队公开表明了自己的弱点和缺点。基于他的坦诚，其他人也跟着效仿，因此团队才能在分配责任时做到消除潜在盲点、挑战彼此以发展新技能，并且对彼此的表现定期反馈。

将这一行动与我们样本企业中的一位外交官型 CEO 进行对比。他非常不

---

① 根据斯皮尔曼等级检验，越后期的 CEO 发展阶段与积极的组织转变间具有非同一般的相关性，在置信水平 0.05 下显著相关，相关系数为 0.42。

② 因此，如果我们把这十个案例中每个案例的 CEO 和牵头顾问的发展分数加在一起，再把相加后所得数字的等级排序和每个组织实现成功转变的数量进行关联，就会发现，相关系数在 0.01 的置信水平下具有统计学意义，相关系数为 0.59。

乐意也不能够有建设性地处理来自同事和市场的任何负面反馈，以至于最后他的整个战略规划团队都辞职了。在我们这些顾问也没能成功影响他后，我们建议他辞职。当这个建议被拒后，我们又向董事会主席建议更换 CEO。我们的建议没被采纳，于是我们自己也辞职了。这家企业继续亏损，声誉也越来越差，最后这个 CEO 还是被替换了。

这个案例中，转化型的人让自己易于转变，从而引发了他人的自愿转变，而不是表面的服从和遵守（或抵抗）。对比之下，外交官型的 CEO 在每次会议上都力求一团和气，保留颜面，他看不到或者无法指出自己的缺陷，更不要说主动邀请同事来帮自己纠正错误了。

进一步分析组织未能向积极的方向进行转变的三个案例。我们发现在每个案例中，处于转化型行动逻辑之前的 CEO 让自己越来越疏离于顾问和被测评为转化型或转化型之后行动逻辑的高管团队成员。在一个案例中，公司 CEO 一方面高度赞扬自己的内部顾问/高级经理和变革的过程；另一方面又试图将这个顾问从高管团队中剔除并且冻结变革过程，他在两种状态中交替变化。最终组织没能在此期间实现转型（这名内部顾问/高级经理针对这位 CEO 提起了民事诉讼并取得胜诉，CEO 退休了，而这位高级经理在另一个组织中担任了 CEO 的职位）。

一个处于传统行动逻辑的 CEO 确实也可以为企业积极的转型提供支持，仔细回顾两个这样的异常案例也很有趣。两个案例中，CEO 将外部顾问和被测评为转化型的一个或多个高管团队成员当作亲密知己，并且给予他们广泛的自由空间，去改变不同干预手段的内容和时机。

这两个积极的案例中，有一个的后续发展（在最初的研究完成并如上文所示地写出了报告后）成为悲剧。案例中的 CEO 原本的测评计分在专家型行动逻辑阶段，他学会了很多协作技巧，如框定、主张、阐述和探询，并且为每个团队打造了多个领导力角色。企业并购后，他成为另一个规模大得多的组织的 CEO。尽管和我们共事期间，他可能已经发展到成就者型行动逻辑（我们并没有对他进行第二次行动逻辑测评），但多个事件显示，他肯定还没有形成转化型行动逻辑那种在时机和重构上的感知。新环境中的信任度较低，高管团队也没有作为一个团队进行发展的经历。然而，他不是去发现在新环境下什么行动是适时且有创意的，而是试图照搬在之前的高度信任的组织氛围中起作用的东西，结果这个组织业绩回落，损失了数亿美元，这个 CEO 被孤立，最终被开除了。

结论

所以，我们对转化型的行动逻辑所做的三个极为不同的研究（公文筐实验、访谈研究及与十个组织的长期行动研究的现场实验），最后的结果为其他可能正在起步或处在转变过程中的组织带来了什么样的启示呢？

首先，它们显示了不论转化型的人处在组织中的任何层级，他们总是成为建设性转型的主要推动力，任何重视实现组织转型的公司都应该仔细考虑 CEO 的行动逻辑的重要性。我们现场试验的结果表明，至少在初期，CEO 的支持对于营造一种在任何地方都可以开启变革的企业文化是必不可少的，只有转化型行动逻辑的 CEO 才能坚定地做到这些。

吉姆·柯林斯在他的书《从优秀到卓越》中有力地强化了这个发现。柯林斯分别研究了 11 家公司，它们的市场份额和财务业绩经历了从优秀到卓越的大飞跃并且长期保持了这一新的卓越业绩。他发现，这些企业 CEO 的投入程度是所有这些持续组织转型的关键因素，他把这种投入程度总结称为“谦逊和坚毅”的矛盾融合（转化型行动逻辑对探询和行动的融合）。尽管他不能用理论术语来解释这些 CEO 的品质，但我们认为从发展的角度看他们听起来像转化型的人，建议有兴趣的读者可以查阅这本书自行领会。

重构练习

现在，选择把一种形式的行动探询（或几种）当成一种闲散的练习去培育，转化型的人会试图把探询融入更多的生活片段中。不管是通过唱歌、跳舞还是运动，或是通过冥思、祷告还是写日记，又或是通过木工、缝纫还是烹饪，抑或是通过诗歌、乐器或是戏剧，转化型的人会搜寻各种练习，让自己在任何时刻都能有目的地提升觉察度和协调度。

同样地，当因为自己、他人和机构的目的不同而产生工作上或家庭生活中的紧张关系时，转化型的人想知道如何重构这些困境和假设以解决问题。下面的练习能够带来帮助。

- 试着运用发展性理论来描绘所遇到的情境和所设计的策略，看看它们在多大程度上限制或扩展了你关于时机的直觉。在下一节将介绍有关团队和组织活力的领域。继续磨炼自己的能力，要能即时关注到自己内在及周围正在发生的发展动力。
- 有意识并且有目的地去探询自己、他人和机构对问题情境的框定，在这个过程中去发现自我。关注自己对习惯性的初始假设，对它们提出质疑，进行彻底分析，然后遵循在这么做之后而产生的新逻辑。
- 当矛盾和对立非常明显时，花些时间独自去仔细研究、玩味这些矛盾与对立，再和别人共同探讨，从每个假设的立场扫视它们，尝试替换它们，看看想象力将被带向何方。
- 如果已经尝试用几种不同的方式去解决某个问题却都没有成功，扪心自问现在往往最不愿意做的事情是什么，然后认真考虑去执行它。（在某种情况下，我们最不愿去做的事情和认定在该情形下需要做些什么的行动逻辑是不一致的，但是我们目前的行动逻辑或许正是反复无法解决问题的原因。）

下一篇

面对 21 世纪初动荡回旋的全球经济中连续不断的变迁，最大的挑战就是，个人和企业如何能做到将生产力、探询和转型相结合，无论是短期的还是长期的。这种将在全球起支配地位的行动逻辑变成转化型协作探询模式的挑战非常大，一点儿也不逊色于主导全球的成就者型行动逻辑在过去的 500 年来努力获得对自然和社会在政治上、经济上和技术上的单边控制。随着越来越多的人认识到，相比起单边的、剥削式的关系，存在于组织和国家内部、男女之间、社会和自然之间的那种相互性的转化性关系是高尚而体面的，我们会受到更大的鼓舞将每一天都投入到这些方法的实施和目的的实现中。

到目前为止，我们已经从个人层面探讨了行动探询如何给我们提供指引。从下一章起，我们开始讨论团队和整个组织如何能通过这些相同的行动逻辑来实现转变。有时它们转变的进展缓慢，有时它们实施大量的行动探询以从一个行动逻辑转到另一个。我们会展示它们能如何逐步变成学习型组织，持续将生产力和探询进行结合。正如本章阐述的研究证据表明，转化型的人致力于催化这种持续的组织转变。因此，进入下一篇后，我们不会超出转化型行动逻辑，而是会更深入地去探讨它的日常组织性话题。

Action Inquiry

第 3 部分

组织转型

CHAPTER 8

第8章

促进会议、团队和组织转型

在第 4~7 章中，我们讨论了如何通过行动探询的方式来转变指导实践的行动逻辑。在组织中的实践活动让我们和其他同事息息相关，所以目前所讨论的内容中很大一部分是关于如何对同事及自己进行判断，如何尝试区别对待上司和下属，但是，重点始终是围绕着我们每个人如何通过行动探询改善自己的实践。

在本篇中，我们讨论的焦点将变为如何通过发展性转型来领导团队和组织。这个焦点的转变十分微小但却有重要的作用，因为我们并不是将焦点从个人转移到群体，也不是仅仅为了要涵盖这些主题而改变焦点。我们将焦点转移到群体和组织这个层面，是因为这是你们以及其他任何深入实践行动探询的个人想去做的，也是需要去做的。事实上，正如我们在第 7 章结尾所看到的，转化型的 CEO 在领导组织转型方面变得非常高效，部分原因是他们不太拘泥于自己的框定内容，因而能更多地了解人、组织和社会如何随着时间的推移进行不同的框定方式和行动逻辑。

换句话说，通过转向学习型团队、学习型组织和学习型社会的发展过程中，我们在继续关注作为个人如何实施行动探询。但现在行动探询的舞台不再局限于行使领导力来改变自己的实践，还可以去转变一个群体或组织的实践。我们开始能够理解人们和组织如何变得更为真诚、更具相互性和可持续性，或者为何会毫无改变。当越来越能觉察到自己的（或他们的）原则和自己的（或他们的）实践间的不一致时，就会更加致力于在每时每刻进行行动探询，反复进入四个经验领域，无论是个人层面的、团队层面的抑或是组织层面的。通过观察任何给定情况下影响行动的众多观点和行动逻辑，将不再固着于自己的初始想法上。

正如在向后期行动逻辑转变的人们能越来越娴熟地在当下进行行动探询一样，群体和组织也可以在帮助下转变为“学习型组织”。学习型组织，就像转化型的个人，能有目的地寻求单环、双环、最终三环的反思，实现转型。但是，正如个人向后传统行动逻辑的发展不是简单的一次性转变，对组织而言也是如此。组织的行动逻辑在能够有目的地支持其自身成员的个人转变以及其团队、新组建的部门和战略合作伙伴关系等的持续转变之前，必须进行多次转变。

此外，感觉上组织的转变比个人的转变更脆弱。除非经历重大事故或疾病，个人倾向于一旦付出努力达到某个行动逻辑之后就会维持不变。但是组织的董事会可以罢免组织的 CEO 和高管团队，或者将公司卖给竞争对手。在这种情况下，组织主导的行动逻辑可能在一夜之间几乎倒退回去。（战略合并也可用于帮助核心组织朝着渐进式发展方向实现文化转型，如卡莉·费奥莉娜的惠普/康柏并购案，但是渐进式转变不可能一蹴而就！）

在学习型组织中，人们对质疑持开放心态，验证假设，很少会因为表象错误而被惩罚，而是将它视为进一步学习的基础；人们分享知识，通过协作来获得新知识。简而言之，探询，特别是发展性行动探询成为一种组织活动。有时，一开始只是一个大型组织中的一小群探询者在实施这种行动探询，而这种开放式的学习过程最初在大型组织中并不受欢迎。但我们已经看到很多这样的案例，这些“学习单元”（有时不超过三个人，每隔一周进行午餐会议）能及时影响大型组织。[什么样的组织机构会支持在非常大型的组织中进行合作探询是如今全世界面临的一个主要迷团。美国宪法结构中，在极具原则性的反思部门（司法机构）、多元化的议案提出部门（国会）和以行动为主导的执行部门（行政机构）之间建立了所谓的“权力制衡”，这是一种罕见的长时间存续的大型协作探询的范例。]

世界上最大的组织之一就是由一小群致力于探询的人默默无闻地开启的。我们指的是匿名戒酒互助社和这种方式后来产生的所有其他 12 步团体（匿名戒酒互助社所创造的“12 步”成为小组治疗的理论基础和指导原则，这里指采用了这种指导原则的任何团体。——译者注）。匿名戒酒互助社的开始就像两个希望改变自己行为的人之间的谈话。

匿名戒酒互助社在个人走投无路的时候支持他重塑自己的生活，从这个意义上说，它是一个学习型组织。这是一个学习型组织的优秀范例，它体现了发展性转变的发生需要高度的个体转变意愿。诚然，我们不能将对匿名戒酒互助社的观点直接推及到我们大多数人在工作或休闲时所身处的组织情境中。在我们所处的组织中，很少会人人都有相同的强烈动机来向特定方向转变，并且除了个人转变别无其他工作任务。

我们也承认匿名戒酒互助社并不关注组织层面的学习和转变，即创造一个学习型组织，而是关注个体的学习和转变这个使命。然而，正是这个使命让早期的领导层在组织壮大过程中对防范官僚化十分警惕。因此，就当下的目的而言，匿名戒酒互助社的示例非常有价值，它为我们指向了一种组织形式，那就是在实现个人发展和建立学习型组织的过程中鼓励个人和组织的转变。实际上，匿名戒酒互助社是社会网络型组织的典范，和个人层面的再定义型行动逻辑是相似的（见表 8.1）。就像大型国际企业集团允许其子公司保留它们各自的企业形象和个性化战略一样，匿名戒酒互助社允许其成千上万个不同的集会场所拥有广泛的自主权。

表 8.1　个人和组织发展性行动逻辑对比

<table>
<tr><th>个人发展</th><th>组织发展</th></tr>
<tr><td>1. 冲动型
冲动支配行为</td><td>1. 构想阶段
创立新组织的梦想</td></tr>
<tr><td colspan="2">（各种独特的冲动逐渐演变成与众不同的方式，如众多幻想最终演变成创立新公司的具体梦想）</td></tr>
<tr><td>2. 机会主义者型
需求支配冲动</td><td>2. 投入阶段
精神、社交和资金的投入</td></tr>
<tr><td colspan="2">（主要任务：获得力量，如骑自行车的技巧、资金，来对外界施加预期的影响）</td></tr>
<tr><td>3. 外交官型
标准支配需求</td><td>3. 组建阶段
实际提供的产品或服务</td></tr>
<tr><td colspan="2">（镜像自我：了解其他人的文化/期望，调节自己的行为以取得他人眼中的成功，如一款畅销的产品）</td></tr>
<tr><td>4. 专家型
技艺逻辑支配规范</td><td>4. 试验阶段
可替代的策略和经验证的体系</td></tr>
<tr><td colspan="2">（掌握有关外部自我体系的知识，如行动等同于产生新的业务方式的试验）</td></tr>
<tr><td>5. 成就者型
系统有效性支配技艺逻辑</td><td>5. 系统化产出阶段
制度化的单一结构/战略</td></tr>
<tr><td colspan="2">（由计划/理论、操作/实施和结果/评估构成的实用三角测量法——定期的非系统性单环反馈）</td></tr>
<tr><td>6. 再定义型
反射性觉察支配有效性</td><td>6. 社会网络阶段
独特的组织结构组合</td></tr>
<tr><td colspan="2">（对多种假设在探询和产出方面可能互为补充的试验性觉察）</td></tr>
<tr><td>7. 转化型
自我修正原则支配反射性觉察</td><td>7. 协作探询阶段
自我修正结构与梦想/使命相匹配</td></tr>
<tr><td colspan="2">（自我意识到的使命/哲学，一种对时间/空间的感知，让不同声音产生对话，也引起了边界的重新界定——非定期的双环反馈）</td></tr>
<tr><td>8. 炼金术士型
过程（原则/行动的相互作用）支配原则</td><td>8. 基本探询社群
结构已无效，精神支撑着更广泛的社群</td></tr>
<tr><td colspan="2">（生活/科学等同于在他人中进行的一场有关精神/物质，爱/死亡/转变的实践，促进了三环反馈相互间的作用、再次调和持续性）</td></tr>
</table>

更笼统地说，正如到目前所描述的，有效行动探询的关键是发展融合四个经验领域的个人注意力和人际对话。同样地，成为一个学习型组织需要在四个组织层面的经验领域将行动与探询结合：愿景、战略、执行和评估。一些读者可能还记得北欧航空公司的愿景/座右铭“关键时刻”。“关键时刻”意味着在每次与客户或同事的现场接触时，所有北欧航空公司的员工对探询的临在程度和开放性将决定接触过程是否成功和有效。这个愿景潜在地为北欧航空公司的员工形成了三环反思，当员工和公众互动时，每次一想起这个愿景他们的注意力就会发生改变。

在战略领域，明尼苏达矿务及制造业公司（3M）多年以来设立了一项战略，如果部门近期因为创新而提高了投资回报率，就会相应增加该部门的资金预算。这种方式使 3M 在富有成效的创新过程中成为一个融合探询与行动的枢纽。在操作层面，我们在第 9 章中将讨论一个小型软件公司的案例，这个案例展示了在会议中如何做到果断的同时又鼓励进行坦诚的探询和对话。最后，诸如 360 度绩效反馈或者对公司财务、社会和环境影响的三重底线测评之类的评估过程将记录个人和组织的产出，这种记录方式的复杂性和多样性有助于单环/双环/三环探询与变革，从而实现生产力的持续改进。

我们的问题是，任何特定的组织如何才能融合行动与探询，实现跨四个经验领域（愿景、战略、执行和评估）的演进呢？

个人发展和组织发展的对比

为了回答这个问题，我们在本章中将组织发展过程理解为一系列转变中的行动逻辑，类似于个人发展的过程。与个人一样，一种特定的行动逻辑可能就描述了一个既定的会议或项目，或者一个组织延续多年的特征。在整个组织中，特定的项目或部门可能代表着领先或滞后的发展趋势。同样，所处的部门、团队或工作小组可能就因为一次会议或数次会议从一个发展阶段转变到另一个阶段。

表 8.1 显示了个人和组织层面的发展性理论是如何完全彼此类似的。（注意，我们展示了冲动型——一个幼儿期的行动逻辑，在前面的章节中并未提及，因为在大量的样本中并未发现有管理者处于这个阶段。）表 8.2 更为详尽地描述了前七个组织发展性行动逻辑的独特之处。（关于个人层面和组织层面上的第八个行动逻辑将推放在第 12、13 章进行讨论。）

为了强调表 8.1 中的个人—组织的相似之处，现在对每个阶段略做解释。然后，我们会给出一些具体的示例来说明特定会议和整个组织如何从一个组织行动逻辑转变到另一个的过程。

首先，我们简要解释个人发展的冲动型阶段和组织发展的构想阶段之间的类似关系。就像年幼的孩子一样，他们想象力丰富，会表达出许多冲动的想法（如成为一名艺术家、护士或专业的运动员），但在以后的人生中却不一定会真的付诸行动，成人也会如此，他们经常与朋友们幻想自己想要创建的企业（如推广一种可折叠的婴儿推车，让出行变得更为方便），但后来却不一定会采取进一步行动。回想起来，如果每一万次这样的对话中，有一次最终的结果演变成了大型组织，如匿名戒酒互助社这样，组织成立的起源就可以追溯到这样的谈话，这些谈话或偶然发起，或充满激情，或深思熟虑。

接下来的三种个人发展和组织发展性行动逻辑之间的相似性没有这么明显。当在第 4、5 章描述机会主义者型、外交官型和专家型行动逻辑时，指的不是处于正常发育过程中的孩子，而是组织中仍然被相对早期的行动逻辑所驱动的成年人。因此，我们可以很容易地看到他们行动有效性的刻板与局限。相比之下，当讨论处于这三种早期行动逻辑的组织时（参见本章和第 9 章，以及表 8.2），我们指的是处于自然发展过程中的企业（他们的“幼年”时期），因此每个行动逻辑的积极属性远比其缺点要明显得多（投入阶段、组建阶段、试验阶段）。

表 8.2 不同组织发展阶段行动逻辑的特点

1. 构想阶段	有关创造新事物来满足尚未完全满足的需求的梦想、愿景和非正式的谈话；多个创始人之间的相互影响；制定工作模式、样品、相关项目或商业计划。关键问题：愿景的时效性和伟大性
2. 投入阶段	为信念而奋斗的人致力于创建组织；与未来的利益相关者建立早期关系；同侪人脉关系和集团总公司在精神、架构和财务上给予扶持。关键问题：承诺的真实性和可靠性；财务投入应恰如其分地从属于组织和精神方面的投入
3. 组建阶段	提供的产品或服务； 规划可识别的实体环境、任务和角色；经选择的目标和运营人员。关键问题：展现直面威胁的坚持；保持初始梦想与实际组织运作之间的一致性
4. 试验阶段	在运营中实践、验证替代的行政、生产、选拔、奖励、财务、营销和政治策略，并快速连续进行改革。关键问题：展开真正的试验（摸着石头过河），而不仅是尝试一两个规划好的替代方案；为下一阶段寻找可行且更持久的战略与架构的组合
5. 系统化产出阶段	仅合理地关注为了完成预定任务的系统性流程；对既定的标准、组织架构、角色感到理所当然；产品或服务的适销性、政治可行性等一切可量化的衡量指标是成功的首要标准。关键问题：在对这种演绎性的金字塔体系的强调中，组织能否牢记有关于从使命确定到结果实现的一致性的问题
6. 社会网络阶段	以战略或使命为重点的联盟组织之间的联盟，对维持独特的传统、技艺导向、相对的财政自主性具有极高的价值。关键问题：组织在经济处于不利条件下会倒退还是会进步
7. 协作探询阶段	共同对组织使命进行明确的反思；建立人际关系时，赞同大家有明显的价值观差异，做到彼此坦诚、良性碰撞；采用多个指标进行系统化的个人和企业绩效考核；创造性矛盾解决方式——探询/产出、自由/控制、质量/数量；适用于特定历史时期下特定组织的独特而又能自我修正的组织结构的联动发展；关键问题：随着组织通过雇用、兼并或战略联盟的方式而日渐成长，它会保持在协作探询阶段，还是退回到传统的系统性产出阶段

因此，现在我们来了解处于三种行动逻辑中任一种的个人和组织有什么相似之处。处于机会主义者型行动逻辑阶段的 8~12 岁的小孩和处于相对应的投入阶段行动逻辑的组织都会从外部环境寻求资源和能力，并以此来操纵外部环境。充其量，孩子拥有学习骑行的自行车，鼓励和为他投资建立社会网络的父母（如给孩子提供某种支持，找到好的老师）。同样，聪明的组织创始人和明智的风险投资者将关注组织使命和导师所产生的鼓舞人心的反响和深刻性，以及在组织处于投入阶段行动逻辑时对其给予支持的社会、职业和商业联盟。然而，如果组织创始人自己仍然局限在机会主义行动逻辑的发展阶段，他们会认为有形的财务资源是唯一所需的重要投资，并据此采取行动。这样的组织在短期内将成功地获得财务支持，但缺乏网络资源和感召力将降低所有利益相关者的承诺度，阻碍其长期发展。20 世纪 90 年代末许多获得了重大风险投资的网络公司就从来没有实现过收支平衡，更不用说盈利了。

随着资源的增多和个人能力的成长，在青少年初期转变为外交官型行动逻辑的个人和转变为相对应的组建阶段行动逻辑的组织都在学习如何根据周围社会环境的规则来实现成功。在青少年的情境中，我们称这些周围社会环境的规则为“同侪群体”，在营利性组织的情境中，我们称之为“市场”。这两种情况都会遇到许多挑战。不论是青少年还是新成立的公司，都可能缺乏成功所需的毅力。或者说，他们急于去符合所处环境的要求，而有可能失去他们的气节（因忠诚于一种建设性使命而产生的自尊感）。

无法满足大环境的需求可能将导致一个人终生都处于从属的下层阶级，甚至可能成为非法分子。例如，在监狱中的囚犯有相当大比例的人被测评为机会主义者型。对于处在这个阶段的组织来说，失败通常意味着彻底的运营失败，或者仅在当地一个小型利基市场中得以侥幸生存。以个人荣耀为代价来满足环境的需求，这种做法的明显弊端就是，组织发展到下一阶段的可能性很小。

年轻人能够打破（外交官型行动逻辑）所处的直接社会环境（这种情况有时发生在离开家或高中学生出外求学时），开始去寻求让自己有所寄托、更符合自己需求的东西，而不再是那些和自己的关系很重要的他人想要的混乱而矛盾的需求。他们寻求的是以更具目的性和技术性的方式来组织自己的生活。以更加客观的方式来衡量自己行动方式的相对成功。有个少年说："比起足球，我更喜欢田径，因为在田径赛跑中，裁判的标准是项目完成的实际时间，而在足球赛上，要看教练是否喜欢你。"这番话表明她越来越被专家型行动逻辑的行事方式所吸引，倾向于采用客观的评判标准，拒绝外交官型阶段的逻辑，不刻意去做他人称许的事。

外交官型到专家型行动逻辑的转变与一个组织从组建阶段到试验阶段的转变十分类似。无论身怀何种技能，专家迈向卓越的试验过程包含了大量的摸索，有点像摸着石头过河。正在向试验阶段转型的组织最好在其所有的业务领域中都实施这样的试验，范围包括记账的方式（具体而言，典型的情况有从现金流水账改为权责发生制，从手工的纸笔记账改为电脑系统处理），到现实中开展积极营销而不仅仅是服务主动上门的客户。

如同个人一样，组织在成为学习型组织的道路上，遇到转变的机会和挑战时，往往会停滞不前。它们可能维护当前的组织文化和结构而变得顽固，可能在组织合并中丧失自我，或者倒闭，最终没能成功实现转变。矛盾的是，像迪吉多数字设备公司（DEC）这样大获全胜的大型公司也和一些没那么成功的公司一样，都面临着这种威胁，因为成功的公司更可能对维持现有的流程而感到自豪。但每家公司文化的发展变革都需要从以前的行动逻辑中学习相反的技能。（例如，表 8.1 和表 8.2 中标注奇数号的行动逻辑需要相对的集中性，而偶数号的行动逻辑需要相对的分散性。）因此，DEC 的案例就是一个范例，公司创始人/首席执行官肯·奥尔森是一个以科学为导向的人，他影响力巨大，处于成就者型行动逻辑阶段。在其领导下，DEC 依然保持着分散性的试验阶段的组织行动逻辑阶段，即便当时其已是全球第二大计算机公司，最终因为始终忠诚于自己的原则而消亡。

作为发展过程来理解并引导会议

我们可以将每个新项目或新产品，每个新团队或任务小组，每个新议程项目、会议或一系列会议视为一个发展过程。单个会议的略微呈螺旋式发展的过程通常嵌套在更广泛的项目、部门和组织周期中。为了更生动地了解单次会议如何能经历几次组织行动逻辑的转型，让我们来听听一名来自《财富》100 强公司的高管是如何引导会议的。他甚至都不认为自己在使用发展性理论，但他实际管理团队会议的方式和我们刚刚回顾的组织发展的早期阶段十分相似。

这位高级副总裁本科为数学专业，对毕达哥拉斯的八度音阶理论十分感兴趣，认为它可以作为组织结构应用于颜色（彩虹的七种颜色）、声音（音乐的八个音阶）和人类的活动如会议（他自己的应用方式）等。有关商务会议，他认为（方括号内补充了组织行动逻辑名称）：

> 第一个音符“Do”是领导者对整个会议的愿景。它必须清脆动听和鼓舞人心。它应该让人们有点小小的吃惊——唤醒他们，让他们开始思考接下来准备做什么。[构想阶段——提出一个令人惊讶的创造性的新愿景]
>
> “Re”是第一声响应，是来自参会人员的第一首副歌。如果会议领导者想要一场富有创意的、高参与度的会议，他必须允许这种响应的发生。他如何编排这一声回应则决定了这个会议的后续发展。[投入阶段——帮助他人参与讨论从而拥有主动性]
>
> “Mi”是会议的第一个具体决策。如果决定得早，每个人也认可这个决策，那么会议的整体氛围会很轻松，接下来的会议可能会很有效。[组建阶段——实现产出，愿景成真]

很多会议会像这样达成一个或多个决定后结束，但如果你想再次做出一些与众不同的事，就好像协调不同的决策一样，你要弹出下一个音符“Fa”。再一次，“Fa”主要是团体的音符，因此领导者的组织结构应该是能带出合唱部分，类似把团体再分成小组负责不同的问题。[试验阶段——探索愿景的更多含义]

他继续谈论剩余的会议音阶并总结为：

但现实中会议也可以被看作两个音程间八度音阶的中间部分（“Fa”“Sol”“La”）。从这个更广泛的角度来看，会前准备是八度音阶的第一部分，会后跟进是最后一部分。

最后一段中，作为例证，这位高管关于如何最佳实施会议的设想说明了我们之前提到的重叠或嵌套发展过程的概念。大家可以将表 8.2 和高管对高效会议中每个音符的描述进行来回的比较，了解它们在多大程度上彼此相似。但是我们的重点并不在于说明它们精确完美的相似之处，更多的是用这个例子使人们对如何看待一个会议的普遍意义有了新的认识。

我们可以想象，如果更多的管理人员能如此有创意地管理商务会议，那么会议该变得多么有趣和富有成效啊！

结论

本章中提到的对知名组织的简要介绍，以及我们刚刚研究的一个具体会议的详细概念，说明了个人的发展和组织的发展之间存在着相似关系。在第 7 章中，我们将讨论小公司从一个组织行动逻辑转变到另一个组织行动逻辑更为具体的例子。这将更生动地帮助我们了解，这些早期的组织行动逻辑和一个组织如何能从一个转变到另一个。接着，我们将开始逐渐提高以发展的眼光看待会议、团队和组织的能力，并了解什么样的干预将帮助我们促进组织的转变。

CHAPTER 9

第9章

推进转型

不同层面（个人、团队、组织、国家等）的多个发展过程相互影响，对我们最初聚焦的发展过程会起到中断、抑制或鼓励的作用。我们能看到行动中的这些相互交织的发展过程，并干预和帮助整个组织的发展性行动逻辑的转变吗?

本章中，我们首先考察一家在投入阶段和组建阶段行动逻辑之间举步维艰的小型软件公司。然后描述三家处于组建阶段行动逻辑的小型居住式医疗保健公司最近的合并案例，他们所要面临的挑战是要让整个公司转变成试验阶段行动逻辑。最后再来看一家能源公司的案例，它的挑战是要从试验阶段行动逻辑转变为系统化产出阶段。每个案例都在展示顾问的干预可以如何在公司内部创建一个临时的协作探询性学习型组织，从而带来大量的反思和创造性的协作决策过程，促进每个组织的转变。

对一家小型软件公司进行干预以帮助其扭亏为盈

一家小型软件公司已经用完了第一轮风险投资的资金，但产品实现盈利目前尚不可预见，合伙人正在寻求第二轮风投。公司每个人都知道必须在营销和销售方面取得突破，然而，账面盈亏的情况很明显是相对客观的负面反馈，无法推动公司进入新的运营模式。

一位采用发展的行动探询方式的组织顾问受邀在某个周四、周五来这家公司驻点两天以提供帮助。当开始着手这个项目时，他就意识到自己必须进行访谈和会议，以在这个过程中发现企业愿景、领导力战略和日常运营之间的脱节之处，这些正是造成公司连续亏损的原因。但更为重要的是，这种研究和干预过程必须找到一种积极的方式来和高层领导团队一起重构或重组现状，以便更加和谐地制定愿景、战略和运营方式。

第一天，顾问访谈了公司的高管层（总裁和分管生产、营销和销售的副总裁），他们手下共有 35 名员工。总裁比三个副总裁要年长一些，属于上一代人，他和主管生产的副总裁是公司的合伙人，两人一起开发了最初的产品。公司成立三年来，开发了许多高质量的产品，但销量却不大好。顾问发现了许多长期以来未能解决的问题。

公司没有准确定位自己的使命和目标市场。产品定价也争议颇多。员工不清楚公司奖励的基础究竟是能力还是裙带关系（一位合伙人的女儿是主管销售的副总裁，另一位合伙人的好友也供职于公司），因而士气低迷。整个公司不是在任何内部使命感的驱动下主动决策，而是在情况恶化成表现在外的紧急状况时，才会做出决定。

两个合伙人间的关系似乎是决策的瓶颈。他们彼此尊重，并试图均等地分担责任。但是他们总是被彼此在年龄、正式角色和管理风格上的差异所折磨。总裁扮演着一位乐观、慈爱和粗心的父亲的角色，副总裁则扮演着一个悲观、敏锐和叛逆的儿子的角色。

在驻点两天的前六小时里，顾问一一采访了公司的高级经理们。接下来，他计划和两位合伙人见面，确定第二天高管静修会的日程。但是，基于自己所听到的信息，他担心确定日程的环节和静修会本身都会因两位合伙人原本出于好意的争论和犹豫不决而受到影响。见面之前，顾问在办公楼外溜达了 10 分钟，进行第一人称行动探询。他有意识地先关注自己的呼吸，之后将注意力转移到外部生动的世界，接着开始关注自己的感受，最后当他建立了一个持续的注意力循环后，再将其转移到了现在他对公司所了解的信息上。

他认定，在做出其他建设性的决策前，必须改变合伙人的行为模式。如果可能的话，自己应该设计一种举措让这种改变立刻发生。他仅凭印象大概而快速地将发展性理论投射到整个公司、每个合伙人以及这两天的干预过程，让自己对接下来要进行的与公司合伙人的会面厘清了思路。

在运用发展性理论（参考表 8.1 和表 8.2）分析整个公司时，顾问认为整个组织同时兼跨两个阶段：不稳定的、去中心状态（decentralized）的投入阶段和试验阶段，一方面在依赖风投资金生存，另一方面在对整个产品线进行试验。与此同时，该组织未能奋力拼搏去实现公司在组建阶段要面对的具有限制性的、焦点明确的差异化需求，简而言之，就是对净利润的需求。

在将发展性理论联系到每位合伙人个体时，鉴于年轻的合伙人似乎有些以自我为中心、容易情绪化，顾问怀疑他可能是一位机会主义者型的人；同时考虑到他在设计新软件产品的技术创造力及拥有的博士学位，他也有可能是一位专家型的人。意识到自己手头的数据有限，顾问选择高估行动逻辑（低估可能会激怒客户，破坏双方的关系，而客户通常甚至都不会意识到自己被高估了行动逻辑，这样可以以较小的损失进行调整）。

因此，在这个案例中，顾问估计副总裁正从专家型过渡到成就者型行动逻辑，既渴望又有点抗拒成就者型的人所期待的行政职责。同样，顾问不知道公司总裁到底是外交官型还是再定义型的行动逻辑，一方面，他为人亲切，似乎属于避免冲突的风格；另一方面，他欣赏个体的差异性，没有敛集权力的欲望。顾问估计，总裁可能处于成就者型阶段向再定义型阶段的过渡期，打算放手一切日常行政职责，这样有利于他发挥资深人士的作用来指导年轻的合伙人，监管公司研发工作（实际上，总裁曾提过自己更喜欢研发副总裁的职位）。

将发展性理论联系到自己的两天驻点后，顾问将初步访谈解读成干预的构想阶段，鉴于此，与两位合伙人的日程设置环节可能代表了投入阶段。如果是这样，此时如何重构他的咨询风格是一个要考虑的问题，他要从一个更为被动、接受性的访谈过程转变为一个更为积极的、干预性的过程。在这个过程中向合伙人示范，如果他们想要快速实现对整个组织而言非常必要的重大变革，必须愿意去投入更多的决断力。这样的推理让顾问确信，自己必须尝试在日程设置环节一开始就重构合伙人的预期和行为模式。特别是，他决定在日程设置环节中建议只有合伙人和自己参与静修会，无论合伙人第二天做出的任何决定都将以书面记录下来并注明确切的实施日期。这种更小型的静修会更可能产生果断的决策（特别是有关于重建管理层方面的），这一点顾问现在认为很重要。他认为主管销售的副总裁应该被降职（之后会对此做出解释），同时两位合伙人必须重新定义他们之间的关系。

关于重新定义合伙人的角色，顾问认为公司在组建阶段需要单一的决策者。无独有偶，两位合伙人在他们的首次访谈中，都使用了投票的概念来描述他们在公司里的相对权力。总裁在提到两位合伙人薪水持平和自己重大决策会咨询合伙人的风格时提到，合伙人在公司决策中持“相同票数”，而副总裁则认为总裁的票数更多一些。顾问推断，如果这两个人彼此角色互换，至少是当成一场严肃的角色扮演一样试行一天，总裁还是会认为他们的选票相等，而副总裁会认为自己的选票变多了。因此这对搭档会变得更加强大，但要两人都接受这种角色互换内在的发展性挑战。因为只有在能帮每个角色扮演人都转向一个更为广泛的行动逻辑时，新角色才会起作用，关键的总裁的角色会有助于从专家型行动逻辑向成就者型进行转变。

更直接的是，仅让两位合伙人在日程设置会议及一天的静修会中互换角色就能改变他们的日常动态，将他们置于一个既是排练又是实施的情境中，有利于进行行动探询。当然，顾问提出这个意外的建议，也让自己处在了一个类似的情境中。

在与合伙人的反馈/日程设置会议上，顾问一开始就建议副总裁要么辞职，要么担任总裁。这让副总裁立刻做出了行动，而不是像以往那样只是被动应对总裁的行动。尽管总裁一直保持沉默，但却似乎准备接受这个游戏。另外，正如自己平时习惯去充当反对角色一样，副总裁反对扮演总裁的排练。在他多番打探了解了顾问的用意后，两位高管都认同了这个严肃的游戏。

现在副总裁（处于总裁的角色）行动果断，而不是对抗性地做出反应。他和顾问一起提出各种变革建议，而总裁（处于下属的角色）提出建设性的意见和问题。第二天两位合伙人就六项主要的组织变革达成书面协议，内容包括定价和仅关注其中一个创新产品等。当天午餐时间他们就实施了第一个变革措施。他们邀请了负责销售的副总裁，也就是总裁的女儿，和他们一起共进午餐。两位合伙人谈论了正在考虑实施的重大变革，要求她接受降职的决定，并在主管营销的副总裁麾下工作。她同意了，也表达了对自己没能更好地帮助公司的失落感，同时也因为职责的减轻而深感轻松。为了表明他们都完全没有对她失去信心，合伙人问她是否愿意下午主动向主管营销的副总裁传达最新的人事安排，以及非正式地向公司其他成员传达另两个他们当天早上做出的决定。这位新上任的销售经理欣然同意了。

接下来的周一上午，所有的公司员工一上班就收到一份邮件，是两位合伙人签署的一份有关六大变革决策的书面协议。第二天下班前全公司召开大会，明确了两位合伙人的决议，并允许大家对此带来的可能后果进行提问和讨论。一个月后，所有变革决策得以执行。两个月后，针对一个定位明确、规模宏大的市场，公司完成了第一个同类产品的研发，比预计时间提早了六个月。公司虽然未能获得第二轮风险融资，但因为新产品的上市，首次实现了公司成立以来的盈利。

在此期间，副总裁决定不接任总裁的职位。因此总裁规定从今以后自己的薪水要提高，并且在日常工作中行使首席执行官的管理职能。三个月后，副总裁合伙人最终提出希望能担任总裁职位，并和总裁商谈了这一决定。

这个案例展示了分析组织的发展能如何有助于聚焦组织的主要问题和优先决策，也说明了领导者（在本案例中，则为顾问的角色）是如何将个人、人际关系和组织层面的发展性问题进行融合的。在个人层面，顾问在信息收集的关键时刻实施了一次三环的注意力澄清练习，接着将所了解到的当时情形下公司的一切信息通过双环处理概念化为一种理论/策略，并以此重新设计余下的咨询过程。

接着，他在公司员工中，尤其是合伙人和主管销售的副总裁之间发起了一场人际行动探询。合伙人参与的角色互换扮演游戏以及达成书面协议的目标，使得这场行动探询不同于一般，变得更为直接和强烈。

在接下来的几个月里，这种强烈的人际行动探询改变了整个公司在新产品开发、销售和收入方面的运作方式。我们也能看到，随着时间的推移，副总裁很明显地在对自己希望担任的领导角色继续进行着积极的探询，他可能正从专家型行动逻辑向成就型转变。

你可能会有点困惑，为什么将主管销售的副总裁降职的决定进展得如此顺利？这其中所涉及的战术和战略可能听上去十分冒险，案例的积极结果可能听起来只是一种侥幸。然而，在最初访谈时，顾问就了解到两位合伙人、主管营销的副总裁和主管销售的副总裁都支持降职的做法。然而直到那一刻，没人认为这个议题是可以讨论的，所以也没人意识到已经达成了一致认同。

主管销售的副总裁尴尬地意识到公司里其他人对裙带关系的负面情绪。事实上，她最初加入公司时薪水非常低，完全是为了给父亲搭把手。获得风险融资后，当资历长且更有经验的主管营销的副总裁以高得多的薪水加入公司时，合伙人将她提升为副总裁，以弥补她的低工资，同时也让她在和潜在客户接触时更有说服力。她在公司并不开心，常常感到孤立无援，同时又没有足够能力胜任自己的职位。她想向主管营销的副总裁寻求建议，也想开始参加一个在职 MBA 项目，然而，她却抽不出时间来参加课程，她还担心会遭到主管营销的副总裁的断然拒绝，同时自己的求助行为也会让父亲失望。

所有这些信息是主管销售的副总裁在和顾问进行访谈时袒露的，在这之前，顾问做出保证，只在有助于增进公司信任氛围的情形下才会使用她提供的任何信息，同时会保护每个人的隐私。当顾问后来与合伙人会面时，他将有关“偏袒”的问题列为需要解决的八大问题之一，并暗示自己访谈过的人对将主管销售的副总裁降职这个决定不会有异议。合伙人担心这个变动会伤害到她，顾问让他们重新考虑她是否已经因为目前的安排而受到伤害，而实际上降级可能改善她的处境。合伙人很快意识到事实可能的确如此。

接下来，顾问建议，与主管销售的副总裁共进午餐并邀请她非正式地分享决策结果可能是一种强有力的处理方式，既能让公司为一个新时代的到来做好积极准备，也能让她在同事中挽回“面子”。同样，合伙人担心主管销售的副总裁会觉得是在被迫接受这样的安排而受到伤害。这时，顾问向合伙人提出挑战，不要在恐惧面前选择无为而治，这似乎是他们的习惯。相反，他主张两位合伙人向主管销售的副总裁发出邀请时实施框定，对她进行探询，这样确保她不会被迫接受邀请。然后，他们可以询问她如何看待可能会受到伤害的风险以及是否愿意承担风险。在午餐会期间上，四个人中两位合伙人最为忐忑和紧张，他们在练习这项新的技能——“示弱的力量”。

转变一家因并购而迅猛发展的公司

为了更好地了解不同的组织行动逻辑，了解能帮助一家具体的组织实现转变而可采用的干预类型和时机，让我们来跟进一个涉及三个小型组织的并购项目。这三个小型组织处于从各自独立的组建阶段经历转变成共有的试验阶段行动逻辑（有关这两个阶段的特点请参照表 8.2）。

一家成长迅速的小型公司的总裁近期收购其他两家小公司，导致公司的办公场所变得很分散。该总裁邀请顾问设计了一个为期两天的季度静修会，参会人员是来自这个新公司的 40 位经理，他们在不同的办公地点上班，组成了公司最高的三级管理层。“人力因素是最困难、最反复，也是最棘手的问题。”总裁说，“我们希望经理们拥有新的核心竞争力，包括认识到自己的行为给处于同一个办公室和其他办公地点的人带来的冲击，认识到自己行为所创造出的组织价值，并为此而负责。”总裁提议顾问举行一次讲座或者研讨会来普及有关管理和组织的发展的理论以及一些技能学习环节。

首先，顾问不认为仅仅只是谈论转变会有很大作用。相反，她通过电话访谈了公司的六位成员，并了解到一些总裁没有提到的重要问题，可能他都没意识到这些问题会如此影响重大。例如，新并购的公司中有一家绝大多数人员是弱势群体，目前看，和另两家子公司比，它更为孤立。其次，其他经理不确定是否能信任身强体壮、脾气暴躁的首席执行官。顾问再次和总裁沟通了两天的计划，届时不仅会谈论转变，还会将管理学习和组织学习结合起来。这种方式如果能取得成功，可以在新合并的组织范围内建立强有力的持续关系。与单纯的技能学习环节不同，顾问建议（总裁在考量了风险之后接受了这个建议）将员工分散到四个跨职能部门/跨地区的小组中，每组十人，针对以下在访谈中发现的最令人担忧的四个方面提出新的组织方式：预算规划；招聘和培训；内部沟通；会议管理。高层管理人员被要求做好准备，在静修会结束时就他们的提案做出具有约束效力的决策（实际上是在静修会的过程中做出这些决策）。

每个十人小组将通过五个领导角色进行管理，每个领导角色由两名小组成员担任。其中的四个领导角色分别为“会议领导者”“决策澄清者和整理者”

“过程引导者”和“小丑”（“小丑”的专有职能是进行有创造性的评论、举止幽默、彻底剖析提出的提案以验证它们是否由此得到了改进）。成员角色的分配是由同组其他成员选出对其发展最具挑战性的选项。例如，后来在静修会中，总裁发现自己被分配到了“小丑”的角色，他还做得非常棒，几个关于他表演的夸张故事很快就传开了！第五个领导角色是“专家和实施者”，这个角色由小组中对该领域任何变革的最终执行最具影响力的两位成员担任。

在此不再重现静修会期间所提供的任何细节性支持，根据日程表显示，需要由顾问组织一次初步的介绍/讨论，将本书中提出的管理和组织的发展性理论与组织的历史和困境联系起来。顾问建议，三个彼此独立的子公司的运营目前都处于组建阶段的行动逻辑，而新组建的这个办公地点分散的母公司需要转变为试验阶段的行动逻辑，还会拥有一个分散在各办公地点的重大问题决策团队，所有人都需要进行大量的试验，如这次静修会总体的内容就是试验之一。

接下来，会议分成四个主题方面。在每个主题方面的小组中，五人的子小组需要在一小时内制定一套提案，而另一个五人子小组成员则观察担任同一个角色的伙伴的表现，并分别在进行了半小时和一小时的节点时刻提出反馈，时间各为 5 分钟。在短暂休息之后，观察组和行动组交换角色，采用相同的反馈机制，新的行动组对同一问题（如预算规划）提出一套不同的提案。再一次短暂休息后，完整的十人小组提出一个商议好的提案。这样的组织方式给作为个体的所有经理们提供了大量有关他们领导力选择的即时反馈，与此同时，增强了这样的一种可能性：有关组织问题的不同观点被提出，经过认真考虑后，最终得到解决。

第二天早上，四个小组分别向其他 30 位经理进行了 10 分钟的展示，展示结束后 30 位经理进行 5 分钟的讨论，最后提供书面反馈。每个小组有半小时的时间来消化所得到的反馈。然后，整个团队再次集会，由“实施者”领导角色（高级管理层）发表 2 分钟的评论，介绍收到的反馈对他们的提案有哪些影响，以及承诺第二天上班会去做的事情是什么。然后，顾问会引导对整个练习总结讨论，之后离开房间，由管理团队给她本人提供反馈意见。

现实中，会议结束时，顾问收到的反馈内容包含了一些建议，如“我们在开始时需要更多关于团队任务分配的指导”，还有一些积极的评价，如“很高兴看到分公司的参与而没有总公司的干预”“公司的会议从此再也不一样了”，以及“整个方案的推进过程非常棒，无明确结构的形式强化了学习的效果”。从 1 到 7 的等级（1 代表“浪费时间”，4 代表“和通常的季度静修会差不多”，7 代表“迄今最好的季度静修会”），40 名参与者对顾问和静修会的平均评分为 6.5。之后所担忧的四个领域都发生了重大的变革。

正如你可能注意到的，这个有 40 位经理参与的静修会的每项活动都代表着针对参与者而组建的试验阶段。每个人都在尝试新的会议角色，更别说扮演“小丑”角色的总裁了。每个人对给予和接收反馈都进行了大量的尝试，从确定每个人所扮演的角色到最后给顾问的反馈。此外，四个小组努力在让人担忧的四个方面创建新的组织结构，这种过程就代表了“摸着石头过河”般的尝试。这种快速小组决策的方式对组织来说也是前所未有的。

可能不那么明显的是，静修会的组织特征本身代表一种独特的行动逻辑，它比试验阶段的逻辑更为矛盾和微妙。你可能已经注意到，这次静修会的结构相当复杂，然而参与者最后声称“无明确结构的形式强化了学习的效果”。这种感受和下一个案例都代表了后期的行动逻辑组织进程的简单示例，这种行动逻辑组织进程能促进一种特定的组织转变。我们的案例表明，企业主动邀请所进行的咨询干预更有可能产生组织转变以至于咨询干预行为本身就是一种后传统行动逻辑。

母公司的转变

现在让我们转向一个从试验阶段行动逻辑转变到系统化产出阶段的组织

的案例。回顾之前读到的表 8.2，让我们来找找这个转变的根据。

鹰牌能源（Eagle Energy）公司正处于试验阶段，为了最大化每位高级管理人员的创业自由度和主动性，公司的法律结构变得十分复杂。结果是，公司的组织架构由一个非营利的母公司和一个有七家附属子公司的伞状营利性子公司组成。营利性子公司有七位副总裁分别主管一家附属子公司，并兼任附属子公司的总裁。每位附属子公司的总裁都会绞尽脑汁地推出自己的筹码和伞状子公司讨价还价，确定各自的利润分配政策。其他高管“团队”成员都认为所有的这些讨价还价行为是不合理的。伞状营利性子公司的副总裁兼首席财务官是十位高管团队成员中唯一的女性，她也是唯一被大家广泛信任的人，还是唯一没在独立实体单位担任总裁的人。

这种草草拼凑而成的组织结构并没有培养任何团队协调性或者团队精神，反而强化了不诚信的机会主义，从而让公司陷入困境。绝望中，伞状营利性子公司的总裁卖出了整个公司 50%的股权，以募集非常需要的新资本。占股 50%的新合伙人同意给予公司运营自由，但要求要仔细计算收入和成本，并基于每个附属子公司的净收入得到相当的投资回报。有了这个看上去很小的需求，再加上自己能控制的新资金，伞状营利性子公司总裁能够有效地制衡附属子公司的总裁们，但这同时也增加了他们对自己的不信任感。

公司决定举行一次静修会，很明显这样做的目的是为了重组公司内部结构以适应新的所有权状态和资本结构。他们聘请了一位顾问来协助这次高管静修会，这位顾问采用的就是本书提到的这种发展性理论。从第一次与整个高管团队的午餐会中，顾问就觉察到了高度的紧张感和不信任感，这个午餐会的目的是为了确定是否每个成员都能够接受顾问本人。有一位成员表现出了典型的机会主义者型行动逻辑的大男子主义敌对式幽默，建议顾问应该为有机会和他们这个团队合作而付费，而不是进行收费，因为顾问本人以前从未从事过这个行业，势必将有很多学习收获。顾问同样四两拨千斤地回应说，一名优秀顾问的标志就是他可以收取多少钱来进行学习，这引得全场大笑。

稍顿片刻，他继续若无其事地说，至少他学会了如何同时与多人谈话而不会立刻引发不信任感，这是一个他认为他们大部分人都还没学会的窍门。这引发了另一轮笑声。总裁认为这充分证明顾问能在这群人中游刃有余，于是在与顾问清脆的碰杯声中宣布聘请顾问。

顾问建议自己先进行一轮一对一的访谈，然后再对每个人进行反馈。静修会期间，在讨论组织重组之前，每个高管成员会被要求对自己收到的反馈进行讨论，并设定两个个人行为改变的目标。

个人的访谈和反馈使顾问和每位成员都建立了一些信任。这种方式也让副总裁们得以了解他人对自己的看法以及对组织未来的集体共识是什么，同时还防止了任何不良群体行为的干扰。正是在这些访谈过程中，顾问发现，首席财务官是这个群体中人际关系最好的人，也是最无私地关注组织整体福祉的人，还是整体上最具战略眼光的人。

在对个人的反馈中，顾问探索了每个成员多大程度上愿意对他坦诚其他人的问题；愿意去设定重大的个人改变目标，并将之与整个团队分享。他还探索了所有人多大程度上愿意放弃部分自主权以建立一个更集权的组织结构，而这是组织系统化产出阶段的特征。顾问尤其探查了成员们对将首席财务官升职为伞状营利性子公司的执行副总裁这个建议的反应。这个建议在顾问进行初步访谈时就渐渐浮现在脑海中，最终结果显示大家普遍赞同，这其中的原因可能是人们是发自真心地信任她、认同她的能力，也可能是认为她是自己和伞状营利性子公司总裁间的一个调节人（顾问并没有明说这个提升建议，只是自己在聆听过程中生成的想法，并非经由任何人提出的。）

第一天，静修会的亮点是每个成员都出乎意料地发表了一些发人深省的言论，还承诺了要去改变的行为领域。人们从未想到他们会承认这些不足，更别说会去改变了。然而，这种开放度是在顾问被质疑后才产生的。一开始有人提出，为什么团队要在解决“绝对更为重要”的结构性和财务性问题前一开始就要进行这种“煽情”的行为问题。顾问的回应是，团队当然可以根据自己的意愿重新设计静修会的流程，他自己通常也不会引导如此私人化的活动，但是小组内的信任度如此之低，他个人相信如果每个成员对此没有一种新的情感投入，就无法在客观存在的问题上取得持久性进展。这段质疑和回应的经历似乎让每个人开始关注这层利害关系。

第二天，静修会的亮点是一致达成了一系列约定。第一，将首席财务官提拔为执行副总裁；第二，对会计和预算工作进行集中管理；第三，也是争论时间最长的，废除每家附属子公司单独使用的信笺纸，而上面通常都会突出显示各自的总裁信息。现在取而代之的是单一版本的集团信笺纸，上面会列出所有的副总裁团队，但他们的职位首先是伞状营利性子公司的副总裁，其次才是各自附属子公司的总裁。

对当天静修会的顺利举行以及变革后的公司在之后取得的成功，新当选的执行副总裁的整体风格和具体行动所起到的关键作用简直无与伦比。接受集团任命后，当天会议一开始她就提出了会计和预算工作集中管理的重要性。基于她过去所展现的诚信、理智和能力，团队很快就此达成一致。然后，当大家就信笺纸的问题争执不下时，她机智地让人们注意到这是一个非常重要的象征性问题，她会将最终的决定看做对自己是否有能力让新集权的公司正常运转而进行的一次信任或不信任的投票。

顾问之后与新的执行副总裁保持偶尔的教练关系。六个月后，顾问与她及高级副总裁们一起进行了为期一天的静修会。再之后的三个月后，最不愿意接受执行副总裁领导的一位高级副总裁接受了另一家公司的任职。执行副总裁本人接替了他所负责的附属子公司的总裁职位，同时继续担任伞状营利性子公司的执行副总裁。

两年后，公司产生了足够的净收入，从而能回购合伙人50%的股权。

在这个案例中，我们看到每个附属子公司，受试验阶段行动逻辑的支配，成为一个个独特的、几乎完全分散的试验个体，彼此鲜有信任或合作。事实上，正因为信任度或合作度如此之低，顾问才选择在与企业建立关系的初期阶段保持这种分散性。在此期间，他与公司内的个人建立信任，并发掘了一个人际关系足够好的成员来承担更集权的组织的中心角色，集权的组织是系统化产出阶段所需要的。实际上，由于一开始就极度缺乏信任和合作，顾问设计了这样的静修会模式，在团队尝试进行任何集体决策前，要求每个人为团队奉上礼物（自己愿意做出行为改变，即便会很困难）。

我们可以追溯在静修会上顾问是如何概括发展性行动逻辑的。首先，顾问着重分享了发展性理论，用它来展望从公司的发展过程看下个阶段应该是什么（概括了构想阶段）。他尤其想让更大的公司集权化的概念为人所认可，直到此时这几乎是所有成员都非常厌恶的事。接下来，为了建立互助度更高的工作所必需的信任，顾问着重强调团队成员需要奉献的有感召力的礼物（在案例中，每个成员承诺会做出一个艰难的行为变化）（概括了投入阶段）。最后，顾问主要依靠创建一个着重倚重单一领导者的非常具体的多层结构（由此，概括了组建阶段）。执行副总裁在接下来一年中的试验代表了公司向系统化产出阶段转变的试验子阶段。

结论

这些章节中介绍的案例旨在帮助你估计哪个发展阶段能体现公司或部门或工作团队目前的特征。这些案例也暗示了什么样的压力、疑问和价值观可能促成组织层面发展转型的时机成熟，坚持什么类型的行动承诺可能是促进成功的组织转型所必需的。

第 10 章将继续这个话题。我们首先会讨论引领当今许多大型公司进入组织社会网络阶段行动逻辑的环境条件。然后，我们将深入分析一个案例，展示一次始于系统化产出阶段行动逻辑、通过社会网络阶段向后传统的协作探询阶段行动逻辑的组织转变过程。这种转变与我们在第 5、6 章中讨论的个人层面的转变是相似的，原本处于成就者型行动逻辑的个人，经过再定义型最终转变为转化型行动逻辑。正如只有少数管理者能发展到转化型行动逻辑一样，极少数的组织能发展到协作探询阶段。然而，这是组织开始培养明确而持续的转型学习能力的第一步。

CHAPTER 10

第 10 章

社会网络阶段的组织及其向协作探询阶段的转变

在第 8、9 章中，我们理解了若干个阶段。如果想要创建一个真正的学习型组织，组织进程将按照这些阶段进行发展，最终，一个真正的学习型组织会由衷地鼓励所有成员践行发展的行动探询，并持积极开放的心态去重新检视自身环境、结构和战略的假设并做出改变。

但是，即便前面这些章节阐述了成为学习型团队（或组织）所要经历的五个阶段：构想阶段、投入阶段、组建阶段、试验阶段和系统性产出阶段，团队或组织完成了这五个阶段，也才刚刚抵达学习型组织的门槛。认识到这一点意义重大，偶尔，就像第 8、9 章所示，组织在高管或顾问的引导下会通过一两个早期阶段的转型，但大多数组织，像大多数人一样，经历这些早期阶段发展性转型的演化过程或多或少充满着痛苦的尝试和错误。但人们从未提及这个过程，也未明确意识到它是一种关于假设和行动的转变，更未出于最终建立一个学习型组织的目的来实施它。

詹姆斯·卡瑟在《有限和无限游戏》一书中写道："有限游戏以取胜为目

的，而无限游戏以延续游戏为目的。有限玩家在边界内游戏；　无限玩家游戏的是边界。”这个意象很形象地描述了不断演化的行动逻辑。在最高到成就者型/系统性产出阶段行动逻辑之下，我们以取胜为目的在边界内行动。相比之下，从再定义型/社会网络阶段行动逻辑开始的后传统行动逻辑，以延续游戏为目的与边界共舞。

即使是为使命所驱动的理想主义的公司和非营利组织，在其发展到系统性产出阶段，通常都会以下列假设为基础：

1. 使命为众人所知。

2. 组织面临的挑战是：

a. 找到正确的组织结构和战略来完成使命；

b. 克服外部竞争或政治局限来实现预期的结果。

然而，组织在超越系统性产出阶段后，如同个人从再定义型阶段向转化型阶段演化一样，会开始意识到这其中的多元性和动态表现。在社会网络阶段，控股公司经常不断地通过购买、销售和重新定向资本资产的过程来混合和匹配各类经营公司。在过去的 20 多年里，我们在商业世界经历了大量用同一种组合投资的方式进行管理的实验，即持股母公司或主动或被动地管理几十家甚至几百家运营公司，有的是同行业的，有的则是跨行业的。

在社会网络阶段，持股公司的高级管理人员往往对企业的总体使命和有关“正确”战略及架构的问题持有更具相对性的观点。他们热衷双环学习和问题解决。他们渴望“敏捷”，这意味着能快速关注和响应市场的变化。在实践中，这种方法通常意味着他们将流动资金转到看起来短期内可能产生最高利润的投资中，同时减少对不能实现公司指定的“最低预期回报率”的公司和项目的投资。他们几乎毫不关注不同行业、地区或更长远投资期的独特性。这种观点体现了全球金融资本主义的一种机会主义者型相对性特征。

但是，正如经再定义型行动逻辑转变成转化型的个人一样，团队或组织也可以跨越这种机会主义者型的发展子阶段，达到超越纯粹金融相对主义的社会网络阶段行动逻辑。社会网络阶段组织行动逻辑也能受超越财务价值的使命感和价值观所激励。单环利润率（或非营利组织中的基金结存款额）仍然是一个重要的短期可行性测量指标，它也是组织可用来继续关注更基本的双环和三环价值观的手段。这些价值观可能包括增加现有成员间的相互权益（包括经济和政治权益），增加代际的可持续性（既有组织也有环境的可持续性）或增加适时的转变性探询。

例如，在第 3 章中，我们介绍了社会责任投资的发展。通过网络组织（如社会投资者论坛、环境责任经济联盟和全球报告倡议组织），社会责任投资优化了三重底线：财务底线、社会底线和环境底线。正如在第 3 章中指出的，社会责任投资提出了一个关于商业所特有的目的或使命的基本问题。在这个意义上，整个社会投资子行业是一个在回应问题的有组织的学习过程。通常只有在向协作探询阶段过渡期间，建立学习型组织的目的以及建立的过程才能被自我觉察到，从而社会责任投资领域作为一个整体才开始采用协作探询阶段行动逻辑。

朝着协作探询阶段发展的动机来源于一个逐渐成形的认识，即组织使命实际上是神秘的，需要行动探询实践去不间断地研究和重新规划，但前提是成员的行动真正由这个使命所指引。与此同时，一些组织成员可能开始理解，组织成员所标榜的使命、价值观和战略与他们实际的实施模式之间存在着不可避免的系统性差距。

因此，不仅组织使命的真正意义是一个谜，如何识别在通常的标榜方向或当务之急和实际做法间的不一致并进行纠正也是一个谜，换句话说，促使组织向协作探询阶段转变的原因是，一些愿意承担领导责任的成员越来越清楚地认识到，为组织带来新问题的不仅是不断变化的外部环境，还有组织自身的运营方式。

延龄草资产管理公司是最早也是最大型的持续致力于社会责任投资的公司。值得注意的是，其组织架构的设置就体现了一种协作探询阶段的组织形式，主要体现在三个方面：它与客户进行协作探询，发现它们认同的价值观，然后再对与这种价值观相对应的公司进行投资；它还与企业就业务进行协作探询（如对沃尔玛全球劳资做法的影响进行探询）；同时，它在公司内部实施自上而下的协作探询，因为它是一家员工所有制公司，员工也是公司的股东。

为什么组织变革实践经常会变成无效的一时时尚

自 20 世纪 50 年代以来，为了认真解开使命之谜，以及解决在使命、战略、执行和结果间的差异，涌现出了各种组织变革和管理教育的尝试，如 T-groups 训练小组（敏感性训练小组）、被称为 OD 的全领域变革（组织发展）、QWL 项目（工作生活质量）、TQM（全面质量管理）、流程再造和最近出现的整体系统干预的使用（包括实时战略变革、未来探索和欣赏式探询）。

我们一直在提及的发展性理论能帮我们理解为什么这些方法常常成为令人失望的一时时尚。其中一个原因是，为了能在更大范围内进行推广，每种创新的协作探询方式都会在自己独特的阶段上进行发展，直到其建立了自身的系统性产出阶段的战略和结构。因为这种特定的创新战略和结构有别于客户公司的战略和结构，如全面质量管理或者未来探索，它可能有助于该公司在运营方式上进行一次重大转变，但不会将整个公司转变成一个处于协作探询阶段的学习型组织，从而去持续研究其使命，纠正使命、战略、执行和结果间的不一致。

这些知名的管理教育的尝试对组织产生了初步影响后有时就消失无踪。相关的第二个原因是，只有自我转变达到转化型阶段（或更高）的组织成员才能完全理解协作探询过程的价值和逻辑（见表 8.1，转化型和协作探询阶段是相同或类似的行动逻辑），因此，只有处于转化型及更后期行动逻辑的管理者才能持续实施协作探询。正如我们前面所看到的（见表 5.1），在测评过的管理者中，超过一半人的行动逻辑阶段比转化型要早，至少会早两个阶段，只有不到10%的管理者测评结果显示为转化型行动逻辑。

因此，帮助组织转变到协作探询阶段的任务不仅在于完成一个客观性的社会实体的结构转变，还要转变其大部分成员的意识。我们并不知道必须有多少比例的成员要转变为转化型，或者在他们每天的对话中必须完成多少次将谈话四要素进行结合或寻求双环反思，才能指望组织一定能保持在协作探询阶段。但是，在第7章我们介绍了对10家尝试转变的公司进行的研究，基于对这些公司CEO的研究报告，我们确信，处在转化型阶段的高管团队的比例以及CEO是否处于转化型阶段对结果会产生巨大的差别。既然个人的发展转变要花上好几年的时间，况且由于个人的发展必须首先要能发现这么做的内在动力，因此，如果一家公司可以在不到五年的时间里将处于转化型的员工比例，从3%提升到10%，我们将非常震惊。

让我们听听来自一位被测评为转化型行动逻辑的顾问关于自己如何帮助管理团队转变成协作探询阶段行动逻辑的介绍。

> 行动中探询是为了对众多时刻更为敏感、更易于感受。当我打开家里的大门，凝视树木繁茂的山谷时，我是在与什么产生连接？我有过一些与管理团队或自愿学习小组合作的经验，他们的表现远远超越大多数团队的水平。这些团体从现实问题出发，再到情绪有关的问题，最后到直指人心的灵魂性问题，他们能够看到彼此之间的连接。有时遇到的挑战是巨大的，产生的分歧也令人不悦，但团队仍然坚持寻求将冲突转化为理解，再把理解变成行动。
>
> 作为顾问，这么做我将面临的后果非常明确——我经常不断地向与我合作的领导者和组织提出一些让他们感觉不适的探询来了解他们正在做什么。这让我陷入麻烦，虽然我从不喜欢麻烦，而这些通常是值得挑起的好麻烦。最近我和一家酿酒公司合作，他们的一个淡啤酒品牌因其酒感醇厚且物美价廉广受酗酒者的喜爱。有时，为了进入办公楼的侧门，员工们不得不在这些酒鬼和他们的啤酒罐

中开条道才能得以进入公司。我很想知道公司员工对于这个问题的感受以及公司对此的看法。这绝对不是一场让人愉悦的谈话，一些高管直接拒绝回答。对此，我的信誉受到了损害，但这些都是关系公司长期可持续发展的关键性问题，我在探询模式下的超然感有助于提出这样的问题。

很少有公司具有这样的愿景、意愿或者资源来朝向协作探询行动逻辑演化，因此，一般为公司员工设计的培训流程都旨在灌输专家型/试验阶段的技能或成就者型/系统性产出阶段的技能。这些本身确实很有帮助，但它们不会产生超过成就者型/系统性产出阶段的转变结果。

图 10.1 突出了成就者型/系统性产出阶段行动逻辑所认知的现实与转化型/协作。探询阶段行动逻辑所认知的现实之间的根本区别。水平实线代表成就者型的人对组织进程的有限觉察，是一个从抽象的初始愿景到基于具体结果进行最终评估的历史发展进程。水平实线和垂直虚线一起代表了转化型的人开始培养的新增觉察维度。垂直虚线代表了在本书中讨论的四种觉察领域的类型，关注目前的使命、战略、执行和结果是否和谐或不协调。还有另一种描述这个图形的方式，水平实线表示在给定的时间里明确已经成型的经验领域，而垂直虚线表示对当前隐含经验领域的觉察。这种额外的觉察维度包括了单环/双环/三环反思，只有当人们处于从转化型到炼金术士型阶段（我们将在第 12 章介绍）的转变期间，才会被完全吸收内化为一个不断进行的实践。

转化型的人首先开始明白，有一种可以辨识到的系统性历史动力会支配行动，而对时机的敏感性能使人的行动更加有效。事实上，转化型的人能“看到”事件经历的横向实线，因为他至少经历了某些时刻的“纵向”体验，在这个过程中脱离了与横向实线的联系，并能对其提出新的观点。因此，转化型的人能够将“横向”的经历系统化，并且隐约感知到现实不但是连续的，从更具深刻的意义上来说，还是“纵向的”或同步的，同时涵盖了四个经验领域。

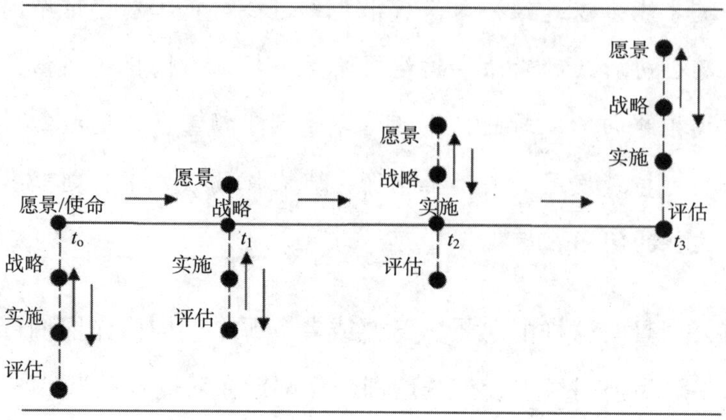

图 10.1　成就者型的连续觉察与其后阶段的同步（及连续）觉察

所以，处于转化型行动逻辑的人有一种固有的感觉，即使当时工作的重点是在展望愿景，他也知道还有更好或更坏的规划、实施和完成进程正在进行之中。这种跨越同时进行的四个经验领域的即时觉察，使人有可能“看见”在行动、效果与任务、战略之间产生的不一致。只有这种对不一致的觉察才能在不协调发生时进行实时的自我纠正。而只有当一个人展现出了这种觉察和自我纠正的能力，才可能被人长期信任，从而去引领发展的进程，在整个组织中形成自我纠正和持续质量改进的进程。

阳光卫生保健公司从试验阶段经过系统性产出阶段向协作探询阶段的演化之旅

既然我们已经大致指出组织向协作探询阶段转变时会遇到哪些困难，现在就通过回顾一家公司在这方面的尝试来更为具体地了解其中包含了什么。

这是一家健康管理组织（HMO），我们称之为阳光卫生保健公司，其总部设在美国西南部。虽成立于 20 世纪 80 年代初期，公司的增长却实际崛起于 90 年代初，从那时开始对外披露了令人敬佩又羡慕的留存收益，同时还保持着两倍于行业整体平均水平的增长率。在 90 年代初，该组织进行了一个为期四年的持续质量改进项目，然后与另一个健康管理组织合并，于 1998 年成为美国顶级健康管理组织之一。

阳光卫生保健公司（简称阳光公司）甚至在 1988 年也略有盈利，当年许多健康管理组织遭受重大损失。从 1989 年到 1993 年，阳光公司通过增加原有服务领域的渗透率，同时将业务扩展到邻近地区，使注册量的年均增长率超过了 20%，是行业平均水平的两倍以上。与此同时，其资产净值也增加了，达到了 1989 年规模的 12 倍。1993 年，一项颇为公正的消费者满意度调查显示，阳光公司在消费者满意度方面美国排名第一。美国行业总体绩效排名表明，阳光公司是美国十强健康管理组织中规模最小也是最年轻的。一家专门从事这类调查的大型公司进行的员工氛围调查显示，年度最重大的氛围改进总是出现在这家公司中。

人们自然会想提一个问题，1989—1993 年，阳光公司究竟发生了什么才能产生上述提到的这些全面又积极的成果？1989 年，公司总裁决定，高管层应该制定一个正式的战略规划，因为从组织的规模和增长情况看似乎有必要这么做，而且他希望高管团队的行动更像一个团队，而不只是各部门的负责人，另外他希望两个董事会（公司董事会和独立的医生董事会）有更多的战略性思考。在面试了一些可能会有助于高管人员制定第一个正式战略规划的顾问后，董事长聘请了一位顾问。这位顾问强调制定使命声明很重要，使命声明不仅认可了客户和员工的重要性，也兼顾了对医生和盈利的重视。顾问还强调了帮助高管团队成员发展的重要性，不仅是一起规划，而是要有效地共同实施，并以战略化的方式继续合作。换句话说，顾问在主张同步（或“纵向”）地实施多个经验领域的发展：展望愿景、制定战略和执行计划。

逐步形成的规划包括了与利润、注册增长、成本控制、扩张分析、员工发展和质量改进相关的目标。公司还聘请了一位经理来创建内部员工发展部。

同样重要的是，制定规划的过程还包括了研究、反馈和讨论高管团队成员对彼此绩效和关系的看法。总裁了解到，通过以更加协作的方式管理团队会议，他可以在团队成员中提高主动性、相互理解度以及对承诺的执着。团队成员也注意到，那位因为其本人的很多做法而有点被孤立了的高管，并不像他们所推断的那样是个只顾自己的“定额破坏者”（rate-buster）。事实上，总裁说过希望其他团队成员也可以更多地像他那样行事。在很大程度上，这位被孤立了的副总裁可以被视为一个更同侪化的团队的模范成员。在这样的团队里，不仅是总裁，所有团队成员都可以合理地采取主动。总裁就如何领导高管团队的学习方式发生了改变，团队本身的行为方式也发生了改变，这些改变让团队做好了准备去有效实施新的战略规划。

总的来说，公司似乎正在从一个更为非正式和分散化特点的试验组织阶段开始发生转变。在制定战略规划前，公司的运作情况是这样的：没有涵盖了利益相关者的明确使命；没有有序的高管团队会议流程；很大程度上，副总裁们还把自己视为部门的领导。就像第 9 章中描述的最后一家公司一样，阳光公司正从试验阶段行动逻辑向系统性产出的组织阶段演化的过程中，开始转向更聚焦的组织形式。尤为值得注意的是，从通常的体验来说，更大的集权化会削弱参与者的权力，因为他们的工作会变得狭义和官僚化，但这种纵向调整任务、战略和行动流程的方式恰恰相反，它为组织的成员赋予了权力。

实际上，制定战略规划的过程，很像第 9 章所描述的干预手段一样，其本身就具有转化型/协作探询阶段的特质。当规划制定完成并得以被采纳后，顾问就离开了。然而，之后除了总裁仍在不断努力并成功地采用了更协作的方式来指引会议的举行之外，高管团队共同领导的架构很快就被废弃掉，因此，高管团队就停留在一种战略性指导下的系统性产出阶段的运营模式，咨询干预的协作探询逐渐淡出人们的视线。

从系统性产出阶段到社会网络阶段的行动逻辑

在顾问离开后，质量计划作为公司新采用的战略目标之一，与部门运营研究和工作再设计进行了结合，将这两者都建基于全面质量管理原则。公司起初雇用了一家外部公司来支援这一过程，但是新上任的员工发展部经理(其被测评为转化型行动逻辑）全面领导了整个公司的质量改进过程。他和同事们将那种预先构想的工作再设计方法论转化为一种培训过程，这种过程会适合阳光卫生保健这一特定公司，适合部门的再设计团队，也适合多功能的新产品和成本控制团队。

让我们再暂停片刻思考一下，阳光公司为与其有业务关系的医生提供了选择：独立执业或者合资经营。这种选择具备何种演化性的特征？你们中有些人也许会认为，我们是在暗示任何喜欢独立执业而不选择合资经营组织形式的医生是十足的笨蛋。你可能百思不得其解，为什么健康管理组织不直接命令所有医生加入合资经营形式。以下是对这个情况的发展性分析。首先让我们提醒一个事实，这些医生中高达 30%的人已经拥有两栋房产和一艘带有六间卧室的帆船游艇或者相当的资产，并且经济上可以随时退休。所以，如果他们面临的问题是：是更愿意退休，还是去学习新的计费程序？学习要花多少时间在每个病患者的新习惯上，以及学习和那些可能做得更好的同事组团合作的新方法方面，很显然退休可能是合情合理的选择。如果健康管理组织试图强迫这些医生加入合资经营，他们可能彻底退休或加入另一个健康管理组织网络，让阳光公司失去一些最好的执业医师，并让他们滋生对抗情绪。

与此同时，每个新的合资经营领导团队都在想方设法地招聘一些效率最高（病患人均住院天数最小）和成效最大（专科病例工作量最繁重的）的同事加入。因此，对于处于成就者型、再定义型或转化型行动逻辑的医生而言，如果希望再工作 20 年左右，且拥有良好的效率和成效记录，或者以改变自己的行为为目的愿意加入，他们将很可能是最早有望带头的人选，创建或加入这些附属于健康管理组织的合资经营机构，在这些机构中实行同侪监管，利润分享。这样，这种选择过程使早期的合资经营机构更能吸引有意愿又有能力的执业医师加入，他们对团队合作和反馈而且又有能力持开放心态，增加了合资经验机构创建良好业绩记录的可能性。

与此同时，还有一些处于外交官型或专家型行动逻辑的医生，他们希望再继续工作 20 年左右，却不愿意改变自己的行为模式，还常常说服自己，邪恶力量创造了对效率和成效的衡量，其目的就是要破坏良好的医疗实践。因此，他们往往最初都倾向于拒绝加入合资经营机构。但是随着资本的扩大，合资经营机构的营销能力和高效性逐渐减少这些独立执业医师的客户群和相关财务收益，这些医生中有更多人愿意尝试加入合资经营机构了。但这些新的合资经营机构将面临艰难得多的竞争。他们是后来者，成员的效率/效能记录较差，其领导风格也不太关注从同侪和客户的反馈中学习。另外，加入其中的医生会更可能意识到，如果他们要在新的职业环境中取得成功，确实不得不改变自己的模式，如果一开始就被强制加入，也不会浪费这么多时间对抗新流程。

在许多方面，阳光公司为其医生提供的选择是再定义型/社会网络阶段行动逻辑的一个完美示例。它给每个医生提供了自由的选择，最初支配医生去选择的除了其行动逻辑（以及他当时的特定际遇和经历）之外，还有社会选择的结构。同时，参与者早期选择的经历最终促使他们都去改变行动逻辑，最终采用探询的方式成为每位参与者的选择。随着时时刻刻进行的每一次选择，我们要么扩大了与自身行动逻辑相当的注意力的范围并深化其强度，要么进一步在终身的实践主体上展现当前的行动逻辑（尽管很少人可以在大部分时间对自己保持足够的临在状态甚至仅仅去察觉选择的发生）。

同时，到了每年年底，高管团队把战略规划过程从一个自上而下的部门层面的流程，转变为一个自下而上的跨部门的年度流程。每个下年度的计划包括更详细的跨部门合作目标和责任。整个公司确定并公布了成员增长、成员满意度和利润的绩效衡量标准。任何踏入办公区域的人都能感受到员工高涨的士气和自豪感。

唤起高管的意识

然而，随着越来越多的部门实施改组，矛盾越来越恶化，对此高管团队并未完全做好准备。所有的重组计划都强调跨部门合作的关键本质（部门间的协作探询），但是，七位副总裁中有两位及其部门越来越频繁地成为跨部门协调的障碍，并且在高管团队中表现得缺乏协作性。有趣的是，他们两人都相信自己是整个质量计划和跨部门合作的坚定支持者。总裁组织会议时更具协作性的新风格更凸显了他们与团队其他人的差异。

两人中有一位被发现在会议上过于频繁地使用“反对”，使团队决策的速度慢到让人难以忍受的程度。另一位则被发现总是采取一种置身事外的“牛仔”态度，对高管团队未做出充分的贡献。两人在部门内滋长了优越感、优先关注和理所当然的态度，而不是合作和服务的态度。“反对派”副总裁引发了极大的愤怒和怨恨，总裁正在考虑解雇她。“牛仔”副总裁独来独往地自行单干，他工作中表现的问题是模糊的，所以比较能被容忍，而且，他是部门内的“啦啦队长”，有着许多热情忠诚的下属。

此时，总裁似乎面临两个选择：

1. 继续努力与这两位副总裁合作，也许是强烈谴责和警告“反对派”副总裁，严厉批评“牛仔”副总裁；

2. 开除“反对派”副总裁。

然而，实际情况却出人意料。总裁觉得这些举措并未将行动和探询进行整合，也未展现转型的影响力，更未给任何一位副总裁提供发展性转变的机会。如果你处于总裁的位置，考虑到了这些转型性目的，你会怎么做？有没有一种方法能唤醒这些副总裁的意识，让他们中的一个或两个都可能选择转变自己的领导风格（不会觉得是被迫顺从），这样能更为体现协作探询阶段？或者换一种方式来说，有没有一种方法，它能超越社会网络阶段行动逻辑组织结构所提供的这类选择，达到协作探询结构，这种协作探询结构在赋予参与者完全自由选择权的同时，也明确希望去增强后期行动逻辑能力的发展？

当在下一章继续探讨这个案例时，也邀请你来反思这个问题。在下一章中我们将进一步阐述，业务进行过程中的持续微型协作探询如何逐渐完全改变我们集体行事的方式。此外，如果你所在的任何工作团队、大型组织或者家庭，有些成员间有较大的冲突时，你可能会想花上 10 或 15 分钟来重新考虑能够去做些什么。如果目标是将行动和探询整合起来，行使转型的影响力，并促进自己所处的明显冲突的情形产生发展性转变时，你将考虑采取什么样的行动？

CHAPTER 11

第 11 章

协作探询的精髓

继续对阳光卫生保健公司的探讨

从转化型/协作探询阶段行动逻辑的角度来看，在第 10 章就开始提及的阳光卫生保健公司高管团队的多数人与“反对派”和“牛仔”之间的不和谐不一定是坏事。当时，总裁意识到，“反对派”因反对而促成探询，尽管她通常并没有帮助双方从探询中达成共识的行动。解雇她可能向公司员工传递两个负面信息：（1）批判性探询是不被鼓励的；（2）不依照主流管理风格的人将被粗暴对待。这两种信息都直接与建立转化型学习文化相矛盾。

此外，中层管理者被要求转变管理风格，从上级/监督式假设转变为协作/引导式假设（主管的头衔按字义改为“团队引导者”）。这样，让副总裁有机会去持续改变他们的风格（如果在深入探询后，他们确实需要转型的话）。这种做法还将使整个高管团队有机会学习如何持续促进这样的转型，而且，如果这个实践在某种意义上成功了，作为成功案例，它将激发对领导层的忠诚，以及团队成员对自动自发转型的效仿。

为了有助于建立和实施这种新的行动探询，总裁再次雇用了两年前那位协助制定战略规划的顾问。初步调查显示，一方面，所有直接共事的同事对“反对派”已经完全失去信任和耐心，另一方面，对于“牛仔”的看法毁誉参半，似乎不是真实坦露的信息。

“反对派”做了什么

两位副总裁听到自己的绩效反馈后的反应和预期相差较大。顾问向“反对派”建议，即使她的反对意见在某些情况下也许是正当合理的，但她的反对方式是低效的，所以不管出于她自己还是公司的利益考虑，她都应该去学习承担新的领导角色。这种唤起觉察的方式——通过构建一种她自己和公司之间的潜在协作探询——显然对这位副总裁来说既合理又有吸引力，她同意放弃自己惯常做法（“放弃”是她用的字眼）。她与顾问一起起草了一份长达三页纸的未来六个月的行动计划，先提交给总裁，将总裁的修改意见纳入后，再提交给高管团队。通过重构自己的目的和行动，接受同侪的评估，这位副总裁愿意展现出自身的弱点，这在管理团队里激起了行动探询的新奇火花。

尽管存在普遍的恼怒情绪，团队最开始也持怀疑态度，大家还是同意付出必要的努力来参与行动探询过程。团队这么做的原因有几个：第一，对问题的评估相当坦诚；第二，提议的目标和教练程序也非常清楚。这位副总裁亲自做出了承诺，而且评估过程是公开明确的（由副总裁负责举证），这么一来，高管团队开始踏上（潜在的）协作探询转型的冒险之旅了。

计划实施的最初几周，高管团队里几乎所有人都付出了巨大的努力。尽管出于好意，这位副总裁仍然反复做出别人眼中看起来是反对的行为。顾问强调，当其他人认为她偏离了她自己新做的承诺时，立即给予具体的反馈是非常必要的。大概是在第四次的具体反馈后，这位副总裁似乎终于了解了什么行为是奏效的（也就是说，其他团队成员会认为是积极的、善意的尝试）和什么行动是无效的（也就是说，团队成员认为更多的是旧式的反对倾向）。此后，尽管偶尔这位昔日反对派风格的副总裁的其他方面仍会让同事恼怒，这个问题还是得以有效解决了。

“牛仔”副总裁做了什么

相比之下，“牛仔”对自己的绩效表现反馈很抗拒，不认同它的有效性和重要性。他觉得，人们的看法是错误的，实际上他的风格对组织才是最理想的。在这种情况下，与上一位不同，其他人的感知反馈并没有立即引起他重构的响应。这位副总裁一开始的回应就相当抵触。

顾问仍然希望鼓励这位副总裁与团队其他成员进行协作探询，他问道：“如果这是真的，您愿意和我共同制定一个流程，从而让其他高管能正确评估您的有效性并也许会修正他们自己的方式吗？”“不！”“牛仔”对抗性地回应道，“这是他们的问题，又不是我的。”

顾问目光低垂，若有所思地暂停片刻，问道：“您是否发现，自己的这种回应正好证明了您与同伴交往缺乏协作性的观点呢？”

“我真不敢相信您居然和我玩文字游戏！”副总裁的反应激烈，显示他受到了伤害，这让顾问一时竟无言以对，也表明了他自己的立场。事实上，任何人从他的言语中都能推断出他没有任何积极性去参与这个游戏，无论它是什么。就这样，基于副总裁的自由选择，初步的协作探询也随之结束。

（顺带提一下，顾问的最后一个问题实际上是一个浓缩性的探询，将重构、主张和阐述都置于探询中。顾问想知道，尽管他是有意地带着建设性的目的来进行提问，并有意放慢语速采用一种更具反馈性的语气，但副总裁自己对这个问题存在一种未意识到的斗争性对抗，从而降低了转化的效力。）

几天后，这位副总裁为了别的事情和总裁见面。他打算解雇手下一位“总是不服从”的经理。总裁问有什么证据，副总裁将道听途说来的有关那位经理的所作所为描述了一遍，还补充说这位经理给人力资源部递交了一份简报，质疑公司决策的公平性。总裁认为这个证据不够明确，不足以作为解雇的理由。事实上，这位经理到底有什么不当行为还不明确。总裁还补充说，他相信其他高管对此事件会有与“牛仔”完全不同的解读。

总裁当场召集了其他高管成员进行了一次临时会议。几个高管确定，他们从几个来源获得的信息表明，问题出在副总裁的做法上，而不是经理。副总裁根本无法找到一种建设性的方式来应对这些反馈，后来在与顾问的访谈时，他将这件事形容为一种羞辱，“我当时整个脑子都懵了”。顾问同时访谈了副总裁和他想要解雇的经理，发现副总裁自己的话都前后不一致，没有解雇的根据。

总裁继续尝试与副总裁一起共事，但“牛仔”越来越怀疑自己的工作处于危险状态中。几个星期后，总裁要他执行一项任务，副总裁马上声称自己能“不费吹灰之力”地完成。总裁用一种愉快的口吻回应说：太好了，因为这可以增加高管团队对副总裁的信任。对此，副总裁愤怒地回答说，自己理应因为上一年的工作业绩获得优厚的奖金，而不是以这样的方式被考查，他要辞职，他们应该一起讨论一个离职补偿计划。当时，两人都要参加其他会议不得不分开，这件事就搁置下来了。

总裁通过电话与顾问讨论这件事情，说：“我相信等他想清楚了就会改变主意的。”“为什么您想要他改变主意呢？”顾问询问，“您与副总裁打交道时已经不断融合了行动和探询，就像您召集其他高管人员进行临时会议时一样。与此恰恰相反的是，从一开始副总裁的问题被指出后，他的回应完全谈不上协作和探询。您一直都在寻找令人信服的二手证据来证明副总裁是否得力，比如销售业绩。但在我看来，我们现在有大量的一手证据表明，他并没有将行动与探询整合起来，也不能友好协作，完全没有参与到针对其表现的学习过程中来。”

鉴于二手证据总是容易产生不同的解读，一手证据让顾问感到没那么容易引起歧义，因为它同时展现了副总裁的愿景（不会变得易于进行探询）、战略（在顺从和愤然的拒绝间交替）、行动（不协作的）和结果（没有学习的迹象）。一边是通过与副总裁的互动，总裁和顾问现场观察到的相对清晰的一手信息，另一边是相对模糊的二手信息，在这二者间如何权衡是一个问题。顾问不希望迫使总裁做出决定，他力劝总裁在通话结束后，进行 15 分钟的静思，看看是否会有自己笃定的恰当行动方针浮现出来。

就在这之后，总裁发信息邀请副总裁再次会面来讨论他辞职、离职协议和对外宣布的具体细节。24 小时后，副总裁就不再为公司工作了。在他离开后，他对待之前下属的一种系统性歪曲高级管理层决定的模式，被发现并被纠正了。

清除障碍

在这次经历中，总裁对什么变得更清楚和更坚定了呢？也许他意识到了组织转型到转化型/协作探询阶段行动逻辑的真正挑战：人们必须践行协作探询才能获得践行协作探询的能力，这是相互矛盾的。总裁开始认识到，这种挑战不仅会改善组织的成果，还会持续改进领导意识和实践，从而使每个领导者的表现能真正体现与改进成果相关的愿景和战略。要实时进行转型性改进，高管团队需要将行动与探询结合，练习相互性的、示弱式的转化影响力，正如反对派型的副总裁和高管团队彼此所做的那样。她和团队开始仅仅只是对结果（她的抱怨和她身为“反对派”的状态）产生了被限制了的有限觉察，之后转变成具备了所需要的对愿景、战略、实施和新成果的同步觉察，从而共同制订了六个月的行动计划。他们设想并改变了自己以往行为的边界。只有定期在小范围内实践组织的协作探询阶段逻辑，就像之前所述的艰难实践那样，它才能在公司内繁荣兴旺，并且，如前所述以及“牛仔”的案例所展示的那样，协作探询不会单边强制出一个具体的解决方案。

在最开始对两位副总裁进行探询时，高管中包括总裁在内没人能预测到“反对派”副总裁能够或者将会像现在这样彻底地改变，或者“牛仔”副总裁会如此这般抵制并最终辞职。然而，由于行动探询的流程以及两位副总裁的明确做法（一位转型，另一位辞职），最终结果将高管团队更紧密地团结在了一起。可是，整个团队仍然没能将协作探询逻辑作为其通常的运营模式，相反，就像在痛苦的创伤后会彻底放松一样，它又回到了原来的系统性产出模式。

两年后，那个最终拒绝了实行协作探询并辞职的“牛仔”前副总裁致电总裁，对他当时的努力予以感谢。这位前副总裁说，对选择辞职而不是留下来探索自己可以如何改变的做法，他的妻子当即就批评了他，然后他又说，在开始新工作三个月后他就又被解雇了。从这之后，他进行了心理治疗，并意识到自己是如何拒绝一切想要影响他的善意尝试。因而，阳光公司总裁和顾问与这位副总裁进行的协作探询似乎为他个人最终的重大转型奠定了基础。

新挑战

一年后，总裁创建了一个新的协作探询流程，它不仅是一个战术，可以处理诸如涉及两位副总裁这样的问题，它还是一种策略，适用于团队范围的学习和变革。他建议整个高管团队为自己创建一个高管发展流程。高管团队接受了建议并决定一起设计：理想的高管团队成员标准，团队整体面临的发展问题，每个成员第一年的发展目标。

表 11.1 展示的是团队如何去定义它的理想成员，表 11.2 描述的是高管团队理想的会议流程，而表 11.3 展现的是一个副总裁为明年制定的发展目标。在通读表 11.1 所示的理想经理的标准时，你可能有兴趣去想想自己组织中的高级管理人员。

表 11.1　阳光卫生保健公司高管团队理想成员的标准

1. 领导力

- 有成为强有力的领导的愿望和能力，为整个公司的成长承担起管理责任
- 在公司内和公司外都被视为公司（不仅是自己的部门）的领导
- 被视为自己所在领域的高效管理者，并让自己的专长与全公司的目标保持协调一致
- 愿意传授他人知识、技能、观点，以培养管理者的能力来评价自己的成功
- 在压力下能创造性地解决问题
- 出色地完成工作

2. 愿景/使命

- 致力于公司和医疗保健行业的发展
- 在日常运作中示范我们是谁（使命）和我们想成为谁（愿景）
- 能够激励员工分享我们的愿景和哲学

3. 创造性的职业伦理

- 坚定承诺，做到努力工作、诚实、传递能量，热情、改进质量、客户导向
- 以最高的诚信行事，并对企业文化保持敏感度
- 将符合使命和战略目标的技能作为优先考虑
- 高效、有效，而且创造性地管理时间

4. 知道真正发生了什么

- 对行业的广泛了解
- 全面了解阳光卫生保健公司的所有领域
- 了解会影响业务的技术问题
- 精通自己部门的相关事项
- 随时了解新动向，知道真正发生了什么

5. 以实施为中心的战略方针

- 能够客观权衡业务选择

  —使用有效的问题解决工具

  —即使在本领域不受欢迎也要代表公司行事
- 在制定和执行战略和业务计划时发挥领导作用

  —提出创新的想法

  —坚强的意志，具有说服力

  —寻找不确定的数据
- 为涉及其他部门的组织优先事项的制定和实施做出贡献

续表

—了解其他部门的问题
- 重视以跨职能问题解决和信息共享

6. 在会议中精巧的表现
- 在会议中承担领导责任而无须剥夺他人的领导权
  —开会时全身心投入
  —在会议开场和中场休息结束时准时参会
  —及时执行任务
  —愿意提出“愚蠢”的问题以保证理解
  —尊重他人的贡献
  —愿意澄清/阐述想法
  —愿意妥协，或提出一个更好的第三选项
- 不转移对明显差异的关注的前提下能缓解群体的紧张局面

7. 转化性的人际关系技巧
- 培养符合阳光卫生保健公司的人际关系技能
  —关怀
  —务实
  —团队合作
  —改变的能力
- 优秀的沟通能力——听、说、写
- 有效的团队合作者
  —帮助达成共识的行动
  —支持实现商定的目标
- 谈判技巧
  - 承认冲突的存在，对其进行管理，转化成激励人心的合作新模式

8. 迎难而上的学习导向
- 持续培养技术、商业、管理技能
- 把艰难挑战和远大目标视为存在理由
- 喜爱迎难而上的理念，继续挑战他人不相信我们能完成的任务
- 制定评估过程，在部门内测评知识和领导力水平
- 医生行政负责人学习商业技能，经营高管学习医学思维和影响医生行为所需的独特能力
- 寻求新的方式来了解客户的需求
- 能提出问题，不让自己被长久愚弄

表 11.2　阳光卫生保健公司高管团队发展议程表

根据团队成员商定，今年主要的团队发展问题是：

制定重点突出的总体议程

团队还同意每三个月由不同的小组成员轮值负责议程制定和会议领导职能。此外，团队定义了六个议程类别，每个类别都需要创造性的有序管理：

1. 升级更新
2. 未确定项目
3. 愿景类
4. 战略类
5. 实施
6. 评估

会议领导人管理前两个议程类别，其他四个成员担任剩下四个类别的"提倡者"。每个提倡者负责确定自己负责的类别中有什么项目值得团队注意，并负责教练每个议程项目的负责人。此外，当具体议程项目被团队采纳后，每位提倡者都要承担一份特殊的责任：就自己提倡的领域酌情提出问题。

一般来说，人们会认为，具体议程项目比较自然的进行流程是从"愿景"到"战略"、到"实施"、再到"评估"。如果有必要得到高管团队的进一步关注，再进行"升级更新"或"未确定项目"类别。

表 11.3　个人高级经理的发展目标例子

1. 建立共识

为了实现这一目标，我将去实施高管在讨论我的报告时提出的那些建议。具体来说，如果有人反对我认为应该通过的建议，我会和具体高管个人探讨他们反对的缘由，并直接解决这些疑虑。此外，我会尝试找出那些赞同建议的人，谋求他们的支持以建立共识，同时，我会在所提出问题的背景下重新评估自己的建议，并重构立场来反思重新的评估，最后，我会征求个人"评价"，了解自己是否展现了更为有效地建立共识的能力。

2. 支持和管理下属的发展

为了提高我在这方面的技能，我参加了一个管理者自我评估项目，由下属对自己进行评估。目前我正在反思这些评价，我会和评估者面谈，就提出的问题进行探讨，并要求重新评估，同时，我将查阅相关文献，也可能去参加一个针对专业管理人员的培训项目，最后，我将与人力资源部合作，以促进员工的发展以及评估我工作的效果。

续表

3. 与潜在战略盟友的外部会议沟通
针对有观察指出我在外部会议上很少发言，我会有意识地努力在这些会议中增加投入，不仅传达信息而且让外部团体了解我部门的想法。如果每次会议后征求团队成员的反馈意见显示，沟通有效性仍是个问题，我将寻找补救方案。

有多少位经理是满足前五个标准的，这些被我们称为高管角色“正常”的理想型标准？你又看到多少符合最后三个标准的例子，这些是更加出众的理想型标准？我们会不会把这种微妙的领导形式看作“在会议中承担领导责任却不剥夺他人的领导权”呢？一个人如何在“不转移对明显差异的关注的前提下缓解（一个）群体的紧张局面”？当然，如果要完全做到这点，必须显示出那种在多个范畴的多个经验领域的同步觉察——自我的、群体的、任务的以及目的性的。而这种觉察就是当我们朝着转化型及其之后的阶段发展时要开始去培养的能力。

你可能觉得阳光公司高管制定的八个理想标准挺有趣，也许更需要强调的是，我们绝不是建议高管人员就将这些标准钉在其办公室桌前来遵照执行。我们建议的是，其他高管团队可以通过类似的练习来获得思维的清晰度和启发。可以从每位高管制定自己的标准清单开始。

然后，将这些个人的标准清单进行整合并根据听起来的相似性进行分组，但不要对组别命名。接下来的讨论会表现得既有趣又感人，成员会像开玩笑却又不失真诚地争着抢着打趣彼此在把握组织新动向方面做得如此之糟糕。

许多成员也表达了对“迎难而上去做那些别人认为我们不可能完成的事”这个想法的兴奋感。总裁很高兴这句话引起了其他人发自内心的积极反响，承认是自己贡献了这句话。这些都是在团队中产生共同目标和承诺的“关键时刻”。

结论

在所描述的一系列事件中，我们看到阳光卫生保健公司总裁是如何创建出组织学习过程的。总裁显然越来越善于创造协作探询型的机会来同步进行管理者学习和组织学习。

总裁本人也学到了很多。他自信地发现了一位副总裁准备积极参与到转化学习中，即便另一位不愿意。他还了解了有一种方法可以进行艰难的人事决定，让决定的过程不再是单边而武断的，而是相互的及探询性的。此外，他现在知道自己可以借助像这样的艰难困境来充分利用大量的组织学习。

现在，总裁在高管层会议中不再承担任何正式的领导作用，相反，他仅作为信息的来源和正式会议领导者的教练。通过这种改变，他能感受到自由和被赋能，在或者实质性的，或者过程性的，或者发展性的问题上，可以更加自由地畅所欲言。换句话说，他希望尽可能自由地将他的注意力在四个组织经验领域（愿景、战略、表现和评估）之间来回转换。同时，他对副总裁们在更高层次的领导力举措感到欣喜不已，因为他和他们正越来越多地参与到外部的战略联盟谈判——和通常是竞争对手的完全陌生人进行简短会议，在这种会议中，和议程管理、清晰沟通和探询有关的每一种可能的技巧都极为重要。

在这个案例中，组织学习是什么？总裁和整个高管团队与顾问一起，为高管制定了许多组织学习流程：一套关于理想高管的标准、新的会议管理流程和新的高管发展流程。此外，好几位副总裁开始为其管理的团队制定共享的领导结构。

简而言之，我们看到阳光卫生保健公司的高管们在自己日常和战略事务上积极尝试协作探询式的管理风格。两年后，阳光卫生保健公司与一个规模两倍于它的健康管理组织进行了 50/50 的合并谈判。

Action Inquiry

第 4 部分

行动探询的终极精神和社会性目的

CHAPTER 12
第 12 章

炼金术士鲜活的行动觉察

我们还在为阳光卫生保健公司，也就是第 10、11 章中提到的那家公司提供咨询顾问服务时，有一天，员工发展部经理讲述了他和公司签订的不同寻常的合同。经公司副总裁和 CEO 的快速批准，他最近还续签了合同，每周为保健行业之外的组织提供一天的顾问服务。他觉得自己需要一个像这样的实践策略帮助他保持在工作上的洞察力。然后，作为一种符合逻辑的结论，他说："你需要让你自己保持鲜活感，让你的想法保持鲜活感。"

这个想法听起来很有吸引力，不是吗？尤其对我们这些为了工作和生活而奔波劳累、感觉好像有些精疲力竭的人来说，尤其如此！让自己和想法保持鲜活感？一个简单而明确的观点和一种愉悦的体验：保持鲜活感。难道不是所有人都希望保持鲜活而不愿变得陈腐乏味吗？提高行动质量有赖于对紧要关头的新觉察、对如何更有效运作的新想法以及切实执行的新活力，这些难道不是显而易见的吗？难道我们不想找到合适的步伐，并让变化的步伐保持刚刚好的状态吗？

但是，如果让自己保持鲜活感的想法是如此直观和具有感染力，那么，为什么对组织生活有控制影响力的权力经纪人中很少见到真正有创见、真实、不装腔作势、幽默感十足、处事拿捏到位，以及致力于协同个人、组织、社会和全球福祉的人呢？

为什么提到鲜活感的范例时我们往往只能说出为数不多的历史人物的名字——苏格拉底或者佛祖、阿基坦的埃莉诺或者宾根的希尔德加德、甘地或者教皇约翰二十三世、曼德拉或者哈维尔？或许当我们提到鲜活性和自发性时，会想起喜剧演员，如罗宾·威廉姆斯（Robin Williams）、比尔·科斯比（Bill Cosby），或者集演员、舞蹈家和作家于一身的雪莉·麦克莱恩（Shirley Maclaine）。为什么处于炼金术士型行动逻辑本质核心的这种永恒的鲜活性如此罕见呢？

为什么持续进行个人转型达到炼金术士行动逻辑的情况会如此少见？不同的研究员在多个行业中进行了六种各异的研究，发现没有经理或者领导者或任何职位的人在全球领导力画像测评（见表 5.1）中的得分达到了这种发展性行动逻辑。为什么这种行动逻辑如此少见，以至于当我们在公开场合说起时，经理人会问任何接近这一行动逻辑的人是否还会在组织中工作？为什么这种行动逻辑如此少见，甚至当我们开始寻找那些原以为可能足以测评出这种行动逻辑的创新领导者时，却发现这些接受测评的杰出人士中，分数达到炼金术士型行动逻辑的人还不到一半？

要回答这些问题，首先让我们来了解，在刚刚提到的寻找这些“珍稀物种”的研究中，分数达到炼金术士型行动逻辑的六位高管们。

对六位炼金术士的研究

因为有些人同意在他们上下班的驾驶途中用录音的形式记录他们对一周的预计和反思，还有些人同意我们安排一个人尾随他们一整天，加上所有高管都接受了至少两小时的访谈，我们得以探索这六位炼金术士型高管们的日常琐事。此外，作者中有人与其中四位相识多年，相互交往的身份包括以下之一或多个：顾问、董事会成员、教师、朋友或精神社区的同伴。

我们当前的目标是希望看到这些人在行动中传递出时时刻刻的注意力、不可预测性、独一无二，以及跨层次分析的特性，这些特性体现在了他们工作娱乐中。我们会举例说明在六个样本中发现的四种共同特定主题。然后将用更长的篇幅来阐述瓦茨拉夫·哈维尔在成为捷克共和国总统之前，从较早期的行动逻辑开始在相对立的行动逻辑间持续运转的演变经历。

在我们和研究对象工作时间的关系越来越密切时，第一件令我们颇为震惊的事情就是，他们不只是一家组织而是多个组织的关键人物。他们的工作时间被不可预计地分割成跨多个组织的举措和回应。这种多样性最极端的案例或许是一位女性高管，在她被跟随记录的那周里每天都要和 5~7 家组织互动。她的主要人事关系是一家跨国咨询公司成员，她承认当自己在拜访某位具体客户时，一天内偶尔还会和 1~2 家组织用电话进行简短沟通。

但这一整周她都一直待在公司办公室。在那里，她培训了初级顾问；担任绩效评估委员会成员；为一场诉讼拟定宣誓证词书，诉讼起诉的对象是一个她曾经担任过成员的董事会；向三个不同的直接客户公司以及另外五个她主要提供间接指导的合约提供 37 个收费小时的咨询服务；以新成立的一个行业协会的名义拨出 42 个电话并接听了 19 个电话（她将这个活儿称为“市场发展”）。另外，有两个晚上的 8：00—10：00 她做了两场不同的、正在进行中的工作坊。这些工作坊的参与者包括她以前和现在的组织客户，他们希望更深入地投入到个人发展和职业发展中。

尽管这种说明是由外而内地展开的，让我们无法对这位女士的内心体验有直观感受，但它暗示了一个方向，那就是测评结果显示处于后期行动逻辑的人倾向于“和声般和谐”却也“杂乱无章”地生活。人们可能错误地做出结论，认为我们正在描述的这位女士和其他人从来都是行色匆匆的。而事实上恰恰相反，我们发现他们所有人身上有时透着一股悠闲自在、怡然自得或沉思冥想的气质，有时又给人一种千钧一发、倍道而进或专心致志的感觉。（实际上，他们工作和娱乐的一个显著特点就是这两者无法真正被区分开；“工作/娱乐”合二为一，真实地反映了这些人的生活中工作、艺术和休闲的相互交融。）我们接下来的故事将通过由内而外的方式，看看另一位炼金术士型高管所经历的工作节奏问题，从而强化上述观点。

第二个故事凸显了我们直接观察这些高管时感到震惊的另一个事实：在给定的某一天里，他们的工作节奏变化很大。在这个具体案例中，确实是工作/娱乐行为同时共存。这位 CEO 特意在一个与公司总部所在不同的城市工作、生活。他的办公室占据了一栋很大的维多利亚式房屋的两层楼的一部分，剩余部分就是他的家。一层办公室包含一间令人印象深刻、但多多少少还算中规中矩的对外办公室，为秘书和访客所用。内间办公室，内设一个非正规的座位区，一张可供 8~10 人开会的工作台和一间私人盥洗室。盥洗室内有一个螺旋楼梯通向二层。

二层的房间铺了很大一块体操垫，有占了一面墙的书柜和舒适的桌椅。一部免提电话让这位高管在锻炼或完全放松地斜躺着的同时还能通电话，语速迅速却又松弛有度。他解释说，这种通话技巧会鼓励来电的人更快地进入正题，当自己短暂放慢讲话速度，他们会理解自己在“高度关注”正谈论的议题，这似乎能提高他们的协作性。甚至该高管在楼下办公室忙得不可开交的时候，每小时还能腾出 2~3 分钟跑到楼上练习仰卧起坐、俯卧撑、合气道或瑜伽体势。他说关键是要按照自己的节奏悠闲地工作和娱乐。

同时，我们注意到，似乎这位高管处理工作的第一步就是按照互动对象（个人或团队）的工作节奏和行动逻辑应对各种情况。然后时不时在会议中，他会深入挖掘对话背后的根源，经常用幽默的方式指出这是哪种模式，并且提议用一种不同的行动逻辑来重新考虑这个话题。我们曾两次无意中听到他打电话时语速从快到慢，谈话内容从当前的业务转到感性的个人境遇或历史类推中。他的声音悦耳而又深沉，很明显，这种方式使得电话那头的人开始流泪（如他之后的确认）。换句话说，这些绝不仅仅是有成效的商业谈判，也同时缔结了重要的个人关系。因此，这个人的工作节奏不仅是他自己特有的节奏，也包含了别人的工作节奏，而他能够转变当前谈话或会议的节奏及焦点。

我们中有人在另一位高管身上亲眼目睹了这种微妙的转化型领导力的感人实例——这次是一位艺术家、企业家和民间领袖——当时他正给 3 岁的双胞胎孩子喂晚餐。由孩子们引发，通过使用大量的童言儿语和奇怪的声音，他用谈话的形式给孩子们上了一堂关于算术和生命发展的课。这个例子并不是发生在工作中，事实表明，炼金术士型的人对觉察的鲜活特质的兴趣并不是作为实现某些东西的途径，而是要实现的目标本身。

但是当面对这个充斥着各种伪装、处于各种关系中的世界时，我们如何知道自己的节奏以及它会如何与他人的节奏相互影响呢？找到自己的节奏并不仅是一个个人问题，也和政治与精神有关。边工作边锻炼的那位 CEO 告诉我们，他所做的属于一种精神实践形式，这种实践形式让他在工作时的间隙尝试做一些冥想练习——这些练习，用本书的语言来说，就是不断地更新与四个经验领域的联系，鼓励三环学习。但他拒绝描述练习过程或者给出这种精神传统的名称，因为这些练习只能分享给承诺去练习它们的人。

我们在 20 世纪 80 年代末期跟踪研究的另一位高管是一位瑞典籍的世界银行区域副总裁，她的故事阐明了炼金术士型行动逻辑如何在不同尺度上对明显不同的问题做出错综复杂的类比推理。在本案例中，具体是指世界银行有关人员评估的组织内部问题及如何支持贫穷国家政治经济发展的组织外部问题。世界银行要进行一次更大型的组织调整，每个人的职位都面临风险，受此影响，这位高管的下属们要和他人竞争以重新上岗或者改变现在的岗位（据说至少有 10%的人会被裁掉，因为新组织结构中减少了空缺职位）。这位瑞典籍高管也仅于一周前在竞争中赢回了自己的岗位。她将世界银行人员发展和组织转型的自身问题比作第三世界发展项目中最常见的成果有限的问题，让下属和其他几个来自团队外的岗位候选人提出解决方案，并推荐自己认为最有资格解决这类困境的其他同事。她打算挑选在这个过程中做得最好的人加入未来的工作团队。

起初，大部分申请人都没有推荐其他候选人，显然他们认为这样做与自己的职业利益相悖。而推荐了候选人的那个人被立即录取，他向其他申请人反馈了录取决定的根据。然后这位瑞典籍高管和其余的申请人经历了一个相当痛苦的发展过程。（例如，两个非常有才华但无法共事的人被要求接管之前是由对方负责的部门，目的是改善部门间的合作。）三年后，新团队拥有的贷款组合的业绩表现名列所有区域团队的前两强。

这个例子特别展示了炼金术士型的两大特征：积极关注个人、团队、组织和全球政治层面的发展的相似之处，以及个人“魅力”的运用——个人的精神能量——不是吸引同伴产生崇拜式的顺从，而是挑战他们去进行协作性行动探询。

因此炼金术士型的人在政治和精神上的显著特征并不是这个人可能会标榜的传统或非传统信仰集合（如新教徒共和党、犹太教民主党、异教徒无政府主义者等），而是每时每刻对自己所践行的生活和爱的源头进行探询。表 12.1 总结了炼金术士型的特征。

表 12.1　炼金术士型发展性行动逻辑的管理风格特征

炼金术士型	持续练习自己的专注力，寻求对直觉、想法、行为和外部世界影响的相互作用的单环、双环、三环反馈；立足包罗一切的当下，洞悉光明与黑暗、永恒模式的复制以及隐含意义的浮现；直面矛盾，寻求协调矛盾双方；有意图地参与到历史/精神转型的工作中；共同创造那些重构形势的神秘事件；濒死经验、自我身份瓦解；认为时间和事件是某种象征，可以进行类比，并带有隐喻的含义（而不仅仅是线性的、数字化的、字面的含义）

为了强调炼金术士型的人颇具挑战性的政治和精神的参与度，接下来我们介绍一位捷克剧作家、持不同政见者、“天鹅绒革命”领导者，时任捷克总

统哈维尔。审视哈维尔的一生，你会看到炼金术士的主题基调是灵魂重构和示弱的力量。但或许最重要的是，作为一名最终成为政治国父的持不同政见的艺术家，哈维尔诠释了自愿直面矛盾的精神。在我们看来，他是荒谬和常识并举的大师，可以在编写国家宪法会议的间隙骑着他的儿童脚踏车在总统府兜圈。对他的故事的描述和分析会比较长，以唤起对哈维尔迄今为止的整个人生的回忆，重现哈维尔身在其中并发现、磨炼和行使了转化型权力的那个前途无望的社会秩序。

哈维尔的个人、艺术和政治发展

哈维尔于 1936 年出生在一户中产阶级家庭，生来就对知识和艺术感兴趣。他幼年就热衷阅读、写作和话剧。但在 20 世纪 30 年代末纳粹占领捷克斯洛伐克后，直到 20 世纪 40 年代共产党当权后，因为资产阶级背景，他被学校开除，别的学校也拒绝接受他。

16 岁时，他把对文学和哲学感兴趣的人聚集起来组成了自己的朋友圈。尽管他写到，这个朋友圈是基于自愿原则，在和谐却严肃的讨论的基础上建立的，但事实上，他更希望去强制建议读什么书、看什么电影，以及哪些参与度低的成员应该委婉地不再邀请进来。因为资产阶级背景，他的就业机会因此受到严重限制。起初，他做了一名药剂师助理，其间还发表了第一篇批判性散文。哈维尔早期有记录的“管理”风格所展现的这些方面，连同他的文章，都暗示了这是一个才华初绽的年轻专家，强势中具批判性，同时又友善而有魅力的处事逻辑。也许早期这种融合魅力、批判性和强势的能力就预示了他后来的领导力倾向于寻求在对立的紧张关系中推进工作。

1957—1959 年哈维尔应征入伍。服役期间，他和朋友卡雷尔·布雷德创作了第一个剧本《你还有一生的时间》(You’ve Got Your Whole Life Ahead of You)，并且组建了一个军队剧团登台上演。这部戏是关于一位选择真理和道德的士兵，拒绝了唾手可得却是不应得的提拔的诱惑。这里，不管是在戏剧的情节还是戏剧的写作和制作的合作项目中，我们看到了强烈的任人唯贤的成就者特质。

就在这部戏即将获得军队戏剧大赛斩获头奖时，官方开始调查哈维尔的背景，怀疑这部戏针对共产党军队的主要规范所表现出的狡诈的幽默暗藏不良动机。表演后，这部戏被定罪为反军队的，戏剧团队不得不归还已获得的所有奖项。回想起来，从这部戏本身的主题和整个事件超出常规的异常行为，我们很难忽视转化型和炼金术士型行动逻辑的预兆。

除了体会并反思自己和军队间的冲突，第一次和自己相对高智力朋友圈之外的人打交道的哈维尔了解了他们的价值观和生活，意识到探询友谊能超越背景、才华甚至品位的边界。从这些方面，我们看到在哈维尔人生中的这段军旅生活时期，再定义型行动逻辑初露痕迹。（在对六位炼金术士型的人所进行的研究中，尽管我们并没有从研究对象的传记中系统地查找数据，但后来发现有三位自发地谈到在青少年时期超越种族、民族、社会阶层和性别偏好差异建立起来的亲密友谊。）

哈维尔退伍后，凭借《与家人的一夜》（An Evening with the Family）这部作品一举成为知名的剧作家。因为资产阶级背景而无缘“管理层”，他只能以一名舞台管理员的身份加入栏上剧团（Theatre on the Balustrade），但获得承诺可以创造性地参与剧院的工作。在这里他待了八年，写出了一些个人最棒的剧本，挽救剧院于管理不善的水深火热之中，打造舞台布景，组织剧院所有的文书工作和巡回演出，帮助导演对合同进行决策，成为剧院的社交核心。在很大程度上，因为哈维尔的存在以及他这一生中所展示出的建立“工作友谊”的天赋，剧院的职能分工——导演、演员、舞台工作人员等——并不是按等级发生的，而是彼此相互尊重，充满了幽默诙谐的氛围。这里我们清楚地看到了一种工作和娱乐中的转化型行动逻辑，通过行使相互的示弱的力量，在共同的愿景下将演员和其他工作人员团结起来。

1967 年，哈维尔受邀担任 Tvar 杂志的编辑，这是一家由作家协会专为年轻作家而成立的杂志社。Tvar 的编辑委员会选择不标榜特定的意识形态，而是简单地发表经挑选认为优秀的各类文章，这种开明的态度赢得了改良派知识分子的支持。1968 年 1 月改良派知识分子罢黜了大部分斯大林主义强硬路线者，在随后的布拉格之春运动期间选举了亚历山大·杜贝克（Alexander Dubcek）接替共产党第一书记职位。不到一年之后，共产党强硬路线者向苏联要求所谓的兄弟援助，审查和政治压迫立刻再次席卷而来。许多才华横溢的艺术家和作家被迫保持沉默，被囚禁或被流放。

不同于很多知识分子的选择，哈维尔决定留在捷克斯洛伐克，尽管当时他已被归为不同政见者，因为他相信只要直面矛盾，无权的一方可以产生一种能改变社会的权力。自此，我们开始在哈维尔的公开作品及其他公开行为中看到很多炼金术士型的那种“调和对立双方”的迹象。在捷克斯洛伐克那种压迫的政治/艺术氛围中，他留下来是因为，他写道，“只有从荒谬的尽头才能感知到真实意义的轮廓”。在《扰乱安定》（Disturbing the Peace）一书中他还反思道，“这很难解释，但是没有笑声，我们就不能做些严肃的事情”。

在众多事例中，我们看到了哈维尔每日每时是如何展现出炼金术士型的那种特质的，调和严肃的人生与荒诞的人生这两者间的矛盾。其中一件发生在 1969 年起草作家协会的中央委员会宣言期间，这个宣言理应成为国家的圣约书，越来越多的公民会签署并承诺无论发生什么都会拥护到底。原本拟定宣言的那天，哈维尔答应去参加一个朋友画展的开幕式。在撰写这份严肃的宣言的时候，他借口说去洗手间，然后悄悄离开去参加朋友的开幕式，在那里他“唱的爱国歌曲全都不在调上并且激情洋溢地背诵了国家文学名著”，开幕式结束后，他又回去完成了宣言的结尾。“我甚至想要大声疾呼，”在后来回想这件事时他说道，“在我与宣言分离的 17 年时间里，在任何程度上我都没有真正违背过它，尽管撰写宣言时我忙里偷闲去扮演了小丑。恰恰相反，可能正是因为如此我才没有违背过它，因为我一直都在‘忙里偷闲’。”

20 世纪 70 年代，哈维尔的作品被禁。他和他的妻子奥尔加（Olga）住在荒凉的乡村，只有朋友偶尔的来访才能让他暂时停止陷入无尽的忧郁中。1977 年，他前往布拉格策划对宇宙塑料人乐队（Plastic People Band）的辩护，这个乐队被政府指控传播不道德行为。为宇宙塑料人乐队辩护的运动最终导致超过 70 人签名请愿，政府并没预计会受到如此统一的反应，慢慢开始让步，释放了一些被捕的青年。

然而，当哈维尔主导草拟《七七宪章》时，执政的共产党的反应是大肆追捕和审讯。1977 年 1 月到 5 月，哈维尔在狱中被囚禁了四个月。第一次入狱对他来说是非常艰难的时期。他不仅每天被审讯，而且受到多种方式的管控。

就在这个时期，哈维尔一心专注于一个人如何能更好地反抗极权主义社会。正是对这个话题的思考让他写出了“无权者的权力”（The Power of the Powerless）这篇文章。该文颠覆了传统认识，即权力仅属于那些控制国家机构的人，是可以被攫取或摧毁的。正相反，他把权力看成有关联性的而不是可以被占有的东西。每一个社会成员都处在国家统治纵横密布的社会网络中，是决定这个社会的权力关系中的一部分。因此每个人都可以选择成为一名支持者还是反对者。如果决定做反对者或如哈维尔说的“活在真理中，”那么他必须让自己离经叛道而隔绝在社会权力之外。我们可以发现这些思想是如此的后传统，对机会主义者型、外交官型、专家型或成就者型而言是如此的难以企及。我们也可以想象，当他在自己的国家里被禁言时，要践行这些言论是多么的艰难。

作为《七七宪章》的发言人，哈维尔重回工作岗位。但 1979 年他又再次被捕，并被判入狱四年半。这一次他很冷静，不情愿地接受将发生的事，决定要给这次经历“注入积极的意义”。他从每周给妻子奥尔加的去信找到了这种积极意义，妻子会把这些信件进行广泛分享。它们并不是真正的私人信件，而是他表达自己并与监狱外的世界进行沟通的方式。在监狱中，哈维尔患重病命悬一线。作为捷克斯洛伐克的持不同政见者，他那时在西方国家知名度很高，卒于狱中或许会让当局处于尴尬境地，因此1984年他被释放出狱。（请注意表12.1中，濒临死亡是炼金术士型的典型经历，如纳尔逊·曼德拉27年的入狱经历以及甘地的绝食抗议，公共场合死亡的场面也很常见，如苏格拉底、耶稣、马丁·路德·金。）

哈维尔康复后回到了他在拉德瑟克（Hradecek）的乡间住所。1984—1989年，许多访问捷克斯洛伐克的外国代表团也要求会见这位反对者，因此哈维尔和很多西方国家领导人见过面。他还写了两部最能体现他个人经历的戏剧《悲情声声慢》（Largo Desolato）和《诱惑》（Temptation）。在这两本书中，他探讨一个人在狱中所遭遇的感受和挑战，继续自己艺术和政治间的对话，再次通过公开分享自己的内心挣扎来展现示弱的力量。

1989年11月17日，一场和平守夜演变成学生和警察之间的冲突，哈维尔立刻从自己的小屋舍赶到布拉格。第二天，学生们继续游行，呼吁公众支持，并且与布拉格现实剧院（Realistic Theater in Prague）的演员会合。剧院演出都被取消，变成公开讨论中心。11月19日，哈维尔宣布建立公民论坛，团结所有反对派组织。他向聚集在瓦刺拉夫广场的20多万名学生发表讲话，威胁如果对11月17日事件进行调查、释放政治犯以及出版自由的请求不能得到满足的话，他们将在11月27日发动大规模的罢工。就这样，那位迷人、有说服力且具批判性思维的年轻人已成长为一位53岁的政治领袖，能为了推动一个国家的变革转型而整合同样的三种力量（积极—消极—妥协）。

接下来的几周里，哈维尔在游行队伍中发表演讲，组织罢工，和爱国人士讨论运动策略，并就政府和执政党的和平辞职进行谈判。他还指导了新联邦大会的成立，以允许代表反对立场的新成员能当选。

新成立的联邦大会选举20年前“布拉格之春”运动期间的领袖亚历山大·杜贝克为联邦大会主席。第二天，联邦大会一致推举瓦茨拉夫·哈维尔为捷克斯洛伐克总统。这个手中无权的人和他的朋友们确实产生了一种权力，而这种权力却不为有权之人及其更强大的盟友所知。

尽管捷克斯洛伐克社会对旧的统治者充满愤怒和仇恨，哈维尔强调，没必要全部“抵制”。社会当前的状态不但共产党员要负责，所有捷克斯洛伐克人民也要负责。“换言之，尽管程度不同，我们都对极权统治的存在负有责任。我们中没有人是单纯的受害者：所有人都是它的共创者。”

哈维尔明白，对捷克斯洛伐克来说，最大的问题并不是被摧毁的街道、停滞的经济、落后的教育体系以及导致国民人均寿命不到 60 岁的煤烟污染严重的环境。在 1990 年的新年讲话中他告诉全国同胞，“最严重的问题是，我们生活在一个道德没落的环境。我们觉得道德沦丧因为我们已习惯于言不由衷。我们学会了无所为信，忽视彼此，只有自己”。这充分展现了一种三环学习，后传统领导人大都这样，哈维尔关注自己或组织内部存在的不和谐，而不是将一些外在群体妖魔化。尽管他明白在捷克斯洛伐克进行经济改革势在必行，但他拒绝把自由市场体系规则当成一种必须严格遵照的教条。“对‘系统性的纯粹的’市场经济的狂热和对马克思主义意识形态狂热一样危险，因为它源自相同的思维立场，那就是：坚信按理论行事在本质上比按生活智慧行事更明智……”他在《夏日冥思》（Summer Meditations）中这样写道。

他对外国政治的立场也重建了捷克斯洛伐克在国际舞台所扮演的角色。他认为，地处欧洲中心位置的捷克斯洛伐克是欧洲和国际社会的平等成员。他不会因为以往的历史不幸对其他国家怀有偏见。以捷克斯洛伐克总统的身份，他首次出访的国家是德国，在那里他并没有抨击纳粹对捷克斯洛伐克的占领，而是向纳粹统治瓦解后被驱逐出捷克斯洛伐克的德国人民道歉。他的这一立场极富争议性，在国内引起了激烈争论，但却向世界传递了一个明确的信息，捷克斯洛伐克的新领导人更加有兴趣重建新的关系，而不是重揭旧的伤疤。他的想法颇受欢迎，从而使捷克斯洛伐克得以顺利回归欧洲社会，并被邀请加入北约和欧盟。

我们小型研究样本中的炼金术士型的人以及哈维尔似乎都会致力于提高自己和别人的敏锐性、学习能力、相互性，并积极参与各种社会层次的变革。

为此，他们展现出机智类比的能力和明显对可激发创作灵感的不可预测性的享受。对于炼金术士型的人来说，我们称为行动探询的活动不再只是常规方式失败后而尝试的临时策略，也不仅是领导者想起来时就试一试以帮助扩大我们选择范围的战略理论，而是每时每刻的生活本质。

为什么我们只能对炼金术士惊鸿一瞥

前面的阐述只能对以炼金术士型行动逻辑行事的人有一个初步感受。那么，为什么这些“初步感受”就是我们就这点能希望实现的最佳结果呢？我们这样来考虑这个问题：一旦本章开始时的所有问题的答案变成了确定的学术真理——一种思维方式——那它就不再有鲜活性。它不再与色彩、惊奇和感觉这样一种有鲜活性的感性认知有关联。炼金术士型行动逻辑的本质就在于它不能作为文字或数字形式的确定真理被表述出来，而是持续对新启示、新影响和新惊喜保持开放。

和其他变成下一个行动逻辑的发展转变一样，从转化型行动逻辑转变成这个最难以捉摸也最灵活的行动逻辑就是从被控制到建立平等关系的运动过程。炼金术士型的人停止受制于转化型行动逻辑，作为即时的选择会与之及所有之前的行动逻辑建立关系。现在我们可以说这种转变是指从一种正确意识框架中的状态（如有正确的时间理论，对四种经验领域的正确命名等）变成具有重构精神的状态。

“呈现自己最真实的东西，即我们的天性，并不是一个轻松的经历。”约翰·彭特兰（John Pentland）告诉我们。一个具有重构精神的人会不断战胜自己，觉察到自己的假设。一个具有重构思维的人会持续聆听脱口而出之前的思维过程不为人知的一面。他可以调整自己去适应情境中其他成员所持有的参考框架，适应潜在的组织和历史发展节奏，甚至去适应还处于无组织的混乱。（正如从理论上所知，迄今为止，现实的大部分时候都处于无组织的混乱中，然而无组织的混乱并不包含语言和被假设所限制的思维。）

聆听四种经验领域内部、之间及之中不为人知的一面让我们能同时理解某种情境中的悖论和常识。这种聆听是独一无二的，有利于寻求发现并用参与者的语言清楚表达当前情境下让人鼓舞的挑战。发现并清楚表达这种让人鼓舞的挑战能够创造一种社交柔术效应：正如分崩离析发生之际，个人、组织或国家突然变得柔韧灵活，行动表现出惊人的活力和毅力。出于这个原因，这种示弱的影响力通常被看成像炼金术士、像魔法师或像小丑。毕竟，在成为捷克斯洛伐克总统的四周前，哈维尔并没有任何官方职位。

这种创造性的边界解体和重建在南非种族隔离结束之际也发生了，当时，颠覆了所有可能性，纳尔逊·曼德拉及真相与和解委员会提出了出人意料的非暴力向多种族社会过渡的提议。一些惊人的举动（如曼德拉身穿南非白人橄榄球运动衫出现在总决赛上）反复刷新并改变了人们对和解能走多远的共识。

向这种管理风格的转变不仅要求易于开悟，还要能面对自己和周围环境都会显露出的人类状态不为人知的一面。机会主义者型、专家型和转化型的人相信自己属于正义的一方，能消灭邪恶的世界。与他们不同，炼金术士型的人意识到，我们相对固定的片面世界观每时每刻都在重新界定好与坏、胜利与失败、神圣与世俗、阶级、种族、性别、我们和他们、您和我。邪恶源于我们自己的健忘，忘记了三环觉察的存在；源于我们自己下降了的注意力，它总是被动产生。邪恶不能被永远战胜。事实上，它就像存在于我们身体之外一样，与它进行斗争只会强化它。和转化型的人不同，对于炼金术士型的人而言，发展行动探询与其说是一种四平八稳的领导理论，不如说是一场同时与自己的注意力和外部世界进行的持续拉锯战。

这种人不需要官方职位。他的影响力和权威来源于对发展节律和失常节律的聆听。凭借对这四种领域的聆听，不管是否拥有官方职责，他都能承担领导者的角色，具有兼容任何人的整体意识。用这种方式进行聆听，随着惊奇感不断在自己的身体、心灵和大脑中一次又一次地复苏，炼金术士型的人能体会到每一场具体谈话的节律、生命和场景。他也会聆听更广泛的历史际遇，历史从过去和未来辐射开来，进入到唯一能同时产生觉察和行动的时刻，即兼收并蓄的当下。据说，被誉为当代拿撒勒人耶稣的提亚那的阿波罗尼乌斯（公元一世纪的演说家、新毕达哥拉斯学派哲学家。——译者注），为了学习这种聆听方式曾经信守誓言沉默了五年。

我们反复主张“聆听不为人知的秘密”。在有关组织转型的章节中（第8~11 章），我们记录了当一个人这样聆听时开始会听到的各种发展节律。但我们没有阐述聆听过程本身，除了在第 9 章中，在软件公司的顾问与两位合作伙伴见面前，花 10 分钟聆听自己的访谈结果所暗示的发展节律的那一瞬间。从某种意义上来说，真正的聆听就是一种主动的沉默——一种虚无——这种状态基本上无法用一幅画或一段文字来说明（尽管中国的“留白”山水画和日本的 17 音俳句就意在唤起这样的聆听）。要了解真正的聆听是什么，你必须在他人这样做的时候也在场并且尝试自己聆听。虽然如此，以下是另一个意在进行说明的例子，经许可，摘自一位女士的日志，描述的是她参加贵格会教徒聚会的情形，这里每个人受邀来聆听，（并且因此创造）静默来了解存在（being）、认知（knowing）、行动（doing）和实现（effectuating）的隐含起源。得到她的许可后，我们从她的日记中摘抄了部分内容。

随着心跳（她写道），我站了起来。

今早在教友派集会我们保持沉默的前 20 分钟期间，只有偶尔的吸鼻子和咳嗽声打破沉寂，我从未想到自己会带来任何信息。实际上，距离我上一次这样做已经好几年了。今天我静静地坐着，关注着自己的呼吸和感觉的循环。

随着聆听的深入，我的内心似乎呈弧线般涌现出了很多旺盛如火焰船的感觉和想法，这些感觉和想法可以追溯到我这一生所经历过的各种关系和习以为常的节律，它们的轨迹或相互阻碍或相互巩固。就好像我此时整个人生的版图在向我展现它自己，其中一些过去的特定事件快速闪过。只有在我继续有意识的聆听、关注想法又不被想法所牵引时，这种高质量的思考/感觉似乎才有可能发生。

随着静默继续深入，两句简单的话语自行出现在脑海中，然后，无论我怎么驱散它们以继续单纯聆听的愉悦，还是会不断冒回来让我把它们说出来。

我站起来，沉默了几分钟以找到新的平衡状态。然后，缓慢地将它们释放出来，甚至我在说的时候还力图不打断自己的主动聆听：

"沉默……传递……所有的理解……

我想知道在我们内心里的是什么

希望去聆听这个沉默，也从这个沉默中去聆听……"

集会沉默期间，这位女士似乎整个过程都投入在一种"自然流现"的聆听中，最初聚焦于来自过去的模式和具体记忆上，但之后是对内心问题的关注：如果把沉默时反复出现在自己脑海的两句话说出来，对集会是否有贡献。这位女士的思维过程不是线性的，而是混乱而转化式的，而她自己却一点也没有意识到。这主要体现在她说话或写作时不会传递任何内容的信息，很明显，她反而在选择强调持续聆听一切本质基础的、非语言的三环关注过程。

如果机会主义者型、专家型和转化型行动逻辑有一个共同的主要错误，那就是当聆听和自我反思式探询更适合他们及他们的世界时，他们却过于自信地在关键时刻言之凿凿地发言。如果外交官型、成就者型和再定义型行动逻辑有一个共同的主要错误，那就是当明显的不一致比保持和谐对他们以及更大范围的局势更有利时，他们却不愿直面表达。炼金术士型的人所面对的越来越多的问题是，在聆听的过程中，何时、如何并且为何要将热情、冷静和同理心整合起来，即便自己还在发言中。

悠闲地生活，从事有价值的工作，聆听事物不为人知的一面，练习自然流现的注意力，甚至去热爱与自己和他人身上的光芒不和谐的事务，这是一种表达什么是终身行动探询的贴切方式，可被看成"适时转化型领导力的秘密"。

结论

由外而内地看，被认为一种抽象概念的发展性理论呈现出线性、僵化以及层级式的特性。但在实践中，由内而外地看，当我们向后一阶段的行动逻辑转型时，注意力变得越来越持续地主动投入到行动探询中，在很多相互连接、相互干扰的层面上，戏剧性的发展每时每刻都在发生——而不只是在整个人生广泛发生。

人、项目、组织和国家会在不同的行动逻辑阶段停留一段时间，从单、双、三环反馈中学习。他们也会有意或无意地在行动逻辑间转变的混乱过渡期停留一段时间。

我们在本章开头时问到，为什么在生活一直持续的挣扎与紧张、习惯和舒适中难以重新发现炼金术士型的人鲜活的特性呢？其中一个答案就是，聆听四个经验领域的结果揭示了诸多距离、差距、矛盾与不和谐。体验这样的矛盾不仅仅是一种心智上的练习，还产生了一种存在主义式的、情感上的震惊。

我们当中有谁愿意承受这种无止尽的痛苦，目睹自己、他人、组织和更大的社会进程中存在于意图、标榜的价值观、实际的践行和结果之间的各种差距。又有谁会奋力一搏，将这种痛苦转化成解除了束缚的意识以重新优化每次会议，而不是变成监禁的疯子或者以他人为代价的社会胜利？

我们的回答是：每个向后传统行动逻辑悄悄转变的人都开始宁愿自己有意地承担痛苦，也不愿意盲目地给别人带来痛苦。一个向炼金术士型行动逻辑转变的人会明确可见地和他人共创情境——可以是企业或家庭情境；职业、文化或精神情境——这种情境看重对最棘手问题的探询并进行实践，人们会分担并转化痛苦。我们将这样一个情境称为一个基本探询社群，将在第 13 章也是最后一章，对其进行探讨。

CHAPTER 13

第 13 章

创建基本探询社群

在本章中，我们将讨论组织发展的基本探询社群行动逻辑，这与个人发展的炼金术士型行动逻辑相对应，从而让大家一窥个人、社区和机构的探询文化可能看起来是什么样的。这会有所限制，因为我们只能从过去模糊的、碎片式的事例来帮助大家激发想象力。我们认为，在社会范围内，能够全面体现这种组织行动逻辑的公开案例还不存在。

但是因为这确实是未来的一种行动逻辑，所以在本章结束之前，我们不仅会召集过去的模糊记忆，以及现在的一些特殊挑战和机遇，还会借助一种社会科学/幻想来帮助我们开始更主动地想象，想象我们每个个体以及全球所有人如何能够预想并实现这个未来。

表 13.1 列出了基本探询社群行动逻辑的理论特征。这种组织行动逻辑的名称暗示了两种明显相反的特质：由单环/双环/三环探询引出的基础性稳定和转变性不均衡。这些对立面的结合，现在我们有时将之称为混沌的边缘，正是我们在基本探询社群中要寻找的东西。

表 13.1 基本探询社群的特性

- 理解对立面的持续相互作用：行动/研究、性别/政治、过去/未来、象征的/邪恶的等
- 持续性地对以下两者间的关系进行经验实证研究：精神性与直觉性的愿景、理论性和实用性的战略、及时执行与评估可见的外部世界的结果
- 本社群强调背景多样化的人们之间的像同侪般的互动和用谦逊而示弱的方式践行适时行动探询，这是对所有基要主义（fundamentalist）的普遍意识形态发起的挑战
- 在组织内部以及组织与更广泛环境间存在的不同范式/框架/行动逻辑中的政治摩擦
- 协作式探询的结构无法应对炼金术士型在适时转变性的、解放性的集体行动方面的挑战，从而失败
- 如果采取了适时转变性的集体行动，那么就会发现所有参与者的共同目的就是为了维持并产生多个行动选择（以及对这些选择的后果进行反思）
- 时间新体验：他的故事变成我的故事；限时的需求、永恒的典型和适时的创造性探询的相互作用

如果这听起来很神秘，那就让它通俗一点。例如，董事会作为组织的基本探询社群行使职责（有意为之且竭尽全力），它为 CEO 检验使命、战略、执行和成果的清晰度和相互一致性，并创建了一个学习型社团。2001 年和 2002 年，受一些诸如安然、全球电信之类的公司影响，美国经济受到重创。这些公司的董事会没能发挥好作为基本探询社群的作用。一方面，如果董事会主席就是 CEO，且大多数董事会成员都任职于该组织，那么董事会就很可能无法实现自身的潜能。在这种情况下，这种对 CEO 有利的权力不对称会压制董事会的人际互动和探询意识。另一方面，非公司员工的董事会成员就面临着艰巨的任务，要弄清楚这家公司的内部运作规则。无论如何，我们作为董事会成员或者与董事会共事的工作经历，以及组织行动逻辑的发展性理论都表明，将协作式探询和基本探询社群的过程纳入董事会活动中，对于董事会适当行使职能的重要性绝不会亚于对董事会个体成员所发挥的作用。

用一个理想化的董事会帮助我们获得对基本探询社群的第一印象后，我们能否找到一个在实际实践中体现了基本探询社群特征（见表 13.1）的具体机构呢？让我们来看看这个被叫作公谊会（the Society of Friends）的组织，

它通常被称为贵格会（Quakers）。贵格会是一种平等的新教教派，没有设立正式或专职的牧师。正如在第 12 章末尾介绍的，他们的宗教集会（以及有他们的业务会议）的特点就是，每位成员安静地、探询式地聆听自己内心的声音或者内在的灵光，它们可能相当于我们在这本书中所称的直觉性多领域觉察。参与者偶尔向集会群体提供的信息在这种有意识地聆听的文化中获得了尊重和共鸣。很多人知道贵格会主要是因为他们的反战主义。他们拒绝参与战争，不仅如此，还努力成为一个因良知而拒服兵役的人、一个和平的调停者，因此，在战争时代，这种做法往往使得自己与国家处于非常紧张的政治关系中。

另一个以精神为导向的组织从某些角度也可以被看作基本探询社群的例子，这个组织成立于 16 世纪的一个野餐会上。那天，一位名叫依纳爵·罗耀拉（Ignatius of Loyola）的前西班牙战士将六名巴黎大学的学生聚集在一起，在这之前他们都不认识彼此。但他们共同致力于创建天主教的社团——耶稣会（Society of Jesus）。十年里，耶稣会士（Jesuits）经常独自一人周游世界，去领略包括印度、中国、巴拉圭土著以及其他国家在内的世界各个角落的文化。他们没有强行推广欧洲天主教义，而是努力去了解为什么基督教精神能够在各自不同的文化中传播。耶稣会在全球探险、政治、教育、科学领域，天主教会本身，宗教体系以及依纳爵精神实践中变得极具影响力，同时又极具争议性，以至于两次被禁止后又被复兴。这些经历反映了耶稣会与主导信仰和真理范式之间产生的政治摩擦的程度。

20 世纪 60 年代末，英国音乐组合披头士也在某些方面代表了一个基本探询社群。披头士从个人和团体层面探索生命的意义，引发了一场文化革命，当然也更具艺术性和喜剧性。有那么一段时间，他们的每本专辑似乎都介绍了一种新的音乐/意识形式。或者滚石乐队是影子社群的体现吗？又或者感恩而死乐队（the Grateful Dead）就是我们要找的示例吗？无论怎样，所有这些团体都是平等的组织，在全球都拥有经济和文化的影响力。

琼·巴伐利亚、延龄草资产管理公司和社会责任投资——一个正在演变的基本探询社群？

我们刚才所提到的示例都是另类的精神和音乐机构（如耶稣会、披头士等），成员皆为男性，为了不会让你因此而对这一组织行动逻辑的经济实用性和普遍性有所怀疑，我们现在列举一个以营利为目的并且女性占多数的组织，作为基本探询社群的一个现代案例。这个组织是一个较小的投资咨询公司，名叫延龄草资产管理公司，是首家专门进行社会责任投资的公司。它于 1982 年由公司 CEO 琼·巴伐利亚创立。我们对延龄草资产管理公司的了解不仅源于公司的公开文件和关于该公司的一篇博士论文，还包括内部人士对该公司发展的看法，因为我们有一位作者自 1989 年起就担任延龄草资产管理公司的董事会成员，因此得以亲自参与其发展历程。在第 3 章我们描述了社会责任投资如何体现了一种在证券市场实施的单环/双环/三环行动探询的方式，以便优化客户关注的三重底线：利润、社会公平和环境可持续性。这样，延龄草资产管理公司展现了基本探询社群的第二个特征：针对四种经验领域所做的经验实证研究（见表 13.1）。延龄草资产管理公司的客户获得的经济回报与标准普尔 500 指数相当，除此之外，客户满意度也很高，因为他们知道自己的资金主要用于支持领导型企业贯彻三重底线概念。

自 20 世纪 80 年代初期，在创建社会投资论坛（Social Investing Forum）、刻瑞斯环境原则（CERES Environmental Principles）以及全球报告倡议组织的工作中，琼·巴伐利亚发挥了核心共创作用，她在前两个组织中任董事会主席。通过这些机构，社会责任投资得到了发展，尽管其与主流经济模式一直存在摩擦，这体现在表 13.1 列出来的基本探询社群的第一个特征。

巴伐利亚一开始把延龄草资产管理公司当作一家员工持股公司。她邀请每位有意愿的员工——不管是秘书、程序员还是总裁——按名义价购买一股股票，从而获得在股东大会上和总裁平等的表决权。反过来，每年的股东大会将选举董事会，其中要包含两名在职员工。股东大会将确认，或否决，或指导其他董事会行动。

然而，延龄草资产管理公司的历史并不是一帆风顺的。正如发展性理论所预言的，启动时就带有后期行动逻辑的愿景并不会让公司立刻晋级到后期行动逻辑的运转中。公司成立的最初几年，许多员工股东想要行使股东权利，包括投诉权，同时让总裁承担履行行政权和所有权的责任（任何家有 17 岁孩子的父母认出这种典型的逻辑了吗）。后来，20 世纪 90 年代初期，这家公司经历了一段就像旷日持久的“濒临死亡”的阶段。当时公司的一位早期投资人对公司提起了诉讼，这场官司纠缠了好几年。这个挑战让全公司上下以及整个董事会团结一致，这是黑暗中闪入的一线曙光。直到 20 世纪中末期，这家公司才吸引了高层和董事会层级的重要的新人才，启用了新的场地，从而建立了多重管理职能和更为真实的平等发言权，让巴伐利亚和同事在日常工作中可以平等发言（这种平等是巴伐利亚一直尝试在公司建立的）。

今天，公司一人一股的结构有了改进，将更多的股权授予那些工龄长及承担更高层次决策责任的员工。另外，约 30%的股权出售给了另一家公司以建立友好战略联盟，并让公司股票有了可赎回的市场价值。通过这些方式，公司原来的协作式探询结构消逝了（见表 13.1 列出的第五个特征），随之产生的是更新、更灵活的协作式结构。这种集体所有权结构与公司内部日常业务关系的实际相互性创下了公司成立以来较低的员工流动率。同时，公司规模不断扩大，已拥有了四家分支机构，并且在发展社会研究、测评和宣传职能方面处于业内领先地位。

我们认为致力于相互平等关系是基本探询社群的一大特征。这在延龄草资产管理公司是显而易见的，不仅是它的集体股权结构，还有其他多个方面都体现了这一点。以往这家公司是极其多样化的：不仅一直以来女性占据公司员工的大多数，员工以及董事会成员中，非裔美国人和其他民族少数团体占据的比例比典型的美国投资咨询公司的要高。这种组成结构让公司成员需要应对挑战以实现“多元化背景下人们的平等交互关系”（见表 13.1 列出的第三个特征）。

这家公司在客户关系以及分析企业是否为优质投资机会的方法上也展现出了超出寻常的相互性。因为它的投资策略与传统的金融策略完全不同，后者强调的是应该只能用金融收益这个标准来决定一个投资组合的取舍，公司在追求利润的同时，还会努力识别出那些对员工和环境产生的道德影响负责的企业。如果从社会公平或者环境可持续性立场看，公司的政策出现了问题，那么将进行股东倡议，与公司进行对话。因此，公司不仅寻求和客户（探询它们的投资标准，而不是将它们视为理所当然）的平等相互关系，而且在公司与员工、社区以及环境间的关系亦是如此。公司愿景恰如它的座右铭所表达的一样：“为一个更好的世界而投资。”

过去 20 多年里，巴伐利亚带领公司克服重重困境，历经数次转变，同时还能做到处之泰然，从容自若，锐意创新，这表明她可能处于转化型或炼金术士型行动逻辑阶段，就如同发展性理论所预测的那样。现在她处在什么行动逻辑，我们尚不知晓，她在 20 世纪 80 年代末完成全球领导力画像测评，测评结果表明她还处在转化型行动逻辑阶段。在成为银行家、继而社会企业家之前，巴伐利亚是一名艺术家。今天，延龄草资产管理公司和社会责任投资都是她个人品牌（行动探询和协作式领导）的艺术性实践所带来的成果。

将联合国作为一个基本探询社群?

从更大的范围来看，组织和国家领导人能否通过行动探询应对国际经济、政治和思想领域突发的紧急情况呢？自 2001 年 9 月 11 日恐怖分子袭击美国以后，2002 年末至 2003 年初就是否针对伊拉克发起“预防性”战争的争论期间，联合国是否应当作为全球基本探询社群去发挥更强大的作用，或者作用将更为弱化，已成为一个越来越关键的转折点。鉴于萨达姆 · 侯赛因在其国内和地区实施的机会主义者型的单边霸凌，并考虑到联合国作为一个缺乏独立权力的外交官型机构的历史，美国和联合国能否建立一个全球社群以促进探询和相互性关系，而不是在某种程度上反而去强化单边霸凌呢？

就在 9·11 袭击事件后的一年，也就是发动伊拉克战争之前，时任总统布什在 2002 年 9 月 12 日在联合国发表了怎样的讲话？然后同样，联合国安理会在那天之后又是如何回应布什的演讲？能否构建或重构一种处理方式以阻止并终结单边的霸凌统治，同时又能加强越来越多的国家之间的积极相互性关系和相互依存呢？正如我们在本书中已经看到的，像哈维尔和琼·巴伐利亚这样的转化型领导者，让自己的同胞加入对话，立足于用行动将有原则的坚定和共同的开放性结合在一起，使得应对紧急情况的时刻产生了有关未来的正向的新愿景。

并不意外地，布什总统 2002 年 9 月 12 日在联合国发表讲话时，对建立新高度及新形式的全球相互关系这一主题的关注度还远不及对同期提出的法德希拉克计划（Franco-German Chirac Plan）。实际上，布什近乎威胁地说，无论安理会达成何种结论，美国都会采取行动。虽然如此，有那么一段时间机会之门还敞开着，可以让美国国会和联合国安理会去制定一个更具相互性的战略举措。可是今天我们都知道，随后的那一年，无论是布什、美国国会、法国、德国，还是世界舞台任何其他人都没有创造出新的更具相互性的全球机构的特质。

然而不管怎样，想象一下，在布什讲话后的两个月，安理会通过了一项决议，决议优先考虑联合国次年五个首要的政治/军事/维和目标，内容如下：

1. 瓦解基地组织的运作。
2. 为以色列和巴勒斯坦创造和平、自由。
3. 如有必要在伊拉克用武力执行联合国的决议。
4. 继续阿富汗的建国进程。
5. 建立一个持续进程逐步将联合国重组成一个拥有更大权限、更为民主、具有征税权的管理机构。

再进一步想象一下，安理会决议已明确每个优先目标由几个国家负责主导：

1. 在美国领导下，美国、埃及和巴基斯坦协调有关基地组织计划。

2. 法国、巴西、叙利亚和约旦就有关以色列－巴勒斯坦的计划协调一个世界和平大会，由时任联合国秘书长安南主持。

3. 英国、德国和印度协调有关伊拉克的计划，美国军队提供可能的支持。

4. 中国、意大利和加拿大协调对阿富汗的支持。

5. 俄罗斯、挪威和墨西哥领导联合国改组的进程，为改组的七年时间表制定愿景和战略行动计划，包括一年进行一次有关运行的重大改革，同时对每次的运行改革进行持续的公开评估过程。

这个场景的重点不是为了建议具体的解决方案，建议的时间已经过去了。更确切地说，是为了强调对建立一个全球基本探询社群的引导性关注如何影响真实存在的时事。

如何重构联合国使其逐渐发挥更多基本探询社群作用的问题还悬而未决。实现这个目标的可能方式有很多，例如，如果联合国获得了适度的初始征税权，那么它就可以创建一个跨文化探询和投资小组来做两件事情：在世界上最贫穷的国家找到值得进行小微发展投资的商业和社区项目；提供领导力和评估方面的咨询与培训以帮助那些组织培养后期行动逻辑探询和当责的文化。

探询和投资小组可以包含多个小团队，每个团队由来自六个不同国家的六名成员组成，将会被派往第七个国家。这样，这个探询小组的各个小团队本身就需要变成跨文化、跨范式的基本探询社群，他们在东道国以适时探询和行动所表现出来的示弱性、相互性和转化性的力量为基础展开工作。各国对这样的小团队的捐助程度以及邀请他们进驻的程度就是一种直接的衡量方式，衡量他们对探询和自我转变的开放性。探询和投资小组内经验丰富的成员将代表一个具有超越国界的归属感且正在成长的全球领导力精英团体。

未来的可能性

全球体系可能要与新型的商务、政治和精神机构一起经历数百年的试验，才能稳定地在公众面前娴熟运用后期行动逻辑，而这不仅需要现正进行中的单环学习，还需要进行双环/三环学习。

近代时期主要体现了机会主义者型行动逻辑的勇士文化，同时穿插了代表外交官型行动逻辑的阶级或种姓等级制度。现代时期主要体现了专家型行动逻辑散发出来的科学进步特征以及成就者型行动逻辑典型的市场增长因素。过去 25 年里，我们在西方看到了个人主义思潮的崛起，它指向了后现代相对主义和再定义型行动逻辑，同时美国和中东还出现了基要主义思潮的反扑。

在所谓的发达世界里，我们已经学到了很多关于如何在现代时期基于单环反思引导我们自己的生活和业务。此外，正如本书所介绍的，一小部分特定的人和组织已经转变为后期行动逻辑。但是放眼世界，每个文化中的人和组织依然倾向于从个人、政治和技术层面通过单方运用权力去抵抗可能的双环/三环学习。

一种新型的组织形式

如果到了 21 世纪，全球数以百万的人都开始寻求支持，以实现自身朝向转化型及之后类型行动逻辑的发展；如果组织领导人越来越能直面挑战，帮助整个组织向协作探询型及之后类型的组织行动逻辑迈进，世界将会是什么样子的呢？这当然会存在无穷的可能性。因而，下面这个“社会科学虚构场景”并不是在预言未来究竟会发生什么，恰恰相反，它只是为了鼓励对未来的可能性进行广泛的想象，这样每个人都能更好地展望一个完全不一样的未来，一个希望由自己和他人一起创造出来的未来。

在下面有关未来的场景中，三人同行的概念作为探询的最小社群单位，放入了更为广阔的非营利性基本探询社群的社会愿景中，这些基本探询社群来自保健和其他公共机构领域。20 世纪 90 年代末，为了唤起董事会成员和高管们重新考量现有的医疗模式，一家龙头美国健康管理组织发起了一个长达一年的愿景展望与战略制订计划，该计划的部分成果表现在产生了大量完全颠覆式的场景。其中一个经过略微改编将在下面呈现。这些场景都在探讨这样的问题：保健组织的根本性转变会走向何方？在这样的转变过程中，组织能怎样最好地发挥领导作用？

下面将呈现这个场景。记住，呈现的重点不是让你相信它，而是让你学会探询。如果这样的场景成为现实，你在 2025 年会有什么样的感受？关于这种场景，你喜欢的是什么？不喜欢的是什么？为什么会有这样的感受？你想参与创造的未来是什么？

2025 年的费城贵格会健康组织

到了 2025 年，费城贵格会健康组织（Philadelphia Quaker Health）已经成为保健行业最受青睐和最有声望的机构。它是九大 NFP 之一，九大是世界上九个最大型的非营利组织（Not-for-Profits）的总称。

费城贵格会健康组织在全球有 10 亿多名会员，其中约有 1 亿名能享受完全既得利益。[一旦享受完全既得利益，非营利组织成员的收入和人生保障可以终身享受，他们至少一半的资产要完全融入非营利组织的代际信托（Intergenerational Trust）计划中。比经济保障更重要的是非营利组织在会员间培养起来的深厚友谊，会员们会一直留在这个社团内，直到死亡将他们分离。]

2025 年，非营利组织已经占据全球年收入的 1/5 左右，在过去

15 年里增长迅猛。与营利公司和政府机构不同，像 Arborway Investing 和 Inner Chapters Driving School 这样的非营利组织，它们迎难而上，不仅大力培育在美国和欧洲的社群宪法（Community Constitutions）（大多数非营利组织 500 强都并入其中）有序管理下的消极的自由，而且更为重要的是，还努力去实现正如费城贵格会健康组织的使命所宣称的“会员和客户在生态精神、社会、身体和经济方面的平衡发展”，从而成为全球性的跨行业组织。

费城贵格会健康组织在为健康状况良好的会员提供非急需的保健服务方面推出了个人预算选择（在每八岁一个年龄段的分组中，每组都有过八成的会员这样做了）。目前，执行自主性健康三人行（Active Health Triangles）的 Mass-age Mess-age 事业部接收到了最大比例的非急需性预算。

“友爱的贵格人”是我们对自己的戏称。无论我们是医生、生意伙伴、会员受益者甚至企业客户，都致力于提升个人、家庭和组织的主动性，提升良好健康状态，预防疾病的发生。例如，每个“友爱的贵格人”都至少参加了三个自主性健康三人行社群并持续了至少六年。这些三人行社群至少每三周聚会一次来进行锻炼和讨论，以便解决每位会员遇到的精神、组织和身体健康困境。在这些自主性健康三人行社群中，会员们一般通过网络和局域网讨论令他们感到最困惑、最麻烦的问题，并且分享关于他们能从费城贵格会健康组织的其他服务获得的不同资源，或者关于如何处理工作上或与爱人之间的问题的建议。他们还在一起练习，分享与思想、对话、武术以及性有关的修炼。当然，要想成功运作，这些自主性健康三人行社群还必须在他们内部的四种关系间培养信任，这就要求更为细微地关注这三人中的热情、冷静和同理心的倾向性。

每隔一年加入到不同三人行社群中，这种机会是最初吸引大部分客户加入费城贵格会健康组织最重要的因素。就像每个人都清楚地知道，三人行社群根据每位会员宣称的搭档类型偏好来替换会员。这简直就是“自由恋爱”，费城贵格会健康组织的新会员开心地想象着。但他们会知道，正如九大中另一个组织的广告词所说的那样：“梦想确实会变为现实……不抱幻想地……转化性地……”

和九大的其他组织与自己起源领域的关系一样，费城贵格会健康组织在全球保健行业无疑是最大且最有声望的组织。它还是一种有益的磨炼，在医生、生意伙伴、会员受益人以及客户中产生了深度的信任，也有助于他们长寿。其实，在会员获得最终的完全既得利益之前（长达 21 年之后），费城贵格会健康组织选择终止会员关系的可能性比会员自行终止的可能性还大。（因为健康数据显示，行动逻辑转变了的成年人会更健康；还因为拥有后期行动逻辑的成年人在费城贵格会健康组织内部也发挥了更有效的领导作用，有志寻求完全既得利益的人在那之前至少需要完成两次成人行动逻辑的转变。）

在更广泛的全球市场以及美国政治进程中，对所有特许的非营利组织所共有的成年人发展定位存在着巨大争议。精神、科学、政治和经济基要派，也就是那些坚决要保护传统形式的宗教权威、经验有效性、个人权利及财产权的人，倾向于将这九大看成邪恶撒旦的再世（当他们自己的家人加入了非营利组织、家族传承受到威胁时，尤其如此）。

为什么非营利组织会产生这种争议和恐惧？因为它针对成年人的 21 年完全既定利益获取的流程检验了会员是否愿意进行一次以上的发展转变，而这些转变将挑战一个人原本认为理所当然的、经过代代传承下来的基本信念和实践。例如，大部分九大都主要强调三人群体和四人群体，而不是两人群体。而且，他们把从血缘家族处继承来的财富转移到非营利组织社群中。此外，他们推崇“斋戒推进”（Fast Forwarding）（一种斋戒式的团体庆祝活动，在活动过程中年长的同龄人选择自己的死亡时间）。

宗教原教旨主义者和个人权力基要派谴责这些转变举措，认为它们往往都是出于邪教鼓动或操纵而致的（这恰好符合很多非营利组织成员对基要派的看法）。过去的 15 年间，与世界 500 强企业、各国政府机构以及传统宗教和教育性非营利组织相比，九大和“美好生活 500 强”（Good Life 500）的其他 491 个组织在不断赢得市场份额。

一方面，美国拥有世界一流的医学教育和技术；另一方面，美国全国医保体系组织管理与财务管理的功能失常全球领先。自 2003 年起，这二者间的差距逐年扩大。没有医保及不该享受医保的公民的比例逐年增长，同样情况也发生在不满的医护人员身上。人们享用了比以往更为丰富的医疗资源，但不久就毫无觉察，也没人照料地过世了，这种情况越来越多。当婴儿潮时期出生的那一代人变老后，会不断提出这个问题：什么样的个人准则和机构会支持在好友的陪伴下安祥逝去？

实践社群和探询社群

作为自主性健康三人行社群和之前在未来场景中所展望的非营利组织间的一个初期中间步骤，所谓的实践社群（由联合专业人士自愿组成的、通常为临时的关系网络，他们通常当面，但更经常是通过网络分享技能、发明最前沿的实践）在过去十年作为变革和创新的工具已经在商界获得诸多关注。在本书介绍的发展性观点的背景下，我们好奇于这类实践社群代表了什么类型的行动逻辑。很显然，能为这样专业、有趣却又绝对以工作为导向的实践社群提供动力并设定界限的行动逻辑，就是专家型/实验阶段的行动逻辑。

当我们开始从发展的角度看待这种自愿性的实践社群和商业网络时，我们能发现的还有以行动为导向的CEO早午餐俱乐部。在这里，心声能被听见，交易能够达成，这代表的是成就者型/系统生产力阶段的行动逻辑。

练习、舞蹈、心理剧、治疗团体以及第2章中介绍的人际间自学小组；另外，至少还有一些针对老年人建立的关爱生活社团（Lifecare Communities），它们在美国已呈燎原之势，这些都可以理解为实践社群，代表自我反思的再定义型/社会网络阶段的行动逻辑。

结合前沿的发明、商品或服务和自学的自愿小组——例如，由波士顿学院不同学科教职工和商业伙伴组成的小组，他们推出了转化型领导力高管计划并将该计划持续协作了十年，他们每月聚一次，一起用餐、庆祝、谈业务和进行反馈——可以看成代表转化型/协作式的探询阶段行动逻辑。

一起合作完成本书的11位作者或许可以被看成一个虚拟团体。对它的成员而言，它既是一个实践社群，也是一个探询社群。尽管我们从来没有作为一个完整团队而聚会，但是在过去20~40年间，我们每个人已经自行进行诸多学科的研究。其中两位联合作者与其他人认识的时间才几年，但另外九个人的个人和工作关系的年限最长已有43年，平均达17年。另外，我们一起建立了三个各有不同但又有重合的小组，一起工作、探询，这三个小组分别持续了23年、9年和6年。就像一支优秀的足球队或舞蹈团一样，我们非常熟悉彼此的优点、缺点和弱点，并且乐意在大家共同的以及各自的事业上，彼此争论、相互扶持。

实际上，有四位联合作者属于一个全无踪迹的神秘组织，我们有人将之称为“终身朋友群”，这或许可以被看作一个真实存在的基本探询社群。有位联合作者有24位（14位男性、10位女性）终身朋友，这些人和他的交往时长平均达29年之久。人生中的多个节点时，他都和这些朋友中的11位同住于一个屋檐下，他期望在未来，当他们一起变老了，朋友群中还现存的11段初婚关系中有人失去配偶或另一半时，他能和更多的终身朋友共同生活。就像本书的合作作者中，这种朋友群的所有成员并不都相互熟悉，但大部分已经相识多年。也许这种“终身朋友群”在未来会变得更为普遍，就像关爱生活社团做的那样，为今天能承担得起的老年人带来安全感、社交活动和友谊，同时作为基本探询社群继续为它的成员们发挥作用直到他们选择的死亡时刻来临。

结论

这些来自过去的、现在的、未来的初期基本探询社群的各种例子（包含精神、政治和经济层面的）对你有何影响？如果你致力于发展性行动探询的道路，正在阅读的这本关于多种个人和组织转变的书在整体而言对你的生活有何影响？

我们希望这本书的行文方式能够帮助任何一位想在自己工作和个人生活中循序渐进地开始自己行动探询过程的人。如果你确实偶尔会开始尝试一种行动探询的实验，你很快就会想要获得帮助以便继续下去。我们希望第 1~3 章能为你提供诸多线索，以便参考组建或加入什么类型的小团队，支持相互的行动探询练习。第 4~7 章提高了行动探询的要求，从可以增强当前行动逻辑下有效性的特定行为到长期的行动逻辑的转变，也就是从更常见的机会主义者型、外交官型、专家型和成就者型行动逻辑转向后传统的再定义型和转化型行动逻辑，后两者从本质上更为符合行动逻辑时时刻刻对时机、相互关系和转化型领导力的关注。

通过练习，当逐渐感知到一种内在驱使的愿望想去经历这种行动逻辑转变时，你会想要寻求能提供帮助的导师、老师、学校、工作组织、练习和心理治疗方式、朋友以及精神修炼。第 8~11 章有助于界定你进行转变的后期行动逻辑组织。这些章节也会帮助你预见到通过促进会议、项目、团队和整个组织转变到下一个行动逻辑，能如何加速自己的领导力发展。

最后两章，也就是刚刚读完的第12、13章，可能会让你反感，或者觉得眩晕或恶心，因为它们表达了一定程度上的持续转变，这种转变只有当我们正饱含热情，却又头脑冷静，还要富有同理心地立足于四大领域的体验时才能承受得住。

我们认为，下一步可以创建一个面对面的或者在线的阅读、讨论小组，再把这本书细细地读一遍，然后有意练习并相互教练，这或许对你来说会有用。但是，不论选择接下来做什么，我们都要感谢你对本书的关注。祝愿你们在未来能提出好的问题、拥有好的朋友和找到好的工作。

APPENDIX

附录 A

探询方法之科学附启

假使有人想传达这样一种概念：真理本身并不为真理，因为它的形成路径才应该被看成真理，也就是说，真理是以一种过程的形式存在的……那么，他的观点势必会导致一种结果……

——克尔凯郭尔（Kierkegaard），《非科学的附启》

如果本书正文的内容主要针对的是成年专业人士，以及所有每天都努力好好生活的成年人，本附录面向的主要是研究社会科学的同行。社会科学家倾向于重点采用第三人称实证方式来确定理论、测评和数据的有效性，如本书正文中简单总结的那些理论、措施和数据。因此，与正文不同，本附录将重点讨论并列举与我们相关的学术著作，尤其要探讨的是我们提出的个人发展性行动逻辑心理测评的可靠性和有效性，即全球领导力画像测评。还需说明的一点是，本附录中使用的语言会更为技术性和学术性。

行动科学、行动探询或参与式行动研究

比尔·托伯特在20来岁时就为耶鲁大学的Upward Bound计划筹集联邦基金并担任该计划的负责人，由此开始了自己的职业生涯。该计划是一个为那些来年就可能辍学的贫困高中生开办的为期七周的多种族生源暑期班。尽管那年纽黑文市和美国都发生了种族暴乱，马丁·路德·金和罗伯特·肯尼迪也在那年被暗杀，但60名学生中第二年只有两名辍学，使纽黑文市的辍学率降低了一半。同期，比尔作为耶鲁大学的一名博士生，对自己领导Upward Bound 计划的经历（包括他的失误、错误观念和经受的挫折）进行了研究，并提交了自己的博士论文。他的这一研究最终出版成书，即《创建一个探询社群：冲突、协作和转型》（Creating a Community of Inquiry: Conflict, Col-laboration, Transformation）。这本书首次提出将社会科学研究与社会行动并列的概念，这一研究方式被称为“行动科学”。

过去40多年里，就行动研究方法和行动学习理论形成了三种趋势，我们自认和这三种方法都有着密切关联，对此深感自豪。

1. 克里斯·阿吉里斯（Chris Argyris）的成果：克里斯是托伯特在耶鲁大学的论文导师，之后又是在哈佛一同任教的同事，再后来还借用了“行动科学”这一术语来为自己的著作定性。

2. 彼得·圣吉的成果：他是麻省理工学院“系统动力学”小组成员之一，与托伯特及其他人一同创立了组织学习协会（Society for Organizational Learning），这是一种由大型组织、顾问和研究员们三方组成的三位一体的伙伴关系。

3. 彼得·理森的成果：过去的25年里，他是托伯特最亲密的学术伙伴，他建立了巴斯大学行动研究专业实践中心（University of Bath Center for Action Research in Profes-sional Practice）并出版了《行动研究手册》（Handbook of

Action Research），从而发起了结合第一、第二和第三人称研究和实践的参与式行动研究并使其得到认可，在这个过程中他发挥了领导作用。

本书其他几位联合作者也与一位或多位以上的学者/实践者有着密切关系。

另外，还有两种发展性研究趋势对我们的成果产生了长远影响（尽管我们的研究进行得更早）：

1. 鲍勃·基根（Bob Kegan）的成果：鲍勃和我成为好友之初，他还是一位研究生，而我则是哈佛大学教育研究生院的一名教师。自那时起，我们一直都保持着友谊关系并且经常引用对方的研究成果。

2. 肯恩·威尔伯（Ken Wilber）的成果：肯恩邀请托伯特一起创立了整合学院（Integral Institute），在这里威尔伯将其毕生经历都放在了发展性理论的研究和实践上。

除了受到这些相关研究方式的显著影响之外，单独作为一种研究方式的行动探询还有两个独特性：第一，行动探询将行动与探询进行了五五对半分的整合，旨在使行动与探询同时发生，而不仅仅是先后发生；第二，行动探询旨在寻求让此研究领域内的公众、专业人士以及生活中的每个人都能生成适时领导力和探询。相比之下，另外几种方式倾向于强调探询，更多的是为探询和对行动的反思创建独特的场景，这样从中获得的经验可以被应用到之后的行动中，不把行动的时效性作为明确的关注点。

读者或许会好奇，这种将在实践中对第一、第二和第三人称的研究结合起来的、新的“行动科学”与现代派实证社会科学以及后现代派批判社会科学有何关联。我们将在附录的最后一部分回答这个问题。

更为重要的是，你可能想知道，从实证主义者角度来说，评估个人当前发展性行动逻辑的全球领导力画像测评在多大程度上得到了认可。同样你们可能还怀疑，在本书第 6~10 章中我们评估多个组织从一个阶段转变到了下一个阶段，这种评估是否有效？有鉴于此，针对就这两种测评方式采用了哪些实证有效性验证，我们会在下面给出概括性的专业回答。

评估组织发展性行动逻辑

我们首先要介绍在第 8~11 章以及第 13 章中描述的组织框架（构想阶段、投入阶段、组建阶段、试验阶段、系统化产出阶段、社会网络阶段、协作探询阶段和基本探询社群阶段）的理论和实证基础。这些组织阶段最初由托伯特发现，他将人际、群体或组织发展的九大不同阶段的理论与组织内的五个组织周期的周密分析进行对照，从而得出这一发现。这种全新的组织发展多阶段理论与同期其他组织的发展性理论及之后的组织生命周期理论相比，对组织发展的早期和后期阶段的描述更为丰富。

随后，这些对组织的发展性行动逻辑的描述扩大到组织发展各个阶段的所有领域，同时穿插了各种其他组织的案例研究，包括对 IBM 百年历史的研究。由此，这个理论被实践探索性地运用到了咨询干预中，就像第 9~11 章描述的那样，目的是让经验丰富的行动探询实践者使用过后，对其变革的效果进行检验。这种运用表现了一种第二人称实时有效性测试过程，这一过程并未被大部分的第三人称经验实证主义所实践和记录，虽然每个案例都显示了能证明有效性的重要评估数据。与此同时，第 10 章中的无效案例也表明我们没有忽略反面数据。除此之外，在过去的 20 年间，成千上万的管理者、顾问和 MBA 学生诊断并探索式地运用这种组织的发展性理论，以确定自己所在的工作群体和组织的发展阶段，设计并实施战略项目帮助自己的团队或组织进行变革。指导他们的研究并从中获得的学习进一步丰富了本书作者们对理论应用的现场体验。

目前有两个明确的定量实证研究已经用不同的方式成功量化了这种组织的发展性理论。第一个是第 10 章中提到的对十个组织及其 CEO 的研究。研究期间，三位顾问中每人都参与了部分干预活动，在长期的研究合作关系中，他们对发生了的组织转型（如果有的话）独立进行打分。每位计分员都亲身参与了一些案例研究和所有的案例撰写，以及《企业梦想管理》(Managing the Corporate Dream）中有关每个发展阶段章节的写作。三位计分员就十个组织中每个组织是否实现转变及转变方向的评分结果达到了完美的 1.0 信度水平。就具体指出实现的转变类型上他们获得了 0.9 的信度（在某个案例中，一位计分员和另外两位的意见相左，经三位计分员讨论后这个不一致最终得到了解决）。从方法论来说，该研究表明，作为顾问和第二人称行动研究的学术性实践者运用这个理论指导自己的诊断、战略设计以及行动时机，对相对小型的企业（10~1 000 名员工）进行研究时，就组织的发展阶段、长期看它是否转变及转变程度的评估实现了非常高的信度水平。

第二个研究是从更远的空间距离调查更大型的企业。根据公司网站上的信息和年度报告，两位研究员按照组织发展的早期、中期、晚期三个阶段，从组织的发展性理论衍生出来的五种不同变量对这些公司进行评估，最终结果达到了 0.85 的信度。取样公司来自各大行业，但限制其财务表现必须位列行业前四分之一，社会责任评级排名（根据社会投资指数）行业前四分之一或后四分之一。该研究发现那些经营责任和社会责任并进的企业与那些处于后期发展性行动逻辑的企业密切相关。理论上，这一发现证实了这样一种发展预言，即后期行动逻辑组织更可能关注并平衡评估有效性的多种方式。从方法论来看，研究表明，对没有直接关联的大型企业，研究员对它们的发展性行动逻辑可以估算出一个比较靠谱的近似结果。

到目前为止，意在创建一种问卷可让组织成员评估自己组织当前发展阶段的尝试均以失败告终。一方面，组织成员容易主要根据每天各自工作场所和群体变化的情况来感受他们的组织，评估的是对组织的直接体验而不是组织的整个体系。另一方面，组织成员倾向于以自己的个人发展性行动逻辑来解读自己在组织中的体验，这进一步混淆了他们对整个组织的评估。

因此，如何对组织的具体发展阶段进行一种可靠的第三人称评估？从前面描述的第一个量化研究来看，如果行动研究员和顾问能接触到大量组织，广泛地与组织的不同层面建立互动联系，甚至深入到组织的办公场所；而且还已处于后传统的个人行动逻辑阶段，不太会将自己的逻辑框架投射到别人身上，在这种前提下，他们是目前最有可能的评估方。简而言之，在当前自己的实践中持续进行第一人称和第二人称研究/实践的人最可能在这个领域产生高效的第三人称研究。在我们回顾全球领导力画像测评的有效性之后，我们将回到这个主题，了解如何将对过去、现在和未来的第一人称、第二人称和第三人称的研究结合起来。

测评个人发展性行动逻辑

和组织发展的测评方式比，本书第 4~7 章及第 12 章描述的个人行动逻辑类型（机会主义者型、外交官型、专家型、成就者型、再定义型、转化型和炼金术士型）的理论和实证基础有着更为悠久的历史。这些个人发展性行动逻辑与发展阶段密切相关，这些发展阶段由发展心理学家斯盖普·亚历山大、苏珊娜·库克–格鲁特、鲍勃·基根、拉里·科尔伯格、简·洛文格和肯恩·威尔伯所确定。

全球领导力画像测评是经对简·洛文格的华盛顿大学句子完形测试（Washington University Sentence Completion Test，WUSCT）进行了长达 35 年的改编而形成的。在这期间，苏珊娜·库克–格鲁特和比尔·托伯特从 1980 年至 2004 年对此进行了长期的协作研究，当时该项研究被称为领导力发展剖象测评（LDP），之后比尔·托伯特和计分员伊莲·赫德曼·巴克继续该项研究。苏珊娜·库克–格鲁特是华盛顿大学句子完形测试的资深计分者，她自己本身已经成为顶尖的发展性理论家和方法论学家，还亲自训练了赫德曼·巴克如何计分。洛文格的华盛顿大学句子完形测试本身就是心理测验学中用得最多且被证明最有效的工具之一。华盛顿大学句子完形测试包含 36 个句干

（如“我就是忍受不了一些人……”）。完成测验后，这些答案会反映测验主体（测验参加者）的推理和思维过程，以及与他人相处的方式。句子填空的内容和形式所体现出的是这个主体对被自己发展性行动逻辑概念化的世界的整体映射方式。计分手册内容非常详尽，几乎包含了对每个句干可能产生的各种早期行动逻辑反应。洛文格对较少见的后期行动逻辑表现出比较小的理论和实证兴趣，而苏珊娜·库克–格鲁特率先对它们进行了重新定义和测评（附录后面的内容会继续介绍这一点）。

这种计分步骤的一大优势是可以在每份测试记录上进行自身可靠性测试。首先，多份测试记录（如 10 份或 20 份）的计分项目分项目进行评分（以避免计分员受某份测试记录前期项目评分的影响而对之后的项目也给出相同的评分），首先是第一项，然后是第二项，等等。这些得分最终会加在一起，给这份测试记录进行总体统计得分，一定范围内的分数会被分类，用来指示一种特定行动逻辑的主导地位（被定性为专家型的测试记录可能包含下列情况：2 次机会主义者型，8 次外交官型，20 次专家型，5 次成就者型，1 次再定义型）。但是，在查阅总分或估算上述结果之前，计分员可以重新完整地浏览每份记录，这时要特别关注非主导的得分项，然后以格式塔为基础给记录赋予一个直觉分数。这两种分数之间如有任何差异，就需做进一步识别，或者邀请另一位已受训计分员来对这份记录进行测试，以做进一步的可靠性测试。对于后传统的行动逻辑评定，会用到明确而复杂的附加得分规则，来确定所有测评记录的质量在多大程度上反映了统计得出的分数。对于优等计分员，超过 80%的情况下两种分数是一致的，如果两个计分员处于同一种行动逻辑范畴内，计分的一致性可高达 90%以上。

洛文格和韦斯勒公布了华盛顿大学句子完形测试所体现出的计分者间的高信度和内在一致性。其他研究只是大致公布计分者间信度、内在一致性及分半信度（split-half reliability）的程度比较高。在华盛顿大学句子完形测试上，“伪造”结果几乎是不可能的。实验表明，几乎没人能成功地生成出具有自己现有行动逻辑之后类型特征的测试记录，即便提前向其解释了计分过程背后的理论根据也是如此。

一旦测评计分员通过传统的验证方式（两位计分员分别给同一组项目计分，评估他们计分一致性的程度）获得了可信度，在此测评结果基础上，保持并提高测评可信度和准确度的最佳方式就是另行让一位计分员去复查别人已完成了的计分，从而对每次测评的计分进行可信度验证。近年来，对全球领导力画像测评计分员已经做了两次这种可信度验证。对 805 次测评记录进行了复查，这些测评的最后得分可能出现 13 种不同情况（如早期外交官型、外交官型、后期外交官型等），但结果显示两名计分员之间的皮尔森相关系数高达 0.96。所有测评中，计分结果完全一致的情况占 72%，22%的案例中两个计分结果显示有 1/3 的行动逻辑不一致（早期或后期的区别），只有一个案例显示计分结果的不一致超过了一个完整的行动逻辑（完全不属于同一种行动逻辑）。对于结果不一致的案例，在给客户反馈结果之前会进行讨论直到达成一致，而通过这种方式形成的一致结果往往比原来的分数更为准确。因此，这种过程不仅可当成一种可信度验证方式，还能使提供给客户的结果更具准确性。

2016 年年初，我们复查了 78 份等级各异的 2015 年最新全球领导力画像完形测评记录（10 位专家型、20 位成就者型、20 位再定义型、20 位转化型，以及 8 位早期炼金术士型），以此验证计分员间的可信度。验证数据不仅包括每份测评记录的总体得分，还包括测评记录每个项目的得分。研究发现，测评记录的总体得分几乎完全一致，94%的案例是没有异议的，而另外 6%的案例中只有 1/3 的行动逻辑不一致（请注意，这些不一致在客户反馈前会最终协商裁定出一个结果）。就测评记录每个项目的得分而言，两位计分员评分一致性的比例高达 98%。2 340 条计分记录中只有四条出现了两个行动逻辑差距的不一致，其他再无更大不一致的情况出现。把这个结果与七年前由相同的两位全球领导力画像测评计分员做的验证结果进行对比时，你会发现完全一致的比例提升了 22%。之所以会提升，至少部分原因可能是这些年来我们不间断地在每次测评过程中对计分员间的计分进行比对。

除了这种在每次测评中对计分员进行可信度验证的创新措施，每位接受全球领导力画像测评测试的客户/研究参与者在收到来自全球领导力画像测评关于他们主导行动逻辑的反馈之前，还将受邀就自己的行动逻辑做一个系统性的自我评估。在 2015 年进行的 66 次验证中，只有六个案例的（或占比 9%的）客户自我评估与全球领导力画像测评的分析结果不同。其中四个案例中，在与分析员（debriefer）讨论后客户同意认可全球领导力画像测评的分数［会认同的原因通常是客户意识到他们所抱怨的导致分数不准的情况（如完成测试的时候太匆忙或太劳累），正是他们工作时的普遍状态，因此能够反映他们平常工作中的行动逻辑］。另外两个案例中，分析员认同参与测评者的自我评估（因为英语不是他们的第一语言，因此影响了他们的书面表达）。因此，在上述研究中，有 94%的参与测评者认同了全球领导力画像测评分析的正确性。这种与研究参与者逐个探讨可信度的过程，既是一种新的可信度验证形式，又是一种新的有效性外部验证形式。

有人质疑，应该让每位计分员在不知道其他计分员计分结果的情况下，对相同的 10 个句子完形测试进行评分，这种简短的可信度验证比我们刚刚介绍的方式“难度”更大。但这样的验证方式有一个很明显、可是大家并未提出的弱点，因为计分员能在足够休息和保持警醒的最佳状态下为验证做好准备并进行验证，你永远无法分辨这种状态下的评分是不是代表了计分员实际的日常评分情况。另一个质疑上述可信度验证的观点是，第二位计分员会刻意同意第一位计分员的评分以达到高度一致性。但是将其作为对第一位计分员评分的复查这一想法是在第二位计分员完成评分之后才提出的，所以第二位计分员评分过程中是不存在此种动机的。此外，如果确实有不认同的情况产生的话，有三个因素会驱动第二位计分员诚实地表达自己的意见：① 如果客户收到一个完全站不住脚的评分，对他们未来发展无任何用处，那么他们就不会再有进行全球领导力画像测评测试的需求了；② 如果全球领导力画像测评评分变得不那么可信，研究结果就会变得随机，而失去了统计学的意义；③ 如果全球领导力画像测评的评分不准确，那么它对未来计分员的培养就毫无用处了。

在 2016 年年底，两位新的全球领导力画像测评计分员完成了伊莲·赫德曼·巴克对他们的培训。对这两位新计分员进行了可信度验证，把他们对 900 个句干回复的计分与伊莲·赫德曼·巴克的计分（她先行进行了计分，但新计分员并不知道）进行单独对比，结果表明两者的一致性分别达到了 87.1% 和 87.4%，而出现两个级别不一致的情况小于 1%。

华盛顿大学句子完形测试和全球领导力画像测评的有效性

人们从以下两点质疑华盛顿大学句子完形测试的正确性：① 它只是一个关乎于言语流畅性的问题，因为后期行动逻辑答题者写的句子会长很多；② 由洛文格提出的作为“大师特质”的自我发展状态这一概念，并没有在心理测验学上得到证实。关于言语流畅性问题可以这样回应，它们之间有着不可避免的关联，因为对后期阶段的人们在表达上会体现概念更具复杂性和创意性的特征要求更长的回答。同时，多项研究表明，由华盛顿大学句子完形测试所测评的自我发展涵盖了言语流畅性在内的很多方面。已经发现的和预计的发展性行动逻辑适度相关的人格特征包含：规则的有界性（此处呈现一种曲线关系，前传统和后传统行动逻辑的值偏低，传统行动逻辑的值偏高）、教养、良知、信任、宽容、人际敏感性、心理感受性、创意、道德修养，以及一系列和心理健康相关的指标。

诺维和其他人的一项研究验证了洛文格模型的结构有效性，运用结构方程模型来检测自我发展作为具体个性结构的协变异来源是否按等级发挥作用。虽然这种分析模型并未证明自我发展是一种“主要特性”，但它与洛文格假定的四个概念（冲动控制、人际风格、有意识的专注和认知风格）有着显著的正相关关系。想回顾有关华盛顿大学句子完形测试学术文献的人也可以去参阅《心理学探询》（Psychological Inquiry）1993 年介绍洛文格研究成果的特刊，以及 1998 年纪念她诞辰 80 周年的书：《人格发展：洛文格自我发展概念的理论、实证和临床调查》（Personality Development: Theoretical, Em-pirical, and Clinical Investigations of Loevinger's Conception of Ego Developmen）。

本书基础研究中用到的全球领导力画像测评用五种方式修改、补充并转变了华盛顿大学句子完形测试的可信度和有效性验证。第一，全球领导力画像测评新增了经单独验证过的、与工作相关的句干项目（如“一位在工作中越过雷池的人……”），以此来增加这种测试对职场中的被测试人的表面效度。

第二，全球领导力画像测评使用了苏珊娜·库克-格鲁特为后期行动逻辑制定的定义和计分手册，同时，针对由赫德曼·巴克和托伯特引入的最新的行动逻辑，进一步变更了计分体系以如实反映炼金术士型行动逻辑富有诗意般的自发性和适时性。例如，洛文格设想对整合身份的求索就是自己的最高阶段，但她从没设想或从理论上说明，这种整合或许是建立了那种后认知的关注力，并对它进行观察和聆听的结果，这种关注力显示了四个经验领域的持续转变（如本书第 1 章所阐述的那样）。因此，举个例子，对“我是……”这个句干完形后得到的“最终我是……，从长远来看，尽管大多数人理解不了，但我更享受试着去弄懂的这个过程”这个句子，她既没有提供理论，也没有提供方法来为其打分。苏珊娜·库克-格鲁特引用了这句回答，并点评说可以这样去理解，这个人“放弃自我身份的探索，反而有利于成为自我实现这样一种持续过程的见证者”。除此之外，赫德曼·巴克和托伯特强调，炼金术士型行动逻辑在回应诸如“让我陷入困境的是……当我恰恰变成了我所反对的一方时”或者“一个人的工作……体现了他的宿命、他对可能性的认知，也经常是他衣品的表现”这类句子时，表现出了偏好采用自发的、幽默的和生动的方式来将时间或空间的远近同时并列。

第三，全球领导力画像测评不同于华盛顿大学句子完形测试的主要变更在于，全球领导力画像测评将评价性术语变成较低评价性的术语（如从“较低和较高阶段”变成“较早和后期行动逻辑”，从“尊奉者型”变成“外交官型”等）。这使得在高管教练和组织咨询情境下，将其作为一种行动研究工具使用并为人们提供全球领导力画像测评反馈变得可行而有效。

第四，给接受测评的人提供反馈，对测试本身也是一种额外的有效性验证。例如，发展性理论认为，处于较早行动逻辑的人更有可能回避反馈，尤其是质疑他们当前行动逻辑的带有双环特性的反馈，而处于后期行动逻辑的人却会越来越多地主动寻求这样的反馈机会。当我们给 281 名接受过测评的人提供行动逻辑反馈时，这一理论性的预测得到了证实：我们发现处于后期行动逻辑的人真正接受反馈的比例日益增多，这种不易察觉的行为测评（人们是否会寻求反馈）的结果测试结果是完全相关，相关系数达到最大的 1.0。

第五，正如上述发现所示，我们的实验室和现场行动探询研究专注于全球领导力画像测评的外部效度，即成功预测人在现实世界表现所存在的显著差异的效力程度，而不是专注于和其他书面心理测试无异的内部效度，从而增强了全球领导力画像测评的有效性验证。1976 年，霍瑟从统计学角度表明华盛顿大学句子完形测试和人际行为之间存在统计学上的重大关系。我们已经在第 8~10 章总结了一些其他发现。例如，① 文件筐测验显示出的管理表现与传统和后传统行动逻辑之间的访谈研究存在统计学的显著差异，② 实现了组织转型的传统和后传统 CEO 在成功方式上存在统计学上的显著差异。

在另一个第三人称研究中，24 人自愿参加一个建议为期 2~4 年的第一、第二人称行动探询小组（由一个后传统行动逻辑型实践者组建并引导），结果其中的 22 位参与者实现了向后传统行动逻辑的转变。与之相比，对照小组（该小组成员参加了在同期开始的同样的 MBA 项目）的 165 位参与者中，只有 3 位的再次测评结果显现在同一时期实现了积极的发展转变。这个发现显示，根据古德曼-克鲁斯卡的 TAU 统计量，行动探询的实践将导致一个人会发展成更靠后阶段行动逻辑的可能性提升了 81%。

一般而言，人们会把华盛顿大学句子完形测试向全球领导力画像测评的转变看成从传统行动逻辑向后传统行动逻辑的典型发展转变。第一，华盛顿大学句子完形测试的第三人称“专家型”科学基础在全球领导力画像测评中得以保存并加强。第二，苏珊娜·库克-格鲁特、赫德曼·巴克和托伯特的研究使新的后传统行动逻辑得以被构思、定义并且用于操作。第三，正如本书所阐述的，第三人称测评被重新调整，这样它就能在更广泛的第一、第二和第三人称行动探询（或研究/实践）领域中发挥作用，从而催化个人和组织的发展转变。

将第一、第二和第三人称行动探询相结合

本书正文部分介绍了实践的理论和案例，指导个人如何研究自身的实践并潜在地对其进行转变。除此之外，还介绍了组织转变的理论和案例，指导组织成员如何通过结合第一和第二人称行动探询的方式共同推动任何机构的转变（如企业、医院、教堂、学习、社会科学等）。所有这些第一和第二人称行动探询在某种程度上都受到发展性理论及研究的代际第三人称科学传统的指导（可以追溯到威尔伯、基根、洛文格、皮亚杰、黑格尔和柏拉图，以及最原始的精神实践传统）。另外，我们的第一和第二人称行动探询在某种程度上还接受了财会、股市行情以及实证社会科学测试的代际第三人称传统的评估（如在第 7 章中展示的对 10 位 CEO 试图帮助公司转变的研究）。

在现代科学中，将第一、第二和第三人称相结合的理念自 21 世纪初才得以成形。让我们简略思考一下，第一人称，即主体的行动探询；第二人称，即主体间的行动探询，以及第三人称，即客观行动探询的结合是如何成为一种科学研究本身的变革方法的。我们首先来塑造一个人文科学可能以某种方式涉及的所有领域的常识性图像。然后观察哪个是经验实证主义者倾向占据

的领域，哪个是行动探询倾向的领域，以及多大程度上两者是有重叠或能否重叠。

图 A.1 显示了通过区别三个不同维度（“时态”维度、“语态”维度和“实践”维度）和每个维度上的三个性质差异形成的 3×3×3 的图形，总共有 27 种社会科学。时态维度被分成已发生、正发生和尚未发生三个性质。语态维度的区分根据是探询是否：① 以行动探询者的主体第一人称语态进行叙述（如我们在本书最前面关于学习行动探询的管理者的节选内容中反复听到的）；② 以多个行动探询者的多种主体间第二人称语态叙述（如我们在第 10、11 章中听到的关于阳光卫生保健公司两位副总裁在工作中运用他们从同级获得的反馈）；③ 以一个不记名的、泛化并刻意中立的第三人称语态叙述（如本段落所体现的）。最后，实践维度进行区分的根据在于，研究是否专注于：研究者自己的实践（第一人称实践）；他所属小组的实践（第二人称实践）；更大范围组织的实践，研究者可能是也可能不是其中的一员（第三人称实践）。

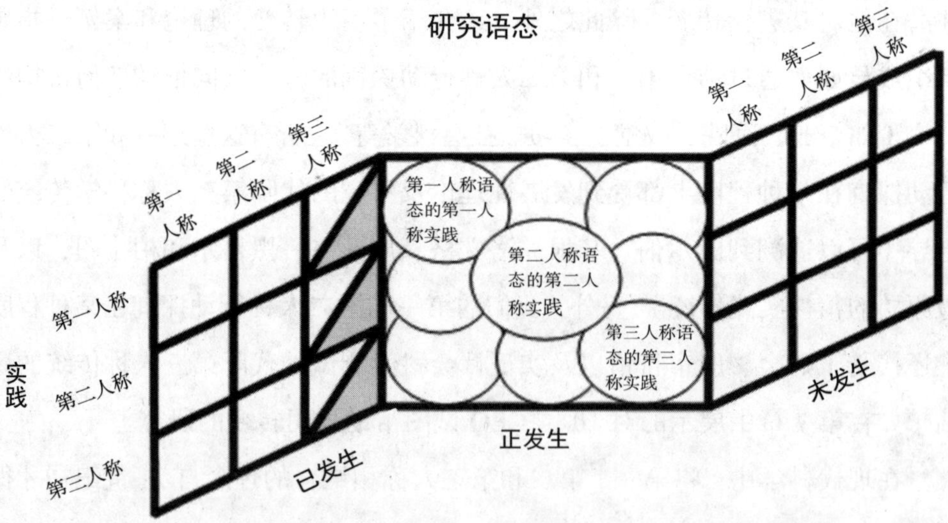

图 A.1　通过经验实证主义方法进行的 27 种行动研究以及研究范围比例

总而言之，此概念图共生成了 27 种社会科学。在这 27 个探询领域内，经验实证主义是一种研究过去发生事件的科学形式（收集数据时，事件或许已经发生，但是一旦数据被分析、经统计和同侪复查程序验证过有效性，并对外公布后，事件就绝对已经发生了）。此外，经验实证主义总是在努力获得一种真正中立的广义第三人称语态（严格避免第一和第二人称代名词和语态，除非当它们作为附加数据被适当建构并引入）。最后，经验实证主义方法通常被用来研究第三人称实践和社会过程，而研究员并不是直接参与者。

但这种第三人称方法实际上还能用于对研究者自己的第一人称实践或一个小组的第二人称实践的研究。例如，本书作者已经完成了全球领导力画像测评并收到了关于自己第一人称实践发现的结果反馈，所以，这符合图 A.1 中的“用第三人称研究语态叙述已发生的第一人称实践”。同样，录下一段橄榄球比赛，仔细分析并且计算各种不同类型的行动（如每节对这个队的罚球次数），那么和运动员进行一次录像总结会议就是一种“用第三人称研究语态叙述已发生的第二人称实践”的形式。

但是尽管经验实证法可以运用到所有三种类型实践中，它们并不为随后的反馈和学习活动提供指导，并且这种学习活动很少发生。此外，即便这些研究者会提供名义上的反馈，但他们更倾向于“在研究之后”进行，而不是将这些相互作用的事件纳入自己的研究范围。因此，如图 A.1 中的半阴影区域所示，经验实证主义研究“第一、第二和第三人称实践，已发生，以第三人称语态叙述”，但并不对研究者和那些被研究对象之间的相互作用进行探索（所以每个方格只有一半是阴影部分）。

总之，经验实证主义对 27 种可能的探询领域中的 3 个只会研究其中的一半。从图 A.1 来看，经验实证主义研究 3/54 或者约所有日常生活现实领域的 6%。（当然，这一数字是不正确的，因为它是在所有 27 个空格的范围和意义相等的假设前提下得出的结果，但实际情况并不一定如此）。如果这个百分比接近实际情况，不管由多大的样本量统计出来的概率在任何置信水平下在统计学上都有显著意义，但结果显示自变量对因变量的解释度不超过 5%~15%

（你可能会觉得，这个比例不足以让一个理性的行动者愿意基于这种关系冒险采取行动，不论这个百分比的确定性有多大），也几乎不会感到惊讶。

将这种相对微弱的发现（之所以说微弱，是从认同变量彼此间有重要的实际影响的角度来看的）与第 7 章中鲁克和托伯特研究 CEO 和顾问对组织变革的影响而得出的发现进行比较。在这个研究中，自变量把 CEO 和顾问在全球领导力画像测评中所得到的行动逻辑计分进行加总，由此衡量出的领导力特性）对因变量（由三位训练有素的计分员独立测评的组织转变结果）变化的影响高达 61%，这个结果在 0.01 的置信水平下具有统计学意义。

我们认为，这个结果比通常纯粹的第三人称科学更有说服力，因为自变量（个人发展性行动逻辑，它经过每次转变后都会对反馈更为包容）本身会关注个人的相对能力，通过单环/双环/三环学习紧密结合第一人称、第二人称和第三人称行动探询，促进自己及他人的转变。因为对公司的咨询干预正好要求将这些行动探询类型进行结合以获得成功，如果这个理论是有效的，自变量应该实际上为因变量的变化（组织转变）负重要责任。

[一些研究方法的专家们可能反对说，这项研究中的案例数量过小（10 个组织），降低了我们对这些结果的信心。当然，可以对这些结果做进一步验证，如果结果证实了当前的发现，就能提振我们的信心。然而，从统计学角度认为案例数量少就降低了这一发现的有效性和重要性是站不住脚的。因为案例数量少，自变量和因变量之间的关系更为密切，如果结果是在置信水平 0.01 被检验通过（结果是错的概率小于 1/100），0.01 水平的统计学意义意味着不论案例是 10 个还是 1 000 个，结果都一样。]

我们回顾性地查看了在咨询干预过程中，对于 27 种行动研究中，10 个公司中的成员实际上进行了多少种行动研究。我们发现在最不成功的案例中采用 9 种，而最成功的案例中则采用了 15 种（请看图 A.2）。例如，所有 10 家组织的 CEO 都参加了全球领导力画像测评，并接受了关于他们行动逻辑的反馈（对已发生的第一人称实践的第三人称研究）。所有的 10 家组织也参加了由顾问支持的高级管理战略规划，这种战略规划同时包含了对已发生的第三人称实践的第三人称研究（如行业内的其他主要企业的竞争分析）和对尚未发生的第三人称实践的第二人称研究（如解释并协调高级经理们对公司未来三年战略优先事项的价值观）。

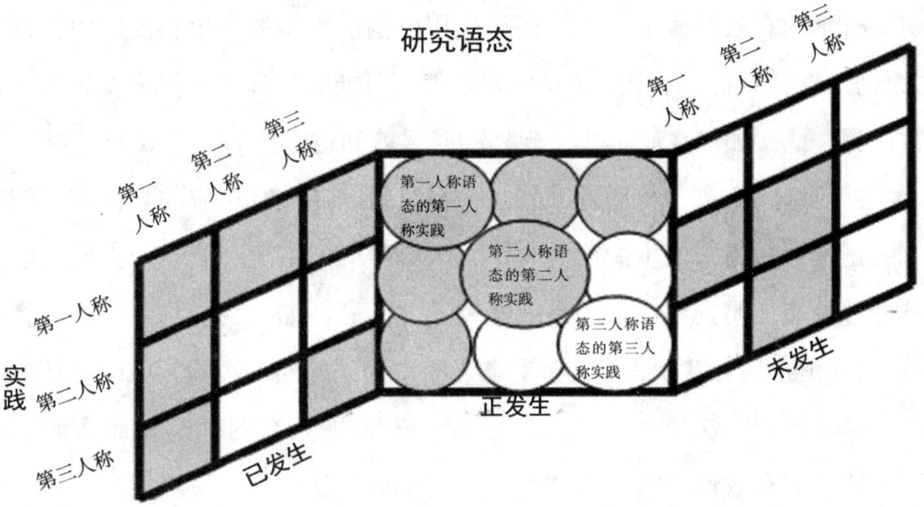

图 A.2　10 家组织中成功实现转变的 7 家组织的行动探询类型

另外，只有成功实现转变的 7 家组织及早地在高管团队会议上对领导职能征求、讨论并收集过反馈信息（对正发生的第二人称实践的第二人称研究）。还有几种类型的行动探询只有五位被测评为转化型的 CEO 有使用过［例如，给高级管理团队成员提供发展指导（对未发生的第二人称实践的第一人称研究）］。

因此，结果表明，处于后期行动逻辑阶段的 CEO 和顾问倾向于在 27 种行动研究中进行更多的类型使用，该结果也提高了产生组织转变的可能性（当然，这只是对这个研究个案进行回顾而提出的一项建议，所以它只能作为未来行动探询的可能指导原则，而非结论）。

然而，从经验实证主义角度来看，图 A.1 显示的图片似乎有误导性，且刚刚做出的结论似乎让人困惑不已。一般情况下，实证主义者或许会说，第三人称经验科学的有效性验证程序不能被应用到以第一人称和第二人称语态进行的研究中。所以，第一人称和第二人称行动探询根本不能被算作科学研究。此外，一旦研究者与研究对象建立了反馈和学习活动，研究者就失去了他们客观中立的立场，从而严重影响进一步收集到的数据，而且，第三人称实证科学的有效性验证程序不能被应用于当前数据的产生和使用中，这里的“数据”概念不能应用于未来。研究者怎么可能收集到某个尚未发生的事情的数据呢？他又如何在制定战略规划的时候就知道它比另一个规划好呢？

针对这些论点，我们的回答是，尽管目前还没有相应的教科书，但对于有关正发生和尚未发生的第一和第二人称研究的猜想和假设，人们目前正在开发各种能证明其不成立的有效性验证方式。例如，我们每个人随时都可以自问：“我的”注意力是否放在了本书经常提到的四个经验领域中的任意一个或全部领域上？这是一个关于“我”在任何一个现在的时刻全面探询“我的”内在体验的有效性的第一人称验证（这个验证往往让“我”能知道“我的”体验在测试之前就完全包含在了其中一个领域内）。类似地，认真询问其他组员对自己提出的下半场会议方案的看法，这就是在实施一种对自己还未发生的设计的第二人称有效性验证（在完成了不同的第一和第二人称有效性验证后，人们或许也会就相对有效性实施第三人称研究，但这并不是一种更好的有效性验证形式，只是不同形式而已）。

认为研究者一旦和研究对象一起进行咨询/学习活动就会牺牲自己客观中立的立场，这一论点也是站不住脚的。研究者无论有没有进行咨询/学习活动，都有可能对研究结果产生偏见。而且，如果咨询/学习活动本身被看成“实验行为”的一部分（就好像在 10 个组织的研究中，由顾问/研究者进行的全球领导力画像测评那样），那么行动研究者就成为研究的一部分。既然他们知道，相对于操纵后的结果，只有真实的结果才能让自己的研究工作更为得心应手，他们更有理由去公正客观地评估结果。

将第一、第二和第三人称行动探询进行结合是一个巨大的社会科学项目，这能帮助社会科学本身在未来几代的时间内发展性地转变为后期行动逻辑（见表 A.1），这一点很重要，但前提是越来越多的社会科学实践者们能勇于献身，对这一广阔未知时段进行探索。

表 A.1　7 种社会科学理论框架的不同目的[①]

行为主义——控制别人
（通过“操作性条件反射”）
格式塔心理学、社会学或人类主义——了解别人
（优于他人本身的自我了解）
经验实证主义——预测确定性
（有效的确定性）
多方式折中主义——有用的近似值
（采用三角互证法）
（这种前面提到的科学理论将研究和实践分离并且专注于第三人称研究）
后现代解释主义——观点多元主义再呈现
（不优先强调作者自己的观点）
（包含第一人称双环研究/实践）
合作生态探询——创建转变性探询社群
（在多观点志同道合者之间）
（包括第一和第二人称的单环/双环/三环研究/实践）
协作发展行动探询——实施研究、释放修炼（Liberating Disciplines）
（超越志不同且道不合的文化）
（实时整合第一、第二和第三人称的单环/双环/环研究/实践）

① 通过把原来的理论框架当成一个服务于质变后的新目的的战略变量，后一种理论框架推翻了前一种理论框架的主要目的，重新诠释它的意义，并对它进行了完善。经验实证主义之后的每种理论框架对不确定的现实更具包容性（不会在完全确定后才认为这是现实），对通过探询的行为（如研究期间研究者自己的意识和行动）而实现转型了的现实也更具包容性。

社会科学的发展方法

表 A.1 清楚表明了一种不同的社会科学方法本身代表不同发展性行动逻辑的观点。它显示了不同类型研究的差异和关系，包括：① 经验实证主义；② 定量和定性研究的折中融合；③ 批判性后现代解释主义；④ 本书介绍的第一、第二和第三人称行动探询。以下精练的评论简单介绍了表 A.1 中列出的每个科学行动逻辑。

行为主义（对应机会主义者型行动逻辑）：认为只有外部世界是真实的，代表了 20 世纪前期美国心理学的主要理论框架。斯金纳是行为主义的先驱代表人物。

格式塔心理学、社会学或人类学主义（包含商业案例研究，对应外交官型行动逻辑）：认为两个经验领域是真实的，着重探索人、组织和文化的内部世界是如何形成体现在外部世界的不同行为模式的。

经验实证主义（对应专家型行动逻辑）：采用演绎性的框架来审视三种世界或三个经验领域之间的关系——思想/理论、行为/方法及结果/数据，除了科学家最初确定的那些变量，其余变量一律排除在外。

多方式折中主义（对应成就者型行动逻辑）：将推论与归纳、定量与定性研究结合起来，允许研究过程中产生新的变量（这样既可以在研究过程中，又可以从研究结果中获得学习）。对于经验实证主义所关注的那三个领域，除了在控制力度较强的实验室中进行检测，在控制力度较弱的“实地”也如此。

后现代解释主义（对再定义型行动逻辑）：试图进一步回顾只研究身外世界的早期行动逻辑科学理论框架的客观性和形式。它旨在涵盖那些支配被研究个人或机构的整体解释框架的隐含假设，也包括研究科学家本身（如科学家自己的理论框架）。然而，正如从学术理论上理解的那样，后现代解释主义仍主要处于一种反思性的、相对性的文本练习形式，而不是一种实时实践。

合作生态探询（对应转化型行动逻辑）：探索带着人们最初的不同隐含假

设的多重声音如何让彼此在自己的生活、日常工作、家庭和关系中实时进行我你之间、第二人称的、相互的和潜在转变性的探询与行动。

协作发展行动探询（对应炼金术士型行动逻辑）：探索更大型的第三人称群体能如何为实时的行动与探询建立体系，从而也能鼓励第一、第二人称的研究/实践。

对想进一步了解这种社会科学未来状况的社会科学家而言，最佳方式就是去了解现在正结合第一、第二和第三人称行动探询进行研究（用完全不同的方式）的其他学者的成果。我们有一位研究伙伴，他请自己的同事（主要来自美国）推荐对采取适时行动这个议题比较关注的管理领域的学者/实践者。35 位学者/实践者（包括克里斯·阿吉里斯、艾拉·贝尔、沃伦·本尼斯、罗莎贝斯·坎特、玛格丽特·惠特利和肯恩·威尔伯）不止一次被提及。在这些人当中我们选出了九位代表。本书主要作者确认他们已经长期投身于对第一、第二和第三人称行动探询的修炼，目的是：① 练习自己的内心注意力；② 帮助他们所属的社会体系进行探询，提供相互反馈，转变与他们直接相关的体系；③ 通过第三人称的研究和出版建立一种学术代际传承。

这九位学者/实践者是：

1. 查尔斯·亚历山大
2. 让·巴图内克
3. 戴维·库伯里德
4. 罗伯特·基根
5. 朱迪·马歇尔
6. 理查德·尼尔森
7. 罗伯特·奎恩
8. 彼得·李森
9. 彼得·圣吉

正如上述和九位学者/实践者相关的参考文献所示，他们的第三人称研究/

实践最终都形成了同行评审期刊文章或书籍。他们的第二人称研究/实践或行动探询包括创建并领导影响广泛的非营利教育网络，进行第一、第二和第三人称研究/实践（例如，巴图内克任管理学会的会长一职；马歇尔和理森的职业实践行动研究中心；圣吉的组织学习协会和威尔伯的整合学院）。他们的第二人称行动探询还包括担任董事会成员，为高管和组织转变提供咨询服务，创立新的博士项目以及长期致力于腐败的社会体系的改革。

这九位学者/实践者进行第一人称行动探询的禀赋来源于各种精神意识实践的传统，包括天主教修道会、哈西德主义（Hassidism）、印度教（Hinduism）、摩门教（Mormonism）、土著美洲人的药轮之道（Native American Medicine Wheel）、贵格会以及道教。第一人称意识实践和精神传统之间的紧密联系可能一开始会令读者感到惊讶。但是这些研究/实践者正试图做的不仅仅是融入一个理论，还要通过这个理论来获得越来越多在对话之后的觉察，这样，理论的不一致或者人们行为的不一致才能显现出来。因此他们迫切希望在任何时刻下使用第一人称行动探询对这些给定的理论进行实时验证。

如此认真对待探究精神意义深远，就如同一个人能许下一个精神承诺一般。和那种盲目的标榜信仰相比，这是一种对四种经验领域中自己的表现进行即时洞见的信仰（我们将其称为"临在"）。所有的精神传统都认同一条所谓的神秘路径，由此，一些人把一生献给了这样的探询。但几乎没有哪种精神传统详细阐述了这种第一人称行动探询如何与第二和第三人称行动探询结合。只有当我们在人生中更频繁地关注个人意识/实践时，这种结合才会发生。这要求区别性地体验和融合不同行动逻辑中各异的时间视域和时间经历，这种意识只有在一个人转变行动逻辑时才会开始形成，最终形成当下在四个经验领域保持临在状态的炼金术士型行动逻辑的不间断实践。

简致咨询简介

简致咨询（K.S Consulting）是2013年成立的一家具有国际视野的中国本土咨询机构，目前在中国香港设立了研究中心，在广州设立了办公室。公司的创始团队包括前企业高管、资深引导师、教练和培训师，项目服务团队则整合了美国、新加坡、中国香港、中国台湾和中国大陆地区的资深教练和引导师，致力于协助组织直面经营挑战，并在专研组织发展相关专业技术的基础上，为企业提供独具特色的领导力发展和组织发展专业服务。我们相信，企业内的群体研讨能够有效打破边界，发现创新/优化机会，为组织澄清战略方向，创造组织协同并增强执行承诺，是企业经营、组织发展和人才发展的核心支点。因此，我们致力于在实践场景中研究探询式对话技术（Inquiring Dialogue Technology），协助企业直面经营和领导力方面的挑战，推动组织的健康成长。

- 愿景：成为国内中小企业首选的组织发展咨询公司。
- 使命：为快速发展中面临复杂挑战的中小企业提供组织发展咨询，以发挥组织的潜能，实现更好的绩效。
- 价值观：真诚、协作、担当。
- 行为准则：直面沟通、互相支持、善尽职责。

简致咨询围绕专业定位和产品模型，打造了五类不同焦点而又相辅相成的专业服务品牌，简述如下：

• 酷盈™：经营加速器，经营绩效提升专业服务

酷盈™经营加速器是指专为独立绩效单元（事业部/经营团队）提供的指向经营绩效提升的专业服务，从企业战略规划、营销策略创建到持续性的绩效改进都涵盖在经营加速器的专业服务范围内。服务形态则涵盖了独立的工作坊和完整的绩效干预项目，根据企业实际需求而定。主要产品有“共创式战略规划工作坊™”及延伸性项目、“营销策略共识创建工作坊™”及延伸性项目和“绩效改进行动学习工作坊™”及延伸性项目。

• 迭变™：组织发展专业服务

迭变™是组织发展顾问服务品牌。随着外界环境的剧烈变化，组织的变革（包括战略转型、架构调整、流程优化）与发展变得越来越重要。组织发展专业服务致力于为企业提供组织有效性方面的诊断和干预，协助企业解决变革难题，提升组织的健康程度以支撑企业的快速成长。服务内容包括：对组织有效性进行诊断，基于结果而提供个性化干预以促进组织发展的专业服务（诊断式 OD 服务）；提供聚焦 OD 的各类对话式群体教练专业服务（对话式 OD 服务）。

• 思尊斯™：领导力发展的整体解决方案

思尊斯（Strength）™是领导力发展品牌，主要目的是协助组织培养足够数量的、满足业务发展需要的领导者。我们有标准化的版权课程来迅速提升领导者的特定技能，也能够根据企业的需要定制完整的领导者和领导力发展解决方案。主要产品系列包含国际版权/原创版权课程、涵盖高/中/基层的分层人才发展与继任计划和针对中高层领导者的领导力发展整体解决方案。

• 见教™：一对一高管教练服务

见教™是高管教练品牌，专门为企业家、企业高管和创业者提供一对一的高管教练服务。高管教练的本质是帮助组织的高级领导者解决经营/管理上的两难困境，推动领导者直接将学习转化为组织的绩效结果。见教™平台上的内部教练和签约教练大多拥有大型组织的高管工作经历，并具备丰富的教练

实践经验。可分为企业家/高管的生活教练和创业者的商业模式教练两大类。

- 智询™：群体与团队教练服务

智询™是群体和团队教练品牌，专门为企业家群体（如私董会、商业联合会等）、高管团队和创业型团队提供专业教练服务。针对群体和团队的教练主要能够帮助团队中的个体成员增强个人贡献，以及与团队一起帮助成员高效利用资源从而提升团队的有效性。简致咨询的教练队伍在引领团队解决实际问题并促进团队学习方面具备专业素养和丰富的实战经验。服务对象包含高级领导团队（CEO 及其团队）、私人董事会和创业团队（创始人及创业团队）。

电话：020-37889550
地址：广州市珠江新城富力盈丰大厦北塔 A 座 2401
邮编：510000
官网：www.jzlearning.com

五学社，是一个由简致咨询发起的互助型专业成长社区。关注五大专业主题：组织发展、领导力发展、群体与团队教练、高管教练和团队引导。

OD 视界，由简致咨询召集，是一个 OD 专业实践者与对 OD 感兴趣的各界人士共享 OD 理念、资讯、实践与观点的互动平台。

本书译者简介

邝耀均 具有10年的咨询行业专业经验，在过程咨询、行动学习、群体教练、团队引导等组织发展和领导力发展的专业领域具备扎实的理论功底，超过500小时的群体教练经验和大量的企业项目实操经验，为企业组织的领导力发展、人才培养、组织变革、战略共识达成、绩效改进等关键任务提供专业支持。具备WIAL（国际行动学习协会）的行动学习教练认证导师资格以及新加坡Inquiring Dialogue的“提问的力量”认证导师资格，也是美国Emergenetics International和Center for Positive Change的认证执行师。

谢丹 现任美国管理协会（中国）专职顾问，国际行动学习协会认证教练。曾为深圳航空、人民保险成都分公司等客户设计实施几十个行动学习项目，《10门精准化课程设计开发行动学习》项目曾获得2014年“企业学习与发展年会”最佳学习项目奖。曾任中国南方航空股份有限公司培训部经理，在领导力发展、企业课程设计开发、内训师队伍建设和企业网络大学等领域均有突出建树。基于“场景”，综合运用辅导（Mentoring）、教练（Coaching）和引导（Facilitation）技术，触动个人领导力

的觉醒成长，形成团队能量综效，通过学员行为改变推动组织绩效改进，是谢丹女士当下的实践和探索。

孙茜 中山大学岭南学院-麻省理工学院斯隆商学院联合MBA。曾在大型央企、政府机构及民营企业任职，有超过 18 年的工作经验，历任销售、营销和管理等岗位，拥有丰富的项目策划和管理经验。在对引导和教练技术的强烈兴趣下，转行进入培训咨询行业，有志投身于将引导和教练技术融入个人和组织发展的探索过程中，协助企业解决经营中实际面临的问题。

本书审校者简介

王小红 具有20多年知名快消品企业任职经验。从一线销售成长为营销副总裁、CEO。创立有商贸公司和咨询公司。在市场营销、战略管理等领域具有丰富实践经验。获得工商管理硕士学位后转型为私董会教练、高管和团队教练、组织发展顾问。曾多方面学习相关方法论及技术并获得多项认证。是WIAL行动学习认证教练、埃里克森学院认证专业教练；中山大学黄埔私人董事会教练团团长、美国NASA 4D卓越团队系统认证教练；The Heart of Coaching伙伴教练认证引导师；AACTP国际注册培训师；领越®领导力认证讲师。中科院心理研究所博士方向研修课程在读。

王澜 领导力教练与引导师，正念导师及实践者。管理科学硕士。国际教练协会认证教练，国际行动学习协会认证学习型组织行动学习教练。对人性的好奇和对于“我想成为什么样人”的探询推动她经历了职业生涯中的不同阶段，曾在知名外资企业担任资深市场主管，2011年起向人力资源领域转型，2015年年初离开职场，专注于跨国公司和中国企业的领导力发展工作，担任一系列领导力发展项目的策划及执行，包括高管教练、团体/团队教练及领导力工作坊引导等。